아시아의
공항과 문화

문화 간 커뮤니케이션의 새로운 이해

AIRPORT AND INTERCULTURAL COMMUNICATION

이성만 지음

신아사

문화가 중요하지 않고, 사실은 우리 모두가 똑같다고 주장하는 사람들에게 나는 이렇게 말한다. "닭과 들소도 본질적으로 똑같습니다. 그렇죠? 둘 다 꼬리가 있고 땅에서 걸어 다니고, 뒤로 달리는 건 잘 못하죠. 관점을 달리 해서 보면 크기도 비슷하다고 할 수 있어요."

– 브룩스 피터슨의 〈문화지능〉에서

머리말

일상이든 사업이든 커뮤니케이션에서 문화 인식(Cultural Awareness)이 중요한 이유는 무엇일까? 문화에 초점을 맞추는 이유는 무엇일까?

타 문화권에서 일을 한다면, 그들의 규칙과 문화적 기대를 이해하는 것이 중요하다. 그렇지 않으면 실수할 수 있다. 그런 실수는 무해할 수도 매우 심각할 수도 있다.

그래서 특히 비즈니스 커뮤니케이션에서 문화에 초점을 맞추게 되면서 문화 능력에 대한 관심도 커지고 있다. 이 문화 능력은 우리가 해외로 휴가여행을 가든지, 직업상 타 문화권에서 근무하든지 간에 평생 가치가 있는 것이기 때문이다. 21세기 글로벌 시대에 타 문화권 사람들과 함께 일하는 것이 일상화됨에 따라 결과적으로 한층 더 중요해진 때문이기도 하다.

문화는 업무가 꼬이기 시작할 수 있는 시점이다. 비록 다른 문화에 대해 할 수 있는 것과 하지 말아야 하는 것을 배우기는 쉽지만, 배운 것이 반드시 문화적으로 인식되었다고는 할 수 없다. 문화를 빙산에 비유하면, 우리에게 보이는 문화는 우리가 볼 수 없는 것에 비하면 극히 미미하다. 사람들이 이해하고 다루기 힘든 것은 가치관이나 믿음과 같은 보이지 않는 문화 요소들이다. 우리가 이문화적 상황에서 상호작용을 할 때, 인식 부족은 나쁜 결정이나 현명치 못한 결정으로 이어질 수 있다. 문화 인식은 우리가 나쁜 결정을 내릴 기회를 줄이고 심사숙고한 결정을 내릴 수 있는 기회를 증가시킨다. 사례로서 직장에서 문화 차이로 인해 발생하는 경우를 생각해보자.

다빈치 씨는 이탈리아 출신이다. 회사의 요구로 네덜란드 주재 자회사의 사무 관리직으로 자리를 옮겼다. 그는 자신의 책상이 몇몇 인턴들과 부하 직원들 옆 개방형 사무실 중앙에 있음을 알고는 충격을 받았다.

업무 첫 주차에 그는 분리된 사무실로 이사하고는 기분이 훨씬 좋아졌지만, 현지 직원들은 그의 행동에 격분해서 즉각적인 저항을 보였다.

도대체 무슨 일로 이런 일이 벌어진 것일까? 자세히 살펴보자. 다빈치 씨는 계급과 지위를 존중하는 문화권 출신이다. 상사라면 자기만의 사무실을 가져야 한다. 그렇지 않으면 상사가 될 자격이 없다. 그렇지 않은가. 그러나 네덜란드 문화에서는 위계 구조가 동일한 중요성이 없다. 여기서의 위계는 평등을 우선하고, 누구나 평등하다는 것을 우선하는 것이다. 다빈치 씨가 따로 사무실을 이사했다는 것은 본질적으로 자기가 그들보다 낫다고 생각한다는 신호를 팀원들에게 보낸 셈이다. 다시 말하면, 이 사례에서 문화 인식이 미약한 두 당사자들은 무슨 일이 일어나고 있는지를 생각하지 못했을 수도 있다.

이런 식의 오해는 문화 차이가 있는 곳이라면 어디서나 발생한다. 비즈니스의 세계는 기업들이 과감히 외국에 진출하기는 했어도 현지 문화를 제대로 이해하지 못한 사례들로 가득하다. 이러한 사례들에서 확실히 할 수 있는 것은 우리가 다른 사람들을 보고 내리는 결정에 대해 문화가 어떻게 장애가 되기도 하느냐하는 것이다. 문화 인식은 우리가 이런 장애를 넘어설 수 있도록 도와준다. 핵심은 문화적으로 인식하는 것이 자신의 문화를 훼손하거나 타자의 문화를 위해 자신의 가치나 정체성을 희생시키는 것이 아니라는 점이다. 우리는 여러 가지 이유에서 자신의 문화를 개발하고 유지한다. 그것이 타자에게는 타당하지 않다고 생각되더라도 우리에게는 적절한 방식이 된다. 그들이 삶을 헤쳐가기 위해 사용하는 방법이나 체계가 무엇이건 그 방식이 그들에게는 최선이란 사실이다. 예컨대 싱가포르에서 다닐 수 있는 곳과 다니지 못하는 곳, 청결함, 질서에 대한 지나친 규제와 제약에 분통을 터뜨리는 한국인이라면, 그런 특징들이 바로 싱가포르 사람들이 생각하는 최선이란 사실을 인식할 필요가 있는 것이다. 이는 단순히 우리가 우리의 접근법, 생각, 결정 등을 최적으로 적응시켜 문화 간(이문화적) 상호작용에서 긍정적인 결과를 만들어내는 법을 이해하는 데 도움이 되는 것이다. 또한 이는 우리 자신의 문화뿐만 아니라 타자의 문화를 이해하고 존중하는 행위이기도 하다.

그렇다. 이 책의 의도도 글로벌 시대의 새로운 경쟁력 중 하나인 문화 능력, 즉 일상과 업무에서 문화 충격 없이 어울려 일하는 방법을 안내하는 것이다. 비즈니스맨이든 기내승무원이든 아니면 외국인 방문객을 대해야 하는 사람들, 외국시사로 발령을 받거나 출장을 가는 사람이든 이들 직업인에게는 자국에서건 타국에서건 타 민족 사람들과 마주해야 할 기회가 대부분이다. 이처럼 다양한 상황에서 타 문화권 사람들을 만나고 일을 성사시켜야 하는 사람들에게 기본적인 도움을 주려는 것이 이 책의 목적이다.

이 책은 크게 세 부분으로 나누고 각 부분마다 큰 주제를 다루고 있다.

제1부는 '왜 문화인가'라는 질문에 근거해서 국가의 관문이자 문화 공간으로서 공항을 재조명하고, 문화 차원을 다룬 문화 간(이문화) 커뮤니케이션의 주요 이론들을 살피면서 제2부와 제3부의 국가별 문화 차원을 다루는 이론적인 토대를 구축한다.

제2부와 제3부는 아시아와 아프리카의 주요 국가 문화를 조명한다. 국가나 민족 간의 문화 차이의 중요성, 다양한 문화가 그들의 일에 미치는 영향력을 깨닫고 그에 대한 인식과 이해와 기술을 향상시키는 토대로서 각국의 지리적, 역사적 배경을 넘어 이를 배경으로 해서 부단히 형성된 그들만의 에티켓 문화에도 주목하고 있다. 이를 통해 독자는 이 책을 읽어가면서 자연스럽게 그 민족, 그 국가를 알아가면서 자신의 문화 능력을 높일 수 있을 것이다. 중요한 것은 비록 기본적인 것만이라도 이렇게 이론적으로 지식, 즉 '아는 것'을 현장 지식, 즉 '할 수 있는 것'으로 구체화할 수 있어야 한다는 것이다. 실천하는 지식의 밑거름이 되기를 바라는 마음 간절하다.

이 책은 문화 간 커뮤니케이션을 통해 각국의 문화와 매너를 올바로 이해할 수 있는 가능성들 중 한 가지를 제시하려는 아이디어를 담고자 노력하였다. 물론 이 책의 내용들이 독창적인 고민의 산물은 아니다. 기존의 관련 업적과 보고서들에 많이 기대었다. 글의 흐름을 고려하여 여러 업적들에서 내용을 인용하고 조직하는 과정에서 일일이 출처를 밝히지 못한 경우들도 적지 않다. 이 자리를 빌려 원저자들께 양해를 구하며 깊이 감사한다. 내용의 이해나 논리적 전개가 애매한 사례들도 없지 않을 것이다. 이 모든 오류는 필자의 책임이다. 기회가 되는 대로 부단히 보강하고 개선해 나갈 것이다.

2020년 8월

필자

차 례

제3부 아프리카

제1부
공항과 문화

〈싱가포르 창이공항 : More than an Airport〉

〈투르크메니스탄 아슈하바트공항 : the new landmark of the country〉

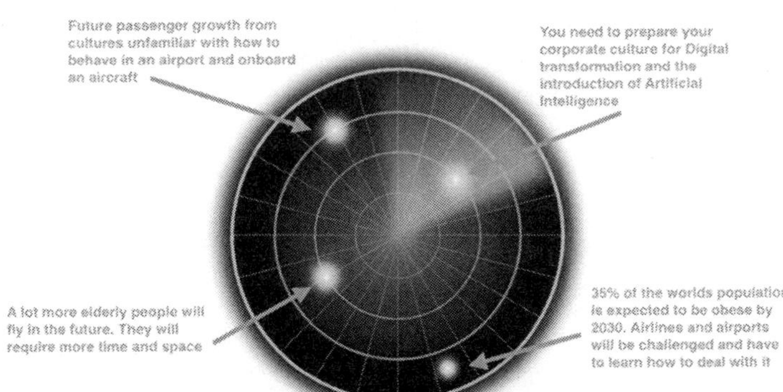

〈Global and regional cultural changes will force the aviation industry to rethink a lot of its current strategies〉
[인용 : https : //gugin.com/corporate-culture-in-aviation/]

01
공항의 재조명

비즈니스에서 문화 차이의 사례로는 어떤 것이 있을까? 문화 차이가 사업에 미치는 영향을 최적으로 이해하는 방법 중 하나는 실제 사례를 들여다보는 것이다.

우리가 어떤 사업이나 공항 또는 어떤 시장에 있든 다른 문화권 사람들을 상대한다면, 문화 차이는 우리가 하는 업무와 방법에 영향을 미칠 것이다.

인수합병, 이문화 마케팅, 거대 소매업체들이 꼬리를 물고 해외시장에 진출하는 등의 사업(비즈니스)에서 문화 차이로 인한 실패나 실수의 사례들은 수도 없이 많다.

하지만 이 책의 독자라면 (다)문화 공간으로서 공항에 대해 생각해 본 적이 있는가? 그렇다. 아마도 공항은 지구상에서 가장 다문화적이고 국제적인 환경 중 하나이며 비즈니스 세계의 문화 차이를 보여주는 완벽한 사례라고 할 수 있다. 전 세계 공항을 대표하는 동업 조합인 국제공항협회(ACI)에 따르면, 문화는 승객들이 공항과 어떻게 상호작용하고 또 기대하는 것이 무엇인지를 설명해준다. ACI는 90개국 75개 공항을 대상으로 설문조사를 실시한 결과 '전체 고객 만족도의 35~45%는 개인의 문화적 배경에서 영향을 받는다'고 밝혔다.

- 문화 차이

이 조사 결과는 문화가 어떤 형태이건 비즈니스에 미치는 영향에 주목하는 것이 얼마나 중요한가를 보여주는 문화 차이의 측면에서 몇 가지 흥미로운 사례들을 강조하고 있다.

- 시설

고객(여행자)의 문화적 배경은 그들이 공항 환경에 대해 갖는 기대에 직접적인 영향을 미치는 것으로 밝혀졌다.

집단주의 문화권 사람들은 공항이라는 공간이 모든 사람들을 위한 것이며, 모든 사람들을 행복하게 하는 것이 이 공간의 주된 목적이 되어야 한다고 믿었다. 이처럼 여러분은 그런 문화권에서 온 사람들이 그룹 단위로 더 많은 시간을 보내며, 시끄럽게 떠들고, 심지어 단체 게임이나 운동에 참여하는 모습을 발견하게 될 수도 있을 것이다. 다른 한편으로, '자신'을 더 중시하는, 더 개인주의적인 문화권에서 온 사람들은 공항이 그들에게 편리함과 편안함을 제공해주기를 기대했다. 따라서 그들은 더 많은 사적인 공간, 사업용 와이파이 접근성 그리고 당연히 더 조용한 구역을 기대하고 싶었을 것이다. 기업으로서의 공항은 그러한 문화 차이를 다루기 위해 무엇을 해야 할까? 간단하다. 그것은 수많은 국제공항들이 두 집단 모두의 구미를 맞추는 것이다.

- 직원

고객(여행자)의 문화적 배경도 직원과 제3자 대표(소매 직원 등)를 통해 공항 경험에 영향을 미치는 것으로 나타났다. 서로 다른 문화권은 그들이 받는 고객 서비스, 그들이 소통하는 방식, 그리고 주도적 위치에서 기대했던 환대의 수준 측면에서 서로 다른 기대를 가지게 한다. 이것은 몸짓언어와 근접학(인간과 문화적 공간의 관계를 연구함)에서부터 국제적인 영어의 사용과 수준에 이르기까지 그 주제는 수없이 많다.

음식을 제공하든, 보안검사에서 수하물을 확인하든, 아니면 공항에서 쇼핑객들에게 향수를 판매하든 간에, 공항에서 일하는 사람과 직원들은 고객이 문화 전반에 걸쳐 명확하게 이해될 수 있도록 유연성과 적응력을 두루 갖추고 있어야 한다. 다른 비즈니스 업무에서처럼, 문화 차이로 인해 사람들은 그것에 대해 반응하고 생각하는 방식이 만들어지는 때문이다.

모든 비즈니스의 핵심은 이러한 차이를 이해하고 전반적으로 최고의 만족을 보장하기 위해 이러한 차이를 충족시키는 데 있다.

02
복합 문화 공간으로서 공항

문화 차이가 승객 만족도에 영향을 미칠 수 있을까? 문화 차이가 승객들의 전반적인 만족도에 역할을 하고, 이러한 차이가 공항 보안이나 쇼핑에 대한 기대에 영향을 미칠 수 있을까?

한 개인의 문화적 유산이 다른 사람들과 상호작용하는 방식을 결정한다는 관점은 널리 알려진 것이다. 수많은 연구에서 우리는 자연적으로 우리와 같은 문화적 가치를 공유하는 사람들에게 끌린다는 사실을 제시하였지만, 근래의 연구에 따르면, 우리의 배경이 항공 여행을 포함한 우리 삶의 다른 많은 측면에도 큰 영향을 미칠 수 있음을 지적하고 있다.

전 세계 공항을 대표하는 동업조합 국제공항협회(Airports Council International, ACI)의 연구[1]에 따르면, 문화는 승객의 여행 경험에 상당한 영향을 미칠 수 있으며, 여행 경험에 대한 그들의 판단에도 영향을 미칠 수 있다. 우리의 관심은 개인의 문화적 뿌리가 고객의 경험과 기대에 얼마나 영향을 미치느냐, 그리고 '좋은 서비스'라는 개념이 지리적으로나 문화적으로 어떻게 달라지느냐 하는 점이다. 이를 위해 ASQ[2]팀은 90개국

1) ACI Reserch Paper : The Influence of Culture on Perceptions of the Airport Customer Experience. 2018. 이 연구보고서의 목적은 문화 차이가 공항 이용객의 전반적인 만족도에 영향을 미치는지를 밝히는 것이다. 보고서는 서비스 조정을 통해 문화 차이를 고려하는 방법에 대한 공항 관리 권고사항 형식의 지침을 포함하고 있다. ACI의 공항서비스 미국품질협회(ASQ, American Society for Quality) 회장 디미트리 콜(Dimitri Coll)은 "문화는 인간의 행동에 중요한 영향을 미칠 수 있으며, 이 연구는 공항 경험의 승객 평가에 대한 측정 가능한 영향을 조사하려고 한다"고 말했다. "운영자들은 승객들이 공항에서 제공되는 서비스와 시설을 경험하는 방법에서 문화 차이가 중요한 역할을 할 수 있으므로, 그에 따라 고객 체험 프로그램을 조정할 수 있다는 점을 고려하는 것이 중요하다. "이 보고서는 사회심리학에서 가장 저명한 학자로 평가받고 있는 기어트 호프스테드의 연구 결과를 활용하고 있으며, 그의 문화분석은 이 연구의 토대가 되고 있다."

2) ASQ는 학습, 품질 개선 및 지식 교환을 통해 세계적으로 우수한 사적, 조직적 공동체를 이끌어가

75개 공항을 대상으로 네덜란드 문화학자 기어트 호프스테드가 제시한 여섯 가지 문화 차원에 기대어 문화의 영향 정도를 살펴보고 있다. 이 연구에 따르면, 이러한 차원들이 이상적인 '문화 간 커뮤니케이션에 기초한 틀'을 제공하고 '문화가 가치에 미치는 영향'을 제시한다. 여섯 가지 문화 차원에는 사회가 불평등을 어떻게 다루고 있는가에 초점을 맞춘 권력 거리, 승객들이 그들을 둘러싼 공동체의 행복과 웰빙을 얼마나 소중히 여기는가를 규정한 개인주의와 집단주의, 여성성과는 반대로 성취, 용기, 그리고 성공에 대한 물질적 보상을 나타낸 남성성, 불확실성에 대한 사회 구성원들의 감정을 표현한 불확실성 회피 등이 있다. 또 다른 차원들로는 '한 사회가 비교적 자유로운 만족을 허용하는 정도'를 평가한 장기 지향성, 그리고 사회가 과거에 대한 존중과 현재와 미래에 마주할 도전 간의 균형 방식을 추적한 쾌락(자적)과 절제(자제)가 있다.

[쉬어가기] 국제공항협회(ACI)

- 설립 : 1991년 1월 1일

– 기존의 국제공항운영협의회(AOCI), 국제민간공항협회(ICAA), 공항협회조정위원회(AACC) 등 3개의 공항 관련 협회를 1991년 국제공항협회(ACI)로 통합한 것

- 목적

– 세계 공항의 대변인으로서 국제공항협회의 효율성 강화, 항공 관련 국제기구(ICAO, IATA)와의 유기적인 업무협조, 회원공항의 발전에 기여할 수 있는 프로그램과 서비스 개발, 회원공항의 안전, 효율성, 재정적 자립 및 환경보존 정책에 기여, 회원공항의 이익을 도모할 수 있도록 법규, 규정 및 국제협약 확립, 공항상호간의 협력, 상호지원, 정보교환 및 습득의 기회확대와 협조 체제 유지, 회원공항에게 국내 외 공항개발에 대한 시의적절한 정보와 분석 자료 제공

- 회원수 : 169개국 554개 공항운영주체(1,500여 개 공항운영)

– 정회원 : 정기항공편이 운항하는 공항의 운영주체 (한국공항공단 가입(1991년 1월 1일), 인천국제공항공사 가입(2001년 3월29일)

– 준회원 : 정회원 이외의 공항운영주체, 장비제작업체, 연구기관

– 지역별 국제공항협회(6개) : 아시아, 아프리카, 유럽, 중남미, 북미, 태평양지역

고 있는 미국 내 주요 품질 개선 기구. 세계의 공항서비스를 평가하고, 공항 이용 여행객들의 만족도를 측정하는 프로그램.

- 평가

ASQ(American Society for Quality) 회장 디미트리 콜(Dimitri Coll)과 그의 팀은 공항을 태생적으로 다른 사람들이 비교적 짧은 시간 동안 만나는 특별한(non-conventional) 장소로 정의했다. 콜의 관심은 문화적 배경이 공항의 고객 경험 관리 방식에 영향을 미치는지를 밝히는 것이다. 결론부터 말하면, 영향을 미친다는 것이다. 연구에 따르면, 전체 고객 만족도의 35~45%가 개인의 문화적 배경에 영향을 받는다.

당연히 문화가 승객 경험의 원인이 되는 유일한 요소는 아니지만, 문화가 공항의 전반적인 공감과 평가에 영향을 미친다는 것은 확실하다. 이러한 결론은 특히 개인주의와 집단주의의 차원을 적용한 결과이다. 연구팀은 '개인주의 국가에서 중요한 것은 주로 승객이지만, 집단주의 국가에서는 공동체의 관련성에 더 주목한다'고 진단한다. 예컨대 사업을 위해 여행하면서 일할 곳을 찾는 북아메리카인은 근무 중에 방해를 받으면 공항을 비난하는 성향이 있다. 반면에 아시아인은 집단의 행복이 더 중요하기 때문에 불평하지 않고 그 소음을 받아들이고, 공항이 누구나 누릴 수 있는 공간이라는 사실에 만족하는 성향이 있다.

결과적으로, 북아메리카의 공항은 각 개인에게 긍정적인 경험을 제공하는 데 중점을 둘 것이지만, 아시아에서는 주어진 것은 누구에게나 긍정적일 수밖에 없다는 생각이다. 공항이 고객 관리에 성공할 수 있는 가장 좋은 기회는 호프스테드의 모든 차원들을 결합하여 고객 믹스를 더 잘 평가하는 것이다. 그러나 두바이 공항이나 런던 히드로 공항처럼 바쁜 국제공항에서는 이 과정이 거의 불가능하다. 이런 경우라면 전부가 아닌 몇 가지 차원에 초점을 맞출 필요가 있다. 그래서 공항에서는 고객 믹스를 이해하고 분석하여 공항 고객의 문화적 배경을 어떻게 다루어야 할지를 알아보는 작업이 무엇보다 필요할 것이다.

- 제3자의 역할

항공여행의 경우, 각 승객은 평균적으로 2~3명의 직원들을 상대해야 할 것이다. 이들이 꼭 공항 직원일 필요는 없지만, 소매업자나 다른 이해관계자들일 수도 있다. 아무튼 이들은 여전히 여행하는 동안 승객이 겪는 경험의 일부라고 할 수 있을 것이다.

말하자면 공항은 고객의 기대를 충족시키기 위해 허브 운영에 관련된 제3자들과도 협력해야 한다. 그러므로 우리가 어떤 사람에게 말하는 방식, 우리가 서비스를 제공하는 방식에 적응할 필요가 있는 것이다. 모든 사람이 고객 서비스에서 동일한 기대를 하는 것은 아니다. 이런 조사 결과는 공항에서도 활용 가능하지만, 고객의 프로필을 이해하고 적응하고 연구해야 하는 환대산업이나 기타 서비스분야에도 유용하게 활용될 수 있을 것이다.

같은 원리에 기초하면, 공항은 위험 상황, 보안 점검, 지연 등과 같은 불확실성에 대처하는 능력 향상에도 투자할 수 있을 것이다. 예컨대 일부 문화는 커뮤니케이션을 통해 이런 문제를 잘 관리할 수 있을 것이고, 그래서 승객들에게 의사소통하고 설명하려는 방법은 특정 승객이 특정 승객을 만나고 환대하는 방식에 영향을 미친다.

- 국제공항협회(ACI)의 제안

공항은 규모, 인구 통계 및 서비스 유형이 다양하기 때문에 고객의 기대 부응방법에 일방적인 지침을 제공하기는 불가능하다. 그래서 각 공항은 승객 믹스를 포괄적으로 연구하지 않을 수는 없을 것이다. 예컨대 공항 근무자가 맞이하는 고객들의 공동체가 더 개인주의적 성향이 있는지 아니면 더 집단주의적 성향이 있는지를 고려하고, 목표한 마케팅 접근법을 사용할 필요가 있다.

미국품질협회(ASQ)는 또한 커뮤니케이션에 초점을 맞추고, 적절한 표현을 사용하고, 모든 여행자들에게 올바른 메시지를 보낼 것을 제안한다. 그래서 공항은 다른 종류의 문화를 다루기 위해 공항 근무자들, 특히 고객과 직접 대면하는 사람들을 훈련시킬 필요가 있다, 그렇지 않으면 공항 당국은 이런 저런 문제를 일으킬 위험을 감수하지 않을 수 없을 것이다.

이 때문에 ACI는 현재 공항을 도우며 기업 및 협력업체와 협력할 것을 권장하고 있다. 문화에 관한 한 공항 커뮤니티 전체가 특히 보안, 판매, 음식 서비스 등과 관련하여 동일한 방향에서 근무할 필요가 있다. 누구나 다른 나라 문화권으로 가는 승객들이 편안함을 느낄 수 있도록 문화도 이해할 필요가 있다.

03
문화 간 커뮤니케이션

3.1. 문화, 관심의 대상

문화를 쉽게 설명하고 정의하려는 시도는 사회과학과 인문과학 분야에서 부단히 있어왔다. 결론적으로, 문화는 정의되기 어렵다는 이론(Segall, 1984)이 있는가 하면, 극히 세부적으로 정의한 개념(Straub, 1999)도 있다. 문화 차이를 규정짓는 출발점으로서 그리고 다양한 문화권 출신 사람들 간의 협업을 개선하기 위해서는 응용과 행동 중심적인 정의가 유용할 수 있다. 그러나 이런 정의들도 심한 차이가 있을 수 있다. Trompenaars/Hampden-Turner(1997)는 문화를 "한 집단이 문제를 해결하고 딜레마를 타개하는 방법"(ebd., 6)으로 이해한다. 그러니까 그들은 응용 중심적인 관점을 취하고는 하지만, 문화의 기능을 문제 해결에만 국한하고 있다. Hofstede(2001)는 다시 문화를 "한 집단의 구성원이나 사람들의 범주를 다른 집단과 구별하는 집단적 마인드 프로그래밍"(ebd., 9)으로 정의한다. 이처럼 문화가 인간의 생각, 감정, 행동을 집단적으로 프로그램화한다는 생각은 기계적으로 나타나는데, 그 이면에 숨겨진 것은 문화가 능동적으로 인간에 의해 창조되고 구성된다는 사실이다. 이는 Peterson(2004)의 정의와 직결된다. '문화는 어느 나라 또는 어느 지역에 속한 사람들의 집단이 일반적으로 보유한, 어느 정도 정착된 내부의 가치와 믿음이며 그 가치관과 믿음이 사람들의 외적인 행동과 환경에 미치는 눈에 띄는 영향력'이다.

반대로, Thomas(1993)는 문화를 응용 중심적이면서 차별적인 관점에서 정의한다. "문화는 보편적인, 사회, 조직, 집단에 아주 일반적인 방향체계이다. 이 방향체계는 특정 기호들에 의해 형성되며, 각 사회 등에서 전수되는 것이다. 이 체계는 모든 구성원들의 인식, 사고, 가치, 행동에 영향을 미치므로, 그 구성원들의 사회적인 소속성을 결정한다. 방향체계로서의 문화는 어떤 사회에 속한다고 느끼는 개인들에게 특정한 행동 영역을 구성하여 독자적인 주변관리 방식을 개발할 수 있는 전제 조건을 형성한다."(ebd., 380).

토마스의 정의에 담긴 출발점, 즉 모든 사람이 모든 시간과 모든 지역에서 문화를 발전시키는 것은, 문화를 인간이 만든 환경의 일부로 정의하는 Herskovits(1955)에서는 유일하고 핵심적인 요소를 이룬다. 그러나 위의 인용만 두고 보면, 인간이 구체적으로 무엇을 창조한 것인지 알 길이 없다. Thomas(1993)는 이것을 문화를 방향체계의 개념으로 설명한다. 문화를 방향체계로 보면, 체계의 탄생, 유지, 그리고 확산이 설명 가능해진다. 왜냐하면 심리학적 연구에 의하면, 방향이 필요할 때 인간의 주된 욕구가 중요하기 때문에, 왜 문화가 국가적 차원뿐만 아니라 모든 형태의 인간 공동체 생활에서 발전되는지도 설명될 수 있다. 따라서 문화의 일부 방향적 기능은 구성원들에게 복잡한 환경적인 요구사항을 충족시킬 수 있는 의미 부여와 평가의 척도를 제공하는 것이다. 이러한 평가 척도는 인간의 사회화 과정에서 획득되기 때문에 대개는 자동적으로 작용한다.

앞에서 언급한 문화 개념에 대한 이론적 접근은 지난 수십 년간 문화 차이에 대한 핵심 모델로 알려진 '문화 차원' 및 '문화 표준'을 개발하는 토대가 되고 있다.

[쉬어가기] 호프스테드의 문화 가치관, 무엇인가

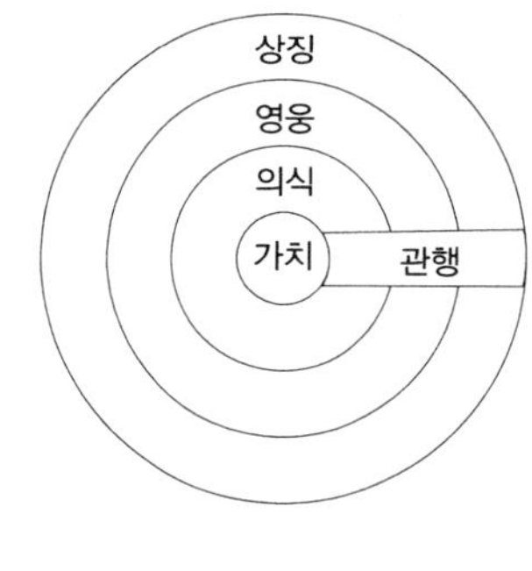

호프스테드는 문화를 특정 집단의 구성원으로 구별시키는 집단적 마인드 프로그래밍'이라 정의했다. 그러니까 문화는 개인 간의 학습 행위이지만, 세대 간에 전파되어 세대를 넘어 사회 구성원으로서 공통의 특징을 갖도록 하는 종합적인 학습 체계라는 것이다. 문화 개념의 핵심 요소는 태도, 가치관, 종교 등을 포함하는 가치 체계이고, 성취도나 업무에 대한 태도, 직업관 등을 포함한다. 또한 언어, 종교, 법체계, 지리 같은 제도는 거의 불변하는 안정적인 요인이라는 점에서 문화 가치관(Cultural Values)은 중요하다. 가치는 개인의 선악은 판단 가능한가, 수용 가능한가, 무엇이 중요하고 중요하지 않은가, 특정 상황이 정상적인가 등을 파악하는 토대가 된다. 가치에 기초한 태도는 대개는 무의식적으로 형성된다. 편견은 특정 문화를 삐딱하게 바라보는 태도를 유발시킨다. 주관적인 가치나 태도, 매너나 습관, 종교, 시간관념 등 가치를 설명하는 어휘는 수없이 많다. 호프스테드(Hofstede 1995, 29~30)는 다양하고 복잡한 문화 개념을 정리하기에 요긴한 상징(symbols), 영웅(heros), 의식(rituals), 가치(values) 등의 네 가지 수준을 양파 모델로 제시하고 있다. 문화의 가장 피상적인 수준에 해당하는 것이 상징이며 가장 심층적인 수준에 해당하는 것이 가치이다.

상징은 어떤 문화를 공유하는 사람들에게만 통하는 특별한 의미를 지닌 말, 동작, 그림 또는 대상을 말한다. 한 나라의 언어를 구성하는 낱말이나 언어가 대표적이다. 의상, 헤어스타일, 코카콜라, 국기, 지위, 상징 등과 같이 끊임없이 새로운 상징이 나타나는데, 대개는 다른 문화집단들로 확산되는 경향이 있다.

'영웅'은 어떤 문화 안에서 높이 받드는 특징을 지닌, 그래서 행동의 귀감이 되는 사람들(살아 있는 사람이든 죽은 사람이든, 실제 인물이든 가상의 인물이든)을 말한다. 오늘날에는 TV나 인터넷 등의 대중매체 영향으로 겉모습이 영웅 선택의 기준으로 중요해졌다.

'의식'은 엄밀한 의미에서 원하는 목표 달성에는 불필요한 것이지만 한 문화 안에서 사회적으로 없어서는 안 될 것으로 간주되는 집합적인 활동을 가리킨다. 이러한 의식은 의식 그 자체를 목적으로 거행된다. 인사하는 법, 존경을 표하는 법, 사회적 · 종교적 의식들이 그런 사례들이다.

지금까지 설명한 상징, 영웅, 의식 등의 세 층위는 모두 외부 관찰자들이 볼 수 있는 것이기 때문에 관행이라고 한다. 그러나 이들의 문화적인 의미는 외부인이 볼 수 없으며 그 문화권의 사람들이 내리는 관행의 해석이 바로 그 문화의 의미가 된다.[3]

하지만, 이 세 가지보다 더 중요한 문화의 핵심에 가치(Values)가 있다. '가치'는 어떤 상태보다 다른 상태를 선호하는 포괄적인 경향성이라고 할 수 있다. '선 대 악', '깨끗함 대 더러움', '아름다움 대 추함'과 같은 긍정적인 면과 부정적인 면을 가지고 있다. 가치는 인간 정신의 근본적인 방향성으로 인간이 어떻게 행동해야 할지 결정하도록 도움을 주며, 인간의 태도와 감정에 중요한 영향력을 행사한다.

가치관은 문화적 맥락에서 습득되기 때문에 문화에 따라 선호하는 경향도 다르고 선호하는 정도에서도 차이가 있다. 이러한 문화 가치의 차이에 따라 문화 간 커뮤니케이션에 참여하는 사람들이 동일한 상황에서 서로 다른 행동을 보이고 다른 기대를 하는 경향이 있다. 따라서 문화 가치를 알면 심층에 숨겨진 이러한 행동 양식의 배경을 더 잘 이해할 수 있을 것이다.

3) Hofstede/Hofstede/Minkov(2010).

3.2. 다문화 커뮤니케이션

효과적인 다문화 커뮤니케이션이 필요한 것은 문화가 구어 커뮤니케이션에서부터 비언어적 커뮤니케이션에 이르기까지 거의 모든 커뮤니케이션 국면에서 달라지기 때문이다. 그 이유는 인류 역사에서 찾을 수 있다. 인간은 아프리카에서 각지로 퍼져나가면서 집단적으로 언어와 소통 문화를 발전시켰는데, 이는 번식을 통해 번지고 자라면서 어느 정도 접촉을 유지했다. 어느 순간, 사람들은 더 멀리 떨어진 친척들과 연락이 끊겼다. 연락이 두절된 집단들도 존재하는데, 문제는 이런 집단들이 접촉하는 경우에는 번번이 갈등으로 이어졌다는 사실이다.

다른 집단들은 서로 거의 관계를 맺지 않은 상태에서 그들만의 언어, 의사소통 스타일, 가치를 개발했다. 물론 비슷한 환경에 대한 공통의 조상과 공통의 반응은 일정한 기본적인 유사성, 즉 문화적 보편성이 모든 (또는 거의 모든) 문화권에서 존재한다는 것을 의미했다. 예컨대 오늘날 대다수 언어학자들은 언어의 기본구조－주어, 동사, 목적어－가 보편적임에 동의한다. 심리학자와 인류학자들은 정직과 존경과 같은 가치들이－비록 가치의 실현에는 차이가 있더라도－문화 전반에 걸쳐 보편적이라는 데 동의하는 듯하다. 더욱이 문화는 인근 문화나 관련 문화와 접촉하는 경향이 있기 때문에 한 지역을 통해 언어와 의사소통 스타일을 추적하여 좀 더 먼 지역의 문화와 대조할 수 있다. 예컨대 대부분의 유럽 언어는 인도유럽어군에 속하는데, 영어, 프랑스어, 러시아어 등의 언어를 연결하여 이들 언어를 중국-티베트어(예 : 중국어, 티베트어, 버마어) 같은 다른 집단과 구별하는 단어의 의미와 문법에서 유사성을 가지고 있다.

■ 다문화(Cross-Cultural) 및 이문화(Intercultural) 커뮤니케이션

이문화 커뮤니케이션은 서로 다른 문화권에서 온 사람들 간의 상호 작용 패턴에 초점을 맞추고 있는데, 여기에는 차이점을 연결하는 이문화 역량(능력) 개발(발달) 과정이 포함된다. 예컨대 어느 한 문화권에서 온 사람이 더 직접적인 문화권에서 온 누군가에게 간접적으로 생각을 표현한다면, 더 직접적인 사람은 간접적인 사람을 수줍어하거나, 비효율적이거나, 심지어 응큼한 사람으로 인식하기 쉽다. 더 간접적인 사람은

솔직한 의사소통자를 우대하거나, 냉혹하거나, 무례하다고 보기도 할 것이다. 문화 간 커뮤니케이션은 적응 전략뿐만 아니라 이러한 상호작용을 분석하는 방법을 제안한다. 반면에 다문화 커뮤니케이션은 한 쌍의 문화들(또는 다양한 문화들) 중에서 한 문화를 다른 문화와 비교하는데, 본질적으로 같은 속성들을 분석하기도 하고 패턴을 비교하기도 한다. 예컨대 다문화 전문가들은 유치원 교실을 관찰하여 두 문화권의 교육 양상을 비교할 수 있다. 그러므로 이문화(문화 간) 커뮤니케이션은 상호 작용에 중점을 두는 반면, 다문화 커뮤니케이션은 비교에 초점을 둔다.

이것을 보는 또 다른 방법은 문화의 에믹적(emic) 국면과 에틱적(etic) 국면을 구별하는 것이다. 에믹적 연구는 궁극적으로 주어진 사회의 구성원들에게 의미 있는 내재적인 문화적 구분에 초점을 맞춘다는 점에서 문화 내부자의 관점에서 바라본 특정 문화에 국한된 특징을 말한다. 이러한 관점이 특정 문화에 대한 몰입의 개념에서 비롯되지만, 에믹적 참여자가 항상 그 문화나 사회의 구성원이 되는 것은 아니다. 에믹적 관점의 연구는 에틱적 관점의 연구보다 더 상세하고 문화적으로 풍부한 정보를 포함하기도 한다. 관찰자는 의도된 연구의 문화 안에 그들 자신을 두기 때문에, 그들은 그렇지 않았다면 무시되었을지도 모르는 사회의 관습과 신념의 디테일을 더 깊이 파고들 수 있다. 하지만 에믹적 관점은 치명적인 약점도 있다. 에믹적 관점의 연구는 특히 개인이 자신이 연구하고 있는 문화의 일원이라고 말한다면 참가자의 입장에서 편견을 야기할 수 있다. 따라서 개인의 관습이 다른 사람들에게 어떻게 인식되는지 기억하지 못하고 귀중한 정보를 누락할 수 있다.

에틱적 연구는 외부인의 관점에서 특정 문화의 디테일에 초점을 맞추는데, 문화 특유의 관점이라고도 한다. 예컨대 미국 인류학자가 유목민들을 연구하기 위해 아프리카로 간다면, 그의 사례 연구는 그들이 관찰하는 문화에 자신을 통합시키지 않는다면 에틱적 관점에서 수행되는 것이다. 에틱적 관점은 외부인이 제기하는 질문을 던지는 외부인에 의한 데이터 수집이다.[4] 이런 문화 특유의 관점에서는 다음과 같은 질문을

4) 세계보건기구는 "에틱적" 관점의 사례에 속한다. 세계보건기구는 건강과 인권에 특화된 그룹을 만들었다. 모든 문화는 건강의 측면에서 권리를 보호받아야 한다는 생각은 논리적인 듯 보이지만, 문화에 대한 '에틱적' 견해인 만큼 위험할 수도 있다. 세계보건기구는 "인권침해, 노예제도, 고문, 비

할 수 있다. 일본문화의 특징은 무엇인가? 다른 곳에서는 찾아볼 수 없는 어떤 특징들이 존재하는가? 그러니까 에틱적 연구는 어떤 특정한 문화에서 추출된 문화와 소통의 특징들, 곧 일반적으로 문화의 근본적인 차원들을 가리키는데, 흔히 문화 일반적 관점이라고도 한다. 그러므로 에틱적 연구는 문화적 보편성을 겨냥한다. 문화 일반적 관점에서는 다음과 같은 질문을 할 수 있다. 일본은 우리가 대다수 문화권에서 발견할 수 있는, 폭넓게 인정받고 있는 개인주의와 집단주의의 연장선에서 어디에 위치할까? 문화 간 접촉을 앞둔 사람은 보편성(에틱)을 강조하면서도 새로운 환경에서 대처하기 위한 차이점(에믹)에 대해 배울 가능성이 다분하다.

- 커뮤니케이션에서 문화 차이의 차원

많은 학자들은 '문화가 곧 커뮤니케이션'이라고 생각한다. 문화의 모든 국면이 커뮤니케이션을 통해 표현되고, 이해되고, 재창조된다는 것이다. 거의 보편적인 문화의 일반적인 특징들도 있다. 호프스테드는 여섯 가지 차원에서 문화를 특성화하였다 : (1) 개인주의와 집단주의, 집단적 고려와 관계보다 개인의 이익이 우선하는 정도, (2) 권력 거리, 사회 계층의 수준이 상이한 사람들이 다르게 취급되는 정도, (3) 불확실성 회피. 어떤 한 문화의 구성원이 명확함을 추구하고 모호함과 변화를 회피하는 정도, (4) 남성성과 여성성, 어떤 문화가 남성과 여성 같은 서로 다른 중요한 사회 구성원 범주를 공평하게 취급하는 정도, (5) 장기 및 단기 지향성, 지향하는 목표가 장기적이냐 단기적이냐를 따지는 정도, 시간을 정확히 사용하느냐(즉각성 강조, 시간 절약, 시간 계산) 대충 사용하느냐(연수 및 연배 등 더 큰 시간 블록 강조)의 정도 포함, (6) 쾌락과 절제. 이들 차원은 가치관과 성별 역할부터 언어의 미묘한 특징까지 다양한 문화 차이를 예측하는 근거를 제시하였다.

에드워드 홀은 언어를 고맥락 언어에서부터 저맥락 언어에 이르는 일반적인 차원

인간적 행위, 여성에 대한 모욕적 대우, 폭력 등 인권침해나 주의 부족은 심각한 건강상의 결과를 초래할 수 있다"고 주장한다. 비록 어떤 문화권에서는 이것을 보건의료의 큰 족적으로 볼 수도 있지만, 다른 문화권에서는 그들의 생활방식에 대한 공격으로 볼 수도 있다. 문화의 선을 넘었다는 점에서 이러한 옳고 그름의 문제는 큰 문제이다. 어떤 문화권에서는 다른 문화권들이 그 문화 자체에 목적과 의미가 있을 때 위해적인 것으로 여겨지는 것들을 보는 것은 어려울 수 있다.

으로 기술하였다. 영어와 독일어 같은 저맥락 언어는 명료하며, 말해진 것을 이해하는 데 필요한 모든 것을 청자에게 제공한다. 이런 언어는 전문지식이 부족한 사람에게 정보를 전달하는 데 이상적이다. 중국어나 일본어와 같은 고맥락 언어는 많은 뜻을 내비치려고 말을 많이 하지 않고 침묵과 비언어적 커뮤니케이션을 많이 사용한다. 이런 언어의 화자들은 서로의 의도를 이해하기 위해 상호 관계와 내부 지식에 기댄다. 오늘날의 세계화 과정은 이전 시대의 문화적 고립이 타파되고 있다는 뜻이다. 대부분의 문화는 패션에서부터 드라마에 이르는 타 문화 상품에 노출되어 있다. 이러한 영향은 많은 문화가 타 문화의 국면들을 채택하여 퓨전화하고 있다는 뜻이기도 하다.

각각의 문화는 문화적으로 수용 가능한 것의 한계를 좌우하는 나름의 요소들을 가지고 있다. 이러한 요소들은 그 문화 내에서 개인들 간의 정보 전달에 관여하며, 공동체의 담론과 활동에 어떤 맥락을 제공한다. 맥락은 행위, 행동 또는 발화를 통해 전달되는 의사소통 및 문화 이슈에 관한 정보를 가리킨다. 전달되는 정보의 양에 따라 문화는 고맥락과 저맥락의 것으로 분류된다. 그러나 이러한 유형 나누기는 경직된 것이 아니라 문화의 맥락적 기반이 계량 가능한 개념이 아니라 상대적인 개념이기 때문에 엄격하지 않다. 예컨대, A, B, C, D는 4개의 변별적인 문화로, A는 저맥락 문화, D는 고맥락 문화로 맥락 수준(level)이 A에서 D로 증가한다. 여기서 B는 C에 대해서는 저맥락지만 A에 대해서는 고맥락이기 때문에 B나 C를 어떤 유형의 일부라고 주장할 수는 없다. 마찬가지로 C도 뚜렷하게 범주화할 수 없기 때문에 이들 문화 간의 차이는 상대적이라고 할 수 있다.

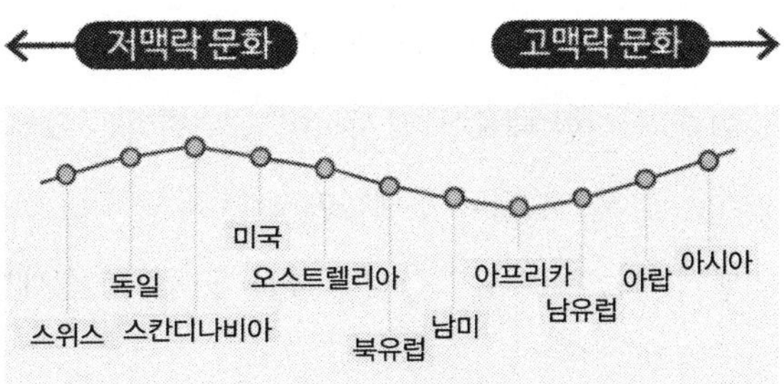

이 용어들은 미국의 인류학자 에드워드 T. 홀이 자신의 저서 〈Beyond Culture〉(1976)에서 제시한 것이다. 그는 다양한 문화들이 어떻게 작동하고 상호작용하는지, 그리고 그들 내부에서 어떻게 상호작용하는지를 제시하였다. 그는 한 사회에서 관찰되는 다섯 가지 상호작용의 유형에 기대어 그들 간의 차이를 명시하였다.

아래의 목록은 5가지 범주 안에서 일반적으로 고맥락 문화와 저맥락 문화에서 발견되는 행동의 종류(즉, 사람들이 서로 어떻게 관계를 맺고, 어떻게 소통하는지, 어떻게 공간을 다루는지, 어떻게 시간을 다루는지, 그리고 어떻게 배우는지)를 제시한 것이다. 한 가지 기억해야 할 것은 소수의 문화, 그리고 그 문화 속의 사람들은 완전히 스펙트럼의 한쪽 끝이나 다른 쪽 끝에 있다는 점이다.[5]

저맥락 문화	고맥락 문화
직접적 커뮤니케이션 형태로 의미 표현	사회 문화적 맥락에 따라 암시적으로 의미 표현
개인주의 가치관	집단의식 중시
일시적 인간관계 형성	장기적이거나 영구적인 인간관계 설립
선적인 논리 강조	나선형, 원형논리 강조
직접적이고 언어적인 상호작용 존중	간접적인 언어 상호작용 존중
비언어적 표현을 덜 사용	비언어적 표현을 많이 사용
아이디어 표현에 논리 존중	아이디어 표현에 감정 존중
고도로 구성된 메시지, 세부적 묘사	단순하고 모호한 메시지

예를 들어보자. 한국에서 명절이 되면 부모님들은 고향에 '절대 오지 말라'고 하신다. 이 말을 들은 자녀는 어떻게 해석할까? 이 말을 듣고도 꾸역꾸역 부모님을 찾아뵙는다. 고맥락 문화에서 볼 수 있는 현상이다. 메시지에 담긴 정보보다 맥락을 통해 정보를 전달하는, 즉 눈치와 직관을 발휘하고, 행간을 잘 읽어서 적절하게 대처하는 것이 고맥락 문화의 특징이다.

저맥락 문화권의 사람들은 눈치와 직관이 아닌 언어로 솔직하고 정확하게 표현해야 직성이 풀린다. 메시지에 대부분의 정보를 담아서 명확하게 소통하기를 기대하는 것이다. 이러한 태도는 암시적이고 우회적인 표현에 익숙한 고맥락 문화권의 사람들에게는 당혹스럽거나 무례하게 느껴질 수 있다. 미국 같은 저맥락 문화권의 사람들은 이렇게 하는 것이 상호간에 오해를 불식하고 상대방을 배려하는 예의라고 여긴다.

5) 참조 : https : //historyplex.com/difference-between-high-context-low-context-cultures

■ 문화지식과 다문화 커뮤니케이션

새로운 문화에 진입하려는 많은 사람들은 그 문화의 모든 것을 배우고 싶어 한다. 그들은 새로운 문화(에믹)를 특징짓는 모든 단어, 의미, 가치관, 그리고 유물을 담은 문화사전을 수색한다. 물론 그러한 문화 특유의 지식을 습득하는 것은 지루한 작업이며, 문화 트레이너라면 문화 일반 지식, 즉 추상적으로 문화의 기술에 사용되는 (에틱) 차원과 보편성을 강조하는 경향이 있다.[6] 물론 사람들은 중립적인 렌즈를 통해 문화를 보지는 않는다. 다른 집단과 비교해서 자신의 집단을 긍정적으로 구별하려는 아주 흔한 욕구가 있다. 그래서 특히 이들 사이에 갈등이나 경쟁이 있을 때, 사람들이 다른 문화에 대해 부정적인 태도와 믿음을 다분히 더 많이 가질 수 있다. 이러한 태도는 언어에 의해 좌우된다. 특정 언어를 듣자마자 관련 태도와 고정관념이 현저하게 드러나게 된다. 커뮤니케이션은 흔히 이 여과기를 거쳐 진행되며, 개인의 판단은 왜곡된다.[7]

〈에믹과 에틱 개념 개관〉

에 틱	에 믹
– 문화 간 유사성 강조 – 행동 패턴이 보편적이라고 가정한다. – 아웃사이더의 관점 – 객관적 – 예 : 에토로부족의 소년들은 어른들을 펠라티오를 하는 법을 배울 때 성적 학대를 받는다. – 성적 학대의 에틱적 개념 활용	– 문화 간 차이점 강조 – 문화 고유의 행동 패턴 – 내부자의 관점 – 주관적 – 예 : 에토로부족 소년들은 자기들을 남자로 만들고 그들의 성공에 필요한 생명력을 주는 의식에 참여한다. – 자기네 의식이 독특하다는 에믹적 개념 사용

다문화 커뮤니케이션을 연구하는 학자들은 대면 상태에서 문화를 검토하였다. 문

6) 인류학자들은 관찰자의 선택을 '객관적', '주관적'이라는 말에서 비롯하는 혼란을 피하고자 '에믹emic'과 '에틱etic'이라는 말을 쓰기 시작하였다. 케네스 파이크는 phonetic(음성학적)과 phonemic(음소론적)이라는 용어의 접미사에서 에믹과 에틱이라는 말을 만들었다. 파이크의 구별은 인문과학에서의 객관성과 주관성의 의미를 분명하게 해주기 때문에 중요하다. 객관적이라는 것은 에틱적 관점을 취한다는 것과 다르다. 주관적이라는 것과 에믹적 관점을 취한다는 것도 같지 않다. 객관적이라는 것은 다른 지식방법과 구별되는 과학의 경계를 설정해 주는 인식론적 기준을 취한다는 것이다. 에틱적 현상이나 에믹적 현상 어느 쪽에 대해서든 분명히 객관적, 곧 과학적일 수 있다.

7) https : //www.youtube.com/watch?v=Cy2qKMZ_Yxk; https : //vimeo.com/250724018

화에는 사람들이 그들의 옛 문화와 새 문화에 두는 가치와, 사람들이 새 문화의 특징을 채택하려는 정도를 지적한 문헌들은 많다. 또한 언어 수용(accommodation)에 관한 많은 연구들도 있다. 이는 다른 문화에 대한 그들의 태도를 알리는 방법으로 두 개 이상의 언어를 구사할 수 있는 사람들이 다른 화자의 언어로 전환하거나 그들 자신의 언어를 유지하는 정도를 의미한다. 흔히 그 수용을 감지하기가 힘들어서 사용되고 있는 커뮤니케이션 양식의 세부적인 특징들이 잘 드러나지 않는 경우도 많다.

■ 왜 커뮤니케이션에서 문화 차이를 배울까?

다문화 커뮤니케이션 연구는 아주 흥미롭다. 세계가 인터넷과 대중 매체를 통해 가까워지고는 있지만, 문화는 여전히 그 나름의 특징을 보존하고 새로운 것을 개발한다. 예컨대 오늘날 문화는 그들 '패션'의 변별적인 특징을 강조한다. 심지어 한 문화권 안에서도 집단들은 자신들을 구별하고 다른 그룹들에 비해 긍정적인 정체성을 유지하기 위해 복장, 말투, 특수어 등 모든 커뮤니케이션 수단을 사용한다. 모든 문화가 소통하는 방식을 두루 배우는 것은 불가능할 수도 있지만, 좀 더 문화적으로 눈을 뜨는 것은 가능하고 또 바람직하다.

3.3. 문화 차원

문화 차원 개념은 이 세계의 모든 문화들을 다루고 그 답안을 개발해야 할 보편적인 범주나 주제가 있다는 기본적인 생각에 기초한 것이다.[8]

기본적인 주제나 가치관에 대한 이러한 가정은 모든 문화들이 각각의 가치문제에 대한 그들의 대답과 입장을 알게 되면 서로 비교할 수 있어야 한다는 것을 논리적으로 암시하고 있다. 따라서 이 접근법은 문화 전반에 걸친 일반적인 타당성을 주장하기 때문에 보편주의적 접근이라고 할 수 있다. 이러한 고려사항들을 토대로 지난 수십 년 동안 아주 다양한 문화 차원 개념이 개발되었다(Hofstede, 2001; Schwartz, 1994; Hall,

8) 이 테제에 근거하여 미국 사회학자 파슨스와 실스(Parsons/Shils, 1951), 미국 인류학자 클럭혼과 스트로트벡(Florence Kluckhohn/Fred Strodtbeck, 1961)이 처음으로 특정한 범주들을 개발하였다.

1976). 가장 유명한 대표자이자 선구자는 네덜란드의 인류학자 기어트 호프스테드(Geert Hofstede)의 문화 가치 지향적 연구이다.

3.2.1. 호프스테드의 문화 차원

호프스테드는 1960년대와 1970년대에 70개 이상의 국가에서 설문조사를 실시하였다. 참여자는 116,000명의 다국적 기업 컴퓨터 회사 직원이었기 때문에, 이러한 질문들은 주로 직장에서의 가치관에 관한 것이었다(Hofstede, 2001, 41). 상관성과 요인 분석을 통해 호프스테드는 궁극적으로 네 가지 기본적인 가치 또는 문화 차원을 도출하였다. 그는 1980년대에 중국에서 연구한 후 다섯 번째 차원을 추가했다. 각 차원은 0과 100이란 두 극을 지닌다. 그가 조사한 문화들은 설문 조사 결과에 기초하여 수치를 할당받아 차원들에 배치되므로 조사된 여타 문화들과 비교 가능하다. 원래의 네 차원과 추가된 두 차원을 아래에서 간략히 설명하겠다.[9]

1) 권력 거리(Power Distance Index, PDI)

권력 거리는 한 국가의 사회와 조직에서 권력의 불평등 배분을 수용하는 정도를 말하는 것이다. 권력 거리가 큰 국가에서 리더는 그들의 힘을 부하들에게 과시할 수 있는 반면, 권력 거리가 좁은 국가에서 리더는 그들의 힘을 완전하게 행사할 수 없다. 즉, 권력을 가진 직위는 독립적이고 권력을 거의 갖지 못한 하위계층은 종속적이다. 그래서 부하는 리더에게 충성해야 하고, 지시에 따라야 한다. 한국은 60점으로 평균보다 높다. 중국(80점), 말레이시아(104점), 멕시코(81점) 같은 아시아와 중남미 국가들이 높고, 북미나 서구 국가들은 낮은 편이다.

권력 거리 낮음	권력 거리 높음
부하도 결정에 참여하기를 기대한다. 부하는 상사에게 반대의견을 말하는 것이 일반적이라고 생각한다.	부하는 상사가 명확한 지침을 줄 것으로 기대한다. 상사에게 반대의견을 말하는 것은 이례적이다.

9) 도표들은 이성만 외(2020, 31ff.)에서 재인용함.

2) 개인주의와 집단주의(Individualism vs Collectivism, IDV)

개인주의와 집단주의(IDV)는 한 국가의 조직구성원이 한 집단의 구성원으로서보다는 독립적인 개인으로서 그들 자신을 평가하는 정도의 차이에 기초한 것이다. 개인주의 사회에서는 개인의 성취와 권리를 강조한다. 그 구성원은 자기 자신과 자기 직계 가족을 스스로 책임질 것을 요구받고 자신의 소속을 스스로 결정한다. 이에 비해 집단주의 사회에서 개인들은 거의 평생 동안 소속 집단이나 조직의 구성원으로서 행동한다. 여기서 말하는 집단은 Group을 뜻하며, 정치적 색채가 강한 State의 의미가 아니다. 개인주의는 미국이 91점으로 가장 높고, 같은 아시아에서도 일본이 41점인 반면 한국은 18점으로 가장 낮다.

개인주의	집단주의
자기 의견을 말하는 것은 일반적이다. 직원의 연대장악은 환영받는다.	직원연대는 거의 지원받지 못한다. 조화를 유지해야 한다. 집단(그룹)이 중요하다.

3) 불확실성 회피(Uncertainty Avoidance Index, UAI)

이 지표는 한 국가의 조직 구성원이 불확실하거나 낯선 상황을 최소화하여 불안이나 위협에 대처하는 정도에 기초한 것이다. 이 지표가 높은 사회는 감정적인 성향이 더 강하며, 알 수 없거나 이례적인 환경의 발생을 최소화하고, 사회 변화에 대해 계획과 규범, 법과 규제를 통해 신중하고 점진적인 태도를 취하며, 안정적인 직업을 선호한다. 반대로 이 지표가 낮은 문화는 비체계적인 상황이나 가변적인 환경을 자연스럽게 받아들이고, 규칙은 되도록 적게 만들려는 경향이 있다. 이런 문화권은 실용적 성향이 더 강하며, 변화에 관용적이다. 예컨대 한국에서 학벌, 스펙이 중요한 이유는 미래의 불확실성을 최소화하는 중요 수단인 때문이다. 근래 정부가 추진하는 창조경제, 벤처육성, 노동시장의 유연성 관련 정책들은 한국 사회의 이러한 경향을 헤아리지 않으면 효과를 거두기 어려울 수 있다.

불확실성 회피 약함	불확실성 회피 강함
일탈적, 혁신적 사고와 행동방식에 관용적이다. 업무활동의 구조화가 약하다. 상사가 '난 모르겠다.'고도 말한다. 수뇌부도 전략적 노력을 같이 한다.	일탈적, 혁신적 사고와 행동방식에 억제적이다. 업무활동의 구조화가 강하다. 수뇌부가 세부문제들에 집중한다. 상사가 모든 것에 대답해야 한다.

4) 남성성 대 여성성(Masculinity vs Femininity, MAS)

이 지표는 남성과 여성의 역할이나 행동의 차이에 근거한 것이다. 이 지표가 낮은 사회는 인간관계, 삶의 질을 중요시하지만 표면적인 성공에는 존경의 정도가 약하다. 예컨대 한국(39점)의 경우 표면적으로는 경쟁적이고 성취 중심 사회인 듯하다. 그러나 봐주기, 정상참작, 법과 규정에 대한 융통성, 사회적으로 성공한 인물들이 국민의 진정한 존경을 받는다고 할 수 있을지는 의문이다. 한국과 유사한 문화권의 일본(90점)과 미국, 독일 등은 남성성 지표가 아주 높고, 스웨덴, 덴마크 등은 아주 낮다.

남성성	여성성
상사가 결정한다. 직원들의 경쟁과 업적이 강조된다. 높은 업적을 쌓은 자에게 유형적 보상을 한다.	합의가 중요하다. 직장생활의 균등과 질에 중점을 둔다. 높은 업적을 쌓은 자에게 무형적, 가족 지향적 보상(에, 유급휴가)을 한다.

5) 장기 지향성과 단기 지향성(Long-Term Orientation, LTO)

장기 지향적 사회는 이념이나 신앙, 관습보다는 실제 생활에 유용한 덕목과 장기적 관점에서 이익을 추구한다. 그러니 미래에 더 많은 중요성을 부여한다. 단기 지향적인 사회는 미국(26점)처럼 높은 애국심, 종교, 낙태, 동성결혼 같은 이념적 이슈와 기업경영에서 단기적 이익을 중시한다.

장기 지향성	단기 지향성
장기 계획을 세운다. 전통 중시 목표 추구 시 인내와 끈기 절약	단기 계획이 장기 계획보다 중요하다. 단기 이윤 추구 강한 소비성향 체면손상 회피

6) 쾌락과 절제(Indulgence versus Restraint, IVR)

이 차원은 자신의 욕구와 충동에 따라 행동하는 경향, 즉 삶을 통제하고 여가의 시간과 의미를 깨닫고 행복을 추구하는 지표이다. 이 차원은 처음에 민코프(Michael Minkov)가 세계 가치관 조사 자료 분석을 반영하여 공식화하고 나중에 호프스테드가 문화 차원으로 채택한 것이다. 이 지수가 높은 국가는 대체로 낙관적이고 삶을 즐기려는 경향을 보인다. 여가와 휴가가 중요하게 인식되는 사회이다. 이 지수가 낮은 사회는 비관적이고 냉소적인 성향을 보인다. 여기와 취미 생활에 대한 욕구가 낮고 죄의식을 느끼기도 한다.

낮은 관용, 높은 자제	높은 관용, 낮은 자제
목표 달성에 개인적인 원칙 자유에 낮은 우선순위	노동, 절약, 일탈에 유연한 태도 자유에 높은 우선순위

호프스테드의 남성성 차원은 그의 개념들 중 가장 심한 비판을 받은 차원이다(Emrich et al. 2004 참조). 특히 이 차원이 개인주의 차원과 명확한 구별이 어렵고 또 관례적인 성별 역할이 강조되고 있기 때문에 호된 비판을 받았다.

호프스테드의 문화 차원 개념은 격렬한 비판이 뒤따르기도 했다(예, Gooderham/Nordhaug, 2003). 그러나 교육 및 학습 방식 연구(Joy/Kolb, 2009)나 글로브(GLOBE) 연구(House et al., 2004) 그리고 응용 분야에서도 나름의 대중성을 얻고 있다. 이는 극히 다양한 요인들이 상호작용한 때문이다. 이를테면 호프스테드는 문화 차원 분석의 개척자로 꼽힌다. 그의 연구 성과는 폭넓은 데이터에 기초하고 있을 뿐 아니라 이해하기도 쉽고 공감성도 좋다. 일반적으로 문화 차원 개념에 대한 비판을 제외하면, 호프스테드의 경우, 대부분의 데이터 자료가 40년을 훌쩍 넘긴 옛 조사에 근거하고 있다는 사실이다. 또한 호프스테드는 다국적 컴퓨터 회사(IBM) 직원들에 초점을 맞추고 호프스테드의 적용에서 보듯이 모든 직업 분야와 생활 분야에 대한 일반화를 자동으로 허용하지 않는 기업 문화를 형성하고 있다.

호프스테드의 입직 외의 또 다른 문화 차원 연구로는 특히 홀(Hall, 1976, 1987, Hall/Hall, 1990)의 문화 차원 개념이 주목받고 있다(예, House et al. 2004, Layes, 2005). 따라서 이들과 호프스테드와의 공통점과 차이점과 관련해서 간단히 살펴보겠다.

미국의 문화인류학자 에드워드 홀(Edward Hall, 1987)은 고맥락(High Context) 문화권과 저맥락(Low Context) 문화권을 구별한다. 저맥락 문화에서는 주로 언어, 대화, 글, 정보 등으로 커뮤니케이션을 하고 직설적이다. 반면 고맥락 문화에서는 한 시점의 상황과 맥락이 중요한 커뮤니케이션 요소이고 우회적인 표현이 많아서 표현된 내용에서 상대의 진의를 유추하는 단계가 필요하다. 고맥락 사회에서는 상황이 프로그램화되어 신속하고 간결하고 효율적일 수 있지만 프로그램화가 제대로 되지 않으면 커뮤니케이션이 불안전하다. 따라서 저맥락 문화에서는 메시지에 대부분의 정보가 담겨 있어서 맥락이나 상황이 덜 중요한 반면, 고맥락 문화에서는 대부분의 정보가 상황이나 사람들에 내제되어 있어서 한국인의 '눈치' 문화처럼 상대방의 뜻을 미루어 짐작해야 하는 경우가 빈번하다.

홀에 따르면 서양, 특히 미국과 독일은 저맥락 문화가 지배적이고, 동양 특히 한국과 일본은 고맥락 문화가 우세하다고 정의한다. 하지만 문화는 변화하는 것이다. 현재 한국은 고맥락 의사소통만으로는 소통이 원활하지 않은, 저맥락 방식과 고맥락 방식이 혼재되어 있는 문화에 살고 있다. 그러니 이런 커뮤니케이션 방식의 차이 때문에 소통에 어려움을 겪기도 한다.

집단주의 문화가 견고할수록 고맥락 문화권이 지배적이고 개인주의 문화가 강할수록 저맥락 문화권이 우세하다. 서양의 저맥락 문화권에서는 사람을 맥락에서 떼 내어 보기 때문에 개인은 집단에 대하여 지극히 독립적이다. 반면 동양의 고맥락 문화권에서는 개인과 집단과의 조화를 중시하므로 집단적 가치를 우선시 한다. 커뮤니케이션을 통한 문화권의 영향에 대한 이해는 글로벌 문화공간으로서의 공항 커뮤니케이션에서 중요한 역량에 속한다.

3.4. 문화 차원 개념의 비판

호프스테드의 차원이론은 그 동안 다양한 비판을 받아왔다. 이유는 많다. 접근방법과는 상관없이, 양적 지향적이든 질적 지향적이든, 문화를 양극의 차원에 배치하는 것은 문화 차이의 계량화 가능성을 암시(포함)하기 때문이다. 이것은 특히 호프스테드의 사례처럼 조사한 문화에 숫자를 부여하는 모델들에서 뚜렷해진다. 그래서 이를테면 미국의 개인주의(91점)는 독일(67점)보다 더 높지만, 독일은 그리스(35점)보다는 더 개인주의적이다. 물론 이런 비교는 독일과 비교할 때 미국의 개인주의적 방향이 어떻게 그리고 무엇에서 드러나는지에 대한 어떠한 정보도 제공하지 않는다. 이는 또 다른 사례로도 설명 가능하다. 호프스테드의 경우, 영국과 독일은 모두 권력 거리 지수가 35점이므로, 두 나라의 권력 거리는 동일하다. 이는 Schmid/Thomas(2003, 116)의 문화 간 연구에서도 확인된다. 그래서 이들은 영국의 위계구조가 더 섬세하고 더 간접적임을 입증하고 있다. 독일 사람들은 상사와 직원 간의 거리가 더 미미하다고 잘못 생각하는 경우가 흔하다. 질적 차이를 보이지 않는 이러한 일차원성의 문제는 – 호프스테드에서 흔히 볼 수 있듯이 – 이차원적 국가지도를 만들더라도 해결될 문제가 아니다. 이런 이차원적 국가지도는 좀 더 자세한 이미지를 제공하기는 하지만, 부족한 질적 정교함을 상쇄하기는 어렵다.

04
공항과 문화 : 리치포인트

공항은 감정과 변덕이 큰 장소이다. 기대감, 재회, 지루함, 스트레스 – 이런 모든 것들이 공존하기 때문이다. 여기서 사람들이 실제로든 상징적으로든 걸음걸이를 할 수 있다는 것은 놀라운 일이 아니다. 하지만 이 다섯 가지 행동 규칙들은 모든 것을 더 쉽게 만든다. 이 장에서는 공항–에티켓을 살펴보기 전에 'rich points' 개념의 도입 필요성을 제시하겠다.

4.1. 리치포인트?

언어문화(Linguaculture)는 언어가 문법이나 어휘 같은 요소뿐 아니라 과거지식, 지역정보와 문화 정보, 습관과 행동 같은 요소들도 포함한다는 뜻이다. 이 용어는 미국 인류학자 마이클 애이거(Michael Agar)가 만들었다.

애이거는 그의 저서 〈언어충격(Language Shock)〉에서 처음으로 '언어문화 : 대화 문화 이해하기(Linguaculture : Understanding the culture of conversation)'라는 용어를 사용했다. 언어문화는 미국의 언어 인류학자 폴 프리드리히(Paul Friedrich)가 만든 용어인 'linguaculture'를 개량한 것이다. 애이거는 'language'가 영어에서 더 일반적으로 사용되는 단어라고 말하면서 바꿀 필요가 있음을 지적한다.

애이거는 '언어문화'를 언어와 문화를 잇는 데 꼭 필요한 연결고리라고 정의한다. 그는 언어와 문화가 항상 밀접하게 연관되어 있으며 언어와 문화를 구별하기는 불가능하다고 강조한다. 그러므로 만약 우리가 어떤 특정 언어로 표현된 문화를 알지 못한다면 우리는 실제로 그 언어를 안다고 할 수 없다.

문화의 개념과 그 문화를 이해한다는 것은 애이거가 LC1(출발 언어문화)과 LC2(목표 언어문화)를 정의하고 있는 두 개의 서로 다른 언어문화를 서로 연결한다는 뜻이기도 하다.

■ 리치포인트

목표 언어문화의 학습은 '리치포인트(rich points)'에 의해 가능하다. 우리는 우리가 이해하지 못하는 어떤 행동에 직면했을 때 문화가 우리와 다르다는 것을 깨닫는다. 리치포인트는 그러한 놀라움, 즉 출발 언어문화source languaculture와 목표 언어문화 target languaculture의 차이를 알려주는 아웃사이더(외부인)의 기대에서 출발하는 것이다. 이것은 여러분이 갑자기 무슨 일이 일어나고 있는지를 알지 못할 때 몰이해, 곧 이해하지 못하는 순간이다. 이런 상황에서는 다른 반응이 가능하다. 여러분은 리치포인트를 무시하고, 다음 부분에서 이해되기를 바랄 수 있다. 여러분은 이것을 만든 사람이 다소 부족하다거나 무성의하다는 증거라고 생각할 수 있을 것이다. 아니면 여러분이 왜 이해하지 못하고 다른 언어문화가 작용하는지 궁금해 할 수도 있을 것이다. 따라서 리치포인트는 일상생활의 일부이고 언어에만 국한된 것은 아니다. 애이거(Agar 1995)는 'rich'라는 용어가 재물, 부유, 풍요의 긍정적인 내포의미가 있음을 강조한다. 가장 큰 리치포인트는 출발 언어문화와 목표 언어문화 간의 큰 차이로 인한 완전한 몰이해 상태이다. 이런 경우라면 우리는 깊은 당혹감을 일으키는 '문화 충격'에 직면하게 된다. 가장 작은 리치포인트는 같은 공동체의 또 다른 집단들 사이에서 일어날 수 있다.

리치포인트의 존재는 모든 진술이 암묵적으로 특정 문화에서 당연하게 받아들여지고 다른 문화의 요소들과는 매치되지 않는 다양한 요소들을 지칭한다는 사실에서 비롯된다(문화적 내재성 cultural implicitness).

필자가 일본에 들렀을 때 꽤 많은 리치포인트가 있었다. 이를테면, 어느 날 나는 도쿄에서 길을 잃었다. 도쿄 한복판에서 45여 분 정도 길을 잃은 것이다. 서울과는 너무나 다른 도쿄에는 거리 표지판이 없어서 경찰에게 길을 물었다. 서울에는 길모퉁이마다 거리 표지판이 있다. 도쿄 경찰관은 "서쪽으로 15분 정도 걸어가다가 우회전하시라"고 했다. 나는 키가 작은 편이었고 그 경찰은 일본사람치고는 키가 큰 편이었다.

나는 15분 정도 걷다가 우회전을 했다. 아마도 내가 걸어가야 할 곳을 1마일 정도 덜 온 듯하다. 이처럼 다른 모든 국면들은 정말 한 걸음 물러서서 "와, 우리 문화가 도쿄와 정말 다르네"라는 말이 절로 나오도록 만들었다. 음식에서부터 사람들이 서로 관계를 맺는 방식에 이르기까지 모든 게 달랐다.

또 다른 예는 필자가 독일의 2000년 역사도시 트리어에 있을 때였다. 지나가던 사람마다 우리의 '안녕하세요!'에 해당하는 "Hallo!", "Guten Morgen!"이라고 말했다. 내 문화의 일부로서 한국의 대전에서는 그런 일이 절대 일어나지 않는다. 하루 종일 사람들 옆을 지나가더라도 아무도 아무런 말도 하지 않는 것이 일반적이다. 그것은 필자가 두 도시의 차이를 알 수 있는 요소로 작용했기 때문에 나에게는 그것이 리치포인트였다. 독일의 고도 트리어 문화에서는 낯선 사람에게 "Hallo(= Hi)"라고 인사하며 더욱 반갑게 맞이하는 것이다. 대전에서 만약 여러분이 길거리에서 누군가에게 미소를 지으면 어떤 반응을 보일까. 아마도 상대방은 뭔 일이라도 일어난 듯 의아해할 것이다. 이것은 그들의 문화와 나의 문화의 차이점을 강조하는 것이기 때문에 나에게는 리치포인트인 것이다. 하지만 그것을 통해서도 나는 그들 문화의 가치와 신념에 대해 더 많은 것을 간파할 수 있게 된다.

■ 언어문화(Linguaculture) 속의 문화

애이거에 따르면, 문화는 출발 언어문화와 목표 언어문화를 번역한 구성체이다. 번역처럼, X의 문화는 관찰되는 관점을 참작하여 Y에 대한 X의 문화를 말하지 않고 X의 문화에 대해 말하는 것은 이치에 맞지 않다. 이러한 이유에서 문화는 상대적이다. 게다가 문화는 언제나 복수형이다. 그 어떤 사람이나 집단도 단순한 문화 라벨(single cultural label)로 전적으로 기술하거나 설명하거나 일반화할 수는 없다.

4.2. 공항과 매너 : 공항 에티켓

천천히 달리는 사람과 걸어가는 사람, 우리는 이들을 모두 알고 있다. 쇼핑몰과 지하철역에 적용되는 것은 공항에도 적용된다. '갑자기 멈춰 서지 마시오!' 특히 에스컬레이터 끝자락에서는 그러면 안 된다. 아니면 우측에는 서있고, 좌측에서 걸어가라! 방향을 바꿔 잠시 쉬고 싶으면 옆으로 비켜줘라! 이게 우리의 일반 공중 에티켓이다.

■ 공항 에티켓 : 좌석 선점

그렇다. 비행기 안은 비좁아서 극히 괴로운 공간이다. 그러나 공항의 좌석을 누군가가 미리 선점해 놓는 경우도 드물지 않다. 그래서 적용되는 규칙이 '가방은 반드시 바닥에 두어야 한다'는 것이다.

■ 공항 에티켓 : 시간 부족

시간은 촉박한데 보안검색 창구가 길게 늘어서 있다면 여러분은 패닉 상태에 빠질 수도 있다. 그렇다고 밀치고 앞서가면 안 된다. 'Fast Lane' 마저 빠르지 않다면 공항 직원에게 알려주는 게 상책이다. 그들은 알아채고는 더 빠르게 차례가 되도록 배려해 준다. 언제나 친절하지는 않더라도 차선책은 된다.

■ 공항 에티켓 : 꿀팁

되도록 많은 비즈니스 여행객들이 보이는 줄에 서라. 바로 이 사람들이 경험이 다분한 여행객들이다. 그러니까 이 줄이야말로 꽤 빠르게 진행되는 곳이다.

■ 공항 에티켓 : 체크인 줄서기

보딩(탑승)이 시작되기 훨씬 전, 누구나 체크인 하면서 길게 늘어선 줄을 웃음거리로 삼는다. 무슨 사람들이 이렇게 많이 들락거리는지 모르겠다는 식으로 투덜거린다. 그러니까 비행기가 더 빨리 오는 것도 아니고, 좌석은 이미 배정된 상태이고, 실제로 수하물 보관함의 빈자리와 관련된 것도 아니라는 식이다. 그러니 조급하게 서두르지 말고 스트레스도 받지 마시라. 보딩할 시간이라고 안내될 때까지 기다렸다가 느긋하게 움직이면 된다.

■ 공항 에티켓 : 수하물 수취 컨베이어벨트에서 자리잡기

모두가 그곳에 몰려가서 수하물 출구 쪽 벽에 난 작은 구멍을 뚫어져라 응시한다. 꼭 그래야 한다. 대개는 수하물 컨베이어벨트 자체에는 아무것도 보이지 않기도 하고, 누구나 자기 가방을 놓치지 않으려고 코앞에 바짝 붙어서 있기 때문이다. 더 좋은 방법은 거리를 두는 것이다. 자기 가방이 나오는 것이 보이면 그 때 컨베이어벨트로 가서 처리하면 된다. 그렇지 않으면 느긋하게 한 발 물러서서 기다리시라.

수많은 인파, 조급함, 시간 압박 등과 같은 요인들을 마주하는 글로벌 공간이 공항이다. 여러분에게 엄청난 충격을 줄 수 있는 요인들이다. 아래에서는 다른 여행객들을 귀찮게 하지도 않고 또 서로 스트레스를 받지도 않고 여유롭게 공항에서 여러분의 시간을 보낼 수 있는 공항 에티켓들을 모았다.

■ 재촉하지도 떠밀지도 마라!

승객 중 열에 아홉은 탑승 30분 전에 이미 게이트에서 줄을 서 있다. 비행기로 가는 램프버스는 아직 올 기미도 없고 문도 모두 잠겨있건만, 승객들은 비행기가 자기들을 태우지 않고 이륙할까봐 노심초사하는 듯하다. 이기적으로 그들은 다른 사람들을 밀치고 팔꿈치를 넓게 벌리기도 한다. 절대 '못 간다(No-Go)!'는 식이다. 보통은 티켓에 지정 좌석 번호가 있어서 먼저 탑승할 필요가 없는 데도 말이다. 그리고 수화물 보관함에서 자기 핸드캐리어 공간을 찾을 걱정을 하는 사람이라면 다음부터는 그저 작은 캐리어를 끌고 갈 생각을 하자. 그리고 탑승하라고 요청할 때까지 느긋이 기다리자. 많은 항공사들은 승객들이 물밀 듯 밀려들어오지 못하도록 비행기의 탑승할 좌석 열에 따라 승객들을 보딩하기도 한다.

■ 수하물 수취 컨베이어벨트 앞에서 거리를 유지하자!

매우 간단할 수 있다. 도착 승객들은 수하물 컨베이어벨트에서 몇 미터 떨어진 곳에 서 있다가 자기 가방이 나오면 몇 걸음 앞으로 가서 자기 것을 낚아채서 여유롭게 갈 길을 가면 된다. 그게 올바른 매너이다. 실제로는 어떨까. 모두들 컨베이어벨트에 바짝 붙어있다. 뒤에서 보면 참을성 없는 여행객들뿐이고 짐은 하나도 보이지 않는다. 그러니까 거리를 유지하자!

■ 갑자기 가던 길을 멈춰 서지 마라!

휴대폰이 울린다. – 어디로 가야 하지? – 그런데 어디 있는 거지? – 이유야 어찌되었든 여러분의 발걸음을 늦추더라도 갑자기 가던 길을 멈추면 안 된다! 여러분이 문이나 에스컬레이터 근처에 있을 때는 그렇게 하지 않아도 된다. 혼잡한 공항에서는 언제나 많은 일들이 터진다. 누구나 자기 앞사람에게 신경을 쓰지는 않는다. 이를테면 동선 흐름을 빨리 중단하는 바람에 사고가 발생할 수 있는데, 특히 캐리어를 끄는 수많은 고객들이 왕래하는 곳이라면 더더욱 그러하다.

■ 에스컬레이터에서 우측은 서있는 곳, 왼쪽은 걸어가는 곳!

셔틀버스가 늦었다든지, 게이트가 갑자기 변경되었다든지, 아니면 늦잠을 잤다면? 공항에서 급하게 서둘러야 하는 이유는 수없이 많다. 그런데 서두르는 고객들의 가장 큰 장애물은 에스컬레이터에서 어떻게 행동해야 하는지 모르는 또 다른 에스컬레이터 사용자들이다. 사회규범에는 오른쪽은 서있는 곳이고 왼쪽은 걸어가는 곳으로 되어있다. 예컨대 서두를 필요가 없는 고객은 에스컬레이터를 타고 올라가려는 바쁜 고객들을 방해하지 말고 오른쪽에 편안히 서 있기만 하면 된다.

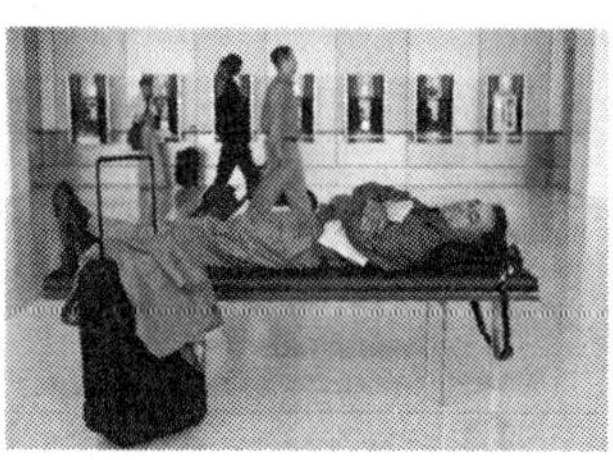

■ 좌석을 독점하지 마라!

공항들 중에는 앉을 좌석이 넉넉지 못한 곳도 드물지 않다. 여러분의 가방을 그곳에 올려놓고 자리를 독점하지 말자. 만약 잠을 자고 싶으면, 많은 공항에는 피곤한 승객용 접이침대나 미니 간이침대가 구비되어 있으니 대여하자. 이런 악습은 매너 있는 교양인들에게는 어울리지 않는다.

■ 걸어 다니는 향수통이 되지 마라!

많은 여행객들은 통과구역에서 엄청난 쇼핑을 위해 시간을 소비한다. 마지막으로 어김없이 멋진 제품들로 가득한 이곳 면세점들을 기웃거린다. 특히 향수 상점을 놓치지 않는다. 그곳에서 냄새도 맞고 시험도 하고 뿌려보기도 하는데, 그게 옷에 스며드는 것이다. 하나같이 고급 상품들이다. 그렇지만 여기에는 많은 방문객들이 알지 못하기도 하는 테스트용 종이 띠가 있다. 그럼에도 그들은 왼쪽 손목, 오른쪽 손목, 목, 팔오금, 스카프 등에 향수를 한껏 뿌린 채 기내 뒤쪽으로 가서 앉아 있다. 그만! 이것이 일부 승객들의 예민한 코에 엄청난 부담을 준다는 사실을 깨닫자. 그러니까 테스트용 종이 띠를 사용하지 피부나 옷에 향수를 한 가지 이상 뿌리지 마라. 그러고 나서 인파 속을 헤집고 다니지 마라!

■ 세면기 물꼬를 막지마라!

장거리 비행 후 많은 승객들은 이를 닦고 청결하게 할 필요가 있다. 특히 밤새 비행을 했다면 더욱 그래야 할 것이다. 그러다보니 많은 사람들이 착륙할 때까지 비행기 화장실 주변을 서성인다. 그렇지만 공항에서도 아침화장을 하느라 다른 사람들이 손 씻을 기회조차 가로막지 않도록 주의하자. 칫솔을 입에 물고 한 걸음 뒤로 물러서자!

■ 안내방송에 주목하라!

딩동댕 – "…으로 예약하신 승객께서는…" – 이 안내방송을 모르는 사람은 없을 것이다. 그런데 자기 나라에서도 대부분 이 멘트는 이해한다. 해외에서라면 상황은 달라진다. 비영어권 지역이라면 이 영어멘트는 이해하기 어렵거나 자기 이름 안내방송도 알아듣기가 쉽지 않다. 그러니 안내방송의 이해에 어려움이 있는 승객이라면 주의가 필요하다. 큰소리치지 말고 조용히 행동하라.

■ 늦장부리지 마라!

체크인도 했겠다, 보안검사도 끝났겠다? 좋아! 면세점에서 쇼핑하고 커피 한 잔하고 재미나는 책 한 권 읽을 시간이 되네! 하지만 시간을 잘 지키시라. 여러분의 여행가방은 이미 비행기에 실렸고, 당신의 이름은 시스템에 입력된 상태! 말하자면, 여러분의 비행기는 여러분이 없이는 정시에 이륙하지 못하는 상황이다. 그러나 만약 여러분이 호출당해서 비행기가 여러분 때문에 늦어진다면, 그러면 전체 일정은 엉망이 되고, 여러분은 다른 승객들의 불만을 뒤집어써야 한다.

제2부
아시아

major airports in Asia

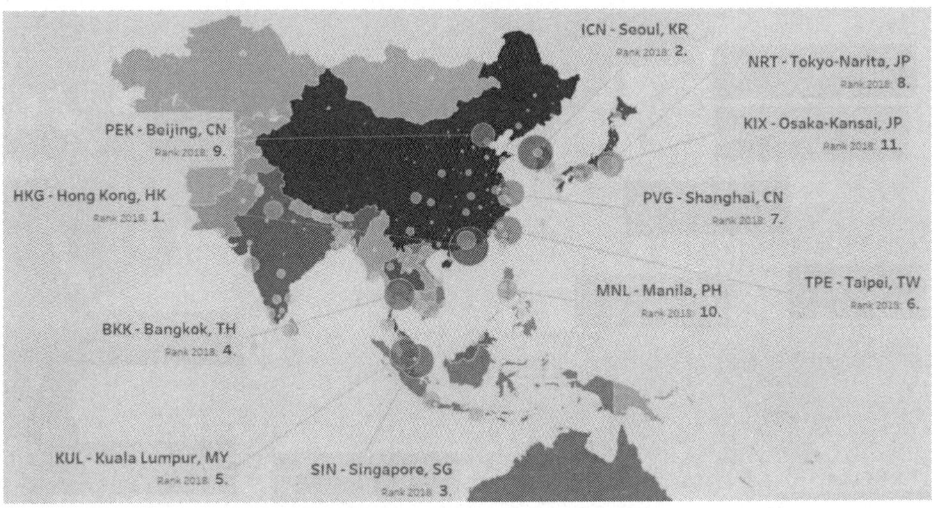

〈인용 : https : //www.moodiedavittreport.com/〉

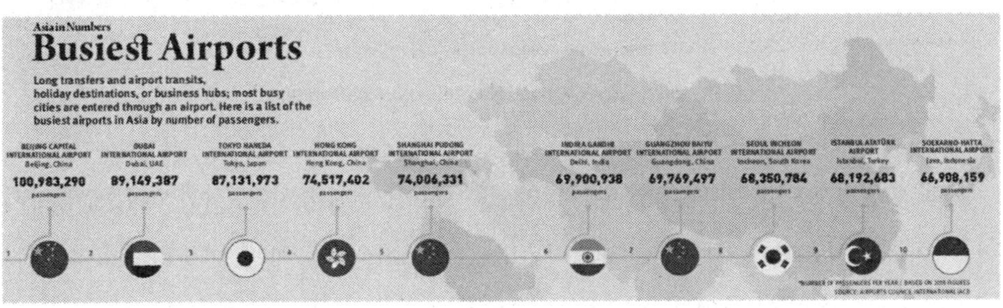

〈인용 : https : //www.asiangeo.com/articles/asia-in-numbers/〉

아시아는 세계 최대의 대륙이다. 그래서인지 어디까지가 아시아인지 의견일치를 찾기 어렵다. 아무튼 이 대륙 인구는 현재 44억 5천만 명이 넘는데, 이는 세계 전체 인구의 60%나 된다. 평균연령도 30.7세로 비교적 '젊은' 대륙이다. 이 수치도 급격한 인구 팽창으로 더욱 낮아질 수 있다. 이 대륙은 인구에서는 조금도 둔화의 기미가 없어서, 2050년에는 무려 5,266,848,432명에 이를 것으로 추산되고 있다.

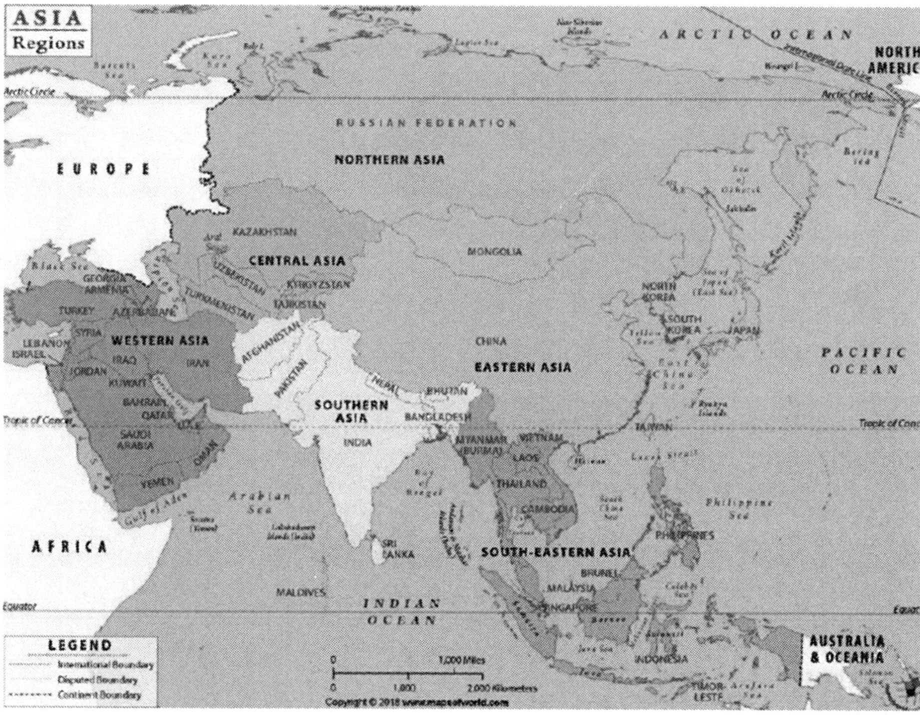

〈인용 : https : //www.mapsofworld.com/asia/regions/〉

위의 지도에서처럼, 이 대륙은 남아시아, 동아시아, 동남아시아, 서아시아, 중앙아시아, 북아시아의 6개 하위권으로 나뉜다. 이는 많은 여행객들에게 '버킷리스트' 목적지이기도 하다. 각 하위 지역은 여러 다른 나라들로 구성되어 있는 만큼 지리적인 특징, 음식, 관습, 문화, 복식, 날씨 등도 가지각색이다. 그러나 이 거대한 대륙을 깨부수는 가장 간단한 방법은 서로 다른 하위 지역들을 확인하는 것이다. 그러니 아시아 지도를 가지고 출발해보자.

■ 남아시아

인구가 1,870,640,803명(2019년)이나 되는, 아시아 최대의 하위 지역이다. 아프가니스탄, 방글라데시, 부탄, 몰디브, 네팔, 인도, 파키스탄, 스리랑카 등 히말라야 이남의 SAARC(South Asian Association of Regional Cooperation, 남아시아지역협력연합) 국가들로 구성되어 있다. 인도의 델리와 뭄바이, 파키스탄의 카라치, 방글라데시의 다카 등 세계에서 가장 인구가 많은 도시들이 모여 있는 곳이기도 하다. 이 지역은 비록 남아시아 지역이 '아대륙(Subcontinent)' 이상을 품고 있음에도 지질학적으로 인도 아대륙(Indian Subcontinent)이라고도 한다.

식민지 초기에는 전략가들이 남아시아를 동아시아의 일부로 여겼으나, 현재는 두 개의 별도 하위 지역으로 다루고 있다. 남아시아의 경계는 이 지역을 어떻게 정의하느냐에 따라 달라진다. 일부 지리학자들은 이란과 아프가니스탄의 특정 지역을 거대 서남아시아 지역에 넣기도 한다. 남아시아는 인구도 가장 많을 뿐 아니라 네팔에 위치한 세계 최고봉인 에베레스트 산도 가지고 있다.

■ 동아시아

인구가 1,624,853,705명(2019년)으로, 아시아 2위를 차지한다. 중국, 몽골, 대만, 북한, 한국, 일본 등의 나라들이 이 지역에 있다. 일본의 도쿄, 한국의 서울, 중국의 베이징 같은 세계적인 도시들도 동아시아에 있다.

세계에서 가장 성공적이고 발전된 경제권 중 하나로, 동아시아의 재정적인 상황은 번창중이다. 한국, 대만, 일본처럼 기술적으로 가장 발전된 나라들도 이곳에 있다. 일본은 평균연령이 44.6세나 되는, 세계 2위의 '늙은' 나라이기도 하다.

유럽이나 미국에서 동아시아로 온다면 장거리 비행이겠지만, 우리가 동아시아 국가들을 방문하기는 어렵지 않다. 중국은 면적으로 세계 3위이지만 시간대는 한 곳밖에 없다.

■ 동남아시아

이곳에는 브루나이, 캄보디아, 티모르, 인도네시아, 라오스, 말레이시아, 미얀마, 필리핀, 싱가포르, 태국, 베트남이 있으며, 인구는 647,589,953명(2019년)에 이른다. 동남아시아는 지리적으로 '인도차이나'라고도 하는 본토 동남아시아와 해양 동남아시아로 다시 나뉜다. 본토 동남아시아는 베트남, 라오스, 캄보디아, 태국, 미얀마, 반도 말레이시아로 구성되어 있고, '해양 동남아시아'에는 인도네시아, 필리핀, 동말레이시아, 브루나이, 싱가포르, 동티모르가 있다. 크리스마스 섬과 코코스 섬은 호주가 지배하고 있지만, 여전히 동남아시아의 일부이다.

종교는 불교와 기독교도 인기가 있지만, 이슬람교도가 가장 많이 분포한 지역이기도 하다. 종교도 다양하지만 사용되는 언어도 많다. 예컨대 인도네시아에는 700개 이상의 언어가 사용되고 있는데, 사용언어 수치만 놓고 보면 세계 1위에 해당한다.

■ 서아시아

이 지역에 위치한 국가는 아르메니아, 아제르바이잔, 바레인, 키프로스, 조지아, 이라크, 이스라엘, 요르단, 쿠웨이트, 레바논, 오만, 카타르, 사우디아라비아, 시리아, 터키, 아랍에미리트, 예멘 등이다. 시나이 반도에 속한 이집트는 아시아와 아프리카에 걸친 대륙횡단 국가(transcontinental country)이다. 정의에 관계없이 서아시아 지역은 인구가 266,169,673명(2019년)으로 추정된다.

동유럽 바로 남쪽에 위치한 서아시아는 에게 해, 흑해, 카스피 해, 페르시아만, 아라비아 해, 홍해, 지중해 등 7개의 주요 바다로 둘러싸여 있다. 코카서스 산맥은 이 지역의 북쪽에 위치하며, 동쪽은 중앙아시아와 인접해 있다. 이 지역에서 표고가 가장 높은 곳이 남아시아라면, 표고가 가장 낮은 곳은 요르단과 이스라엘 사이에 위치한 내륙 소금바다 사해(Dead Sea, 해수면보다 421m 낮음)이다.

■ 중앙아시아

아시아에서 가장 작은 하위 지역이 중앙아시아이다. 지리학자 알렉산더 폰 훔볼트(Alexander von Humboldt)에 의해 1843년 별개의 지역으로 분류되었다. 이 지역에는 특이하게도 높은 고갯길과 고봉뿐 아니라 다양한 지리와 넓은 사막지내도 있다.

중앙아시아에는 카자흐스탄, 키르기스스탄, 타지키스탄, 투르크메니스탄, 우즈베키스탄 등 구소련의 5개 공화국이 있으며, 인구는 6924만1030명(2019년)으로 추정된다. 카자흐스탄은 면적이 가장 넓은 국가인데, 과거에는 수도가 서부 국경지역에 있었으나 현재는 아스타나로 대체되었다.

■ 북아시아

북아시아는 흔히 동아시아와 합쳐서 동북아시아라고도 하는데, 러시아의 아시아 지역에 위치한 시베리아와 러시아 극동으로 구성되어 있다. 시베리아는 동양과 서양을 구분하는 우랄산맥(혹은 오비 강)의 동쪽 지역에서 캄차트카 반도, 사할린 섬과 쿠릴열도를 포함한 북태평양에 이르는 광대한 지역이다. 구 소련과 러시아연방의 경제지역 구분에 의하면, 서시베리아는 북극해(카라 해)로 흘러 들어가는 예니세이 강의 서쪽부터 우랄산맥(혹은 오비 강) 사이의 지역이고, 예니세이 강부터 레나 강의 사이가 동시베리아에 해당한다. 극동지역은 레나 강의 동쪽부터 태평양에 이르는 넓은 영토와 사할린 섬과 쿠릴열도를 포함하고 있다.

북아시아에 위치한 주요 도시로는 이르쿠츠크, 옴스크, 블라디보스토크, 노보시비르스크, 예카테린부르크, 바르나울 등이 있다. 북아시아에서 사용되는 언어로는 러시아어, 몽골어, 투르크어, 아이누어, 에스키모-알류트어 등이 있다.

북아시아의 기후는 지역에 따라 천차만별이다. 시베리아 지역은 대부분이 추운 대륙성 기후이다. 서시베리아의 사막지대, 툰드라지대, 동시베리아의 타이가 지대, 극동지역의 몬순 기후대 등 다양한 기후대가 분포하고 있다. 특히 위도상 북단에 위치하는 시베리아 지역은 연평균기온이 0℃ 이하인 지역이 대부분이다. 7월의 경우 15~17℃ 정도이며, 1월은 −25~−30℃를 보이며, 대부분 지역이 영구동토 및 계절 동토 지역이다.

01
한국

⟨http : //www.orangesmile.com/common/img_country_maps/south-korea-map-3.jpg⟩

국명	대한민국
면적	100,363 km^2
해안선	14,963 km
수도	서울
인구(명)	51,780,579명 (2020)
공용어	한국어
종교	무종교 56.1%, 개신교 19.7%, 불교 15.5%, 가톨릭 7.9%
건국일	2333 B.C.(개국일), 1948년 8월 15일(정부수립일)
정체	민주공화제
통화	원(Won)
도메인	.kr

1. 공항 : 나라의 관문

■ 인천국제공항(Incheon International Airport)

– IATA : ICN　　ICAO : RKSI

한국의 최대 국제공항이다. 한국 국제선의 약 78%가 이곳에서 운항한다. 이 공항은 국제선 전용 공항이라서 이 공항의 국내선은 국제선 환승 전용이다. 간혹 심야에 제주발 국내선의 커퓨타임(Curfew)[10]에 따른 대체 착륙 공항으로 이용되기도 한다.

인천국제공항은 2001년 3월 29일 개항과 동시에 서울 소재 김포국제공항의 당시 국제선 노선을 일괄 이관 받았다. 영종도와 용유도 사이의 바다를 메워서 만든 해상공항이라서 내륙공항인 김포국제공항과 달리 24시간 운항된다. 1999년 2월 1일 설립된 인천국제공항공사(IIAC)에서 공항 운영을 담당한다.

대한항공, 아시아나항공, 제주항공, 진에어, 이스타항공, 티웨이항공, 에어서울, 폴라에어 카고 등이 이 공항을 허브 공항으로 사용하고 있다.

1) 역사

인천국제공항은 기존의 김포국제공항 인근이 인구밀집 주거지역이라서 확장이 불가능하고 24시간 운영에 한계가 있어서, 증가하는 국제선 수요에 대응하고자 1992년부터 영종도와 용유도 사이의 간척지 부지에 2029년까지 5단계로 나누어 건설되고

10) 공항 운항제한시간을 뜻한다. 커퓨는 야간 시간대 항공편 수가 적어 굳이 공항을 오픈해 운영할 필요가 없는 경우, 정치적으로 야간 시간대의 교통, 움직임을 제한하는 경우, 아니면 항공기 이착륙에 따른 소음 문제 등으로 야간 시간대에 항공기 운항을 금지하는 것을 뜻한다. 한국의 민간 항공기들이 운항하는 공항들은 대개 커퓨가 없으나 서울 김포공항과 부산 김해공항은 일정시간대 커퓨가 운영되고 있다.

있다.

김포국제공항의 국제선을 이관할 신공항 건설은 1980년대 초부터 본격적으로 논의되기 시작하여 1984년 4월에 충청북도 청원군(현재의 청주국제공항)이 건설 예정지로 결정되었으나, 서울과 멀리 떨어져 있다는 점이 문제가 되었다. 1988년 3월에 정부는 기존 계획을 전면 수정하여 경기도 서남부(현 시화 간척지)를 신공항 부지로 검토하다가, 같은 해 12월에 배후 도시의 규모, 서울 및 김포공항과의 접근성 등을 고려하여 옹진군 영종도의 해안을 매립하여 신공항을 건설하기로 결정하고, 1990년 6월 15일에 현재의 인천국제공항 건설 계획을 확정·발표하였다.

건설 계획은 2029년까지 47km^{2}의 부지에 5본의 활주로와 연간 1억 3천만 명의 여객을 처리하는 시설을 갖추는 것을 목표로 하고 있다.

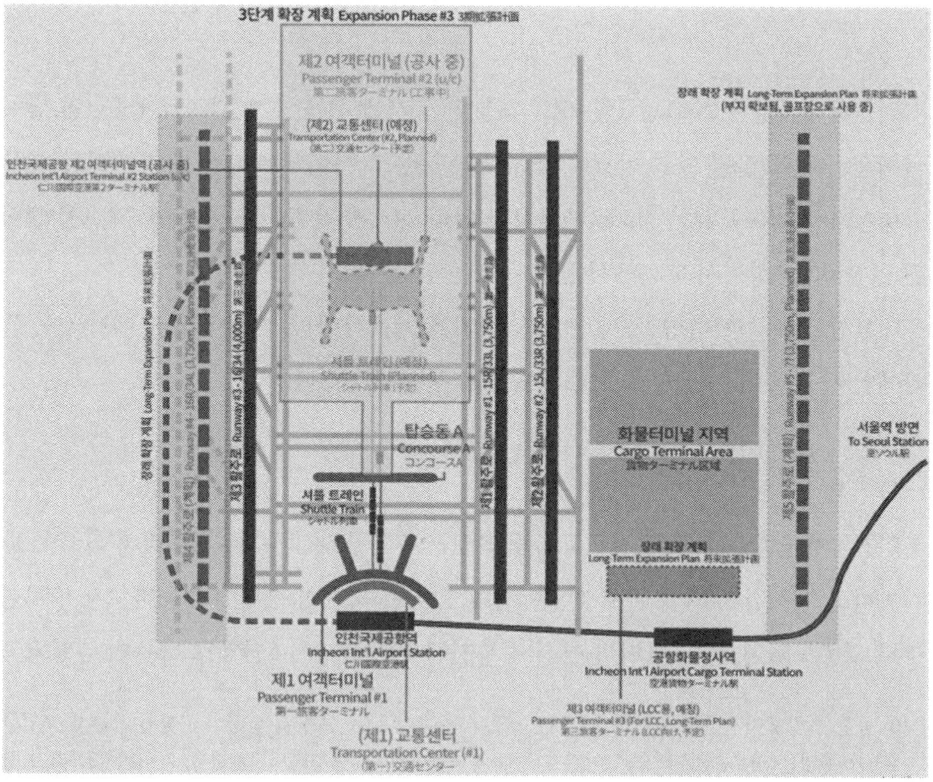

2) 활주로

현재 활주로 3본이 있다. 두 본(활주로 4와 5)이 더 완성될 예정이다. 모든 활주로가 평행을 이루고 있다.

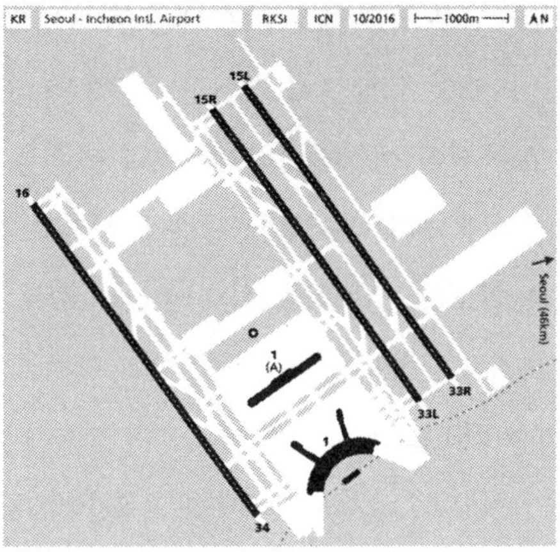

활주로	방향	길이(m)	표면
활주로 1	15R/33L	3750	아스팔트
활주로 2	15L/33R	3750	아스팔트
활주로 3	16/34	4000	아스팔트
활주로 4	건설 중		
활주로 5	건설예정		

3) 터미널

■ 터미널 1

2001년 3월 개항과 함께 운영되고 있는 터미널로, 1~50번까지 총 44개의 탑승구가 있다. 체크인 카운터가 270개, 여권심사대 120개, 보안검색대 28개, 출발여객 처리 용량은 시간당 6,400명이다. 2008년 6월 20일에 탑승동이 개장하면서 외국 항공사들이 이동하였고, 아시아나항공 등 대한민국 국적 항공사들이 탑승구를 이용하고 있다. 2018년 상반기에 제2 여객터미널의 개장으로 탑승수속 창구가 조정·재배치되었고, 아시아나항공이 인천공항 동편으로 이동하였다.

■ 탑승동

탑승동은 여객터미널의 여객 처리 능력을 늘리기 위하여 설치한 터미널 1의 부속 시설이다. 2008년 6월에 터미널 1에서 북쪽으로 0.9km 떨어진 곳에 건설되었고, 101~132번까지 총 30개의 탑승구가 설치되어 있다. 외국계 항공사는 탑승동이 설치되면서 모두 탑승동으로 옮겼다. 터미널 2가 개장된 후에는 일부 외항사들도 터미널 2을 사용하고 있다.

탑승동의 승객은 터미널 1의 27번과 28번 탑승구 사이에서 셔틀트레인을 타고 이동한다. 탑승동과 터미널 2 사이에도 길이 1.5km의 셔틀트레인이 연결되었다. 이 구간은 터미널 1(탑승동 포함)과 터미널 2 사이의 환승객을 위하여 운행한다. 셔틀트레인은 탑승동의 승객과 터미널 1(탑승동 포함) ~ 터미널 2 간의 환승객만 이용할 수 있다. 셔틀트레인을 타고 이동한 승객은 반대 방향으로 되돌아갈 수 없다.

1992년 설계 당시 인천국제공항은 미국의 하츠필드-잭슨 애틀랜타 국제공항을 모델로 삼아 여객터미널과 4개의 탑승동을 건설하는 것으로 설계되었고, 이러한 기본설계에 따라 애초에는 '탑승동 A'라고 불렸다. 그러나 2009년에 탑승동 B·C·D 계획을 취소하고 터미널 2를 건설하기로 하면서 '탑승동'으로 명칭이 변경되었다.

■ 터미널 2

터미널 2는 인천국제공항의 3단계 계획에 따라 터미널 1에서 북쪽으로 약 2.4km 떨어진 곳에 35만m^2의 규모로 건설되었다. 2013년 9월 26일에 착공하여 2017년 9월 30일에 완공, 2018년 1월 18일에 개장하였다. 230~270번까지 총 40개의 탑승구가 있다. 체크인 카운터가 204개, 항공권 자동 발급기인 셀프 체크인 기기 62대, 셀프 백드롭 34대, 자동출입국 심사대 52대, 여권심사대 20여 개, 보안검색대 24개, 출발여객 처리 용량은 시간당 약 5,000명이다. 개장 초에는 스카이팀 항공사 중 대한항공, KLM, 에어프랑스, 델타 항공이 사용하였고, 2018년 10월 28일에 아에로멕시코, 알리탈리아, 중화항공, 가루다 인도네시아 항공, 샤먼항공, 체코항공, 아에로플로트 등 7개 항공사가 추가로 배치되었다. 이후 시설을 2배까지 확장해 스카이팀에 소속된 모든 항공사가 터미널 1에서 옮겨와 사용할 계획이다.

■ 터미널 3

최종 확장을 위해 터미널 1의 동쪽과 화물 터미널 남쪽에 3번째 여객터미널을 건설할 계획이다.

2. 지리와 역사

2.1. 지리적 배경

'남한'(South Korea)이라고도 하며, 분단국가이다. 6·25전쟁 후인 1953년 휴전협정 체결 후 북한과 휴전 상태에 있다. 남북으로 길게 뻗은 반도와 3,200여 개의 섬으로 이루어져 있다. 북쪽은 압록강과 두만강을 건너 중국의 만주와 러시아의 연해주에 접한다. 동쪽과 남쪽은 동해와 남해를 건너 일본을, 서쪽은 서해를 사이에 두고 중국 본토를 마주한다.

행정구역은 1개 특별시(서울특별시), 1개 특별자치시(세종특별자치시), 6개 광역시(부산광역시, 인천광역시, 대전광역시, 대구광역시, 광주광역시, 울산광역시), 1개 특별자치도(제주특별자치도) 그리고 8개 도로 이루어져 있다.

1) 국기

태극기는 태극과 팔괘를 중심으로 구성되었다. 태극은 우주 자연의 궁극적인 생성원리를 나타낸다. 적색은 존귀와 양(陽)을 상징하고, 청색은 희망과 음(陰)을 나타낸다. 팔괘는 천지일월(天地日月)·사시사방(四時四方)을 의미하는 창조적인 우주관을 담고 있다. 따라서 태극기 전체는 평화·통일·창조·광명·무궁을 상징한다. 태극기를 국기로 처음 사용한 때는 1882년 5월 조미수호통상조약에서이다. 국내에서는 1883년부터 국기로 제정하여 공포·사용하고 있다.

2) 산지

한국의 산맥 중 중추는 태백산맥과 낭림산맥 등 이른바 한국 방향의 산맥이다. 그리고 랴오둥 방향의 산맥과 중국 방향의 산맥이 있다.

이 산맥들에는 백두산(2,744m)을 비롯한 고봉들이 솟아 있다. 휴전선 이남의 주요

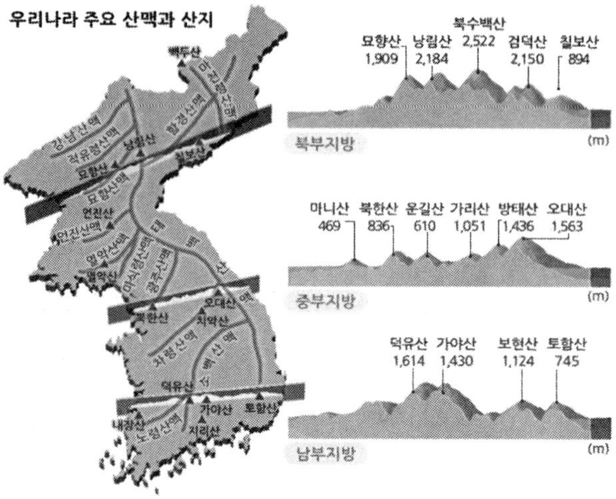

산은 소백산맥의 지리산(1,915m), 태백산맥의 설악산(1,708m) · 태백산(1,567m) 등이다. 제주도의 한라산(1,950m)은 휴전선 이남에서 가장 높은 산이다. 산맥에는 교통의 요충지 역할을 하는 재[고개]가 많이 분포해 있다. 휴전선 이남에서는 대관령(832m) · 육십령(734m) · 죽령(689m) 등이 유명하다.

3) 기후

한국은 위도에 비해 연교차가 크다. 여름은 무덥고 겨울은 춥고 길다. 고온다습한 북태평양 기단이 동북아시아를 지배하는 8월에 최고기온이 나타난다. 장마가 끝나는 7월 말 이후 북태평양 기단이 확장되면 날씨가 맑아지고 이에 따라 일사량이 증가한다. 한국에서 겨울 기후의 특색 중 하나가 삼한사온 현상이다. 이는 북서몬순의 강약에 따라 이루어지는 기온추이의 파동현상 중 하나이다. 즉, 겨울철 기온은 대체로 7~10일 주기로 내습하는 한파에 의해 승강현상이 되풀이된다. 한파는 11월 중순부터 나타나기 시작하여 2월 말까지 여러 차례 내습한다. 때로는 3월에도 이른바 '꽃샘추위'가 나타난다.

4) 종교

한국의 종교는 불교 · 기독교 · 유교 및 신흥종교의 네 부류로 대별된다. 불교와 유교는 오랜 역사적 배경을 가진 동양문화권의 유산으로 토착화가 이루어진 한국의 전통종교이다. 기독교는 서양문화의 산물로서 가톨릭과 개신교(프로테스탄트)가 각각 유럽과 미국에 전도되어 성장한 종교이다. 신흥종교는 제도종교에 비해 성립시기가 오래

되지 않은 종교로, 원불교·천도교·대종교·통일교 등이 대표적이다.[11]

'2015인구주택총조사'에 따르면,[12] 종교가 있는 국민은 43.9%, 없는 국민은 56.1%였다. 1995년부터 10년 주기로 실시된 이 조사에서 무종교로 답한 비율이 처음으로 절반을 넘었다. 전체 조사 대상자 중 개신교도가 19.7%(967만 명), 불교도가 15.5%(761만 명)로 나타났다. 천주교는 7.9%(389만 명)였다. 종교가 있다고 답한 국민의 98.3%가 이 세 종교를 가지고 있다고 답했다. 원불교·유교·천도교 등이 뒤를 이었다.

국민 절반 이상 종교 없고, 최대 종교는 개신교 단위: 명, 괄호 안은 비율

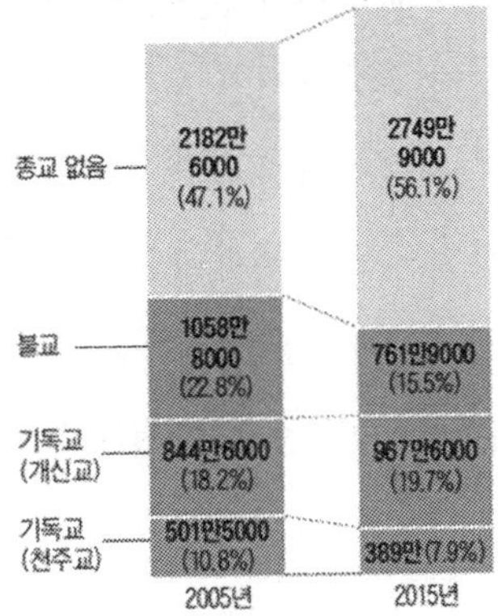

5) 교통

한국의 항공교통은 1929년 4월 일본항공회사(JAL)가 도쿄에서 서울·대구·평양 등지에 화물과 우편물의 정기수송을 개시하면서 시작되었다. 8·15광복 후 1948년 10월 대한국민항공사(Korean National Airlines : KNA)가 설립되어 서울~부산 노선을 중심으로 국내선을, 1954년 이후 서울·타이베이·홍콩을 잇는 국제선을 운항하였다. KNA는 1962년에 대한항공(Korea Airlines)으로 개명하여 국영으로 운영되다가, 1969년 한진상사가 인수하여 다시 민영화되었다. 1988년 제2민간항공사업이 허가되어 금호그룹의 아시아나항공과 함께 경쟁체제로 바뀌었다.

1989년 시행된 해외여행 자유화 시책으로 항공수요가 급증하여 김포국제공항 등이 포화상태가 되면서 1992년 11월 영종도와 용유도 사이의 간척지를 매립하여 인천국제공항 건설에 착공, 2001년 3월에 개항하였다.

한국에는 7개의 국제공항(부산(김해공항), 청주, 대구, 제주, 무안, 서울(김포공항, 인천국

---

11) 한국의 종교 실태를 알려면 다음의 역사적 배경을 파악할 필요가 있다. ① 왕조의 교체와 더불어 새로운 지배이념으로서 새 종교가 등장하였고, ② 이러한 사실 때문에 종교 간에는 알력과 갈등이 생겨났으며, ③ 중국에 대한 사대와 민족의 자주적 독자성 사이에 잠재된 대립적 견해가 가끔 표면화하였고, ④ 토속신앙으로서 산악·일월성신·거석·고목 등 다신교적·애니미즘적 원시신앙과 샤머니즘적 무속신앙이 공존하였다.

12) 인용 : http : //news.chosun.com/site/data/html_dir/2016/12/20/2016122000155.html

제공항)이 있다.

서울에서 서쪽으로 1시간 정도 떨어진 인천국제공항은 세계 최대 공항이다. 이곳은 세계에서 가장 잘 운영되고 가장 잘 설계된 공항들 중 하나이기도 하다. 국제선 도착 터미널을 나서면 곧장 여러 지역으로 가는 직행 시외버스(inter-city bus)가 있다. 이 공항은 서울역까지 급행열차(express train)를 운행하며, 또한 모든 역에서 정차하는 AREX공항철도도 운행한다. 직통열차는 서울역과 인천국제공항 간 무정차(논스톱)로 운행하는 고급형 열차로, 서울역까지 43분 걸린다. 일반열차는 김포공항, 디지털미디어시티, 홍대, 공덕 등 공항철도 14개역에 모두 정차하는 통근형 열차로, 56분 정도 소요된다.[13]

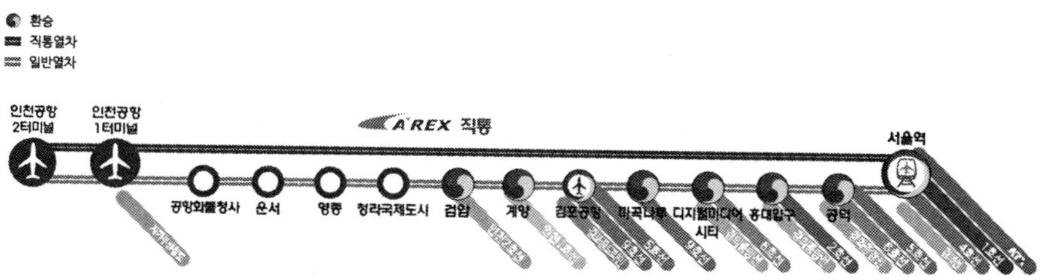

인천발 대한항공, 아시아나항공, 제주항공을 타고 고속철도(KTX)로 이동하면 서울역에서 탑승 수속을 할 수 있다. 인천공항은 전 세계 62개 항공사가 운항하고 있고, 대한항공과 아시아나 두 대형항공사의 허브공항이다. 저비용항공사들은 일본과 동남아시아를 집중 공략하여 동아시아 항공편을 운항하고 있다. 세계의 대다수 대도시로는 매일 직항편을 운항한다. 유럽행 일일 항공편의 수는 많지만, 유럽에서 한국으로, 아니면 역으로 여행할 때 중동을 경유(Transit)하는 것이 더 저렴하다. 하지만 여행시간은 약 7시간이 더 소요됨을 명심하자.

김포공항은 인천보다 서울에 더 가깝지만, 주로 한국의 대다수 도시로 가는 국내선 항공편을 제공한다. 도쿄 하네다, 오사카, 나고야, 베이징, 상하이-훙차오, 타이페이-송산 등 아시아 여러 도시들로 가는, 국제 '도시 셔틀 서비스'(City Shuttle Service, CSS)

13) 인용 : https : //www.arex.or.kr/content.do?url=&menuNo=MN201502010000000002&contentNo=&clientLocale=ko_KR&clientDevice=Normal

를 제공하는 노선들도 있다. 모든 한국 항공사들은 Air China, ANA, China Airlines, China Eastern, China Southern, EVA Air, Japan Airlines, Shanghai Airlines가 하는 것처럼 공항 서비스를 한다. 아니면 더 비싼 공항 리무진 버스나 서울 지하철 5호선이나 9호선을 이용할 수도 있다.

부산 김해공항에는 캄보디아, 중국, 괌, 일본, 홍콩, 라오스, 말레이시아, 필리핀, 러시아, 대만, 태국, 베트남으로 가는 국제선이 있다. 대한항공 편으로 인천공항에 출도착하는 경우라면 대한항공을 통해 부산발/행 연결편 예약이 가능하다. 그러나 이 경우 입국이 부산에서 완료되기 때문에 인천공항을 벗어날 수 없고 수화물도 인천을 통과하여 부산까지 곧장 간다는 점에 유의하자. 에어부산과 대한항공은 서울 김포에서 부산으로 가는 항공편을 제공하는데, KTX보다 더 저렴할 수 있다.

제주에는 홍콩을 비롯한 대만, 일본, 중국의 주요 도시로 가는 국제선뿐 아니라 대부분의 국내 도시에서 출발하는 항공편도 있다.

대한항공과 아시아나항공은 한국을 오가는 대표적인 풀서비스항공사(FSC)이다. 저비용항공사(LCC)인 에어부산, 진에어, 제주항공, 이스타제트, 티웨이항공은 국내선은 물론 아시아 전역의 국제선도 제공한다.

6) 사회

한국은 역사적으로 제국주의 이웃들에 둘러싸여 있었지만 뚜렷한 문화적 정체성을 유지하고 있다. 한국은 동북아시아의 유일한 대륙 문명이다. 또한 한국어는 동북아의 다른 역사적 거주자들과도 다른, 언어가족과도 유전적 관계가 없는 독특한 언어 중 하나이다.

한국이 다른 아시아 국가들과 공유하는 것은 종교, 특히 유교다. 유럽에서의 기독교 보급처럼, 유교는 한국의 삼국시대에 자리를 잡았고, 조선 시대에는 유교 문인들이 지배하는 사회로 정점을 찍었다. 그래서 중국의 영향은 한국 전통문화의 여러 부분에서 뚜렷이 나타난다.

2.2. 역사적 배경

1) 고대

고조선 초기에는 청동기문화에 기초하여 발전하였다. 후기에는 철기문화가 유입되었는데, 이 시기의 지도자가 이주민 집단을 이끈 위만이다. 고조선 멸망후 철기문화에 의한 새로운 연맹왕국들이 성립되었다. 북쪽에는 부여·고구려·동예 및 옥저가 일어났고, 남쪽에는 마한·진한·변한의 삼한이 태동했다. 특히 철제 농기구에 의한 농경법이 발달하여 경제기반이 급속히 확대되었다. 부족 상호간의 교역이 활발해지면서 여러 계통의 문화가 융합되어 고대국가의 기초가 마련되었다.

고대국가는 고구려·백제·신라의 3국에서 비롯된다. 철기문화가 널리 보급되면서 정복전쟁이 활발해지고 농업경제가 진전되어 사회분화가 분명해져갔다. 고구려는 압록강 유역을 중심으로 여러 부족을 통합하고, 4세기 초 미천왕 때 낙랑군을 축출하고 대동강 유역으로 진출하였다. 백제는 위례성을 중심으로 한강 유역에서 발원했는데, 3세기 고이왕 때 고대국가의 체제를 갖추고 정치적 발전을 보였다. 신라는 4세기 내물왕 때 주변 지역을 정복하고, 김씨 중심의 왕권을 강화하여 고대국가로 성장하였다. 이들과 아울러 낙동강 하류에는 가야연맹이 독자적 발전을 보였으나, 6세기에 신라에 병합되었다.

고대사회의 발전은 676년 신라의 삼국 통일로 급변하였다. 삼국을 통일한 신라 왕실은 골품제를 확립하여 귀족세력을 억누르고 왕권을 강화하였으며, 중앙의 정치체제를 정비하고 넓어진 영토를 효과적으로 통치하고자 9주 5소경을 설치하였다. 당과의 교류가 활발해지면서 무역이 발달하였다. 당에는 신라방까지 생겨났다.

삼국시대에 전래된 불교도 더욱 발달하여 원효·의상·혜초 등의 고승이 활약하였고, 불국사·석굴암·봉덕사종과 같은 문화재를 남겼다. 당과 교류하면서 유교적 정치제도를 도입한 발해는 8~9세기에 걸쳐 독특한 발전을 보였지만, 거란족에 의해 패망한 이후 만주는 한국 역사에서 사라졌다.

2) 중세

918년, 고려를 세운 왕건은 호족세력을 기반으로 민족을 재통일하였다. 고려를 건국한 주체세력은 능률적인 중국의 관제를 도입하고, 과거제도를 마련하는 한편, 유교 정치사상을 통하여 중앙집권 체제를 완성하였다. 또한 사회적, 문화적 혁신으로 민족의식이 강화되어 3차에 걸친 거란족의 침입을 물리칠 수 있었다. 귀족 중심의 고려시대에는 신라보다 문화의 폭이 크게 확대되어 지방호족이 문화의 주인공으로 등장하였고, 불교문화와 유교문화가 융합되었다. 불교는 전기에 의천을 중심으로 천태종이, 후기에는 지눌을 중심으로 조계종이 발달하였다. 불교의 발달로 3차에 걸쳐 대장경이 조판되었다.

과거제도가 실시되면서 한문학·역사학도 발달하였다. 김부식이 쓴 《삼국사기》는 현존하는 가장 오랜 역사책이다. 예술에서는 고려청자로 널리 알려진 공예 부문이 특히 발달하였다. 고려시대에는 귀족을 중심으로 전시과가, 조선시대에는 양반을 중심으로 과전법이 실시되었다. 모두가 지배층인 귀족이나 양반을 중심으로 토지가 분배되었고, 제도적으로는 토지 국유를 원칙으로 하여 지배층은 조세를 받을 수 있는 수조권만 가지며, 농민은 토지의 경작권만 가지게 하였다.

15세기에는 조선의 태종·세종·세조를 중심으로 권력구조가 개편되고 중앙집권체제가 강화되면서 국력이 크게 신장되었다. 세종 때 국토가 압록강·두만강까지 확장되었다. 또 산업발전과 실용학문의 발전으로 민족문화가 크게 꽃피었다. 특히 1446년(세종 28) 반포된 훈민정음, 즉 한글은 민족문화의 새 장을 열었다.

고려시대의 불교에 대신하여 조선시대의 양반 사대부들이 새로운 사회질서를 위해 수용한 성리학은 16세기에 이르기까지, 다시 말하면 중세사회 체제에서는 사회개혁과 사회체제의 정비를 위해 긍정적 기능을 충분히 발휘하였다. 서원을 중심으로 융성한 성리학은 형이상학적 국면으로 발전하여 이황·이이 같은 철학자를 배출하였고, 윤리적 측면이 강조되어 예학으로 전환되기도 하였다. 그러나 18세기 이후 기존 사회질서가 바뀌면서 사회적 기능을 상실하자, 성리학의 전근대성을 탈피하려는 새로운 사상체계인 실학이 대두되었다.

3) 근세

근대사회의 태동은 실학에서 비롯되었다. 유형원·이익·정약용 등 중농주의적 개혁사상을 주창한 실학자나, 유수원·박지원·박제가 등과 같이 상공업 중심의 개혁안을 제시한 실학자 모두가 비현실적인 문제 해결을 위해 사회 개혁과 제도 개편을 주장하였다. 비록 실학이 유교의 틀에서 탈피할 수 없었고, 실학자들의 모든 개혁안이 실천되지 않았더라도 실학의 개혁사상은 근대사회로의 지향에 큰 보탬이 되었다. 이러한 근대 지향적인 사상으로 발달한 실학은 개항 이후의 개화사상으로 연결되어 한국 근대사상의 이정표가 되었다.

4) 현대

국민주의(또는 민족주의)로 불리는 사상의 영향으로 국제사회에서는 하나의 독립된 국가임을 요구하고, 자국 내에서는 국민의 평등한 권리와 의무를 주장하는 국민국가가 출현하였다. 국민국가란 국민에 의한, 국민을 위한, 국민의 국가이다. 유럽에서 18세기에 발흥된 국민주의는 19세기 후반에 벨기에·그리스 외에 라틴 아메리카 국가들도 독립을 쟁취하게 하였고, 수세기 동안 분열되어 있었던 독일이나 이탈리아도 국가의 통일을 완수하는 계기가 되었다. 제국주의의 침탈로 식민지로 전락해 있던 아시아·아프리카에서의 국민주의 운동은 독립 형태로 추진되었다.

3·1운동은 중국의 5·4운동, 인도의 스와라지운동과 일맥상통하는데, 국민주의 의 영향에서 비롯된 것이다. 그 결과 1919년에 세워진 대한민국임시정부는 국민국가로서, 한국 현대사의 출발점이라 할 수 있다.

1945년 8월 한민족은 35년간의 민족적 시련을 극복하고 광복을 맞았지만, 그대로 독립으로 연결되지 못하고 국토분단의 비극과 민족분열이라는 시련을 가져왔다. 1948년 8월 대한민국이 출범되었다.

3. 에티켓 : 예절과 관습

한국인들은 젓가락을 꼬아서 사용한다. 아시아 국가들 중 유일하게 금속 젓가락을 선호한다. 식당에는 스테인리스나 나무 젓가락이 있지만, 멋진 은 젓가락도 구할 수 있다. 젓가락을 배우는 사람들에게는 불행하게도 이 얇고 미끄러운 스틱은 최선의 연습용 도구는 아니지만, 나무나 플라스틱 젓가락으로 먹을 수 있다면, 좀 더듬거리며 해낼 수 있을 것이다.

단체 식사인 경우, 공동 요리가 중앙에 배치되고 모두가 자신이 원하는 것을 젓가락으로 먹을 수 있지만, 여전히 밥과 국은 개별적으로 제공받는다. 궁중요리를 먹지 않는 한, 대부분의 요리는 가족식으로 제공된다.

전통적인 가정에서 아이들은 식사 중에 말하는 것이 무례하다고 배웠다. 외국인이라면 식사 동안 완전한 침묵이 있어도 놀라지 마시라. 특히 남자들은 식사시간을 이용하여 빨리 다 먹어치우고 다른 곳으로 자리를 옮길 것이다. 이는 대부분의 한국 젊은이들에게 필수적인 군복무 동안의 짧은 식사시간 때문일 수 있다.

한국에서의 식사 예절을 몇 가지 배워보자.

- 젓가락을 밥그릇에 꼿꼿이 꽂지 말자. 고인을 기릴 때만 그렇게 한다. 마찬가지로 밥그릇에 꼿꼿이 꽂힌 숟가락도 좋은 징조는 아니다.
- 식탁에서 연장자가 먹기 시작하지 않는 한 식사를 시작하지 마시라.
- 식사 중 식탁에서 접시나 그릇을 들어 올리지 마시라. 이는 일본이나 중국과는 달리 무례한 행동으로 여겨진다. 밥과 국은 숟가락으로 먹을 수 있다. 한국인은 보통 밥에는 숟가락을 사용하고 여타 반찬은 젓가락을 사용한다.
- 자신이 옳고 그른 일을 하고 있는지 자각하지 마시라. 외국인이라도 자신의 상식과 예절을 지키면 만사형통한다.

1) 기분과 눈치

기분은 문자 그대로 영어 직역이 불가한 단어다. 가장 가까운 용어는 pride, face, mood, feelings, state of mind 정도, 독일어로는 Stimmung이라고 할 수 있다. 사전적으로는 '상대적으로 길게 지속되는 감정의 상태'로, '구체적이거나 강하지 않고, 특정 자극이나 사건에 의해 쉽게 촉발되지 않는다'는 점에서 '감정'과 구별된다.[14] 만약 여러분이 누군가의 기분을 다치게 하면 여러분이 그의 자존심을 다치게 하고, 그의 자존감을 잃게 하고, 체면을 잃게 하는 것이다. 한국의 대인관계는 화합의 원리로 작동한다.

'선의의 거짓말(white lie)'을 뜻할 지라도 항상 평화롭고 편안한 분위기를 유지하는 것이 중요하다.

다른 사람의 기분 상태를 어떻게 판단해야 하는지, 상처를 입지 않도록 어떻게 해야 하는지, 동시에 자신의 기분을 어떻게 유지할 수 있는지 아는 것이 중요하다.

사업에서는 부하직원이 적절한 예우를 보이지 않으면 지배인은 기분이 상하게 된다. 부하 직원의 기분은 부장이 공개석상에서 비판하면 피해를 입는다.

눈치는 사회성 중 일부를 묶어서 부르는 말인데, 주변의 상황을 스스로 파악하고 적절한 행동을 하는 능력, 곧 생각하는 바가 드러나는 어떤 태도라고 할 수 있다. 서구권에서는 우리의 눈치 개념을 정확히 담아줄 단어가 없는 곳도 많다. 서구인의 입장에서는 명확하게 이해하기 힘든 단어이다. 개인주의 성향이 강한 문화권에서는 남의 눈치를 살피며 사는 일이 적고 익숙하지 않기 때문이다. 반면에 한국에서는 '눈치가 얼마나 빠른가'로 그 사람의 사회성까지 결정되어 버릴 정도로 눈치가 중요시되는 사회이다. 눈치는 몸짓언어를 보고, 소리의 높낮이를 듣고 무엇을 말한 것인지 알아차리는 것이다. 물론 이를 위해서는 우선 그 사람에 대한 평소의 표정, 말투, 행동 양식에 대한 정보가 있어야한다. 그리고 이전 정보와 비교해서 그 사람의 기분이 좋은지 나쁜지, 나쁘다면 왜 나쁜지를 판단할 수 있는 것이다. 눈치가 빠른 사람이라면 이러한 일련의 과정들이 빨리 이뤄진다. 즉, 인지되는 수많은 인상을 받아들이고 상황을 파악하는 능력이 뛰어난 것이다. 아무리 눈치가 빠르더라도 자신이 파악한 상황에 대처할 수 있는 능력이 없다면 무용지물이다.[15]

14) 또한 '기분'은 '느낌'과 의미적으로도 차이가 있다. '기분'은 '대상・환경 따위에 따라 마음에 절로 생기며 한동안 지속되는, 유쾌함이나 불쾌함 따위의 감정'으로, '느낌'은 '몸의 감각이나 마음으로 깨달아 아는 기운이나 감정'으로 정리한 수 있다. 예 : 기분이 좋다/나쁘다, 차가운 느낌/경쾌한 느낌을 주는 음악.

15) 한국의 눈치 문화는 일본의 메이와쿠, 혼네/다테마에 문화에 뿌리를 두고 있다. 예컨대 서구권에

2) 성명

한국에서는 성명이 서구 문화와 반대로 작동한다. 즉, 모든 세대가 공유하는 성은 두 번째에 오는 서양과는 달리 첫머리에 위치하고, 두 번째, 즉 마지막에 주어진 이름이 위치한다.

비즈니스에서 한국인에게 주어진 이름을 말하는 것은 매우 무례한 것으로 여겨진다. 그들은 달리 허락이 있을 때까지는 전문 직책 또는 Mr, Mrs 등을 사용하여 해결할 필요가 있다.

3) 만남과 인사

- 허리 굽혀 인사하기가 전통적인 인사법이다.[16]
- 남자들끼리는 악수하며 허리를 굽혀 인사하는 경우가 많다.
- 왼손은 악수를 할 때 오른쪽 팔뚝을 받쳐주는 습성이 있다. 한국 여성들은 악수하는 법이 없으며, 인사를 하는 대신 살짝 끄덕이기도 한다.
- 떠날 때에는 언제나 개개인에게 인사를 한다.

4) 커뮤니케이션

- 커뮤니케이션은 서투른 에티켓으로 여겨지는 만큼 'No'라고 말하는 것을 본질적으로 싫어하기 때문에 복잡할 수 있다.
- 토론은 사양이나 거부의 회피로 인해 길어질 수 있다.

서는 규정에서 문제가 될 부분은 모두 문서화하지만, 한국이나 일본의 규정에서는 '담당자의 재량에 맡긴다'는 식으로 아랫사람에게 가혹하고 윗사람에게 너그러운 경우가 대표적이다. 참고 : https : //namu.wiki/w/%EB%88%88%EC%B9%98

16) 이때 한국에서는 15~30도 정도 굽히는 것이 보통이지만, 일본에서는 다양하게 굽힌다. 일본 사람들의 절은 각도에 따라 의미가 다르다. 예컨대 15도 굽혀 절하는 경우는 보통 인사, 30도는 정중하고 공손한 인사, 45도는 잘못한 행위에 대해 용서를 구하는 인사의 의미를 담고 있다. 중남미 등 스페인어 사용국에서는 손님이 집에 방문하면 "당신의 집입니다(Esta en su casa)." 즉, "당신의 집으로 생각하고 편하게 하십시오"라는 의미의 인사를 한다. 또한 어른을 소개 받을 때에는 '당신의 종입니다'(Servidor, 라틴어 Servus 어원)라는 표현을 사용하는데, 오스트리아, 독일의 일부 지방에서도 'Servus'라는 인사를 한다. 이러한 인사말은 본래 아랍의 관습에서 유래한 인사법이다.

- 만약 불쾌함을 언어적으로나 가시적으로 드러내는 경우는 무언가가 잘못되었다는 확실한 신호이다.
- 좋은 자세와 긍정적인 몸짓언어는 회의에서 가장 유익한 것이다; 인내심과 공손함은 내내 유지되어야 한다.
- 지나친 또는 분명한 몸짓언어는 사용하지 마시라.
- 명함, 선물을 건네거나 물건을 받을 때에는 두 손을 사용하거나 왼손으로 오른팔을 받쳐준다.
- 존경, 신뢰, 만족은 허리를 더 많이 숙이는 인사로 드러낸다.

5) 선물

- 한국인은 너그러운 사람들이라서 선물하기를 즐긴다.
- 선물은 양손으로 받으시라. 선물은 즉시 열어보지 말고, 선물한 사람이 없을 때 개봉하시라.
- 호의에 보답하고 비슷한 가격대의 물건을 제공하시라.
- 선물을 준다면 반드시 포장해서 매력적인 방법으로 선물해야 한다. 특히 빨간색을 포함한 어두운 포장지는 피하고 밝은 노란색/녹색을 선택하시라.
- 만약 가정에 초대된다면, 언제나 부인이나 여성에게 초콜릿, 단것, 케이크, 꽃 같은 선물을 하되, 가급적 술은 마시지 않는 것이 좋다.
- 칼, 가위, 4인 세트, 붉은 글씨(모두 '끈을 자르고 죽음을 나타내는 것'으로 보임)와 같은 선물은 피하시라.

6) 외식 & 음식

- 항상 호스트가 앉을 때까지 기다리시라. 주빈석(앞문을 바라보는)이 주어진다면, 예의상 가벼운 반대의사를 표명하는 것이 좋다.
- 어른들이 먼저 서비스를 받고 식사 절차를 시작한다.
- 음식과 식사는 한국 문화의 주요 부분으로 관계 형성에 이용된다. 즐김과 사업이 서로 연결되어 있어서 사교성 있게 좋은 관계 형성에 힘쓰시라.

- 남의 잔에 술을 따라주는 것이 예의이지만, 자기 잔에 술을 따르는 것은 금물이다. 여자가 남자에게 따르는 경우는 많지만 다른 여자에게 따라주는 경우는 없다. 첨잔을 거부하기보다는(한국인은 노골적인 거절을 좋아하지 않음을 기억할 것) 잔을 비워두지 말고 그냥 가득 채워두시라.
- 식사 중에는 침묵이 길어지기도 하는데, 사교활동은 모두가 식사를 끝낸 이후에 일어날 수 있다.
- 음식을 왼손으로 떠받친 경우라면 양손으로 또는 오른손으로만 음식을 건네고 받는 것을 잊지 마시라.
- 식사비용의 경우 초청인이 지불할 수 있지만, 일반적으로 주최자가 모든 비용을 지불한다.
- 저녁 식사 후 술이나 파티에, 이른바 이차에 초대받는다면 거절하지 마시라.
- 저녁식사 후 노래를 불러달라는 요청을 받을 수도 있는데, 거절하지 말고 열정적으로 노래를 부르시라.
- 젓가락으로 무엇을 가리키거나 그릇 밖으로 튀어나온 상태로 두지 마시라.
- 한국의 국민 술은 18~25%의 알코올을 함유한 '소주'이다.

7) 금기사항

- 예배 장소나 가정집에서는 신발을 신지 마시라.
- 가구 위에 발을 걸치지 마시라.
- 공공장소에서 길을 걸으며 먹거나 마시지 마시라.
- 엄지손가락을 중지와 집게손가락 사이에 넣지 미시라. 외설적인 제스처이다.
- 빨간색 잉크를 사용하지 마시라. 죽음의 상징이며 고인의 이름에만 사용한다. 빨간색은 불행으로 여겨지고, 받는 사람에게 죽음을 바란다는 암시이기도 하다.
- 아무튼 숫자 4를 사용하지 마시라. 선물을 준다면 4개를 주지 마시라. 한국어 단어 '죽음'과 '4'의 발음이 비슷해 불운하다고 여겨진다.
- 처음 만나는 사람과 너무 가까이 서 있지 말고, 팔 길이만큼 거리를 유지하시라.

4. 문화 차원 : 국가 이미지의 토대

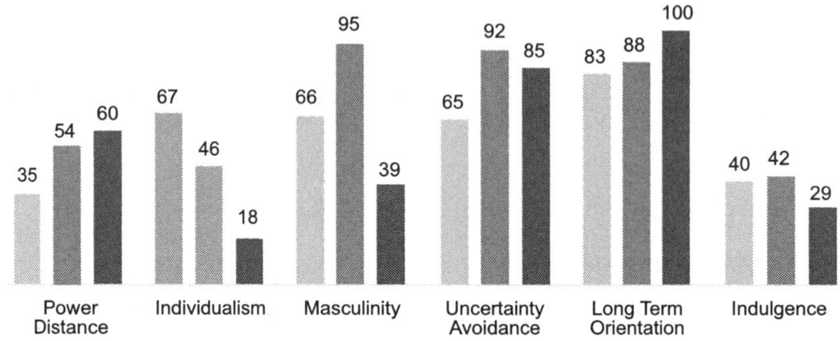

〈호프스테드의 문화 차원 : 독일-일본-한국 비교〉

■ 권력 거리

중간 점수를 살짝 넘긴 60점의 한국은 위계적 사회의 성격이 강하다. 이는 사람들이 자리를 차지하고 더 이상의 명분이 불필요한 위계적 질서를 받아들인다는 뜻이다. 조직의 위계질서는 내재하는 불평등을 반영하는 것으로 보이고, 중앙집권화는 일반적이고, 부하직원은 할 일이 무엇인지 듣고 싶어한다. 이상적인 상사는 선의의 독재자 같은 인물이다.

■ 개인주의

한국은 18점으로, 집단주의 사회로 간주된다. 이는 가족(대가족) 또는 대인 관계라는 구성원 '집단'에 대한 장기간의 긴밀한 헌신으로 나타난다. 집단주의 문화에서는 충성심이 무엇보다 중요하며, 대부분의 여타 사회적인 규칙과 규정보다 우선한다. 이런 사회는 모든 사람이 자기 집단의 구성원을 책임지는 강력한 관계를 조성한다.

집단주의 사회에서 범죄는 수치심과 체면 손상으로 이어지고, 고용주와 종업원의 관계는 도덕적인 측면(가족 연계처럼)에서 인식되며, 고용과 승진의 결정은 종업원의 내집단(in-group, 조직·사회 내부의 배타적인 소규모 집단)을 고려하며, 관리는 집단 관리이다.

■ 남성성

이 차원에서 39점을 받은 한국은 여성성이 강한 사회로 간주된다. 여성성이 강한 국가에서는 '살기 위해 일하기'에 초점을 맞추고, 관리자들은 합의를 추구하고, 사람들은 자기네 직장 생활에서 평등, 연대, 그리고 품질을 중시한다. 갈등은 타협과 협상으로 해결된다. 자유시간과 유연성 같은 인센티브가 선호된다. 웰빙에 초점을 맞추고, 위상은 보이지 않는다. 효과적인 관리자는 지원하는 사람이고, 의사결정은 참여를 통해 이루어진다.

■ 불확실성 회피

한국은 이 차원에서 85점을 얻어서 세계에서 가장 불확실성이 강한 국가 중 하나이다. 불확실성 회피 성향이 높은 국가들은 엄격한 신념과 행동의 엄격한 규범을 유지하고 비정통적인 행동과 생각에 너그럽지 않다. 이러한 문화에서는 (규칙이 효과적이지 않을 지라도) 규칙에 대한 정서적 욕구가 있다. 시간은 돈이고, 사람들은 바쁘고, 열심히 일하고, 정확하고, 시간을 엄수하는 것이 표준이다. 반면에 혁신은 거부될 수 있으며, 보안은 개인의 동기부여에서 중요한 요소이다.

■ 장기 지향성

이 차원에서 100점을 얻은 한국은 가장 실용적이고 장기 지향적인 사회 중 하나로 평가된다. 전지전능한 신의 개념은 한국인들에게는 친숙하지 않다. 사람들은 덕행과 실용적인 모범에 따라 살아간다. 한국의 기업에서는 장기적인 방향성, 높은 자기자본 비율, 분기별 이익보다는 꾸준한 시장점유율 성장을 우선시하는 등의 경향을 볼 수 있다. 이런 것들은 모두 회사의 내구성에 기여한다. 그 이면의 아이디어는 회사가 주주들에게 매 분기마다 돈벌이를 위해서가 아니라 앞으로 여러 세대 동안 이해 당사자들과 사회를 위해 봉사한다는 것이다.

■ 절제

이 차원에서 낮은 29점을 얻어서 한국 사회는 절제 국가 중 하나로 보인다. 이 차원에서 점수가 낮은 사회는 냉소주의와 비관주의의 성향이 있다. 그러니까 탐닉적인 사회와는 달리, 절제된 사회는 여가 시간에 그다지 중점을 두지 않고 자기네 욕망 충족을 통제한다. 이런 지향점을 가진 사람들은 자신의 행동이 사회적 규범에 의해 '절제되었다'는 인식을 가지고 있고, 자신을 탐닉하는 것은 다소 잘못된 것으로 생각한다.

02
말레이시아

〈인용 : https : //wikitravel.org/upload/shared//3/3e/Malaysia_regions_map.png〉

국명	말레이시아 연방(Federation of Malaysia)
면적(㎢)	329847
해안선(km)	4675
수도	쿠알라룸푸르(Kuala Lumpur)
종족	말레이인(50.4%), 중국인(23.7%), 원주민(11%), 인도인(7.1%), 기타(7.8%)
인구	32,660,000명 (2019)
공용어	말레이시아어
종교	이슬람교(60.4%), 불교(19.2%), 기독교(9.1), 힌두교(6.3%), 기타(5%)
건국일	1957년 8월 31일
정체	입헌군주제
통화	링깃(Ringgit, RM)
인터넷도메인	.my

1. 공항 : 나라의 관문

말레이시아에는 국제공항이 6개, 국내공항이 16개나 있다. 말레이시아 반도(서말레이시아)에 쿠알라룸푸르 국제공항, 랑카위 국제공항, 페낭 국제공항, 세나이 국제공항 등 4개, 동말레이시아에 쿠칭(Kuching) 국제공항, 코타키나발루 국제공항 등 2개가 분포한다.

게다가 아시아 최초이자 최대 저비용 항공사인 AirAsia[17]를 선두로 한 아시아 태평양 저비용 항공사 부문에서 높은 경쟁력을 보유한 국가이기도 하다. 말레이시아는 중국과 인도에 이어 아시아태평양 지역 내 세 번째로 큰 규모의 시장으로서 최근에는 총 727대에 달하는 항공기를 발주하였다(에어아시아(592대), 에어아시아X(96대), 말레이시아항공(39대)). 또한 말레이시아는 동남아시아 국가 중 복합 항공 구조물 및 부품 최대 공급국이며, 에어버스 항공기 부품조달은 모두 말레이시아 생산품을 이용한다. 에어버스는 말레이시아에 MRO 및 훈련시설을 설치하였다.

'말레이시아 항공 산업 청사진 2030'을 보면, 2030년까지 매년 522억 링깃의 수익과 3만 2천개 이상의 고소득 일자리를 창출하고, 동남아시아 최고의 항공 산업 국가로 도약하겠다는 목표로 담고 있다. 이를 위해 항공 클러스터도 조성하였는데, 2016년 5월에 출범한 쿠알라룸푸르 국제공항(KLIA) 에어로폴리스가 대표적이다. 현재 수방 공항(Subang Airport)과 KLIA Aeropolis는 현재 말레이시아의 항공 우주 생태계의 약 20%를 차지하고 있으며, 아시아 전역의 항공우주 산업에 서비스를 제공할 수 있는 완벽한 장비를 갖추고 있다.

■ 쿠알라룸푸르 국제공항(Kuala Lumpur International Airport, KLIA)

– IATA : KUL ICAO : WMKK

말레이시아의 최대 공항이다. 쿠알라룸푸르 도심에서 남쪽으로 약 43km 떨어진 슬

17) 1993년에 처음 설립된 에어아시아(AirAsia)는 국영 기업으로 처음 설립되었으며, 아시아 태평양 지역 대표적 저비용 항공사로 꼽힌다. 약 17,000여 명의 직원이 일하고 있으며, 본사는 쿠알라룸푸르 제 2 국제공항에 위치한다.

랑오르 주의 남쪽 수방에 위치하고 있다.

이 공항은 말레이시아항공(IATA : MH, ICAO : MAS)과 말린도항공(IATA : OD, ICAO : MXD)의 허브 공항이며, 북아메리카, 아시아, 유럽, 중동으로 정기 카고 편을 운항하는 MAS카고(IATA : MH, ICAO : MHS), 에어아시아(본사, IATA : AK, ICAO : AXM), 에어아시아 엑스(IATA : D7, ICAO : XAX)도 허브 공항으로 쓰고 있다.

또한 유럽에서 인도네시아, 호주, 뉴질랜드, 필리핀 등으로 가는 항공편의 중간 기착지나 환승지로서 전략적으로 유리한 위치에 있기는 하지만, 인근 동남아시아의 싱가포르, 방콕, 자카르타 등의 허브공항들과 경쟁 관계에 있다.

2002년부터 KLIA Ekspres(쿠알라룸푸르 국제공항 익스프레스)와 KLIA Transit(쿠알라룸푸르 국제공항과 쿠알라룸푸르 중앙역을 운행하는 통근철도)가 쿠알라룸푸르 시내까지 운행한다. 둘 다 쿠알라룸푸르 중앙역의 시티-에어 터미널에서 출발하여 공항의 핵심 청사 건물의 지하 역사에 도착한다. 여러 항공사들은 고객들에게 시티-에어 터미널에서 체크인할 수 있는 기회를 제공하고 있다. 맡긴 수하물은 KLIA Ekspres 편으로 공항으로 이동한다. KLIA Ekspres는 57km 구간을 쉬지 않고 운행하며, KLIA Trasit은 3 정거장에서 정차한다. 또한 공항은 민간회사의 급행버스를 통해 시내로 연결되어 있다. 종착역은 쿠알라룸푸르 중앙역과 푸두라야 버스정류장이다.

1) 역사

1998년 6월 27일에 개항하였다. 이 공항의 개항 이전에는 말레이시아 슬랑오르 주의 수방자야에 위치한 술탄 압둘 아지즈 샤 공항(Sultan Abdul Aziz Shah Airport)이 말레이시아의 관문 역할을 했다. KLIA 개항 후 현재 이 공항은 경비행기만 취항 중이다. 2006년 3월 24일 저비용항공사 터미널이 개업하면서 에어아시아 그룹, 라이온 에어, 세부 퍼시픽 등의 항공편은 모두 이 터미널을 이용하고 있다.

한편, 에어아시아는 2009년 1월에 에어아시아 전용 공항터미널인 KLIA 동부 터미널을 새로 건설할 계획이었으나 말레이시아 정부에 의해 중단되었다. 2010년 9월 새 저비용항공사 전용 터미널인 KLIA 2 터미널을 착공했다. 활주로의 증설 공사 등으로 계획이 변경되어 2012년 4월에 착공하여 2013년 6월 28일에 완공하였다.

2) 터미널

■ 메인 터미널

2본의 활주로 사이에 있으며, 건평이 390,000m^{2}에 이른다. 1998년 개항과 동시에 공용 개시했다. 체크인 카운터 216개와 탑승 게이트 20개소가 있다. 2007년부터 자체 체크인 시설을 이용할 수 있으며, 공용 셀프 서비스 키오스크를 이용한 항공사는 KLM이 처음이다. 교각형 탑승동은 국내선 출발용 A와 B, 국제선용 G와 H로 표시된 게이트가 있는 메인 터미널의 증축건물이다. 국내선과 단거리 국제선이 주로 이용하고 있다. KLIA 엑스프레스 역도 이곳에 있다. 항공사나 이용 등급에 상관없이 유료로 이용할 수 있는 프리미엄 라운지(Plaza Premium Lounge)도 있다.

■ 위성 터미널 A

국제선의 대형기, 장거리 노선의 출·도착에 이용되고 있다. 이 터미널의 탑승 게이트는 C로 표시되며, 27개소가 있다. 이용객은 메인 터미널에서 에어로트레인을 이용하여 이동한다. 면세점과 명품 브랜드 부티크가 즐비한 상업 시설 외에 환승 호텔, 항공사 라운지 등이 있다. 터미널 안에서는 무선인터넷(와이파이)이 무료로 제공된다. 터미널에는 기도실, 샤워실, 마사지 서비스도 있다. 어린이 놀이터, 영화 라운지, 스포츠채널 등의 라운지 공간도 있다. 동일 규모의 위성을 건설할 용지를 확보한 상태에 있다.

■ KLIA 2

이 지역에 저비용 여행객이 기하급수적으로 몰리면서 건설된, 저비용항공사에 최적화된 터미널이다. 제3 활주로(15/33)와 새 항공교통 관제탑이 건설되어 운영 중이다. Klia2는 68개의 출발 게이트, 10개의 원격 스탠드, 80개의 탑승교가 있으며, 연간 4천5백만 명의 승객을 수용할 수 있다.

Klia2의 메인 터미널 건물은 위성 교각과 스카이 브리지로 연결되어 있는데, 이 시설을 갖춘 아시아 최초의 공항이기도 하다. klia2는 친환경 건물 인증 프로그램인 LEED 인증(Leadership in Energy & Environmental Design)[18]을 받았다.

■ Gateway@klia2

KLIA2의 메인 터미널 건물에 연결된 4층 통합쇼핑단지이다. Gateway@klia2의 교통 허브는 Klia2를 KLIA Ekspres 및 KLIA Transit 서비스에 연결하며, 우등버스, 택시, 렌터카 및 개인차량을 위한 픽업 및 하차 구역이 있다.

Gateway@klia2는 KLIA2와 직접 연결된 8층 규모의 주차장을 운영하고 있다. A블록과 B블록에는 6,000여 대가 가능한 주차장이 있고, 주차장 D에는 5,500여대가 가능한 주차장이 있다. 일반사람들은 셔틀버스 편으로 주차장 D에서 터미널까지 이동

〈인용 : https : //www.klia2.info/klia2/facilities/gateway-klia2/〉

18) 세계적인 그린 빌딩(Green Building) 평가시스템. 지속 가능한 부지개발, 수자원 효율성, 에너지 효율성, 자원 재활용, 실내 환경 및 공기의 질 등 5개 환경 분야를 감안한 친환경 설계 및 시공 지침서이다.

할 수 있다. 'Capsule by Container Hotel'로 명명된 아시아 최초의 캡슐형 환승 호텔도 Gateway@klia2에 있다. Gateway@klia2의 관리 주체는 WCT Holdings Berhad이다.

3) 활주로

3본의 평행활주로가 있다. 활주로의 항공기 이동은 두 개의 관제탑과 타워 웨스트(Tower West)가 통제한다. 높이 133.8m의 타워 웨스트 관제탑은 현재 세계에서 가장 높은 관제탑이다.

방향	길이		표면
	m	ft	
14L/32R	4,124	13,530	아스팔트/콘크리트
14R/32L	4,056	13,307	아스팔트/콘크리트
15/33	4,056	13,307	아스팔트/콘크리트

3본 활주로 시스템은 기존에는 시간당 78회의 착륙이 가능했지만, 2019년 쿠알라룸푸르 비행정보구역이 업그레이드되어 시간당 108회 착륙이 가능하다.

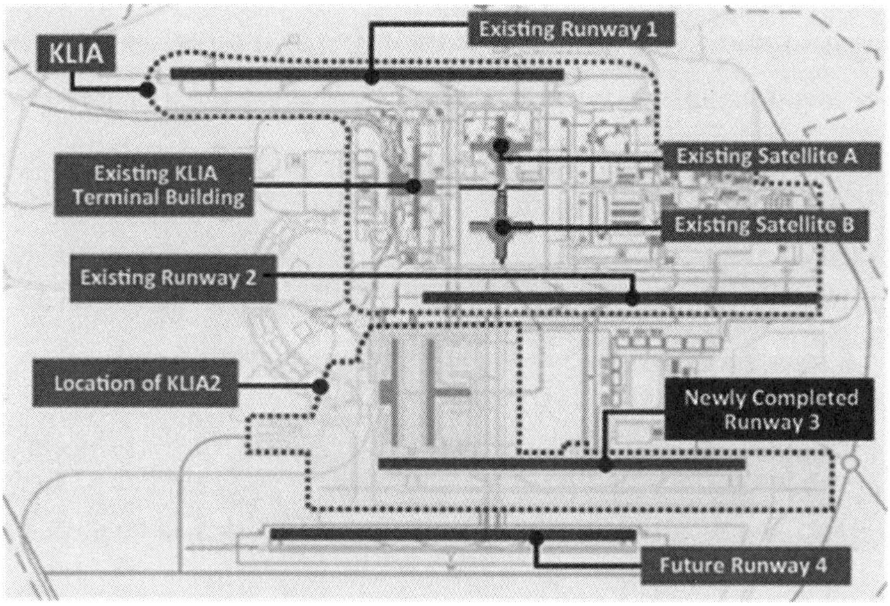

〈인용 : https : //www.klia2.info/klia2/facilities/runway-3/〉

2. 지리와 역사

2.1. 지리적 배경

1) 국기

- 14개의 적·백 횡선은 13개 주와 연방직할지(쿠알라룸푸르, 라부안 및 푸트라자야)를 나타낸 것이다. 왼쪽 상단의 청색은 말레이시아 국민의 단결을, 초승달은 이슬람교를 뜻한다.
- 14개의 섬광을 발산하는 별은 13개 주와 연방정부의 단결을, 별과 초승달의 황색은 왕실의 색깔을 나타낸 것이다.
- 참고로 국명은 영국의 식민지배 이후 말라야 연합이 세워질 때 말레이인들은 국호로 Malay('말레이인'의 뜻)와 랑카수카(Langkasuka) 중 어느 것을 선택할까 고민하다가 Malay를 선택하여 말라야 연합이 되었다. 싱가포르 주와 보르네오 섬 북부 사라왁, 사바의 연방 가입이 이루어져 국가를 개편한 1963년에 국호를 '말레이시아'로 고쳤다.

2) 자연

말레이반도의 남부를 차지하는 서말레이시아(구 말라야연방 : 약 13만㎢)와 보르네오 섬 북서부의 사라와크 및 사바로 구성된 동말레이시아(북칼리만탄 : 약 20만㎢)로 이루어져 있다. 서말레이시아는 길이가 약 800km, 폭이 325km이고, 북쪽과 남쪽은 각각 태국, 싱가포르와 접하고, 서쪽과 동쪽은 말라카해협과 남중국해에 면한다. 동말레이시아는 길이 약 1,075km, 폭 384km로, 북서쪽과 동쪽은 남중국해와 셀레베스 해에 면하고, 남쪽은 인도네시아령 보르네오 섬과 국경을 이룬다.

행정구역은 13개 주와 1개 연방 준주, 3개 시(쿠알라룸푸르, 라부안, 푸트라자야)로 이루어져 있다. 2010년부터 푸트라자야가 새 행정수도인데, 헌법상 정식 수도는 아니고,

우리의 세종특별자치시처럼 정부 청사가 소재한 행정 도시이다. 다른 도시와는 달리 쿠알라룸푸르와 푸트라자야는 1개 주와 같은 위상을 가진 직할시이다.

3) 언어와 소통

말레이시아는 다문화 사회이다. 말레이인이 52%로 다수를 차지하며, 멜라카주의 포르투갈 씨족과 토착민(Orang Asli) 12%, 27%의 중국인, 9%의 인도인, 13.5%의 잡다한 집단이 있다. 따라서 이슬람교, 기독교, 불교, 도교, 힌두교, 시크교, 심지어 샤머니즘이 만연해 있다.

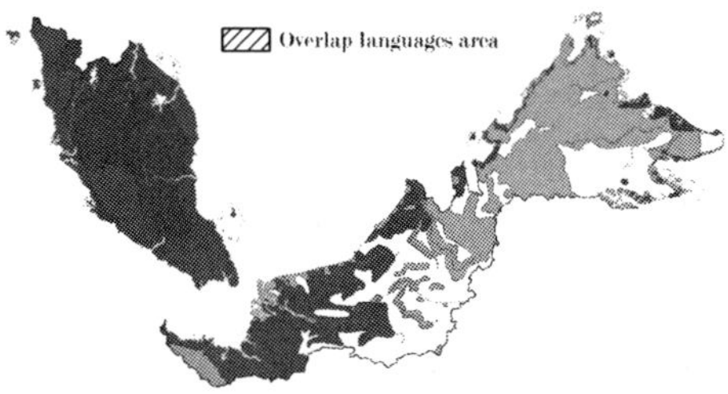

말레이시아에서 사용되는 언어는 137개에 이르지만, 유일한 공식 언어는 말레이어(공식 : 바하사 말레이시아어, 바하사 멜라유라고도 함)이다. 그리고 만다린어, 타밀어를 더하여 말레이시아의 3대 언어를 형성한다. 인도네시아어는 말레이어와 유사하며, 두 언어 모두 상호 이해 가능하다. 태국 국경 부근의 일부 말레이시아 지역, 특히 켈란탄 주는 표준 말레이어 사용자가 거의 이해할 수 없는 말레이어 방언을 사용하지만, 표준 말레이어로도 대화 가능하다.[19]

영어는 모든 학교에서 필수로 배우며, 주요 관광지 주변뿐 아니라 대도시에서도 널리 사용된다. 아랍어는 이슬람 종교학교에 다니는 학생들이 배운다. 말레이어는 아랍어에서 온 차용어가 많지만 널리 쓰이지는 않는다. 말레이시아의 중국인 공동체는 광둥어, 만다린어, 차오저우어, 하카어, 하이난어, 푸저우어, 호키엔어 등 다양한 중국 방언을 구사한다. 만다린어는 대다수 중국학교에서 가르치고 있지만, 광둥어는 중국 공동체 사이에서 홍콩의 TVB 연재물이 인기를 끌면서 대중매체에서 흔하게 접할 수 있

19) 설명 : 빨강색 Malayic, 갈색 North Bornean and Melanau−Kajang, 녹색 Aslian, 밝은 연두색 Land Dayak, 진한 연두색 Sama−Bajaw, 보라색 Philippine, 노랑색 Creole, 회색 Areas with multiple languages.

어서 모국어 외에 광둥어에 정통한 사람도 많다. 인도계 말레이시아인들은 타밀어를 사용한다.

타이와 국경을 접한 말레이시아 북부의 반도 주에는 다양한 타이어 방언을 구사하는 오랑시암(Orang Siam)이란 다양한 타이족 공동체가 있다. 남쪽의 말라카는 포르투갈어에 기초한 크리올을 사용하는 포르투갈어 공동체의 고향이기도 하다. 반도 말레이시아의 외딴 숲 지역은 세멜라이(Semelai), 테무안(Temuan) 등 다양한 토착어를 구사하는 오랑아슬리(Orang Asli)라는 다양한 부족민들의 고향이기도 하다. 동말레이시아에서는 몇 가지 토착 언어, 특히 이반어(Iban)와 카다잔어(Kadazan)가 사용된다.

4) 종교

국교는 이슬람교이지만 헌법상 종교의 자유가 있다. 모든 정부행사는 이슬람식 기도로 시작한다. 국왕(술탄)은 말레이계 무슬림인데, 상징적 의미의 주(州) 통치자이자 종교적 지도자이다.

말레이시아 최초의 국가인 말라카 왕국이 1414년 이슬람교를 국교로 선포한 이후 이슬람교가 말레이시아의 문화와 국민생활 전반에 미치는 영향은 절대적이다. 무슬림은 '코란' 규정에 따라 하루 5번 기도, 라마단(금식), 성지순례 등 의무사항을 이행한다. 이슬람 사원에서 매일 정해진 시간에 확성기로 기도시간을 알린다. 무슬림은 매년 정해진 기간에 한 달간 금식을 하고, 사우디아라비아 메카 성지 순례를 위해 수입의 일정 부분을 저축한다.

말레이시아에서 종교 문제는 인종 간 갈등과 결합해 민감한 이슈가 되기도 하며, 특히 타 종교로 개종을 금지하는 이슬람교 교리 때문에 헌법상 규정된 종교의 자유 보장 관련 문제가 야기되기도 한다. 중국계는 도교·불교·기독교·이슬람교 등 종교가 다양하다. 인도계는 대부분 힌두교이며 기독교나 이슬람교 신자도 있다.

5) 공항과 출입국

말레이시아는 총 62개의 공항(동말레이시아 38개, 반도말레이시아 24개)을 보유하고 있다. 이 중 38개 공항은 상업용 항공사의 여객 운항을 지원하고 있다. 국제공항은 8곳이 있다.

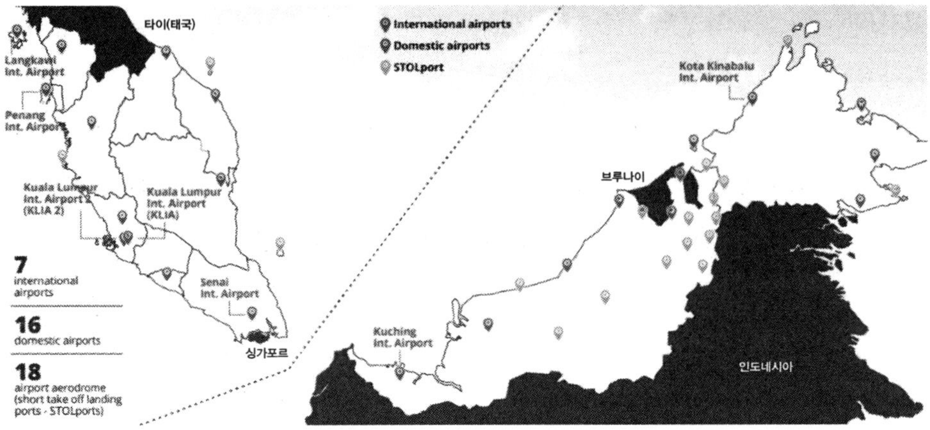

〈인용 : https : //www.klia2.info/news/2018/aviation-industry-in-malaysia/〉

말레이시아항공(MAS)은 전 세계 네트워크가 광범위하고 항공사의 정기 품질 평가에서 상위를 차지하고 있다. 저비용항공사인 에어아시아와 자회사인 에어아시아 X는 현재 호주, 중국, 캄보디아, 홍콩, 인도, 인도네시아, 라오스, 마카오, 뉴질랜드, 필리핀, 싱가포르, 스리랑카, 태국, 미얀마, 베트남 등을 포함하여 목적지를 계속 확장하고 있다.

국제선은 대부분 쿠알라룸푸르 국제공항(KLIA, IATA : KUL, ICAO : WMKK)에 착륙한다. 말린도 항공(Malindo Air)과 에어아시아 항공(AirAsia flights) 같은 저비용항공사들은 주요 KLIA 터미널에서 5km 떨어진 쿠알라룸푸르 국제공항 2(KLIA2)에 착륙한다. KLIA의 쿠알라룸푸르 인근 수방(Subang)에 위치한 KLIA의 전신인 술탄 압둘 아지즈 샤 공항(Sultan Abdul Aziz Shah Airport, IATA : SZB, ICAO : WMSA)[20]은 지역 운영사인 파이어플라이(Firefly)와 버자야사(Berjaya)의 전세기와 터보프롭 항공기(chartered and turboprop aircraft)를 취급한다.

지방행 항공편이 많은 공항으로는 코타키나발루(사바 주), 쿠칭(사라왁 주), 페낭, 랑카위군도, 조호르바루 등이 있다. 말레이시아의 몇몇 주요 도시들은 에어아시아 또는 파이어플라이 편으로 싱가포르로 갈 수 있다. 베르자야 항공은 싱가포르에서 티오만 섬과 레당 섬의 인기 다이빙 장소까지 운항하고 있다.

20) 수방공항이라고도 하며, 수방 스카이파크로도 알려져 있다.

2.2. 역사적 배경

<table>
<tr><td rowspan="2">소왕국들</td><td rowspan="2">랑카수카왕국</td><td rowspan="2">파항왕국</td><td rowspan="3">멜라유왕국</td><td rowspan="3">스리비자야왕국</td><td rowspan="2">싱하사리왕조</td><td rowspan="3">마자파히트제국</td><td rowspan="3">말라카술탄왕국</td><td>파타니
왕국</td><td>연합
말레이
술탄국</td><td rowspan="2">일본령
말라야</td><td rowspan="2">말라야연합</td><td rowspan="2">말라야연방</td><td rowspan="4">말레이시아</td><td rowspan="2">말레이시아</td></tr>
<tr><td rowspan="2">포르투갈령
말라카</td><td>조호르
술탄국</td></tr>
<tr><td colspan="3" rowspan="2">부족국가
시대</td><td>테마섹</td><td>해협
식민지</td><td>일본령
싱가포르</td><td colspan="2">영국령
싱가포르</td><td>싱가포르</td></tr>
<tr><td colspan="3">비자야푸라</td><td colspan="2">브루나
이술탄</td><td colspan="2">사라왁
왕국</td><td>일본령
북보르네
오</td><td>사라왁왕국</td><td>영국령사라왁</td><td>말레이시아</td></tr>
<tr><td colspan="3">고대</td><td colspan="5">중세</td><td colspan="2">근세</td><td colspan="5">현대</td></tr>
</table>

1) 고대

선사시대 말레이시아에 대해서는 알려진 것이 별로 없다. 하지만 약 1만 년 전에 토착 말레이인 오랑 아슬리(Orang Asli)가 중국 남서쪽에서 출발하여 남쪽으로 내려오기 시작했다.

기원전후, 인도양과 남중국해 사이의 말레이 반도는 동서양 무역상 및 여행객들의 장소였다. 이 때 말레이는 유럽까지 알려졌다. 프톨레마이오스는 그의 초기 지도에서 말레이반도를 '황금반도'로 표기했다. 황금이라고 표기한 것은 로마뿐 아니라 다른 나라도 마찬가지였지만, 인도와 중국의 무역업자들이 금을 찾아 이곳에 도착한 후, 힌두 미니왕국들이 말레이의 강을 따라 형성된 것은 그렇게 오래되지 않았다.

2~3세기경, 동서양 무역상들은 이곳에 무역항과 해안 마을을 건설했다. 그 결과 인도 및 중국 문화가 현지 문화에 강한 영향을 끼쳤고, 사람들은 이들로부터 유입된 힌두교와 불교를 믿기 시작했다. 4~5세기경 산스크리트어로 된 것들이 나타나기 시작했다. 2세기 무렵 말레이 반도 북부의 랑카수카 왕국(말레이인의 불교국)이 번창하기 시작했으며 15세기까지 존속했다.

2) 중세

9세기, 수마트라의 스리비자야왕국(불교국)이 반도 전역을 지배하였다.

13세기, 수마트라에서 건너 온 말레이인의 일족이 싱가포르에 투마세크왕국을 건설하였다.

14세기, 사바의 마자파히트제국(힌두교)이 말라야 전체를 지배하였다. 이 무렵 아랍상인에 의하여 이슬람교가 전해지고, 1405년 투마세크왕국의 후예가 세운 말라카왕국(말레이 반도 최초의 독립 국가)은 말라야의 여러 토후국 외에 말라카해협을 넘어 수마트라의 동부까지도 지배하였다. 지리적, 경제적, 군사적으로 말라카는 당시 매우 중요한 지역이었으며, 국제적인 무역항으로써 크게 번영했다.

3) 근세

1511년, 포르투갈인의 침공으로 말라카왕국이 멸망하였다. 포르투갈이 침공한 궁극적인 목표는 경제권을 확장하는 한편 기독교를 전파하기 위해서였다. 그러나 말라카 주민들은 포르투갈의 통치에 강력하게 저항했으며, 1641년 이 지역을 노린 네덜란드의 침공으로 포르투갈의 지배도 끝이 났다. 이어 네덜란드의 지배가 시작되었으나, 1786년 크다의 술탄이 피낭을 영국령 동인도 회사에 양도하면서 대영제국의 지배가 시작되었다. 영국은 1819년 싱가포르를 획득했고, 이후 기존에 말라야를 지배하던 네덜란드와 마찰이 발생하자 1824년 영국-네덜란드 협정을 맺어 세력범위를 확정했다. 이 협정에 따라 영국은 싱가포르를 중심으로 북부는 영국이, 남부는 네덜란드가 지배하도록 했다. 말라카는 영국이 가져가는 대신 자신들이 지배하던 벤쿨렌(방카훌루)을 네덜란드에 양도했다. 이후 영국의 세력범위는 '영국령 말라야'라고 하여 오늘날의 말레이시아와 싱가포르가 되었고, 네덜란드의 세력범위는 '네덜란드령 인도'라고 하여 오늘날의 인도네시아가 되었다.

1826년, 영국은 피낭, 말라카, 싱가포르, 라부안을 직접적으로 지배하기 시작했는, 데, 이 지역에 직할식민지의 일종인 해협식민지를 건설했다. 현재 사바주에 해당되는 지역은 1877년부터 1878년 사이 브루나이와 술루의 술탄이 동치권을 영국에 양도하면서 영국령 북보르네오가 되었다. 지금의 사라왁주에 해당되는 지역은 영국 모험가인 제임스 브룩(James Brooke)이 1842년 브루나이 술탄으로부터 양도받은 뒤 사라왁 왕국이 되었으며, 1946년 직할식민지로 개편될 때까지 백인 왕조의 지배를 받았다.

4) 현대

제2차 세계대전 중, 일본이 말라야, 북보르네오, 사라왁, 싱가포르를 점령했으며, 1945년 항복할 때까지 3년간 통치했다. 일본은 말레이시아를 지배한 그 어떠한 나라보다도 짧게 3년간 통치했지만, 더 잔인했다. 특히 중국에 대한 반감을 갖고 있던 일본은 이 지역의 중국인들까지 무자비하게 살해했다. 중국인뿐 아니라 청년들은 태국을 거쳐 미얀마까지 이어지는 철로를 건설하는 데 동원되었는데, 많은 이들이 막노동에 영양실조 등으로 희생되어 이 철로는 '죽음의 철로'로 불리게 되었다. 이 무렵 공산주의자들의 산악전이 시작되었고, 인종적 긴장 상태 및 민족주의가 성장하였다. 1945년 일본의 항복으로 독립을 쟁취했으나 영국이 재점령했다. 이에 민족주의가 더 크게 성장하기 시작하면서 독립의 움직임이 시작되었다.

1957년, 8월 31일 싱가포르를 제외한 11주가 통합되어 말라야연방으로 독립을 이루었다. 1963년 보르네오에 있는 사바와 사라왁 그리고 싱가포르가 말레이 연방에 가입함으로써 9월 16일 현재의 말레이시아 연방이 탄생하게 되었다. 하지만 싱가포르와의 관계는 즉시 냉각되었고, 2년 후에 싱가포르는 말레이시아 연방에서 탈퇴하였다.

3. 에티켓 : 예절과 관습

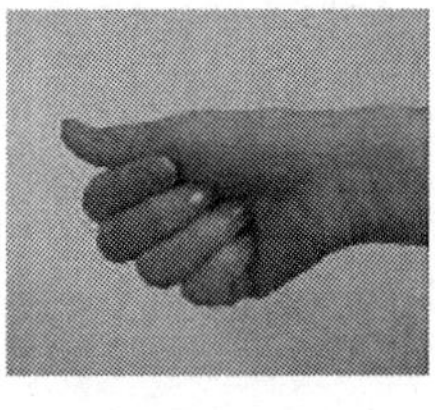

- 기본적으로 이슬람교 계율에 반하는 행동은 금물이다.
- 왼손은 부정하다고 여겨서 악수하거나 물건(선물, 서류, 명함 등)을 주고받을 때 오른손을 사용한다. 참고로 무슬림 여성은 보통 남자와 악수하지 않으며, 여성이 먼저 청할 때만 악수한다.
- 사람을 가리킬 때에는 검지 대신 주먹을 쥐고 엄지로 지칭한다.

- 왕족과 동석할 시 다리를 꼬고 앉거나 등을 보이는 것은 실례이다.
- 어린이라도 머리를 만지는 것은 싫어하며, 어깨를 가볍게 두드려 주는 것을 선호한다.
- 사원 내부에 들어갈 때에는 신을 벗는다. 일반 가정 방문 시에도 동일하다.

1) 약속

관공서의 경우, 문서로 업무를 처리하려는 경향이 강하여 요청 사항과 관련해서 공무원과 약속을 잡으려면 공식적인 서신을 통해 충분한 시간적 여유(최소 2주 이전에 통보)를 갖는 것이 좋다. 단순 미팅이 아니라 소속한 회사 또는 기관의 입장을 인터뷰하는 경우에는 담당자라 할지라도 절차를 통해 상부의 공식 승인 후 인터뷰에 응하려는 경향이 있어서 약속을 확정하는 데 더 오랜 시간이 소요된다.

'시간은 돈'이라는 관념이 아직 불분명하다. 말레이시아에서 시간엄수는 그렇게 엄격한 편이 아니지만, 기다리는 한이 있더라도 항상 약속시간 전에 도착하자. 말레이시아 중역들도 체면중시 경향이 있어서 그들을 기다리게 하는 것은 부정적인 요인으로 작용할 수 있다.

2) 식사

말레이시아는 인구 구성이 말레이계, 중국계, 인도계 등 다인종 국가여서 민족이나 종교에 따라 관습도 천차만별이다. 식사 약속을 잡을 경우 사전에 종교를 확인하고 결례를 범하는 일이 없도록 하자. 이슬람교에서는 돼지고기와 돼지고기가 들어간 일체의 식품을 금하고 있고, 음주 및 도박도 금지되어 있다. 중국계와 인도계 중에는 불교와 힌두교의 영향으로 소고기를 먹지 않는 사람도 있다. 닭고기 요리는 인종 및 종교에 관계없이 무난한 요리 중의 하나다.

3) 인사

말레이식 악수는 마주 삽지 않고 두 손을 펴서 다른 사람의 한 손을 두 손으로 감싼 다음 두 손을 가슴에 가볍게 닿게 하는 방식이다. 요즘에는 현대식으로 일반적인

악수를 한 다음 한 손을 가슴에 닿게 하기도 한다.

악수가 가장 일반적인 인사법이지만 일부 보수적인 무슬림이나 여성은 이성과 악수하지 않는다. 자신의 손을 가슴에 닿게 하는 것은 가슴으로부터의 환영과 존중의 뜻을 담고 있다. 그런데 말레이시아 사람의 이름은 길고 발음하기가 어렵다.

4) 호칭

말레이시아 사람들은 일반적으로 여러 가지 칭호를 이름 앞에 붙이기를 좋아한다. 이 중 하나가 작위 칭호인데, Dato, Datuk, Tan Sri 등이 이름 앞에 들어가 있으면 부를 때 붙여주는 것이 좋다. 다른 하나는 학위인데, 박사 학위를 소지한 사람이라면 약칭인 Dr., Ph. 등을 이름 앞에, 작위가 있다면 작위와 함께 붙이는 것이 좋다.

5) 선물

선물을 준비할 때에도 사전에 상대방의 종교를 반드시 알아둘 필요가 있다. 화교들은 여자 사진이 나온 달력 등도 상관없지만 이슬람교도들에게는 큰 실례가 된다. 특히 이슬람에서는 교리상 사람이나 사물 형체를 본떠서 만든 물건을 거부하니 주의하자. 식품류는 종교적 금기 성분이 들어간 것을 선물하면 알지 못했다고 해도 큰 실례가 된다. 필기구, 장신구 등 인종 및 종교와 무관한 물품이 무난한 선물로 꼽힌다.

8) 제스처

주먹을 쥔 손으로 다른 손바닥을 치는 행위는 외설적인 뜻이 있으니 피하자. 엉덩이에 손을 올리고 서있는 자세는 화가 난 공격적인 자세로 보인다.

4. 문화 차원 : 국가 이미지의 토대

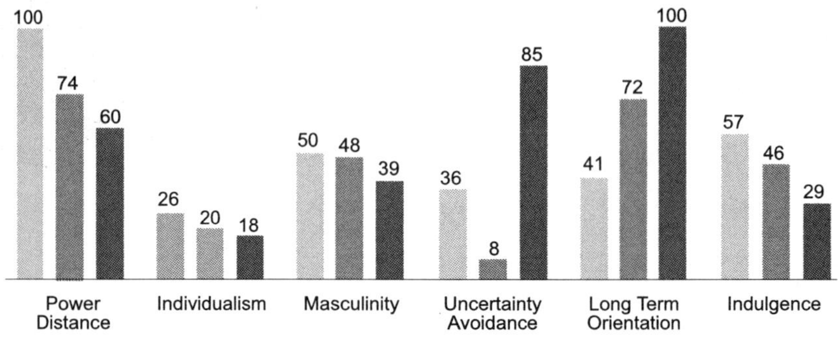

〈호프스테드 문화 차원 : 말레이시아-싱가포르-한국 비교〉

■ 권력 거리

말레이시아는 이 차원에서 100점을 얻었다. 이는 사람들이 누구나 위치가 있고 더 이상의 명분이 불필요한 위계적 질서를 용인한다는 뜻이다. 조직의 위계질서는 내재된 불평등을 반영하는 것으로 보이며, 중앙집권화가 일반적이며, 하급자들은 할일을 지시받고 싶어하며, 이상적인 상사는 자비로운 독재자다. 지도부에 대한 도전은 좋은 평가를 받지 못한다.

■ 개인주의

26점을 받은 말레이시아는 집단주의 사회에 속한다. 이는 가족, 대가족 또는 이웃 관계 등 '구성원' 집단에 대해 긴밀하게 장기적인 헌신이나 책무를 보인다는 뜻이다. 집단주의 문화에서의 충성심은 가장 우선하며, 대부분의 여타 사회적 규칙과 규정을 무시한다. 그런 사회는 강한 관계망을 형성하는데, 모든 사람들이 그들 그룹의 동료 구성원들을 책임진다. 집단주의 사회에서 범죄는 수치이고 체면손상을 가져온다. 고용주와 직원 관계는 도덕적인 개념으로 인식되며, 고용과 승진은 직원의 그룹 내 상황을 고려한다. 관리는 집단 관리이다.

■ 남성성

이 차원에서 중간점수인 50점을 얻었다.

■ 불확실성 회피

이 차원에서 36점을 얻어서 불확실성 회피 선호도가 낮다. 이 차원에서 점수가 낮은 사회는 원칙보다 실천이 더 중요하고 규범 일탈에 더 관대하고 더 유연한 태도를 취한다. 또한 불확실성 회피가 낮은 사회에서는 필요 이상의 규칙이 없어야 하며, 모호하거나 효과가 없으면 폐지하거나 변경해야 한다고 생각한다. 스케줄은 융통성이 있고, 힘든 일은 필요하면 하되, 일 자체를 위해서 하지는 않는다. 정확성과 정시성은 자연스런 것으로 생각지 않으며, 혁신도 위협적인 것으로 보지 않는다.

■ 장기 지향성

이 차원에서 41점의 낮은 점수를 얻어서 격식을 따지는 규범적인 문화권에 속한다고 할 수 있다. 그런 사회의 사람들은 절대적 진리 확립에 강한 관심을 보인다. 즉, 그들의 사고방식이 규범적이라는 뜻이다. 그들은 전통을 매우 중시하고, 미래를 위한 저축에는 별 관심이 없고, 빠른 결과물을 얻는 데 집중하는 성향이 있다.

■ 절제

이 차원에서 57점을 받았다. 일반적으로 인생을 즐기려는 충동과 욕망을 실현하려는 의지가 있다. 말레이인들은 긍정적인 태도와 낙관적인 성향을 보인다. 게다가 그들은 여가 시간에 더 높은 가치를 두고, 하고 싶은 대로 행동하고, 원하는 만큼 돈을 쓴다.

03
인도네시아

〈인용 : https : //terms.naver.com/entry.nhn?docId=1136096&cid=40942&categoryId=34061〉

국명	인도네시아공화국(Republic of Indonesia)
면적	1,904,569 ㎢
해안선	54716 km
수도	자카르타
종족	자바족(40.1%), 순다족(15.5%), 멀라유족(3.7%), 바탁족(3.6%), 마두라족(3%) 등 1300여 부족
인구	264,160,000명 (2019)
공용어	인도네시아어
종교	이슬람교(86.1%), 개신교(5.7%), 가톨릭교(3%), 힌두교(1.8%), 기타(3.4%)
건국일	1945년 08월 17일
정체	공화제
통화	루피아(Rupiah)
인터넷도메인	.id

1. 공항 : 나라의 관문

인도네시아의 항공 산업은 국가의 지리적 특성 및 인구의 측면에서 무한한 잠재력을 가진 큰 산업이다. 5%대의 경제성장률 유지, 중산층의 증가 및 저비용 항공사의 사업 확장 등으로 근래에 인도네시아 항공 및 MRO 산업은 발전을 거듭하고 있다.

인도네시아는 1만 8,000개 이상의 섬을 가진, 동서로 약 5,200km, 남북으로 약 2,000km에 이르는 군도 국가임을 고려하면, 항공기는 필수 불가결한 교통수단이다.

IATA(국제항공운송협회, International Air Transport Association)의 보고서에 따르면, 인도네시아는 2020년에 세계 10대, 2034년에는 중국, 인도, 미국, 영국과 함께 세계 5대 항공산업 국가로 부상할 것이라고 한다. IATA는 인도네시아의 항공운송시장은 지금 추세라면 20년 내 219%까지 성장할 것이며, 2037년까지 2억 6800만 건의 여정이 추가로 발생할 것으로 전망하고 있다.

인도네시아는 공항 인프라 개선을 통한 물류 인프라 구축에도 집중적인 투자를 하고 있다. 2018년 5월, 찌르본(Cirebon) 지역에 꺼르따자띠(Kertajati) 공항 운영을 공식화했고, 2019년에는 꿀론 쁘로고(Kulon Progo) 지역에 족자카르타 신 국제공항 프로젝트를 완료했다. 또한 자카르타 국제공항으로 알려진 수카르노-하타 국제공항의 제4터미널 건설, 동부 자바의 끄디리 공항(Kediri airport), 불를릉(Buleleng) 지역의 북부 발리공항(North Bali airport) 건설 등의 프로젝트가 추진 중에 있다.

참고로 인도네시아의 3대 주요 항공사 프로필은 다음과 같다.

항공사명	로고 및 정보
가루다 인도네시아 그룹 Garuda Indonesia	- Garuda Indonesia는 국영기업, 1949년 1월 26일 설립. - 항공기 평균 연식은 7.8년, 2019년 6월 기준으로 에어버스 A330기 27대, 보잉기 87대, 봄바디어 CRJ-1000기 18대 보유 - 저비용 항공사 사업 확장의 일환으로 2001년 시티링크(Citilink) 설립, 시티링크는 에어버스 A320기 51대, 보잉737기 2대, ATR 42/72기 4대 운용 - Sky Team에 인도네시아 최초로 합류한 항공사 - 수익 : 43억 7,000만 달러(2018년) - 홈페이지 : https : //www.garuda-indonesia.com

라이온 에어 그룹	– 라이온에어는 1999년 10월 설립, 2000년 6월 30일 운항 개시, 라이온에어(Lion Air), 윙스에어(Wings Air), 바틱에어(Batik Air)의 세 브랜드 노선 운영 – 해당 항공사는 경쟁력 있는 가격 및 인도네시아 전역의 많은 노선으로 저비용 항공사의 선두 주자임 – 2003년 6월, 자회사 윙스 아바디 항공(Wings Air) 설립, 10년 후인 2013년 5월, 프리미엄 클래스 확장의 일환으로 바틱에어(Batik Air) 설립 – 바틱에어는 가루다 인도네시아의 경쟁 상대이며, 라이온에어 및 윙스에어는 시티링크와 경쟁관계임 – 126대의 보잉기, 48대의 에어버스, 65대의 ATR 42/72기 운용 – 라이온에어는 국내 시장 외 말레이시아 및 태국과 같은 타 아세안 국가로도 사업 확장 중, 2012년 9월 말레이시아에서 저비용 항공 서비스를 제공하는 말린도에어(Malindo Airways) 시작, 현재 보잉기 26대와 ATR 42/72기 14대 포함 총 40대의 항공기 운용 – 말레이시아에서의 사업 확장은 2016년 6월 3대의 항공기를 운용하는 말레이시아 바틱에어(Batik Air Malaysia)가 출범하면서 계속 진행 중 – 라이온에어 그룹은 타이 라이온에어(Thai Lion Air)를 통해 태국에서도 사업 시작, 타이 라이온에어는 보잉 737기 32대와 에어버스 A330기 3대로 총 35대의 항공기 운용 – 홈페이지 : http : //www.lionair.co.id/, https : //batikair.com
스리위자야 에어 그룹	– 2003년 11월 설립, 보잉 737기 34대 운용 – 항공기 평균 연식은 18.3년, 인도네시아 주요 3대 항공사 중 가장 높음 – 라이온에어 및 시티링크와 유사하게, 스리위자야 그룹도 저비용 항공 서비스 제공 – 2013년, 남에어(NAM Air) 설립, 현재 보잉 737기 11대와 ATR 42/72기 5대 운용, 따라서 스리위자야 그룹의 항공기 보유 대수는 총 50대 – 2018년 11월, 가루다 인도네시아 그룹과 운영 파트너십(kerjasama operasi , KSO) 체결, 이에 따라 스리위자야 에어 그룹의 재무를 포함한 모든 운영은 가루다 인도네시아 그룹의 관리 및 감독 하에 있음. 이는 KSO를 통해 시장 점유율, 네트워크, 수용력의 확대 및 서비스의 품질 상승과 같은 긍정적인 효과 창출 가능 – 2019년 1월 14일, 가루다 인도네시아 산하 5개의 전략적 파트너사와 제휴 관계 수립 : PT Gapura Angkasa에 지상조업, PT Aerofood Indonesia에 기념품 및 기내식 관련 외주 계약 – 홈페이지 : https : //www.sriwijayaair.co.id/, https : //www.flynamair.com/

[쉬어가기] 인도네시아의 국영항공사명이 Garuda Indonesia인 이유

'가루다'는 힌두교 신화에 등장하는 태양신이자 신성한 새, 즉 신조(神鳥)이다. 창조신 브라흐마의 아들 카시야파와 부인 비나타 사이에서 태어난 아들이다.

힌두(인도) 신화에서 가루다는 황금빛 피부에 강인한 남성의 몸통과 독수리의 머리와 날개, 황금색 비늘로 싸인 다리, 흰 칼처럼 생긴 발톱을 한 '신성한 독수리'이다. 가루다는 뛰어난 전사인데, 그의 유일한 적은 나가(Naga)로 불리는 지하세계의 뱀이다. 가루다는 세상의 악을 없애고 정의를 세우는 평화의 신 비슈누를 태우고 다녔다. 가루다는 힘이 장사라서 날마다 황금 날개에 태양을 싣고 동쪽에서 서쪽으로 운반했다. 그래서 가루다는 태양신으로 숭배의 대상이었다.

〈좌 : 성모교회, 중 : 최후의 만찬, 우 : 후기르네상스양식 제단〉

인도네시아 사람들은 가루다가 하늘을 날아다니며 세상을 굽어보고 지배하는 창조의 신으로 믿었다. 힌두교와 불교를 넘어 인도네시아의 상징동물이 된 것이다. 새 중의 새인 독수리를 신성한 영물로 상상한 때문에, 인도네시아의 국장에도 황금독수리가 날개를 활짝 펴고 발톱으로 하얀 두루마리를 쥔 가루다가 등장한다. 꼬리 앞부분은 19개의 깃털, 목 부분은 45개의 깃털, 꼬리에는 8개의 깃털, 날개에는 17개의 깃털을 하고 있다. 모두 상징적인 의미를 안고 있는데, 예컨대 17개의 날개 깃털은 인도네시아가 네덜란드로부터 독립을 선언한 17일을, 목 부분 깃털 45개는 1945년을, 꼬리 깃털 8개는 8월, 즉 1945년 8월 17일을 상징한다. 정부의 모든 문서에 가루다 문양을 새겨 넣고, 국영항공사명도 '가루다 인도네시아 항공'으로 불리는 이유이기도 하다.

■ 수카르노-하타 국제공항(Soekarno-Hatta International Airport)

- IATA : CGK, ICAO : WIII

1986년 자카르타 시내에 있던 크마요란 국제공항(Kemayoran Airport, 국내선 전용)과 할림 공항(Halim Perdanakusuma International Airport, 국제선 전용)을 대체할 목

적으로 자카르타 교외지역에 건설되어 1991년에 개항한 것이라서 자카르타 국제공항이라고도 한다. 현재 가루다 인도네시아, 라이온 에어, 에어 아시아 인도네시아의 주요 허브 공항이다.

공항명은 인도네시아의 초대 대통령 수카르노와 초대 부통령 모하마드 하타의 이름을 합쳐 명명하였다. 인도네시아 사람들은 자카르타 북서쪽에 위치한 지역의 이름을 붙여 흔히 셍카렝이라고 부른다.

2018년 6690만 명의 승객을 서비스했다. 국제공항협회(Airports Council International)[21]가 선정한 세계 18위, 동남아시아에서 가장 붐비는 공항이었다. OAG(Official Airline Guide)[22]에 따르면, 이 공항은 노선이 세계에서 7번째로 많은 공항으로 꼽혔으며, 연결지수 기준으로는 아시아태평양 지역의 '메가허브' 공항으로서, 일본 도쿄의 하네다 공항과 호주 시드니 공항을 제치고 1위를 차지했다. 이 공항의 운영주체는 PT 앙카사 푸라 II이다.

대한항공, 아시아나항공과 인도네시아 국적기인 가루다 인도네시아가 매일 인천-자카르타 구간 직항 편을 운항 중이다.

1) 역사

1928년부터 1985년까지 사용하던 크마요란(Kemayoran) 비행장은 주요 군사공항과 너무 가까워서 민항기 공항으로는 문제가 많았다. 게다가 이 지역의 민영 공역도 점차 제한적인데다 항공 교통량은 급속히 증가하여 국제 항공운항에 많은 차질이 야기되었다.

1970년대 초 USAID의 도움으로 크마요란, 말라카, 바바칸, 종골, 할림, 쿠룩, 사우스 탕게랑, 노스 탕게랑 등 8곳의 잠재적 국제공항을 검토하여, 최종 노스 탕게랑 부지를 선택하였다. 종골을 대체 비행장으로 사용할 수 있다는 점도 주목했다. 한편, 인

21) 공항 관리 및 운영에 관한 공항의 공동 이익을 달성하고, 우수성을 홍보하기 위해 설립된 비영리 단체. 1991년 1월 1일 국제공항운영협의회와 공항협의조정위원회, 국제민간공항협회 등 공항 관련 3개 단체를 통합해 설립한 것이다.

22) 항공 네트워크 데이터를 분석하고 공급하는 기업으로, 전 세계 항공편 시간표(스케줄)와 운임, 통화 등 여행에 필요한 자료를 수록한 간행물을 출간하면서 시작했으며 간행물 이름이었던 OAG 그대로 기업 명칭이 되었다.

도네시아 정부는 임시조치로 할림 페르다나쿠수마 군사비행장을 여객 서비스에 사용할 수 있도록 개축했다. 구 케마요란 터는 1985년에 폐쇄되었고, 이후 그 토지는 상업 및 주택 용도로 사용되었다.

1974~1975년 캐나다 컨소시엄(ACRESS International Ltd., ACRESS International Ltd., SWR(Searle Wilbee Rowland)로 구성)이 신공항 타당성 프로젝트에 입찰했다. 타당성 조사는 1974년 2월 20일에 시작되었으며, 총 비용은 100만 캐나다 달러였다. 1년 프로젝트는 PT 코나비 중심의 인도네시아 파트너와 함께 진행하였다. 1975년 3월 말까지 이 연구는 3본의 인라인 활주로, 3개의 국제 터미널 건물, 3개의 국내 건물, 그리고 1개의 하지(Hajj) 항공편용 건물 건설 계획을 발표했다. 1975년부터 1981년까지 국내 터미널용 3개 매장을 4억6500만 달러를 들여 건설하고, 1982~1985년에 1억2600만 달러를 들여 램프지역을 포함한 국내 터미널 1곳을 건설하기로 했다. 자카르타 국제공항 쳉카렝(Jakarta International Airport Cengkareng)이라는 새로운 터미널 프로젝트가 시작된 것이다.

공항의 터미널 1과 2는 파리 샤를 드골 공항을 설계한 프랑스 건축가 폴 앙드뢰(Paul Andreu)가 설계했다. 공항의 특징 중 하나는 지역 건축물을 디자인에 포함시켜 대기실들(waiting lounges) 사이에 열대 정원을 조성한 점이다. 이러한 독특한 특징들 때문에 이 공항은 1995년 아가칸 건축상(Aga Khan Award for Architecture)을 수상하였다. 북쪽과 남쪽에 두 본의 평행활주로가 북동쪽에서 남서쪽으로 뻗어 있다. 공항 터미널은 주출입구가 복도를 거쳐 일련의 대기실과 탑승동으로 연결되는 스패닝팬(spanning fan) 계획을 세웠다. 이러한 대기실과 탑승동은 탑승교에 의해 비행기와 연결된다. 터미널 1은 공항 남쪽, 터미널 2와 터미널 3은 북쪽에 있다.

공항 개념은 복도, 대기실 및 탑승동 사이의 공간이 열대림, 화초 등으로 채워져 있어서 '공항 내 정원' 또는 '정원 공항'이라고 할 수 있다. 탑승동은 자바의 계단식 펜도포와 조글로 스타일로, 인도네시아의 현지 토착 건축물, 특히 지붕의 모습을 하고 있다. 내부 디자인은 자바, 발리, 수마트라, 다야크, 토라자, 파푸아의 목조 조각에서 따온 민속 장식 요소들로, 인도네시아 예술과 문화의 다양성을 보여준다. 또 다른 예는 보로부두르 등 고대 인도네시아 사원에서 전형적인 볼라-마카라(거대한 머리와 신화 속의 물고기-코끼리 생물) 테마를 보여주는 계단, 문, 난간이다. 그러나 터미널 3은 터미널 1

과 터미널 2의 인도네시아 토착 건축양식과는 달리, 금속 프레임과 기둥이 있는 현대식 대형 유리창을 사용하였다. 이 공항의 건설 프로젝트의 전체 진행단계는 다음과 같다.

단계	년도	내용	상태
1단계	1985.5.1	연간 900만 명 승객 수용량을 갖춘 제1터미널 개장	완료
2단계	1991.5.11	연간 1,800만 명 승객 수용량을 갖춘 제2터미널 개장	완료
3단계	2009.4.15	연간 2200만 명의 승객 수용능력을 갖춘 제3터미널 1단계 건설	완료
		화물 터미널 전면적인 신축(북서쪽 구역)	진행
4단계	2016.8.9	연간 4천3백만 명의 승객을 수용할 수 있는 제3터미널 준공	완료
		공항철도 건설	완료
		제3 활주로 건설	완료
		통합 건물 신축	진행
		제3활주로까지 500m 추가 신설	완료
		제4 터미널 건설	설계중
5단계	2022	터미널 1 & 터미널 2 개조 및 확장으로 연간 6100만 명 승객 수용력 향상	진행

2) 활주로

활주로는 3600m 3본이 있으며, 아스팔트 포장이 되어있다. 동-서 방향으로 평행하게 놓인 제1, 제2 활주로는 2,410m의 간격을 두고 떨어져 있다.

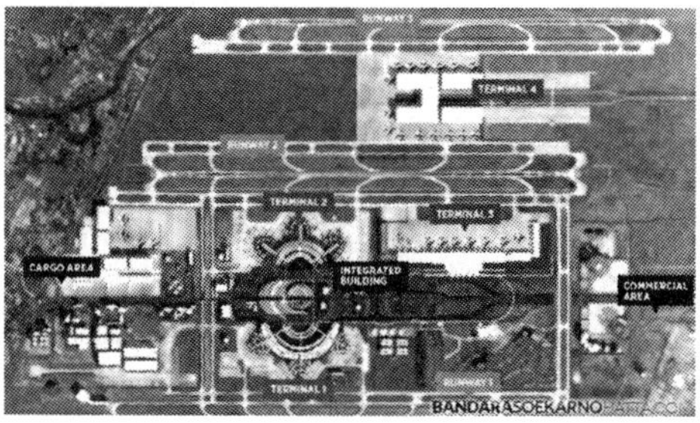

3) 터미널

2,410m의 간격을 두고 떨어져 있는 두 활주로 사이에는 남쪽의 터미널 1(1985년 개항)과 북쪽의 터미널 2(1992년 완공)가 마주보고 있고, 제2터미널 동쪽에는 터미널 3(2011년 서편 일부 개장, 2016년 완공)이 있다.

터미널 1은 국내선 전용이고, 터미널 2는 일부 국내선(2F)과 저비용 항공사의 국제선(2D, 2E)이 이용한다. 디미널 3은 국제선 전용이다. 디미널 1과 2의 탑승게이트는 각각 3개 부분(터미널 1 : 1A, 1B, 1C, 터미널 2 : 2D, 2E, 2F)으로 나뉘어 있으며, 각 부분별로 특정 항공사들이 운항한다.

공항운영사 앙카사 푸라 2세는 터미널 3의 남쪽, 터미널 1의 우측에 터미널 4를 건설 예정이다. 이 터미널이 완공되면 연간 4500만 명의 승객 수용이 가능해진다. 터미널은 'H'자 형태로 설계되며, 터미널 3의 설계와 유사한 친환경적이고 현대적인 디자인을 적용하였으며, 2024년에 완공 예정이다.

[쉬어가기] 자카르타, 여행수요급증으로 100억 달러 규모 수변공항계획

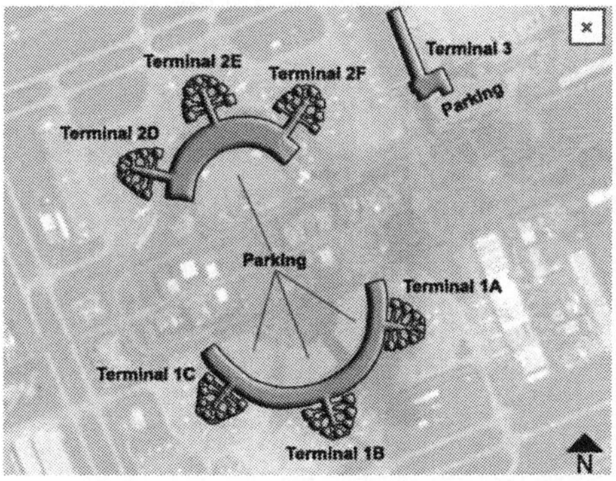

인도네시아 정부는 자카르타 외곽에 신공항을 건설해 경제 확장에 따른 늘어나는 비즈니스 여행객과 관광객을 수용할 계획이다. 이 프로젝트에는 약 100억 달러가 소요될 것으로 예상된다. 또한 2014년 10월 조코 위도도 대통령 취임 이후 정부 산하 최대 규모의 인프라 개발 사업이기도 하다.

인도네시아 국영공항관리회사의 초안에 따르면, 이 시설은 기존의 수카르노-하타 국제공항에서 북쪽으로 약 15km 떨어진 간척지에 건설될 예정이다. 공사는 민간과 공공 제휴로 10년 안에 착수될 수 있을 것이다. 이 계획에는 신공항 운영을 위한 합작법인 설립을 포함하고 있는데, 이 합작법인은 수카르노-하타의 국영사업자인 앙카사 푸라 2세(Angkasa Pura II)가 51%를 소유하고 나머지 49%는 개인투자자가 소유하게 된다.

신공항에는 활주로 2본과 여객터미널, 항공기 정비센터가 들어설 예정이다. 세부 사항은 나중에 결정되겠지만, 수카르노-하타 공항과 연결되는 철도 및 고속도로도 고려중이다.

이곳은 1985년 수카르노-하타 공항 개항 이래 자카르타를 중심으로 한 최초의 신공항이 된다. 두 시설은 현재 동남아 최대 공항인 싱가포르 창이공항을 제치고 연간 이용객 1억 명을 넘어설 것으로 예상된다.

인도네시아는 2030년 국내총생산(GDP) 세계 10위권 진입과 동시에 비즈니스 여행객과 관광객 증가를 기대하고 있다. 2035년에는 2015년 수준보다 120% 증가한 2억4200만 명이 항공편을 이용할 것으로 국제항공운송협회는 전망하고 있다.

따라서 수도의 관문을 늘리는 것은 대통령 조코 위도도에게 시급한 과제인데, 위도도는 인도네시아를 경제 대국으로 변모시킨다는 목표로 2032년 하계 올림픽 유치도 계획하고 있다.

수카르노-하타 공항은 2017년 약 6천3백만 명의 승객을 처리했는데, 이는 전년보다 8% 증가한 수치다. 공항은 2016년 제3터미널을 건설하고도 여행객 급증으로 혼잡과 지연이 속출하고 있다. 정부는 이르면 2020년부터 제4터미널과 새 활주로 건설에 들어가지만, 보다 근본적인 해결책으로 신공항 건설을 추진하고 있다.

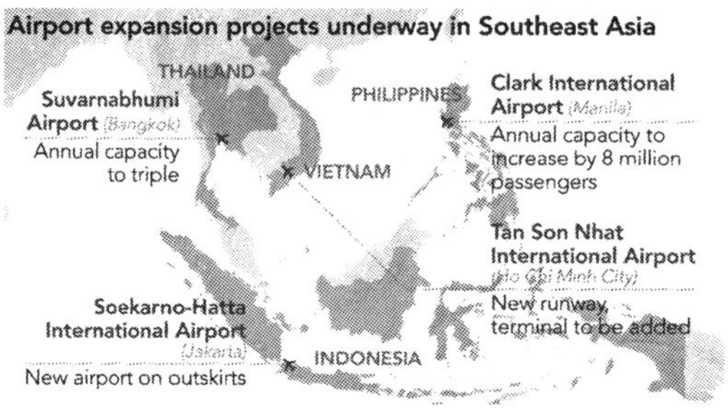

동남아시아의 다른 도시들도 방문객 증가에 대처하고자 공항 역량을 강화할 계획이다. 태국은 방콕 수완나폼 공항에 약 80억 달러를 들여서 수용능력을 약 3배로 확장할 계획에 있다. 이 공항은 2006년 개업 당시 연간 4500만 명의 승객 수용을 예상했으나 현재 6500만 명을 수용하고 있다. 필리핀과 베트남도 공항 증설을 서두르고 있다.

이 지역 중산층이 늘어나면서 더 많은 동남아인들이 비행기로 여행하고 있다. 에어버스에 따르면, 아시아 태평양 지역은 2037년까지 세계 평균 4.4%보다 높은 5.5%의 여객기 운항 증가율을 보일 것으로 예상된다.

동남아 여행객이 늘면서 역외 공항에도 파급효과가 나타나고 있다. 동남아와 북미 노선의 주요 환승역인 일본 나리타공항도 제3 활주로 추가 방안을 검토 중이다.

〈인용 : https : //asia.nikkei.com/Economy/Jakarta-plans-10bn-waterfront-airport-as-travel-demand-surges〉

2. 지리와 역사

2.1. 지리적 배경

1) 국명과 국기

국명 '인도네시아'는 그리스어에서 유래했다. 인도라는 'Indo-'와 섬이라는 'nesos'로 이루어졌으니 '인도의 섬들'이란 뜻이다. 19세기 중엽 영국의 언어학자인 제임스 로건(James Richardson Logan)이 명명한 것이다. 현지인들은 중세 때 자바 주민들이 사용했던 'Nusantara'란 명칭을 주로 사용하는데, 역시 '섬이 많은 나라'의 뜻이다.

국기는 'Merah Putih'라고 불리는데, '메라'는 빨간색으로 용기를, '푸티'는 하얀색으로 결백을 뜻한다.

2) 자연

동남아시아의 크고 작은 섬들(18,200여 개)로 이루어진 세계 최대의 섬나라이다. 말레이제도에서 필리핀을 제외한 대부분을 차지한다.

인도네시아 북쪽에는 말레이시아, 싱가포르, 필리핀, 팔라우, 동쪽에는 파푸아 뉴기니, 동티모르, 남쪽에는 호주, 서남부에는 인도양이 있다. 서부 말레이시아와 싱가포르가 있는 말레이반도와는 말라카 해협을 두고 마주하고 있고, 필리핀 섬들과는 셀레베스 해에 의해 경계를 이룬다.

동서교통의 요충지에 있어서 역사적으로 다방면에서 문화적·민족적 교류와 이동이 두드러지게 나타났다. 동티모르는 포르투갈 식민지였다. 그러나 포르투갈이 1975년 해외식민지를 모두 포기하고 군대를 철수하자 인도네시아에 합병되었다가 1999년 8월 분리·독립했다. 행정구역은 30개 주(propinsi), 2개 준주(daerah istimewa), 1개 수도구(daerah khusus ibukota)로 이루어져 있다.

3) 민족

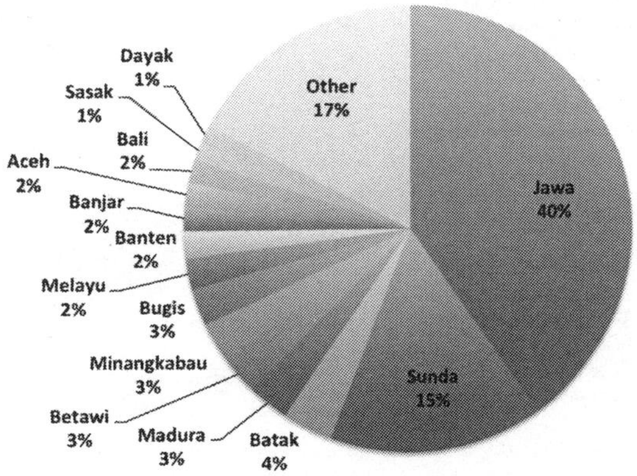

인도네시아는 민족 구성이 복잡하다. 주민의 대부분은 말레이 인종이지만, 이들도 섬에 따라 여러 종족으로 나뉜다. 동부에는 파푸아인이 포함되어 있다. 말레이인이 훨씬 많이 거주하고 있는 지역에도 수마트라섬의 쿠부족과 셀레베스섬의 트아라족처럼 선주민으로 추정되는 네그리토족과의 혼혈이 분포한다. 그 밖에 역사시대에 이주해온 중국인·인도인·아라비아인·유럽인

및 그들의 혼혈인종이 도처에 분포한다.[23]

주요 인종은 자바족(중부 및 동부 자바), 순다인(서부 자바), 바딱족(북부 수마트라), 미낭까바우족(서부 수마트라), 부기스족(남부 술라웨시), 화교 등 전체적으로 480여 종족이 혼합되어 있다. 또한 종족마다 다른 문화, 관습 및 언어를 갖고 있다. 종족에 대한 특성을 일반화하기는 어렵지만 상대방의 문화를 이해하고 접근할 필요가 있다. 게다가 인도네시아인은 민족의식이 꽤 강한 편이어서 민족에 관해 이야기하는 것은 문제시될 수 있음에 유의할 필요가 있다.

3) 언어

헌법에 명시된 '국가어'는 인도네시아어(Bahasa Indonesia, 인도네시아에서 쓰는 말레이어의 공식명칭)이다. 그 밖에 수많은 지방 언어들도 산재하고 있다. 지역의 언어들은 대부분 오스트로네시아어족에 속하지만, 의사소통이 거의 불가능하다. 이런 언어가 580개 이상 존재한다고 한다. 2001년 SIL자료에 따르면 인도네시아의 지방 언어 수는 731개나 된다.

1926년 믈라유어(Bahasa Melayu, 말레이족이 쓰는 말레이어)를 그들의 국가어로 채택했다. 믈라유어를 선택한 이유는 7세기부터 이 지역의 교역어(lingua franca)로서 인도네시아

〈인도네시아 언어분포도 : https : //i.redd.it/vjvr52ekuf921.png〉

23) 그림 인용 : http : //thespicerouteend.com/introduction−indonesian−ethnic−groups−languages/

전역에서 널리 사용되어 왔고, 교역어의 특성상 배우기가 쉽고, 특정 지역의 이익을 대표하지 않아 지역갈등을 최소화할 수 있기 때문이었다.

그런데 국어라는 명칭이 아니라 국가어(Bahasa Negara)란 명칭을 사용한 것은 인도네시아 공화국의 국가통합 이데올로기를 반영한 것이라고 할 수 있다. 상호소통이 불가능한 720여 종의 지방 언어와 천여 종 이상의 종족들로 구성된 인도네시아의 사회·문화적 특징을 감안하면 국가통합을 위한 국가어의 기능은 매우 중요하다. 국가어의 법률적 기능과 지위를 헌법에 명시해 놓은 것은 다종족·다언어·다문화의 복잡성을 반영한 것이다.

4) 종교

인도네시아 헌법은 종교의 자유를 인정하지만, 공식적으로 무종교일 수는 없다. 이슬람교, 힌두교, 프로테스탄트교, 가톨릭교, 불교, 유교 등이 공식 종교다. 이 중 한 가지를 반드시 믿어야 하는데, 신분증(KTP)에도 자신의 종교가 기록된다.

왜 인도네시아는 종교를 의무화했을까. 결론부터 말하면 반공정책 때문이었다. 인도네시아가 공화국으로 독립한 이후 제2대 수하르토 대통령이 공식적으로 인정한 종교만 믿도록 강제했기 때문이다. 수카르노 초대대통령은 공산주의자였는데, 1965년 친서방 우파 장성군부들을 숙청한 G30S사건이 발생하였다. 이때 수하르토 장군은 숙청에서 살아남아 쿠데타로 집권하여 반공주의를 실천하였다. 그 중 하나가 유일신을

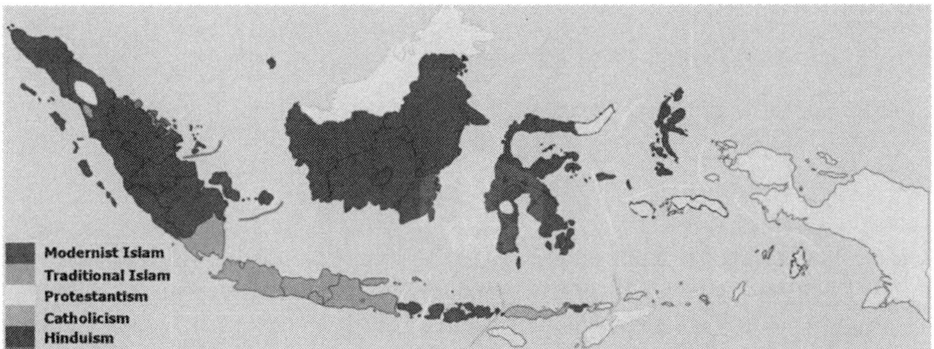

〈인도네시아 종교분포도 : https : //adelaar-cruises.com/tips-from-adelaar/religions-of-indonesia〉

믿는 종교를 의무화한 것이다. 즉, 무신론자는 공산주의자라는 이분법적 사고가 종교를 강제한 결정적 이유라고 할 수 있다.

종교는 인도네시아의 문화를 지속시키는 역할을 해왔다. 사회발전에서도 마찬가지다. 인도네시아의 종교는 일상생활의 기능에 매우 중요한 부분이다. 인도네시아 사람들은 같은 종교를 가진 사람들과 함께 일하고자 한다. 그들 자신의 종교 안에서 공동체 의식을 형성하기 위함이다.

인구의 87%가 무슬림인데, 절대다수가 수니파이다. 국토가 넓고 섬이 많아서 지역마다 주류 종교도 다른 양상을 보인다. 지역별로 종교적인 편차도 크다. 인도네시아의 거의 모든 가족은 종교를 집안 전통으로 받아들이고 있다. 그런 점에서 인도네시아는 매우 종교적인 국가라고 할 수 있으며, 실제로 종교는 인도네시아인의 인생에 큰 부분을 차지한다.

이슬람이 전파되는 14~17세기 이전에는 인도 문화의 영향을 강하게 받아서 힌두교, 불교문화의 뿌리가 깊다. 지금도 2% 남짓한 인구가 힌두교나 불교 신자다. 이슬람 도래 이후부터 정치, 사회, 문화적으로 이슬람화가 상당히 진척되었지만, 인구 과반이 거주하는 자바 지역에는 인도 문화와 융합되어 형성된 자바 및 순다열도[24]의 토착 문화가 기층에서 정통 이슬람과 돈독한 관계를 형성하였다. 독립 이후 수하르토 시대에 이슬람 정치세력 및 이슬람 원리주의가 탄압 내지 견제를 받은 탓에 중동 국가들에 비하면 매우 세속적이다. 또 도서 지역 주민들을 중심으로 한 네덜란드와 서구 국가들의 오랜 선교, 화교들의 프로테스탄트교 개종으로 프로테스탄트교도 전체 인구의 약 10%나 된다.

24) 순다열도는 대륙부의 동남아시아와 호주 사이에 길게 늘어선 적도부근의 열대 군도인데, 인도네시아 대부분의 섬들이 이 순다열도에 속한다. 순다열도의 지명은 서부 자바 섬에 위치한 순다(Sunda, 산스크리트어 : '순수하다')라는 지명에서 유래하였다. 순다열도는 인도네시아라는 국가단위 그 이상의 것을 간직한 지역이며, 그 속에서 자연에 순응하며 살아가는 사람들의 다양한 삶과 문화의 패턴을 찾아볼 수 있다.

[쉬어가기] 지리와 역사에 관련된 에티켓

다민족국가인 만큼 종족의식이 매우 강하다. 특히 주류를 이루는 자바인은 여타 종족에 비해 강한 우월감을 가지고 있다. 중국인들은 경제적으로 우위에 있는 사람들이 많았으나, 수카르노 대통령 시기에 실패한 공산혁명으로 인해 30여 년간 박해를 받아 중국말이나 글을 사용할 수 없었기 때문에 인도네시아 인들은 중국계를 폄하하는 경향이 있다.

종교의 자유가 있기는 하지만 이슬람교가 대다수여서 이슬람문화가 지배적이다. 무슬림에게 돼지고기와 알코올은 금기 식품이고 도박은 금지영역이다. 또한 무슬림에게 왼손은 좌욕 등 청결하지 못한 곳에 사용하는 것으로 여겨서 악수하기나 선물하기 등에서는 반드시 오른손으로 해야 한다.

1.2. 역사적 배경

앞에서 살펴보았듯이, 인도네시아는 480여 종족과 580여 개의 언어가 18,200여 개의 섬 지역에 광활하게 분포하여 공존하지만, 국가공용어인 '인도네시아어(Bahasa Indonesia)'가 이러한 다양성을 하나로 묶는 주요한 사회문화적 매개체 역할을 한다.

게다가 인도네시아는 무수한 섬들로 구성된 나라이고 섬마다 역사적 발생 시기가 달라서 일괄적으로 시대구분을 하기는 쉽지 않다.

1) 고대

중부 자바의 'Sangiran' 고고학 유적지에서 'Java Man'(자바 원인)이 발굴되었다. 화석화된 '호모 에렉투스'와 그의 도구 잔여물은 인도네시아 군도가 적어도 150만 년 전부터 초기 인류가 이미 거주하기 시작했다는 징표라고 할 수 있다. 최근에는 'Homo floresiensis' 화석이 플로레스섬의 '리앙 부아'에서 발견되었는데, 현대 인간의 조상 중 하나로 간주되고 있다.

고대에는 오늘날 각지의 멜라네시아·네그리토·베도이데계 인종, 오스트레일리아 인종 등이 이 지역의 주민이었다고 한다. 인도네시아계 인종이 이와 같은 발전을 이룩하는 동안, 기원전후에 서쪽에서는 인도인 이주자들이 몰려들면서 힌두교와 불교가 들어왔다. 그들은 수마트라섬 동부와 자바섬 서부지방을 개척하면서 보르네오섬과 셀레베스섬까지 진출하였다.

2) 중세 : 종교의 전래

7세기 후반, 수마트라섬의 팔렘방을 중심으로 건국한 불교 중심의 인도계 문화국가 스리비자야왕국(659~1377)은 특히 8~10세기에 강력한 해상세력을 형성하여 수마트라섬과 자바섬 서부, 말레이반도의 대부분을 수중에 넣었고, 남중국해 무역의 중심지로서 막강한 부를 자랑하는 국가로 발전하였다.

8세기 중엽, 자바 중동부에서 사일렌드라 불교 왕조가 발흥하였다. 이 왕조는 스리비자야 왕국과 같은 불교와 무역을 통해 긴밀한 공조관계를 유지했다. 사일렌드라 왕국은 족자카르타의 보로부두르, 찬디 멘두트 불교사원을 건축한 것으로 유명하다. 사일렌드라 왕국은 자바 섬에 둥지를 튼 힌두 마자파히트제국(Majapahit Empire, 1293~1527)에게 정복된 1293년까지 인도네시아의 대부분을 지배했다. 마자파히트 제국은 현대 인도네시아와 말레이시아의 대부분을 통합했다. 이 제국은 규모는 크지만 영토 획득보다는 교역로 통제에 더 관심이 있었다. 이 제국은 특히 인도네시아 전역에 힌두교와 불교를 접목한 인도네시아식 힌두교를 전파하였는데, 이는 나중에 발리 힌두교의 모체가 되었다.

같은 시기에 자바 섬 서부에는 순다왕국(Karajaan Sunda, 669~1579), 중부에는 힌두교 기반의 산자야 왕국(Sanjaya dynasty, 732~840)[25]도 있었지만, 인도네시아 전체는 불교가 왕성하던 시기였다. 이후 불교 왕국들은 내부 부패와 주변의 신흥 힌두 세력들이 등장하면서 쇠퇴하였다. 그 신흥 힌두 세력 중 하나가 아이를랑가(Airlangga, 990~1049)인데, 스리비자야 불교 왕국을 자바 섬에서 몰아내었다.

한편, 베트남의 참파 근방으로 유입해온 이슬람 무역상들은 11세기경 무역항 내 인

---

25) 메당(Medang) 중앙 자바 시대 또는 흔히 '고대 마타람'이라는 왕조를 통치한 왕국이었다. 이 왕조는 사일렌드라 왕조와 함께 메당 왕국을 통치했다. 이 왕국이 세운 프람바난 힌두사원은 유네스코 세계유산으로 지정되었다. 이 사원은 보로부두르 사원보다 50년 후인 9세기경에 지어졌다고 한다. 시바 사원을 중심으로 여러 개의 사원들이 둘러싸고 있는 형태이다. 시바 사원은 자기를 짝사랑하는 남자와 결혼을 기피하려 그 남자를 속였다가 분노한 남자의 마법으로 탑이 되어버렸다는 전설을 품고 있다.

도네시아 인들에게 자신들의 신앙을 소개했다. 비록 발리 섬은 절대다수가 힌두교 신자로 남아 있었지만, 이슬람교는 자바와 수마트라 전역으로 전파되기 시작했다. 대표적인 술탄국가가 자바 섬 북부 해안의 드막 술탄국(Demak Sultanate, 1475~1554)과 자바 섬 서부의 반튼 술탄국(Banten Sultanate, 1527~1813)이다. 말라카에서는 무슬림 술탄국가가 1414년부터 1511년 포르투갈에게 정복될 때까지 통치했다.

3) 근세 : 식민지시대

16세기, 포르투갈(1512~1602)은 말라카 술탄국과 말루쿠 지역(암본)을 차지하고 몰루카제도의 향료무역을 독점하였다. 점령지에는 후추 등의 향신료를 재배하고, 로마가톨릭도 전파하였다.

1596년, 네덜란드가 반튼에 도착하여 마을을 점령하고 향신료를 본국으로 가져간 이후 1602년부터 '동인도회사'를 두고 인도네시아를 점령하기 시작했다(1602~1942). 네덜란드는 본국의 원조를 최소화하고 자생적인 이익 추구로 본국 주주들에게 이익을 배당하는 식으로 식민지를 경영했다. 주로 주석, 고무 등의 자원과 커피, 녹차, 향신료 등을 수탈했다. 1700년대 말부터 동인도회사가 부패의 온상이 되고 영국과의 향신료 무역경쟁에 밀려 파산했다.

동인도회사의 파산과는 별개로 1806년 나폴레옹이 네덜란드를 점령하게 되면서 인도네시아도 프랑스의 지배를 받게 되었다. 그러나 동인도회사의 운영(1806~1811)은 남아있던 네덜란드인들이 했기 때문에 인도네시아 인들에게 큰 변화는 없었다. 이후 1811년 영국이 자바섬을 공격하여 프랑스령이던 동인도회사를 빼앗았다. 그러나 나폴레옹 전쟁에서 1815년 프랑스가 패하면서 네덜란드는 1814년과 1824년에 체결된 런던조약에 따라 네덜란드는 아시아 대륙의 옛 영토를 포기하는 대신 영국으로부터 인도네시아 지배권을 승인받았다. 이로써 네덜란드는 자바섬의 토착 왕국을 하나씩 점령했고, 마침내 티모르(포르루갈령), 보르네오섬 일부(영국령), 필리핀(에스파냐령, 나중에는 미국령)을 제외한 인도네시아 대부분을 식민지화했다. 네덜란드는 1942년 일본에 패배하기 전까지 인도네시아 군도의 대부분을 침략하여 현재의 인도네시아 영토를 만들어놓았다. 또한 350년이 넘는 네덜란드의 지배는 인도네시아 민족해방을 지도할 만

한 민족자본가의 성장 가능성을 무력화하였다.

[쉬어가기] 향료를 쫓아 인도네시아에 정착한 아랍-페르시아 상인[26]

의아한 것은 오랜 시간 힌두교와 불교 전통을 이어온 인도네시아에서 오늘날 이슬람 문화가 주류를 차지하게 된 배경이다. 이는 9세기 이후 아랍-페르시아인 해상 세력이 동서 실크로드 교역을 지배하면서 인도네시아 군도가 자원의 보고로, 또 교역의 중간 기항지로 새로이 각광받게 된 결과였다. 중국을 넘나들던 이슬람 상인들은 그들의 문화를 함께 실은 채 수마트라와 자바로 진출했고, 그곳의 진귀한 물품과 풍부한 자연에 매료돼 정착했다. 15세기경에는 이들이 인도네시아 주요 도서들을 대부분 지배하면서 토착 왕조를 대신해 새로운 이슬람 전통을 굳건히 이식시켰다.

이슬람 상인들이 인도네시아에 큰 관심을 보인 주된 이유는 당시 유럽 상류 사회에서 선풍적인 인기를 얻고 있던 후추와 육두구 때문이었다. 향료 군도로 알려진 몰루카 일대의 향료와 소순다 열도의 후추 및 향료가 아랍-페르시아 상인들에게 주는 의미는 엄청난 것이었다. 그들은 착실한 해상 중개무역으로 막대한 부를 축적했고, 그 부를 바탕으로 인도네시아 전역에 화려한 이슬람 문화를 개화시켰다.

급기야 이슬람 상인들의 향료 무역 독점과 가격 폭등은 동방 무역에서 소외된 스페인과 포르투갈을 자극해 대항해 시대를 열게 한 원인이 됐다. 1498년 바스쿠 다 가마가 희망봉을 돌아 인도 서부 캘리컷에 도착한 것을 신호탄으로 유럽의 모험가와 상인들은 이슬람 상인들을 누르고 동남아, 특히 몰루카 향료 군도로 몰려들었다. 1512년 포르투갈 인이 몰루카 군도를 점령함으로써 오랜 경쟁이 종식됐다. 이로써 인도네시아는 네덜란드의 식민 통치를 받았다. 400년에 걸친 오랜 식민통치를 통해 유럽인은 그곳에 잔인한 살육과 토착 문화 파괴라는 야만의 흔적을 남겨놓았다.

자카르타에서는 어디서나 밥을 먹을 수 있다. 우리 문화권과 그만큼 가까운 셈이다. 우리가 3000년이 넘게 쌀밥을 먹고 있는데도 쌀이 언제 어디서 어떤 경로로 한반도에 유입됐는지는 확실하지 않다.

4) 현대 : 민족주의와 독립

제1차 세계대전이 터질 무렵, 수카르노(Sukarno, 1901~1970) 등의 독립운동가 및 독립단체들이 태동하기 시작했다. 수카르노는 대학시절부터 스터디클럽을 만들어서 반식민지운동을 펼쳤는데, 이 스터디클럽 회원들을 중심으로 인도네시아 민족주의자연합

26) 인용 : Bell Ringer 인문산책 : 해상 실크로드를 찾아서 : ④ 인도네시아 자카르타. https : //www.posri.re.kr/files/file_pdf/53/260/2352/53_260_2352_file_pdf_201504_06_02_Bell_Ringer.pdf〉

(PNI)을 결성했다. 이는 이후 인도네시아 국민당이 되어 독립을 주도했는데, 이때 제창한 '청년의 맹세'[27]에서 현재의 '국기'와 '국어'를 정했다.

1942년 3월, 일본군이 인도네시아 바타비아를 점령하고 네덜란드인들을 추방했다. 처음에 해방자로 환영받았던 일본군은 군정을 실시하며 잔인하고 억압적이었다. 이것이 인도네시아의 민족주의 정서를 자극했다. 일본 지배의 흔적은 당시 도시 '바타비아'를 'Djkarta'로 개칭한 데서 찾을 수 있다. 이 도시는 1972년 D를 뺀 Jakarta로 바뀌었다.

한편 일본은 인도네시아 인들을 통치하기 위해 반서방 민족주의자와 친일파를 양성했다. 수카르노와 하타(Mohammad Hatta, 1902~1980)도 인도네시아인 강제징용을 직접 주도하며 일본군국주의에 협력하여 일본 식민정부를 도왔다.

1945년, 일본 패망 후 네덜란드인들이 다시 자기네 식민지로 복귀하려 했다. 인도네시아 인들은 4년간의 독립전쟁을 통해 1949년 12월 27일 유엔의 도움으로 인도네시아 연방공화국을 탄생시켰다. 네덜란드와의 사이에는 네덜란드·인도네시아 연합이 성립되었다. 그 뒤 공화국 정부는 단일국가 수립에 노력하여 1950년 8월에 1949년의 연방헌법을 폐지하고 연방을 해체하였다. 그 결과 서유럽형 의회제도에 기초한 1950년 헌법에 따라 단일독립국가로 통일되었다. 이어서 1956년 2월 네덜란드·인도네시아 연합을 폐기함에 따라 완전한 독립국이 되었다.

인도네시아의 초대 두 대통령인 반서방 민족주의자 수카르노(재임 1945~1967)와 친서방 반공주의자 수하르토(재임 1967−1998)는 권력을 유지하기 위해 군에 의존하는 독재자였다. 수하르토 정부는 1969년 이리안바라트를, 1975년 동티모르를 합병하였다. 1999년 8월 UN 감시 아래 치러진 주민투표에서 동티모르의 독립이 결정되었다.

---

27) 청년의 맹세(Sumpah Pemuda)는 1928년 10월 28일 당시 네덜란드령 동인도였던 인도네시아에서 열린 제2차 청년회의의 폐막 때 한 3가지 선언이다. 이 선언문은 식민시대에 하나의 민족, 하나의 국어, 하나의 국가를 선언하였다는 점에서 다인종 국가(자바인, 순다인, 수마트라인과 여타 천 단위가 넘어가는 소수민족들이 많은 국가)에서 하나의 민족 등을 부르짖으며 전 인도네시아의 통합을 도모하였다는 점에서 큰 의미가 있다. 현대 인도네시아어가 정식 국어로 사용되는 데에도 일정 부분 기여를 하였고, 현재 인도네시아 헌법에서도 정신적 계승 바탕으로 간주하는 등 현대 인도네시아의 정체성 확립에서 중요한 기여를 한, 매우 중요한 선언 중 하나이다.

3. 에티켓 : 예절과 관습

인도네시아에서는 자주 '끼라끼라', '뭉낀', '무다무다한' 같은 단어를 들을 수 있다. '끼라끼라'는 우리말의 '대략, 어림잡아'와 비슷한데, 그들의 사고방식을 읽어낼 수 있는 표현이다. 좋게 보면 유유자적한 성격이지만 가부를 명확히 드러내지 않는 부정적인 측면도 있다. 상대방에게 가능하면 상처를 주지 않고 적당히 버무리는 마음가짐을 표출한 것이다. '뭉낀'은 우리의 '아마도'에, '무다무다한'은 '모쪼록' 정도에 상당한다. 긍정적이지도 부정적이지도 않는 어법이다. 겉으로 드러난 태도만으로는 판단하기가 쉽지 않다. 달리 말하면 포용력이 낳은 타협의 일종이라고 보면 된다. 포용력은 기본적으로 상대에 대한 배려나 이해에 기초한 것이기 때문이다. 그러니까 질서가 무너지지 않는 범위에서 서로의 존재 가치를 인정하는 지혜의 산물이 포용력이다. 왜 이런 관습이 나온 것일까. 앞에서도 지적하였지만, 인도네시아는 무수한 섬들로 이루어진 세계 최대의 군도 국가로서 민족이나 종교도 다양하고 섬들마다 독특한 풍습을 지니고 있다. 이런 자연환경에서 하나로 묶을 수 있는 것은 확실한 공통점이 있거나 각자의 개성을 존중하는 길밖에 없다.

1) 금기

- 가장 신성한 신체 부위로 여기는 머리를 만지거나 그 위로 지나가지 마라.
- 엉덩이에 손을 얹고 서 있지 마라. 분노나 위협으로 해석될 수 있다.
- 앉아있을 때 신발 밑창을 다른 사람에게 보이지 마라. 극악무도한 범죄로 여긴다.
- 공공장소에서는 키스, 포옹, 과도한 남녀 간 스킨십을 피하라.
- 대화 시 허리에 손을 올려놓지 마라. 화난 상태라는 무언의 표시라고 여긴다. 또한 앉아서 대화하는 중이라면 다리를 꼬지 마라. '상대를 무시한다'는 뜻의 몸짓으로 여긴다. 마찬가지로 대화중에 아무리 화가 나는 일이 있더라도 화를 내지 마라. 종교적 금기사항이다. 화를 내면 동물 취급을 받으며, 너무 크게 말하면 싸우고 싶다는 의미로 받아들인다.

- 식사할 때 음식과 함께 나오는 레몬 띄운 물을 마시지 마라. 손 씻는 물그릇이다. 전통적으로 오른손으로 밥과 반찬을 뭉쳐 먹기 때문에 음식점에서는 대개 음식과 레몬 띄운 물그릇이 나온다.

2) 개인 공간과 접촉

- 인도네시아 사람들은 적어도 팔 길이 정도의 거리를 두고 마주하는 것을 선호한다. 물론 친구나 가까운 지인들과 대화할 때의 거리는 더 짧다.
- 인도네시아 사람들은 특히 공공장소에서 유난히 밀착해서 줄서기를 하는 경향이 있다. 그래서 줄을 서 있을 때 뒷사람의 숨소리를 느낄 수도 있다. 절대 무례한 행동이 아니다.
- 여성들은 서로 손을 잡는 경향이 있다. 일상적인 제스처이다.
- 상대가 먼저 시작하지 않는 한 이성 간 접촉(어깨에 손을 얹는 등의 행위)은 피하는 것이 좋다.

3) 아이컨택

- 인도네시아 사람들은 평소와 다르게 보이는 것을 응시하는 경향이 있다. 예컨대 인도네시아 사람들로 가득 찬 버스 안에서 서양인(백인)이라면, 모두가 그 서양인을 바라볼 것이다.
- 인도네시아 사람들은 간접 아이컨택을 선호하는 경향이 있다. 직접 눈을 마주치는 것을 의심스럽고 위협적인 것으로 여길 수 있다.
- 대화중에는 간헐적으로 직접 눈을 마주치는 것이 좋다.

4) 제스처

- 사람들은 팔을 뻗고 손가락으로 긁는 동작으로 서로를 손짓한다.
- 손짓이나 손가락으로 가리키는 것을 나쁜 짓으로 여긴다. 손바닥을 벌리거나 나머지 손가락을 움켜쥔 채 엄지손가락을 사용하는 것이 정석이다.
- 사물을 가리킬 때에도 집게손가락보다는 엄지손가락을 사용하는 경향이 있다

(특히 자바인들). 이때 그들이 상대방을 존경한다는 것을 나타내는 가벼운 인사를 동반한다.

- 주인에게 만남과 작별을 고할 때는 가볍게 인사하는 것이 예의이다.
- 미소 띠기는 아주 보편적이며, 사람들이 어떤 것을 좋아하지 않거나 동의하지 않을 경우에도 자주 미소를 짓는다.
- 이해하지 못하더라도 고개를 끄덕이는 사람이 많을 것이다. 이는 그들이 질문을 반복하게 하여 상대방을 당황스럽게 만들지 않고 체면을 세워주는 행동이다.

6) 인간 관계 : 체면 문화

- 인도네시아에서는 '내일'이 말 그대로 '오늘의 다음날'이 아닌 '다음에 언젠가'를 뜻하기도 하는 등 시간관념이 우리와는 딴판이다. 그렇다고 남들이 보는 앞에서 절대 불만을 표시하면 안 된다. 한국과는 다른 시간 감각과 더불어 자카르타와 같은 인도네시아의 대도시는 교통체증이 심하기 때문에 상대가 약속시간에 늦는 경우도 빈번하다. 이런 경우에도 인도네시아 사람들은 언짢은 기색을 드러내지 않고 이해해주는 이른바 '체면(Gengsi)' 문화가 있다. 그러니 불쾌함을 토로했다가는 오히려 이상한 사람 취급 받고 관계가 소원해질 수 있다.
- 내가 결정권자라고 하더라도 일방적으로 통보하지 말고 최대한 돌려서 말할 필요가 있다. 예컨대 인도네시아어에는 'Yes'를 나타내는 표현이 12가지나 있을 정도로 세분화되어 있다. 그 중에는 겉만 'Yes'이지 속뜻은 'No'인 것도 많다. 인도네시아 사람이 '아마도 가능할 것 같다'라고 말한다면 이는 불가능일 확률이 높다.
- 또한 인도네시아 사람에게 한국식으로 '식사는 하셨습니까?' 혹은 '같이 식사하시겠습니까?'라고 물으면 '이미 먹었다'거나 '배가 고프지 않다'고 하는 경우가 많다. 이를 액면그대로 받아들이면 곤란하다. 이렇게 사양하는 대답은 '제 때에 밥을 챙겨먹을 형편이 된다'는 표현이거나 식사 권유에 바로 응하기가 염치없다고 생각하는 체면문화의 한 표현일 따름이다. 그러니 다시 한 번 정중하게 식사를 권한다면 친교가 가능하다.

- 체면 문화의 일환으로 인도네시아 사람들은 제복을 중요시한다. 제복이 사회적 지위와 권위를 다른 사람에게 보여주는 도구라고 보기 때문에 경찰이나 교사도 제복을 착용한다. 인도네시아 사람들의 제복을 존중하고 칭찬할 필요가 있다.
- 체면 문화의 또 다른 사례가 인도네시아 사람들의 결혼식이나 장례식이다. 빚을 내서라도 결혼식과 장례식을 아주 성대하게 치른다. 결혼식은 형편에 따라 다르지만 5~6시간이 소요되고, 연극, 노래 공연 등 다양한 프로그램을 갖추는 경우가 많다. 한국처럼 결혼식 축의금도 있다.

4. 문화 차원 : 국가 이미지의 토대

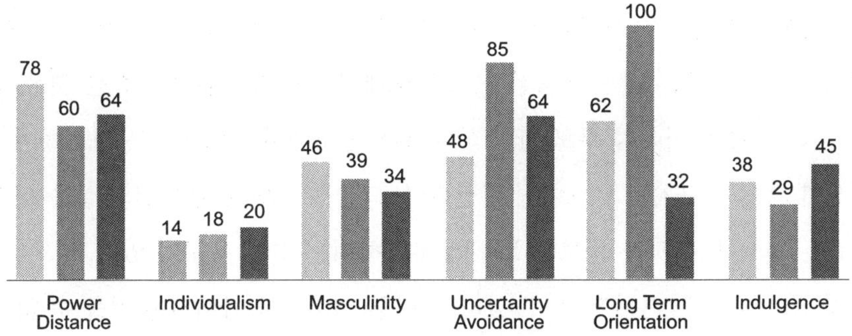

〈호프스테드의 문화 차원 : 인도네시아-한국-타이 비교〉

■ 권력 거리

인도네시아는 이 차원에서 높은 78점을 얻었다. 특징을 들면, 위계구조에의 의존성, 권력자와 비권력자 간의 불평등한 권리, 접근 불가한 상급자, 지도자는 지시자이자 관리자이자 대표자 등이라는 인도네시아 특유의 스타일이다. 권력은 중앙집권적이고 경영자들은 팀원들의 복종을 믿는다. 직원들은 무엇을 해야 하고 언제 해야 하는지 듣고 싶어 한다. 통제를 기대하고, 관리자들은 자신들의 지위에 대해 존경을 받는다. 커뮤니케이션은 간접적이고 부정적인 피드백은 감춰진다. 그러니까 높은 권력 거리는 인도네시아 동료들이 사장이나 매니저로부터 분명히 지시받을 것으로 기대한다는 뜻이기도 하다. 인도네시아에 적용되는 전형적인 '구루-학생' 방식의 역학관계[28]이다. 서구인들은 부유층과 빈곤층 간의 가시적인, 사회적으로 용인 가능한, 폭넓고 불공평한 격차에 상당히 놀랄 수도 있겠다.

■ 개인주의

인도네시아는 이 차원에서 14점을 얻어서 낮은 집단주의 사회에 속한다. 이는 개인이 속한 사회와 집단의 이상에 순응할 것으로 예상되는 강한 사회적 프레임에 대한 선호도가 높다는 뜻이다.

이런 것을 명확히 보여주는 곳이 관계의 역할이 중시되는 가족이다. 예를 들어, 인도네시아에서 결혼을 원한다면, 가족은 여자에게 매우 중요해서 여자의 가족을 만나는 것이 중요하다. 남자가 여자를 진지하게 만나고 싶으면, 남자는 여자의 가족을 찾아가서 정식으로 자신을 소개해야 한다. 여자의 부모에게 알리지 않고 여자를 구애하고 관계를 공식화하는 것은 부적절하다. 인도네시아의 집단주의 문화를 엿볼 수 있다. 또 다른 사례가 아이와 부모 간의 상황이다. 인도네시아 아이들은 자신들이 자랄 때 헌신한 자기 부모처럼 부모에게 헌신한다. 그들의 소망은 부모님의 삶을 더 편하게 해주는 것이다. 부모를 돌보고 노후에 부양하려는 강한 욕구가 있다. 인도네시아에는 "다른 아내나 남편은 얻을 수 있지만, 다른 어머니나 아버지는 얻을 수 없다"는 아시아 속담이 있다. 이러한 가족 충성도는 인도네시아 가정이 노인(조부모 등)을 어느 (요양)기관에도 보내지 않고 집에서 모시고 있다는 사실에서 뚜렷해진다. 개인주의 사회에서는 핵가족에만 초점을 맞추고 있다.

---

28) 구루-시샤(guru-shishya) 전통, 즉 파람파라("리니지")는 힌두교, 자이나교, 시크교, 불교와 같은 전통적인 베딕 문화와 종교에서 스승과 제자의 계승자를 의미한다. 여기서 말하는 구루-학생 방식은 구루-시샤식 교육을 말한다. 구루(guru)는 스승(teacher)이며, 시샤(śiṣya)는 제자(disciple)이다. 스승과 제자 사이의 지식전달은 인도나 중국이나 다 비슷한 양상이었다. 인도에서는 교육의 역사가 기원전 2천 년부터 존재해 왔다. 그것은 우파니샤드(the Upanishads)에서 드러난다. 우파(upa)는 가까운(near)이고, 니(ni)는 아래로(down)이며, 사드(ṣad)는 앉는다(to sit)이다. 즉 '가까이 앉아서(sitting down near)'라는 의미다.

■ 남성성

이 차원에서 46점을 얻은 인도네시아는 남성성 지수가 낮은 사회로 간주된다. 남성성 지수가 매우 낮아서 여성성이 강한 것으로 간주되는 대부분의 북유럽 국가들과 똑같지는 않지만, 인도네시아는 일본, 중국, 인도와 같은 다른 아시아 국가들보다는 남성성 지수가 낮다. 인도네시아에서는 성공의 위상과 가시적인 상징이 중요하지만, 동기를 부여하는 것은 언제나 물질적 이득이 아니다. 인도네시아에서 'gengsi'로 불리는 개념 때문에, 그들에게 더 중요한 것은 한 사람이 가지고 있는 위상인데, 번역하면 우리의 '체면'이나 '자존심' 정도가 된다. 인도네시아 인들은 가사도우미처럼 육체적으로 힘들면서도 상대적으로 임금이 낮은 일을 할 때도 '내가 이 집 주인을 돕는다'는 자존감을 가지고 일한다. 그러니 고용주라도 직원에게 불만이 있을 때 다른 사람이 보는 앞에서 질책을 한다면 다음날 연락 없이 나오지 않는 등 극단적인 경우도 발생한다. 바로 그들의 gengsi 문화 때문이다. 인도네시아인과 일할 때는 상대방이 실수를 하더라도 다른 사람이 없는 곳에서 낮은 목소리로 최대한 기분이 상하지 않게 이야기할 필요가 있다.

여성성이 강한 나라에서는 '살기 위해 일하기'에 중점을 두고, 관리자는 합의를 위해 노력하고, 사람들은 평등, 연대, 그리고 그들의 직장 생활의 질을 소중히 여긴다. 갈등은 타협과 협상으로 해결된다. 자유시간이나 유연성 같은 인센티브가 선호된다. 초점은 웰빙에 있고, 지위는 드러나지 않는다. 효과적인 관리자는 지지하는 관리자이고, 의사결정은 관여를 통해 이루어진다. 이와는 대조적으로, 남성성이 강한 국가와 여성성이 강한 나라라고 할 정도로 점수가 너무 낮은 남성성 국가는 남성적인 사회의 특징을 보이지만, 그 정도는 덜하다.

■ 불확실성 회피

이 차원에서 48점을 얻어서 불확실성 회피 성향이 낮다고 할 수 있다. 이는 인도네시아에서 내적 자아와 외적 자아의 분리라는 자바 문화에 대한 선호가 강하다는 것을 의미한다. 사람이 화가 났을 때 인도네시아인은 부정적인 감정이나 분노를 외부로 드러내지 않는 습성이 있다. 그들은 속으로는 아무리 화가 나더라도 계속 웃고 예의 바르게 행동할 것이다. 이는 인도네시아에서 근무지와 관계의 조화 유지가 매우 중요하며, 아무도 나쁜 소식이나 부정적인 소식이나 피드백의 전달자가 되고 싶지 않다는 것을 뜻한다.

이 차원의 또 다른 측면은 갈등 해결에서 볼 수 있다. 갈등해결의 한 방법으로 직접소통은 위협적인 상황으로 보이기도 하고 또 인도네시아 인들에게는 불편한 상황으로 여겨진다. 갈등 확산을 막거나 갈등을 해결하는 성공적인 방법은 제3자 중개인을 통한 보다 친숙한 길을 택하는 것이다. 인도네시아의 불확실성 회피를 보이는 주요 징후 중 하나는 직장에서 조화를 유지하는 것이기 때문에 이런 방법을 쓰면 체면을 손상시키지 않고 의견교환이 가능하다. 중개자는 대립과 관련된 불확실성을 제거해준다.

이것이 인도네시아에서 어떻게 작동하는지를 보여주는 결정적인 표현이 '아살 바빡 스낭(Asal Bapak Senang)' 또는 '바빡이즘(Bapakism)'이다. '윗사람을 행복하게 만들기' 또는 '아부성 보고'라는 뜻이다. 특히 상사의 비위를 맞추기 위해 불편한 보고는 숨기고 듣기 좋은 내용만 알리는 보고 행태로, 인도네시아 정치·사회에 오래된 폐단으로 꼽히고 있다. UAI 차원에 기대면, 상사를 행복하게 하면 보상을 받을 수 있고, 보상을 받는다면 당신은 회사의 소중한 일원이 될 것이니 경제적 또는 위상적 불확실성도 가질 필요가 없을 것이다.

■ 장기 지향성

이 차원에서 62점을 얻은 인도네시아는 실용적인 문화권에 속한다고 할 수 있다. 실용주의적 성향을 가진 사회에서 사람들은 진리는 상황, 맥락, 시간에 크게 좌우된다고 믿는다. 그들은 전통을 변화된 조건에 쉽게 적응시킬 수 있는 능력이 있고, 저축하고 투자하는 성향이 강하고, 절약과 성과 달성에 인내심을 보인다.

■ 절제

이 차원에서 38점을 얻어서 인도네시아는 절제(자제, Restraint) 문화에 속한다고 할 수 있다. 이 차원에서 점수가 낮은 사회는 냉소주의와 비관주의의 성향이 있다. 또한 쾌락적 사회와는 달리, 절제된 사회는 여가 시간에 그다지 중점을 두지 않고 자신의 욕구 충족을 통제한다. 이런 성향의 사람들은 자신의 행동이 사회적 규범에 의해 자제된 것이며, 자신의 탐닉(자적)을 다소 그릇된 것으로 생각한다.

04
타이

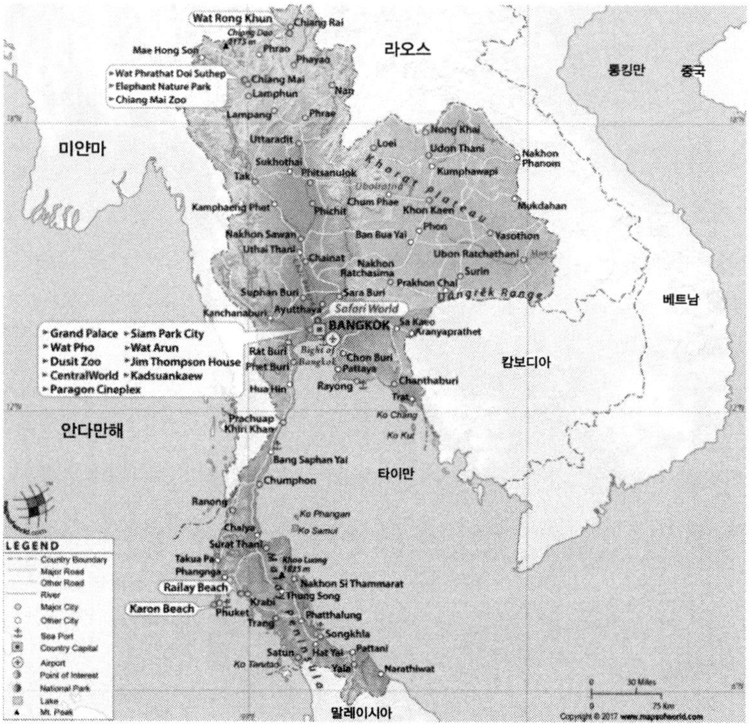

국명	타이왕국(Kingdom of Thailand)
면적	513,120 ㎢
해안선	3219 km
수도	방콕(Bangkok)
종족	타이인(75%), 중국인(14%), 기타(11%)
인구	67,793,000명 (2018)
공용어	타이어
종교	불교(94.6%), 이슬람교(4.6%), 기타(0.8%)
정체	입헌군주제
통화	밧(Baht)
인터넷도메인	.th

1. 공항 : 나라의 관문

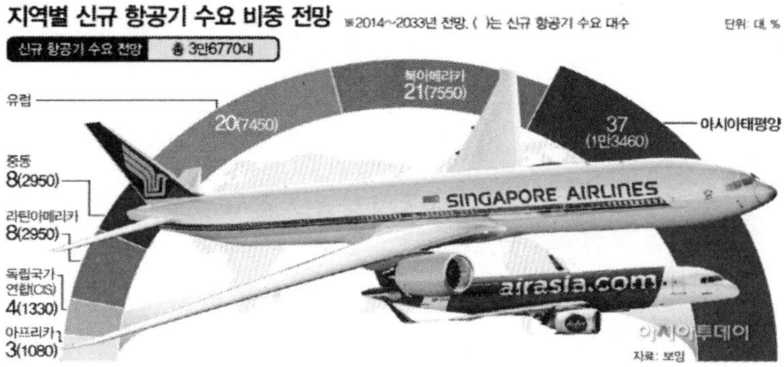

항공기 제조업체 보잉은 2014년부터 2033년까지 신규 항공기 수요가 3만 6770대에 이를 것으로 예측하고 있다.[29] 이 중 아시아-태평양 지역은 1만 3460대로 전체의 37%를 차지한다. 연간 국제선 여객수요(RPK) 성장율도 6.3%로, 세계 평균인 5%를 웃돌 것이라고 한다. 특히 동남아시아는 7.7%에 이른다. 이처럼 항공 수요가 급증하면서 2018년 항공정비사업(MRO)을 중심으로 한 동남아시아의 항공산업 매출도 16조원을 넘어서는 가파른 성장세를 보이고 있다. 타이는 항공기 부품 업체 26개사에 세금우대 정책을 시행하고 있다. 타이항공과 함께 항공정비 거점 마련에 나서고 있는 태국은 유럽 항공기 제조업체 에어버스의 항공정비사업 유치에도 성공했다. 참고로 말레이시아의 셀랑고르에서는 이 지역 기업인 UMW에어로스페이스가 공장에서 항공기 엔진 부품을 제조하고 있다. UMW에어로스페이스는 생산된 엔진부품을 영국 롤스로이스의 싱가포르 소재 제조 공장에 납품 중이다. 엔진부품은 미국 항공기 제조업체 보잉의 787기종에도 장착된다.

타이에는 현재 12개의 국제공항을 포함한 총 38개의 상업용 공항이 운영되고 있다. 이 중 6개 주요 국제공항(수완나품 · 돈므앙 · 치앙마이 · 푸켓 · 핫야이 · 매파루앙–치앙라이)은 태국공항공사(AOT; Airport of Thailand PCL)가 운영하고 있다.

29) 그림 인용 : https : //www.asiatoday.co.kr/view.php?key=20190707010003975

지난 10년간 태국 공항 이용 승객 수는 대략 3배 정도 증가했다. 최근 관광산업 호황에 따라 승객 수송량이 증가해 2017년 6대 주요 공항의 승객 수송규모는 1억 2920만 명을 기록했다. 2017년 한 해 동안 태국 6개 주요 공항에서 82만 3574편의 항공기가 운행됐는데, 이 중 태국 대표공항인 수완나품 국제공항과 돈므앙 국제공항의 항공기 운항 비중은 72.8%에 이른다.

■ 수완나품 국제공항(Suvarnabhumi International Airport)

− IATA : BKK, ICAO : VTBS

타이의 수도 방콕 남쪽으로 30km 떨어진 사뭇쁘라깐 주 방플리 군에 위치한 국제공항. 타이항공의 허브 공항이다. 방콕 시내에 있는 기존의 돈므앙 국제공항이 포화 상태에 이르자 타이 정부가 야심차게 준비하여 2006년 9월에 개항한 관문 공항이다.

이 공항은 2019년 세계 100대 공항 중 46위에 올랐다. 2019년에 선정된 또 다른 아세안 공항으로는 싱가포르 창이 공항, 쿠알라룸푸르 국제공항, 자카르타 국제공항, 하노이 국제공항 그리고 수완나품 국제공항이 있다.

수완나품(Suvannabhumi)이란 이름은 '황금의 나라'라는 산스크리트이다(Suvarṇa는 '금', bumi는 '땅', 말 그대로 '황금의 땅'). 이 이름은 태국 제9대 왕 푸미폰 아둔야뎃(Bhumibol Adulyadej, 1927~2016)이 선택한 것이다. 이 이름은 불교계의 황금왕국을 가리키는 Bhumi가 포함되어 있는데, 동남아시아의 갠지스 강 동쪽 어느 곳에 있었던 것으로 추측한다. 아무튼 태국측은 수완나품을 고대 도시인 우통(U Thong) 부근의 중앙 평원 연안 어딘가에 있었다고 주장하면서 인도의 타와라바티(Dvaravati) 문명[30]의 기원으로 추

30) 타와라와디 문명 지역은 10세기에 크메르왕국에 점령당할 때까지 몬족, 라와(Lawa)족이 동남아 중심부에 이룩한 위대한 문명이었다. 흔히 타와라와디(Dvaravati)왕국이라고도 하지만 오늘날에는

측하기도 한다. 이러한 주장이 입증된 것은 아니지만, 태국 정부는 이러한 전통을 기념하여 신공항 이름을 수완나품 공항으로 명명했다.

1) 역사

방콕 신공항을 건설하기 위한 첫 번째 계획은 1960년대에 수립되었다. 그러나 경제위기, 변화하는 정부, 비효율적인 정부, 그리고 특히 부패 등으로 계획은 30년 이상 지연되었다. 태국 당국은 이 프로젝트를 세계 최장 공항 프로젝트로 부르고 있다. Nong Ngu Hao의 토지는 1973년에 이미 매입되었다.

시카고 건축사무소 머피/얀(Murphy/Jahn)은 1994년 독일계 미국인 건축가 헬무트 얀의 지휘 하에 국제 건축 콘테스트에서 우승하게 되었다. 2년 후 우여곡절 끝에 뉴 방콕 국제공항협회가 설립되었다. 그러나 정치적·경제적 상황(특히 1997년 경제 위기)으로 인해 2002년 1월 공사 시작까지 6년이나 더 걸렸다.

2005년부터 공항이 일부 제한적으로 기능할 수 있었던 첫 번째 운영 단계, 즉 시험단계 동안 공항에 임시 IATA 코드인 NBK가 할당되었다. IATA 코드 BKK는 이전의 돈므앙 국제공항으로부터 넘겨받은 것이다.

건설비용은 120억 바트, 약 380억 달러나 되었다. 개별 건설업체에 대한 수주 의혹은 현재까지도 해소되지 않고 있다.

공항은 2006년 9월 28일 03시에 가동되었다. 최초의 국내선 비행기는 이미 9월 15일 저녁에 운항하였다. 첫 번째 국제선 비행기는 뭄바이발 루프트한자 화물항공기로, 03시 05분에 도착했다. 구 공항에서 신 공항으로 원활하게 이전할 수 있었던 것은 하루 만에 이전을 마무리한 뮌헨 공항의 경험 덕분이었다.

기존의 돈므앙 방콕공항은 국내 저비용 항공사, VIP 항공편 및 비상시 대체공항으

대개 왕국이 아니라 문명권으로 본다. 드바라바티는 차오프라야강 하류유역을 중심으로 6세기말에 독립왕국이 되어 11세기말까지 독립을 유지한 몬 크메르(Mon Khmer)계 민족의 국가다. 중국서부에 살던 몽골계인 몬족이 기원전에 들어와 메콩 강 상류지역에서 서쪽으로 침투해 이 지방으로 들어온 것이다. 타와라와디는 인도미술과 문학과 조각 등을 받아 들였고 저술, 법률, 정부형태에서 인도의 영향을 많이 받았다. 몬족은 다시 그들을 정복한 크메르, 미얀마, 타이에 인도문화를 전파했다. 참고 : 태국학회. 태국의 이해. 한국외국어대학교출판부. 2009.

로 이용되고 있다.

■ 건축 상의 문제

이 신공항 프로젝트는 해발 1~2m 정도밖에 안 되는 매우 습한 지역에 위치한 관계로, 복잡한 배수관을 설치해야 한다는 점 외에도 엄청난 문제들에 직면했다.

공항 개항 후 첫 몇 달 동안 수많은 고장들이 총체적으로 발생했다. 2007년 1월, 활주로와 유도로의 콘크리트와 아스팔트 표면이 전체 100,000m^2에서 25곳이나 파손된 것으로 알려졌다.

■ 활주로 보수작업(2007년 2월 28일)

타임지는 2007년 1월 말, 토목공사의 문제일 가능성이 있다고 보도했다. 의회 위원회는 1월 21일 조사를 통해 토목공사가 부실하게 진행되었다는 성명을 발표했다. 그래서 태국 교통부가 독자 조사를 지시했다. 일본-태국 건설 컨소시엄 회사인 IOT는 모든 결함을 부인하며 홍수로 인한 잉여 지하수 때문에 발생한 문제라고 해명했다.

2007년 1월 말과 2월 초, 보수작업 때문에 두 본의 출발활주로와 51개의 게이트 중 11개가 가동을 일시 중지했다. 그 기간 동안 에어컨 가동이 중지되고 회전문들도 정지되었다. 개장 직후 수도관 파손 때문에 수많은 수하물들이 손상을 입었다. 승객들은 체크인 카운터와 수하물 처리 부분의 기계가 작동하지 않아서 장시간 대기해야 하는 문제와 여행 가방 분실 문제에 대해 격렬한 불평을 마다하지 않았다. 태국 신문들은 조종사들의 안전문제를 우려했다. 지붕 틈새 유출과 건물 콘크리트 손상 문제도 추가되었다.

2) 시설

24시간 개방되는 이 공항은 현대적인 공항 인프라를 갖추고 있다. 에어버스 A380의 이착륙도 가능하다. 운송시설로는 360개의 탑승자 체크인 카운터와 100개의 자동 키오스크, 102개의 엘리베이터, 107개의 플랫폼, 83개의 에스컬레이터, 26개의 태국 세관 검사대, 22개의 수하물 찾는 곳이 있다. 여기에는 51개의 고정 탑승교와 69개의 원격 게이트(remote gate), 52개의 유도로, 120개의 항공기 주기장이 있고, 그 중 8개는 에어버스 A380 전용이다.

■ 터미널과 관제탑

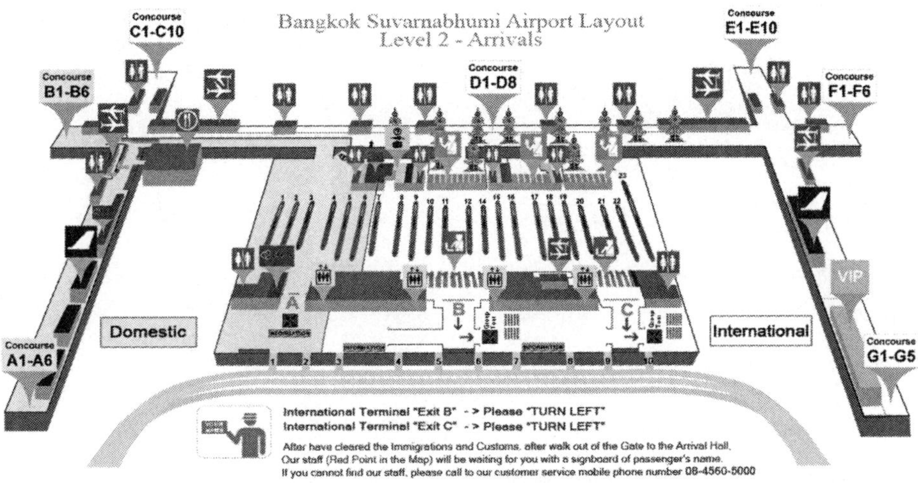

〈https : //www.bangkokairportonline.com/suvarnabhumi-airport-terminal-map/〉

공항의 전체 면적은 3,200헥타르이다. 중앙 건물은 길이 441m, 폭 108m, 높이 45m의 여객터미널로, 지붕은 철제골조로 덮여 있다. 관제탑은 높이가 132.2m로 세계에서 가장 높다. 공항은 ILS−CAT Ⅲ 계기착륙시스템을 포함한 최신 내비게이션 시스템을 갖추고 있다.

터미널 면적은 563.000m^{2}으로, 베이징과 홍콩 공항 다음으로 큰 처리시설을 갖추고 있다. 여객터미널(182.000m^2)과 대기실(381.000m^2)로 세분된다.

총 51개의 플랫폼은 교차형으로 설계되었으며, 초기 단계에는 연간 4500만 명의 승객과 3백만 톤의 화물을 처리할 수 있도록 설계되었다. 그러나 이미 두 본의 추가 출·도착 활주로 건설을 염두에 두고 확장 계획을 한 상태에 있다. 두 번째 확장 단계는 2016부터 건설 중이며, 2021년에 완공될 예정이다. 완공되면 1억 명의 승객과 6백40만 톤의 화물까지 처리 가능하다. 새 위성 터미널과 국내선 터미널도 건설 중이다. 위성 터미널은 타이항공과 방콕항공이 사용할 예정이며, 8개의 플랫폼은 에어버스 A380 전용이다.

■ 활주로와 유도로

활주로 2본은 각각 길이 4000m와 3700m, 폭 60m이다. 두 본의 추가 유도로가 추가되어서 시간당 최대 76회까지 항공이동이 가능하다.

방향	면적(m*m)		표면
	길이	폭	
01R/19L	4,000	60	아스팔트
01L/19R	3,750	60	아스팔트
활주로 3(예정)	3,700		아스팔트

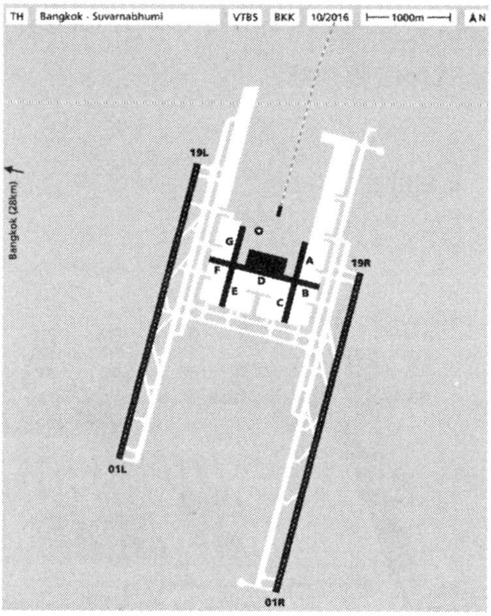

■ 기타 시설

공항은 홍수 방지 시스템을 갖추고 있다. 높이 3.5m, 폭 70m의 간척지가 공항을 둘러싸고 있으며, 320만 m^3의 용량을 가진 저장탱크가 있다. 급수공급은 방콕시 수도시설 망과 연결되어 있다. 40.000m^2 용량의 급수탱크는 2일간의 여유분을 비축할 수 있다. 하수처리시설은 매일 18.000m^2의 물을 처리할 수 있고, 자체 수거 쓰레기는 하루 100톤을 처리할 수 있다.

2. 지리와 역사

2.1. 지리적 배경

정식 국명은 타이 왕국이다. '타이(Thai)'는 '자유'라는 뜻이다. 태국이란 명칭은 타이를 중국어와 일본어에서 '타이'로 발음되는 한자 '泰'로 음역한 것으로, 타이 왕국(泰王國)의 준말이다.

1939년 6월 국호를 시암에서 타이로 고쳤다가, 1945년 9월 다시 시암으로 되돌렸다. 1949년 5월 11일에 국호를 다시 타이로 고쳐 현재에 이르고 있다.

북서쪽은 미얀마, 북동쪽은 라오스, 동쪽은 캄보디아, 남쪽은 말레이시아와 국경을 접하고, 서쪽은 안다만해, 남동쪽은로 시암만에 면한다.

동남아시아에서 유럽 국가의 식민 지배를 받지 않은 유일한 나라로, 제2차 세계대전 중에는 일본과 동맹을 맺어 연합군 측과 갈등을 빚기도 하였다. 행정구역은 76개 주(changwat)로 구성되어 있다.

1) 국기

태국 국기는 빨강, 하양, 파랑, 하양, 빨강 5개의 수평 줄무늬가 있으며, '통 트라이롱(삼색기)'라고도 한다. 1917년 9월 28일 공식 국기로 채택되었다.

깃발의 색깔은 국가의 비공식 모토인 민족－종교－왕을 뜻한다. 빨강은 땅과 백성을, 하양은 땅의 종교(상좌부 불교)를, 파랑은 짜끄리 왕조(군주제)를 상징한다.

태국의 첫 번째 국기는 이 나라가 시암(Siam)으로 알려진 17세기 중에 사용되었던 평범한 붉은 깃발로 여겨진다. 나중에 해군 깃발이 이 붉은 깃발에 흰 코끼리를 포함한 또 다른 상징물을 넣어 사용했다.

최초의 공식 깃발은 1855년에 도입되었다. 빨간 바탕에 흰 코끼리가 그려져 있었지만, 1916년에 코끼리를 바꿔 수정했다. 현재의 국기는 1917년에 채택된 것이다.

1917년 국기의 파랑색은 남색 음영으로 바뀌었다. 이 색깔은 짜끄리 왕조의 제6대 군주인 와치라웃(1881~1925)이 태어난 토요일의 색깔이라고 한다. 다른 설에 의하면, 제1차 세계대전 연합군과의 연대성을 보여주고자 색깔을 바꿨다고도 한다.

2) 주민

태국은 약 70여 민족이 거주하는 다민족 국가이다. 전체 인구의 75%를 차지하는 타이족에서부터 주류에서 벗어난 산악부족에 이르기까지 다양하다. 중국계가 18%, 남부 말레이 접경지역의 말레이족, 북동부 이산지역 동쪽의 크메르족과 몬족, 그리고 먀오, 야오, 라와, 리소, 무소, 카렌, 이코 등의 산악부족 등이 나머지를 차지한다. 타이족은 미얀마, 라오스, 캄보디아, 말레이시아에도 거주한다. 태국의 문화적 영향이 강하게 작용함에도 여전히 엄격한 전통 생활방식을 고수하고 있다.

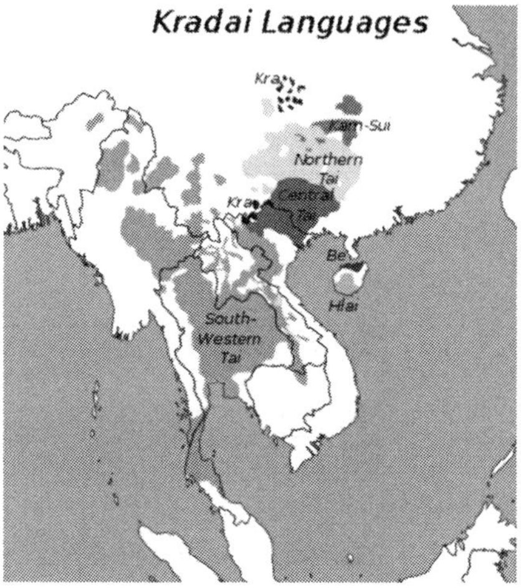

그렇다면 타이족은 어디에서 왔을까. 그 기원은 분분하지만, 몽골족의 혈통을 이어받았고, 6천여 년 전 알타이산맥 부근 중국 북서쪽에 분포하다가 황하 상류지역과 운남성을 거쳐 남하했다는 주장이 정설이다.

서기 1세기 이후 여러 갈래로 나뉜 타이 왕국들이 지금의 운남성 지역을 점령했고, 메콩 강, 양쯔 강, 홍강의 수원 사이 호수를 중심으로 중국의 다양한 통제를 받고 있었다.

729년, 난짜오(Nanyhao) 왕국은 6개 타이 왕국들이 통일되어 형성된 것이다. 어느 작은 부족국가의 지도자 씨눌로는 공격적인 티베트인에 대항하는 동맹이 필요한 중국과 연합하여 인접 5개 왕국에 대한 지배력을 넓혀나갔다. 통일 후 씨눌로는 운남성의 얼 호수 근처 Taihe(현재의 Dali)에 난짜오왕국의 수도를 세웠다(738년). 지리적 요인들에 의해 수도는 난공불락이어서 751년과 754년에 두 번의 중국 침략을 격퇴할 수 있었다. 난짜오왕국은 중국과 통킹에서 미얀마(버마)를 거쳐 인도에 이르는 동서 무역로를 장악할 수도 있었다.

난짜오왕국은 9세기 후반부터 쇠퇴하다가 902년 반란군 관리가 마지막 황제를 죽이고 새 국가를 세우면서 함락되었다. 이 지역은 1253년 몽골제국의 쿠빌라이 칸에게 정복되었다. 하지만 그 이전부터 2세기 동안 수많은 타이족들이 남쪽으로 세 갈래로 분산되어 이동했는데, 짜오프라야 계곡으로 이동한 부족이 오늘날의 타이인의 직접 조상이다. 서쪽의 버마(미얀마)의 살윈 강 쪽으로 이주한 부족이 샨족[31]이고, 동부로 이주한 타이족들은 메콩 강 유역에 둥지를 틀고 통킹과 라오스 지역까지 진출하였다.

31) 주로 미얀마의 샨 주에 살지만, 일부는 만달레이 구, 카친 주, 카인 주와 중국과 태국의 접경 지역에도 산다.

타이족들은 말레이족과 혼혈되어 오늘날의 타이인의 외모가 형성되었다고 한다.

3) 종교

인구의 95%는 불교를 믿고, 이슬람교 4%, 나머지는 기독교와 힌두교, 기타 종교를 믿는다. 불교가 국교이기는 하지만 신앙의 자유는 있다. 국왕도 반드시 불교도여야 한다. 소승(상좌부) 불교를 믿는 타이에서 특히 남자들은 일생에 한 번이라도 절에 들어가 스님이 되어야 하는데, 225계를 수지하는 것이 그것이다. 즉, 태국 남성은 군필이 아니라 불필이다. 주로 어릴 때 삭발을 하고 단기 출가 생활을 체험한다. 태국 승려들의 특징은 머리카락 뿐 아니라 눈썹까지 삭발한다는 것이다. 전통적으로는 단기출가가 성인식 역할을 한다.

태국 내 불교종파는 크게 왕실에서 개정한 종파와 유구한 역사를 가진 종파로 나뉜다. 선불교나 명상처럼 일반인들도 참여하기 쉬운 점을 내세운 신흥종파도 있다. 대도시 사찰들은 지방 출신 학생들에게 숙식을 제공하기도 하며, 가난한 집안의 아이들이나 고아들을 돌보기도 한다.

태국은 태어난 요일에 따른 불상이 있다. 절에 가면 불상 8좌가 일렬로 늘어섰는데, 각 불상마다 태어난 요일을 의미한다. 그래서 절에 가면 자신이 태어난 요일에 따른 불상 앞에 가서 기도한다. 예컨대 월요일 불상은 색깔이 황색이고, 한 손 또는 두 손을 들고 서 있는 부처님이다. 이것은 월요일 외에 '싸우지 말라'는 뜻도 있다.

이슬람교도는 서부지역의 나라타이얏, 파타니, 얄라, 사툰 지방에 집중되어 있다. 이슬람교는 13세기 아랍상인과 탐험가들에 의해 말레이반도로 전해지셔 이 지역에까지 전파된 것이다. 타이의 이슬람교도의 99%는 수니파이다.

2.2. 역사적 배경

<table>
<tr><td rowspan="2">몬족</td><td rowspan="2">프놈</td><td rowspan="2">크메르 지배기</td><td colspan="2">란나</td><td rowspan="2">톤부리</td><td rowspan="2">차크리</td><td rowspan="2">타이</td></tr>
<tr><td>수코타이</td><td>아유타야</td></tr>
<tr><td colspan="2">고대</td><td>중세</td><td colspan="4">근세</td><td>현대</td></tr>
</table>

1) 고대

타이족은 중국 남부에서부터 라오스, 타이, 미얀마, 말레이반도 등에 걸쳐 광범위하게 분포한다.

중북부에는 현재 미얀마 남부에 분포하는 몬족들의 왕국 드바라바티, 하리푼자야 등이 있었고, 동남부는 앙코르 제국을 세운 크메르족이 지배하였고, 남부는 스리비자야가 진출하고 있었다. 중부, 북부, 서부에는 몬족이, 동남쪽에는 크메르족이, 남부 말레이 반도 일대에는 말레이족의 스리비자야 왕조가 지배하여 이들의 영향이 공존한 상황이었다.

3세기경, 남부 대부분 지역이 프놈왕국[32]의 영향 하에 있었고, 크메르족의 앙코르 제국이 전성기를 맞으며 북부 일부를 제외한 대부분 지역이 앙코르 제국의 영향권에 들어갔다.

2) 중세

13세기, 이 지역에 거주하던 몬족과 크메르족이 쇠퇴하자 치앙마이를 수도로 하는 북부 타이의 란나 왕국(타이유안족), 수코타이를 수도로 하는 중부 타이의 수코타이 왕국(시암족), 라오스와 동북 타이에 걸친 란산 왕국(라오족) 등 타이 민족의 소왕국들이 각지에서 생겨났다. 특히 란나 왕국은 19세기 말까지 지속하였다. 그러나 타이 역사상 정통 왕조는 수코타이 왕조(1257~1350)이다. 수코타이 왕조의 제3대 람캄행 왕(재위 : 1277~1317)은 영토를 확장하고 크메르 문자를 개량하여 타이문자 표기법을 만들었다.

수코타이 왕조에 이어 아유타야 왕조(1350~1767)는 각종 제도를 정비하여 강력한 중앙집권제를 구축하였다. 17세기 아유타야는 무역항으로 번창하여 서양과 중국, 일본 등과도 교역하였다. 16세기 후반 미얀마군에 점령당했지만 나레수엔왕(재위 : 1590~1605)이 왕조를 부흥시켰다. 1767년 다시 미얀마군에 점령당했지만 아유타야 왕조의 무장 프라야 딱신(재위 1734~1782)이 미얀마를 격파하고 톤부리 왕조를 세웠다.

32) 프놈왕국 또는 푸남(부남)은 서기 1세기부터 5세기까지 메콩 강 하류지역에 발흥한 고대 캄보디아왕국이다.

3) 근세

그러나 톤부리 왕조는 1대로 끝나고, 그 부하인 짜끄리 장군이 1782년 방콕에서 왕조를 창건하였는데, 이것이 지금의 짜끄리 왕조(방콕왕조)이다. 19세기에는 유럽 열강들의 거센 압력으로 1855년 영국과 보링조약을 맺고 자유무역항과 치외법권을 승인하였다. 쫄랄롱꼰왕(라마 5세)은 사법 및 행정제도 개혁과 더불어 근대화 작업을 하였고, 영국과 프랑스의 대립을 이용하여 식민지 위기를 해쳐나갔다. 이후 왕족 전제군주제의 정치적 부패에 불만이 커지자 1932년 6월 24일 인민당이 무혈 쿠데타에 성공, 12월 헌법을 공포하고 입헌군주국으로 변신하였다.

■ **수코타이 왕조**(13세기)

이 왕조는 타이족이 최초로 수립한 독립 국가이다. 타이족은 원래 캄보디아와 중국남부 사이에 살았다. 이들은 중국에서 남쪽, 즉 현재의 태국 북부로 이주했다. 13세기까지 타이사람들은 강한 부족 중심으로 캄보디아의 크메르제국의 속국 상태에 있었다. 이들 속국 중 프라루아 부족이 크메르제국에서 1238년 독립하여, 수코타이를 중심으로 수코타이왕국을 세웠다. 태국의 역사는 이 왕국에서 시작한다. 제3대 왕 람감행 왕은 타이 문자 개발과 독특한 타이 문화 수립에 핵심적인 역할을 한 왕이다. 외교적으로도 뛰어난 역량을 발휘해 영토를 확장시켰고 불교를 태국 국교로 삼았다.

■ **아유타야 왕조**(14세기)

크메르제국이 약화되면서 14세기 초 여러 타이 도시국가들이 잇따라 독립했다. 독립왕국 중 특이한 나라가 우통 왕조에 의해 1352년 아유타야 도시에 건립된 아유타야 왕국이다. 아유타야 왕조도 상좌부 불교를 믿었다. 417년간 33명의 왕이 통치하며 치앙마이, 캄보디아, 말레이 반도까지 세력을 확장하여 강력한 중앙집권국가를 이룩하고 타이족을 통일시켰다. 아라비아, 인도, 중국, 일본 및 유럽과 교류하기도 하였다. 1564년 미얀마의 꼰바웅 왕조의 속국으로 전락했다.

나레수안은 1584년 아유타야 왕국을 미얀마로부터 해방시키고, 아버지가 사망하자 국왕으로 즉위했다. 그는 말레이반도와 캄보디아를 정복하여 영토를 대폭 확장했다.

그러나 1767년 미얀마는 다시 태국을 점령했다. 침잠된 분위기 속에서 중국계 프라야 딱신 장군이 타이족을 합병시키고 미얀마를 타이영토에서 몰아냈다. 수도를 현재의 방콕 근처 톤부리로 이전한 딱신은 톤부리왕국을 선포하고 왕위에 올랐다. 그러나 딱신은 자신의 친구였던 짜끄리 장군에게 살해당했다.

■ 짜끄리 왕조(18세기)

짜끄리 장군은 수도를 톤부리에서 방콕 인근 라따나코신으로 이전하여 1782년 라따나코신 왕국을 선포하고 라마 1세(재위 1782~1809)로 등극했다. 이 왕조가 오늘날의 타이왕조이다.

라마 4세(몽꿋. 재위 1851~1868) 때 서양 제국주의 세력이 타이에도 유입된다. 왕은 서양 문물을 적극 받아들인다. 영화 '왕과 나'에도 잘 나타나 있다. 라마 4세의 아들인 라마 5세(쭐랄롱꼰 대왕. 재위 : 1868~1910)는 이 영화에 등장하는 여러 왕자들 중 한 명이다. 라마 5세는 부친 사망 후 15세에 즉위했지만 5년간의 섭정기간동안 세계여행을 통해 견문을 넓혔다. 그는 서구식 교육을 받은 최초의 시암 국왕이다.

타이는 미얀마를 식민지로 삼은 영국과 인도차이나 반도를 식민지로 삼은 프랑스 두 세력의 완충지대였다. 이러한 지리적 이점을 이용하여 라마 5세는 두 나라 사이에서 타이의 중립을 보장하는 협정을 이끌어 내었다. 그래서 타이는 동남아시아 유일의 독립국가로 남을 수 있었다. 그는 주권 수호를 위해 영국에게는 치외법권을 인정하고, 프랑스에게는 속국이던 캄보디아와 라오스 대부분을 넘겨주는 실리외교로 나라를 지켰다. 또한 라마 5세는 1905년 노예제를 폐지하고 교통망과 법체계를 선진화하였다. 철도, 전기, 전신, 우편제도 등 근대 문물을 적극적으로 수용하였다.

■ 1932년 : 시암혁명

군부 주도 시암혁명으로 절대왕정에서 입헌군주제로 바뀌었다. 나라 이름도 시암에서 타이로 바뀌었다. 주도 인물은 쁠랙 피분송크람(1897~1964)이다.

■ 1973년 민주화 운동

군부 정권에 반대하여 1968년부터 학생 주도 시위가 발생했다. 시위는 1973년 가장 격화되어 휴교령이 내려지기도 하였다. 결국 총리가 사퇴하고 산냐 탐마삭이 총리로 임명되면서 군부집권은 종식되었다.

3. 에티켓 : 예절과 관습

1) 금기

- 머릿속에는 부처님의 영혼이 들어있다고 믿음으로 다른 사람의 머리를 만지거나 머리 위로 물건을 건네는 것을 피하라.
- 발가락이나 발뒤꿈치 또는 발바닥을 상대방에게 보이지도 말고 사용하지도 마라.
- 항상 오른손으로 건네거나 주고받아라.
- 책상이나 가구 위에 발을 올려놓지 말고 바닥에 앉은 사람 앞을 지나가지 말고 돌아서 가라.
- 특히 집게손가락으로 가리키는 것은 매우 무례한 짓으로 여긴다. 국왕이나 왕비 사전을 손가락으로 가리키지 마라. 태국인에게 국왕은 신성한 존재이므로 손가락질은 불경한 손짓이다.
- 태국인들은 왕과 왕실에 대해 마음속에 간직한 이야기를 절대 꺼내지 않으며 이와 관련된 대화를 나누는 것도 꺼린다.
- 모든 불상은 크기와 만들어진 시기에 상관없이 신성한 것으로 여겨진다. 그러니 누구든지 사진을 찍기 위해 불상에 올라가거나 불경스러운 행동을 하면 안 된다. 불상과 같은 종교적 상징물에 대해 공경을 표해야 하며, 만약 불상이나 사당을 만지면 이는 신성한 물건이 더럽혀진다고 믿기 때문에 이를 경계해야 한다.
- 처음 만나서 개인적인 사생활에 대해 물어보거나 이야기하는 것을 피하라. 친밀감을 위해 사적인 대화를 시도하는 것은 태국인의 입장에서 오히려 큰 실례이

고 불쾌감을 줄 수 있다. 친밀한 행동이라고 생각하고 과한 스킨십을 하는 것도 예의에 어긋나는 행동이다.

2) 커뮤니케이션 스타일

- 관계의 수준에 따라 달라진다. 누군가를 잘 아는 사이라면 대개 무뚝뚝할 수 있다. 아직 잘 모르는 사이라면 다소 간접적인 것이 더 예의 바르다.
- 직접적이고 대립적인 형태의 진술을 피할 수 없는 경우라면, 일반적으로 "솔직히 말해도 괜찮다면" 등과 유사한 문구로 시작한다. 이런 종류의 변명은 가끔씩 무뚝뚝한 진술로 이어진다.

3) 인사

태국인은 인사를 할 때 악수를 하는 것이 아니라 기도하는 자세처럼 양 손바닥을 합창한 자세로 목례를 한다. 타이의 전통 인사법 와이('wai')이다. "싸왓디캅/싸왓디카(안녕하세요)"라는 말로 인사한다. 손을 높이 들수록 자신이 베풀거나 베풀고 있는 존경의 수준을 나타낸다. 일반적으로 손아래 사람이 윗사람에게 먼저 하고, 손윗사람은 같은 자세로 이에 응답한다. 친구 간에는 손끝을 턱 아래에 대고 서로 동시에 인사하기도 한다. 이처럼 와이는 단순한 인사법이 아니라 서로의 대인관계를 확인하는 독특한 의식이다. 인사를 통해 사회적 지위와 서열을 인정하고 감사의 마음을 드러내어 우호적 관계를 다진다.

태국에서는 '성'으로 타인을 호칭하는 대신 "쿤"(한국어의 "~씨")을 앞에 넣어 성이나 이름을 부른다(예 : 김영수 씨! = 쿤 킴/쿤 영수!)

4) 아이컨택

- 또래들과 대화할 때에는 간접적인 것보다 직접적인 아이컨택을 선호하는 경향이 있다.
- 존경과 방어의 표시로 어른이나 윗사람과 발할 때 간접적인 아이컨택을 이용할 수 있다.

5) 제스처

– 태국인 가정, 예배 장소, 호텔 방에 들어갈 때는 신발을 벗어라. 반드시 문턱을 넘어가야 한다.
– 사람들은 팔을 뻗고 손가락으로 긁는 동작으로 서로 손짓한다.
– 항상 오른손을 사용하거나 양손을 사용하여 건네거나 주고받아라.
– 집게손가락으로 손짓하거나 가리키는 것은 나쁜 짓으로 여긴다. 턱을 사용하거나 손 전체, 즉 손바닥을 납작하게 하여 사용하는 것이 옳은 방법이다.

4. 문화 차원 : 국가 이미지의 토대

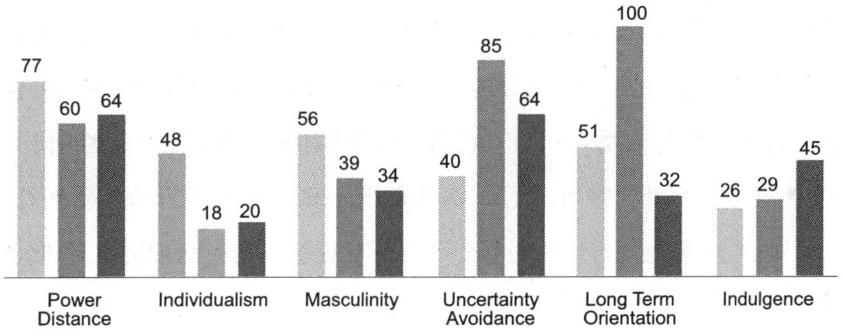

〈호프스테드 문화 차원 : 인도-한국-타이 차원 비교〉

■ 권력 거리

태국의 PDI 지수는 64점으로, 아시아 국가 평균(71점)보다 약간 낮다. 이는 불평등이 받아들여지는, 명령과 의전의 엄격한 사슬이 지켜지는 사회라는 뜻이다. 각 직급은 특권을 가지며, 직원들은 보호와 지도에 대한 보답으로 윗사람에게 충성심, 존경심, 존중심을 보여준다. 이는 가부장적 경영으로 이어질 수 있다. 따라서 관리자에 대한 태도는 더 형식적이며, 정보 흐름은 위계적이고 통제적이다.

타이의 사회를 지배하는 '분쿤' 정신도 권력 거리와 무관하지 않다. 육체보다 정신을 우선하는 문화이기 때문에 승려나 관리를 최고의 직업으로 친다. 게다가 관리를 정부로부터 사회적 지위를 부여받은 특별한 사람으로 보는 것이다. 분쿤은 '은혜'라는 뜻으로 물질적인 빚의 성격이 강하다. 예컨대 승려는 식사를 바리때에 채워 받아도 시주자에게 감사의 인사를 하지 않는다. 오히려 시주자가 공덕을 쌓을 기회를 얻었다는 감사의 뜻을 나타낸다. 타이 사회는 불교의 가르침인 자비심으로 권력을 행사하도록 되어 있는 까닭에 윗사람이 자비를 베풀고 아랫사람이 은혜로 그에 보답해야 한다는 사고가 형성되어 있기 때문이다.

■ 개인주의

20점을 받은 태국은 매우 집단주의적인 나라다. 이는 구성원 '집단'(가족, 대가족, 또는 확장된 대인관계)에 대한 긴밀한 장기적인 헌신에서 분명해진다. 집단주의 문화에서 내집단(In-Group)에 대한 충성심이 가장 중요하며, 여타의 대다수 사회적 규칙과 규정을 넘어선다. 사회는 누구나 자기네 집단의 동료 구성원들을 책임지는 강한 관계를 조성한다. 내집단을 보존하기 위해 대립적이지 않으며, 일상이나 사업 커뮤니케이션에서 'yes'는 수락이나 합의의 뜻이 아닐 수 있다. 범죄행위는 체면 손상으로 이어진다. 사적인 관계 형성은 사업 수행의 핵심으로 작용하고 또 그런 관계 구축에는 시간이 걸리므로, 처음 만나서 공개적으로 사업을 논의하지 않는 성향이기 때문에 인내심도 필요하다.

■ 남성성

이 차원에서 34점을 받은 태국은 여성적 사회로 간주된다. 태국은 남성성 지수에서 아시아 평균 53개국 그리고 세계 평균 50개국 중에서 가장 낮다. 이렇게 낮은 수준은 이러한 가치가 더 중요한 것으로 간주되는 사회와 비교할 때 자기주장과 경쟁력이 덜한 사회임을 뜻한다. 그러니까 이런 상황은 표본 내에서 전통적인 남성과 여성의 역할을 한층 더 강화하는 역할을 한다.

■ 불확실성 회피

태국은 이 차원에서 중간정도의 64점을 얻었지만, 불확실성 회피 성향이 약간 있다고 할 수 있다. 이 정도의 불확실성을 최소화하거나 줄이기 위해 엄격한 규칙, 법률, 정책, 규제 등을 채택하여 시행하고 있다. 이 국민의 궁극적인 목표는 예기치 못한 것을 제거하거나 회피하려고 모든 것을 통제하는 것이다. 이처럼 불확실성 회피 정도가 높은 사회는 변화를 쉽게 받아들이지 않고 위험부담도 적지 않다. 변화는 집단의 더 큰 이익을 위해 드러난 것이어야 한다.

■ 장기 지향성

이 차원에서 낮은 32점을 얻은 태국 문화는 실용적이라기보다 규범적이라고 할 수 있다. 그런 사회의 사람들은 절대적인 진리 확립에 강한 우려를 보인다. 그들은 자기네 사고방식에 규범적이다. 그들은 전통을 매우 존중하고, 미래를 위해 저축하는 성향을 별로 보이지 않고, 빠른 결과를 얻는 데 초점을 맞춘다.

■ 절제

45점의 중간 점수여서 이 차원에 대한 선호도를 결정하기가 쉽지 않다.

05
미얀마

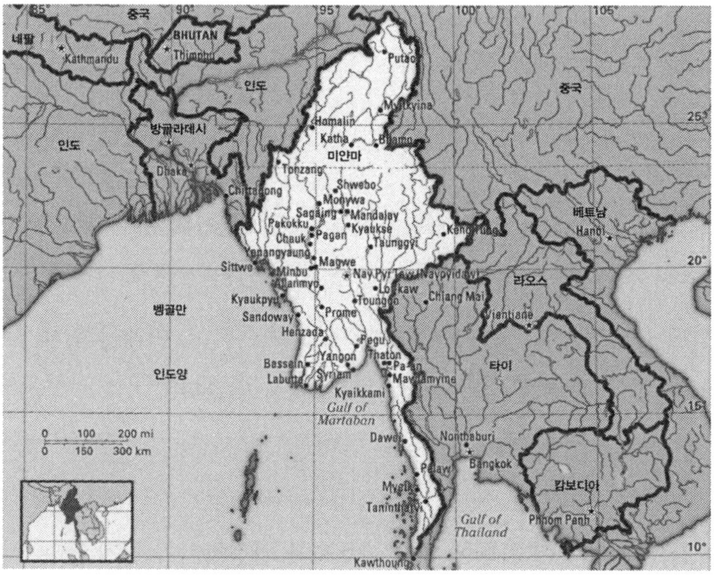

국명	미얀마연방공화국(Republic of the Union of Myanmar). 1989년 6월 버마(Burma)에서 현재의 명칭으로 변경
수도	내피도(Naypyidaw), 2006년 양곤에서 내피도로 이전
인구	5,302만 명(2019, IMF)
면적	67.7만㎢(한반도의 약 3배)
민족	버마족(70%), 소수족(25%, 샨, 카렌, 카친 등), 기타(5%, 중국계, 인도계 등)
통화	짯(K)
종교	불교(88%), 기독교(6%), 이슬람(4%) 등
언어	미얀마어(공용어), 기타 소수어
건국일	1948년 1월 4일 (영국으로부터 독립)
GDP	$1,338(2018)
비자	한국인→미얀마 : 30일 (무비자) 미얀마인→한국 : (비자필요)
도메인	.mm

1. 공항 : 나라의 관문

미얀마에는 현재 세 개의 국제 관문공항이 있다. 이 나라의 최신 공항은 수도 네피도에 있지만 관광객에게는 인기가 없는 공항이다. 미얀마 최대 공항은 만달레이 국제공항인데, 미얀마 관광지로 가기가 편리해서 여행객들이 가장 선호하는 공항이다. 남쪽으로 멀리 떨어진 양곤 국제공항은 오래된 공항이지만, 북쪽의 라이벌 공항보다 국제노선 망이 우위에 있다. 네 번째 국제공항인 한타와디(Hanthawaddy) 공항은 2022년 완공예정으로 현재 바고 지역에 건설 중이다. 이 공항은 미얀마에서 가장 규모가 크며, 연간 1200만 명이 넘는 승객을 처리할 수 있다.

2019년 5월 현재, 현재 가동 중인 이들 공항은 동아시아나 중동을 넘어서는 목적지와 연결된 노선은 없다. 미국이나 유럽에서 미얀마로 여행하는 사람들은 싱가포르 창이 공항 등 동남아시아의 국제 허브공항 중 한 곳에서 경유나 환승을 해야 한다.

■ 양곤국제공항(Yangon International Airport, RGN)

– IATA : RGN,   ICAO : VYYY

미얀마의 주요 국제공항이자 가장 바쁜 공항이다. 공항은 양곤 시내에서 북쪽으로 15km 떨어진 민갈라돈(Mingaladon)에 위치한다. 4개의 미얀마 항공사와 16개의 해외 항공사가 양곤국제공항에서 운항하고 있다. 이 공항은 위치 때문에 민갈라돈 공항이라고도 한다.

이 공항은 1947년 제2차 세계대전 당시 비행장에 있던 시립공항국에 의해 건설되었다. 그러나 이후 군사정권은 공항 관리를 제대로 하지 않아서 더 이상 국제적인 요건을 충족하지 못했다.

2003년 4월에 시작된 재개발 프로그램은 새 터미널을 건설하고 활주로를 3414m로 확장했다. 새 터미널은 2007년 5월에 개장했다. 현재 이 공항은 시간당 최대 5대의 항공기와 연간 270만 명의 승객을 처리할 수 있다. 대형항공기 운항이 가능한 새 활주로가 건설 중에 있다. 옛 터미널은 국내선 전용이고, 새 터미널은 국제선 전용이다.

1) 역사

제2차 세계 대전 당시 비행장은 RAF(Royal Air Force, 영국왕립공군) Mingalidon이라고 했는데, 전투기의 작전기지 역할을 했다. 또한 타이거 모스와 웨스트랜드 라이샌더를 장착한 버마 자원 공군의 통신 비행이 있었고, 비행장 대공 지원은 제 12 버마 라이플(Burma Rifles) 회원들이 제공하였다.

당시 민갈라돈은 일본이 사용했는데, 방콕에 본부를 둔 일본 폭격기는 보름달이 뜨자 민갈라돈으로 전진했다. 델리에 있는 무선실험센터의 영국인들은 IJA 공대지 코드를 BULBUL에 위반하고 있었고, 일본의 공습도 예측할 수 있었다. 한 번은 연합군의 야간투사들이 '많은 것을 얻었고 밤새 우리는 민갈리돈 공군기지에서 잃어버린 아이들을 부르는 소리를 들을 수 있었다'고 말했다.

제2차 세계대전 후, 양곤공항은 1947년 캘커타 메트로폴리탄 공항당국에 의해 구 RAF Mingaladon에 건설되었다. 한때 동남아에서 최고로 평가받던 1차 공항이었지만, 싱가포르 창이 공항, 방콕 수완나품 공항, 자카르타 수카르노-하타 공항과 같은 새로운 슈퍼허브공항들이 건설되는 바람에 양곤의 시설을 대체하면서 양곤공항은 황폐화되어 수십 년 동안 방치된 상태에 있었다.

2016년 초, 공항 수용력은 승객 기준 연간 600만 명으로 늘어났다. 현재 양곤에서 77km 떨어진 부지에 완전히 새롭고 현대화된 '한따와디 국제공항'(Hanthawaddy International Airport)을 건설 예정이었다. 그러나 이 프로젝트는 2001년에 시작되었으나, 이후 중단되었다가 2012년에 재개할 계획이 발표되었다. 인천국제공항공사(IIAC)가 이끄는 컨소시엄이 11억 달러 규모의 신공항 건설 및 50년간 공항 운영 계약을 체결하여 2018년부터 운영에 들어갈 예정이었지만, 재정 문제와 여객 수용력에 대한 이견차로 인천 컨소시엄과의 계약은 종료되고 2014년 2월 신규 입찰이 재개되었다. 새 입찰은 2014년 10월 29일 싱가포르와 일본 컨소시엄에 낙찰되었다. 이 또한 2018년 기간만료가 되면서 진행되지 못했다. 협의 불발의 원인 중 하나로 양곤-신공항 연계를 위한 도로와 신공항 개장이후 양곤국제공항의 운영방안 등으로 보인다. 당초 계획은 2018년부터 운영할 계획이었으나 2022년으로 늦춰졌다.

2) 활주로

2003년에 시작된 업그레이드의 일환으로 활주로가 3,414m(폭 61m, 아스팔트-콘크리트)까지 확장되어 보잉 747-400기가 공항을 이용할 수 있게 되었다.

3) 터미널

■ 터미널 1

2014년 8월 옛 국내선 터미널을 철거하고 국제선 전용 6층짜리 터미널 신축공사를 시작하여 2016년 3월 12일 개장하였다. 제1터미널 개장 후 공항은 연간 270만 명의 승객 처리용량을 600만 명으로 늘릴 수 있었다.

■ 터미널 2

터미널 1 개통 후 옛 국제선 터미널을 '터미널 2'로 개칭했다. 이 건물은 싱가포르의 CPG 주식회사가 설계하고 아시아 월드 컴퍼니가 1330만 달러를 들여 건설했다. 터미널은 출·도착 각각 900명의 승객을 동시에 처리할 수 있다. 터미널 2는 대대적인 보수공사를 위해 2018년 7월 폐쇄됐다. 모든 국제선은 현재 터미널 1에서 운항 중이다.

■ 터미널 3

터미널 3은 국내선 전용으로, 2014년 8월 철거된 옛 국내터미널을 대체하여 2016년 12월 5일 개장했다.

■ 새 터미널

양곤공항의 현대화 프로그램은 2003년 4월에 시작하여 새 터미널과 3414m 활주로를 확장했다. 싱가포르 CPG 주식회사의 공항 개발부가 설계한 새 터미널은 아시아월드(Asia World)가 1,330만 달러를 들여 건설했다. 출·도착 승객 각각 900명을 동시에 처리할 수 있다. 설계는 IATA 서비스 표준을 충족하고 ICAO 안전 및 보안 표준을 준수하고 있다. 기타 주목할 만한 특징은 다음과 같다.

- 혼잡을 줄이기 위해 출발 및 도착 승객의 층 분리
- 통합 체크인 시스템을 갖춘 자동 수하물 처리 시스템
- 보잉 747기 4대를 동시에 처리할 수 있는 4대의 에어브리지
- 정부 공무원과 사업가들이 이용할 수 있는 특별 라운지
- 차량 340대를 수용할 수 있는 2층 주차장

2011년 6월, 정부는 공항을 40% 확장하고 수용능력을 연간 270만 명에서 380만 명으로 늘리겠다는 계획을 발표했다. 공항은 2012년에 310만 명, 2014년에 400만 명을 수용하는 등 이미 연간 270만 명의 승객 수용능력을 넘어섰다. 이러한 수요 증가를 충족시키고자 2016년 말에 새 국제 및 국내 터미널을 완공하였다.

■ Honour Building 경비대(VIP 터미널)

옛 VIP 터미널은 터미널 3이 완공될 때까지 임시로 국내 터미널로 사용되었다. 터미널 1과 터미널 2 사이에 연결통로를 마련하기 위해 Honour Building 경비대가 철거되었다.

2. 지리와 역사

2.1. 지리적 배경

미얀마는 북쪽과 동쪽은 중화인민공화국과, 동남쪽은 라오스와 태국과, 남쪽은 인도양과 접해 있다. 미얀마의 최남단 부분은 말레이 반도에 위치한다. 버마 해에 의해 미얀마는 서쪽에 위치한 인도의 안다만 니코바르 제도[33]와 구분된다. 미얀마의 서쪽은 방글라데시와 인도 연방 주들(미조람, 마니푸르, 나갈랜드 및 아루나찰프라데시)과 접해 있다.

나라의 크기에 비해 민족 구성이 극히 다양해서 무려 135개나 되는 소수 민족이 살고 있다. 중국보다 더 많다. 공용어는 미얀마어지만, 소수민족의 언어들도 많은데, 그 수가 242개나 된다. 영국의 식민지였던 영향으로 영어도 주요 외국어로 지정되어 있다.

옛 수도이자 최대 도시인 양곤은 남부에, 행정수도인 네피도는 중부에, 역사도시인 만달레이는 북부에 있다. 그 북쪽은 동남아시아의 일반적인 풍경과는 딴판인, 티베트에서 이어지는 고산지대이다. 반대로 남쪽으로 길쭉하게 말레이 반도 입구까지 내려가는 지역은 인도양의 해변이 아직 개발의 손길이 미치지 않은 채 산재해 있다. 해안선의 길이가 1,930㎞에 달한다.

다양한 민족적, 종교적 배경으로 인해 전통과 풍습도 다양하지만, 이 나라의 대다수 사람들에게 귀속될 수 있는 몇 가지 가치관이 있다. 버마인들은 전형적으로 온화하고, 사려깊고, 인정많고, 인내심이 강한 사람들이다. 그들은 미래에 대한 희망뿐 아

33) 안다만 제도와 니코바르 제도로 구성되어 있다. 인도네시아 아체 주에서 북쪽으로 150km 정도 떨어진 곳에 위치하고 있고 안다만 해를 사이에 두고 태국, 미얀마와 떨어져 있다.

니라 자신들의 상황에 깊이 감사하는 착한 인성의 소유자들이다. 버마 캐릭터의 이러한 측면은 세계 최장 갈등 중 하나를 계속 견뎌내고 있음을 고려할 때 특히 칭찬할 만하다.

1) 국명

이 나라의 호칭은 여전히 나라마다 다르게 부르고 있다. 예컨대 과거 이 나라를 식민 지배한 영국은 여전히 버마(Burma)라고 부르지만, 한국은 미얀마(Myanmar)라고 부른다.

과거의 명칭이었던 '버마'는 미얀마에서 가장 많은 민족인 버마족의 나라라는 의미였다. 여러 민족을 아우른다는 의미에서 미얀마 연방공화국으로 바꾸었다. 그러나 '미얀마'의 어원이 '버마'라서 다민족성을 표방한 국호변경은 어패가 있다. 그래서인지 미국과 오스트레일리아 그리고 독일어권 국가들은 미얀마라고 하지 않고 버마라고 한다.

그런데 문제는 원래 이 나라의 국호가 미얀마였는데, 영국이 식민 지배를 하면서 버마족의 이름을 따서 버마라고 바꾼 점이다. 버마 민족의 민족주의를 부정하는 이름이란 점에서도 양날의 검이라고 할 수 있다. 그러나 미얀마도 어원적 뿌리를 버마족에 두고 있다. 영어판 위키피디아에 의하면, 버마(Bama)가 myanma에서 변성된 것으로, '버마'든 '미얀마'든 버마족을 지칭한다는 점에서는 같다. 독일어권에서는 미얀마 출신의 사람은 버마와 버마인이라고 하고, 미얀마 인이란 개념은 거의 사용하지 않고 있다. 참고로 미얀마 주민들은 자기네 국가를 대개는 간단히 'Myanma Naingngan'(미얀마국)이라고 한다.

2) 국기

현재의 미얀마 국기는 2010년 10월 국명을 미얀마연방(The Union of Myanmar)에서 미얀마연방공화국(The Republic of the Union of Myanmar)으로 변경하면서 채택한 것이다. 가로줄의 노란색은 결속을, 초록색은 평화, 빨간색은 용기를 뜻하며, 가운데에 위치한 흰 별은 난일성을 상징한다.

3) 민족

미얀마 인구의 대다수는 버마족(Burman 또는 Myanmar 민족으로 알려짐)에 속한다. 이 집단은 전통적으로 불교도이며, 특히 영국 식민지 시대가 끝난 이후 이 나라의 정치권을 장악해 왔다. 그러나 인구의 약 68%가 이 지배 민족에 속하지만, 나머지 3분의 1은 각각 자기네 방언과 특정한 신념을 가진 130개 이상의 민족과 하위 집단을 포함하고 있다. 이와 같이, 버마족 다수와 상관관계가 있는 버마 문화의 일반화는 소수민족들의 많은 다양한 관습과 전통을 잘못 전할 위험이 있으며, 그들 중 다수는 토착민이다.

다른 민족들은 대개 지리적으로 구별된다. 예컨대 버마족은 일반적으로 7개 지역에 걸쳐 상부와 중앙 평야에 거주한다. 한편, 7대 소수민족은 각각 할당된 주를 가지고 있으며, 대부분 산악지역에 위치한다. 이들 집단은 친족, 카친족, 카렌족(또는 카인족), 카렌니족(또는 카야족), 몬족, 라킨족, 샨족이다. 또한 버마계 중국인과 판타이족, 버마계 인도인, 로힝야족, 구르카족, 앵글로-버마족 등 주요 민족들 사이에 끼여 살고 있는, 헌법상 인정받지 못한 민족들도 있다.

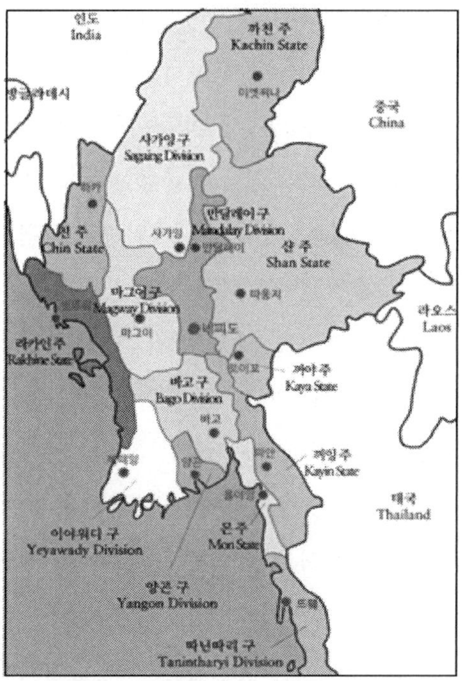

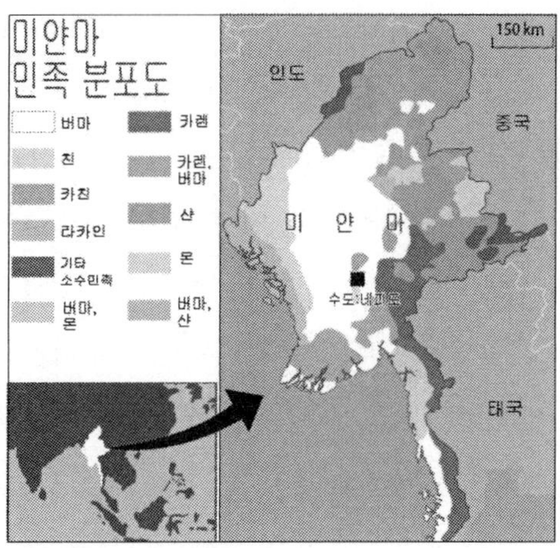

인종적 제휴는 버마 사람들에게 강한 정체성과 소속감을 제공한다. 그러나 각 민족이 반드시 동질적이지는 않다는 점에 유의할 필요가 있다. 예컨대 미얀마 서부(친 주)에 주로 거주하는(약 150만 명) 친족 집단들 사이에는 60개 이상의 다른 언어/방언이 있다. 어떤 사람들은 또한 자기네 민족 안에서 부족이나 씨족과 강한 유대감을 가질 수도 있다. 그럼에도 불구하고 한 사람의 민족성은 한 개인의 종교적 소속, 출생 지역, 사회적 지위를 나타내는 일반적인 지표가 될 수 있다.

3) 종교

종교는 미얀마에서 삶의 본질적인 측면이며 개인의 정체성 개념의 중심을 이룬다. 미얀마 인구의 대부분은 불교도(87.9%)이다. 그러나 기독교인(6.2%)과 이슬람교도(4.3%)는 물론 일부 애니미즘(0.8%)과 힌두교도(0.5%)도 있다. 일반적으로 인간의 종교적 정체성은 민족적 기원과 무관하지 않다. 대다수 버마인은 불교도이지만 소수 종교에 속하는 사람들은 대개 소수 민족 출신이다. 기독교는 카친족, 친족, 나가족 중에서 지배적이다. 많은 카렌족과 카렌니족은 불교도이고 카렌족은 애니미즘이나 무슬림이지만 카렌족과 카렌니족들 사이에도 널리 퍼져 있다. 이슬람교는 일부 버마족뿐 아니라 인도족, 카만족, 로힝야족들에게도 널리 퍼져 있다.

종교는 미얀마에서 깊은 마찰의 원천이 되었다. 불교는 버마 국적의 사상과 통합적으로 연관되어 있다. 이 버마 불교 민족주의는 20세기 초에 영국에 대항한 독립 운동에서 맡은 역할로 인해 극히 정치화되었다. 한편 기독교는 영국의 기득권층으로 여겨졌다. 민족주의의 발흥에서 종교의 역할도 핵심 추종자들 사이의 민족적 차별화에 의해 한층 더 고조되었다(대다수 불교 신자들은 버마인인 반면 기독교인과 이슬람교도들은 일반적으로 소수민족 출신이다).

종교상의 소수민족은 체포와 구금, 종교행위에 대한 제한과 다양한 형태의 차별을 경험했다. 때때로 군부는 폭력을 선동하여 정치적 목적을 위해 분열을 조장하려 했다. 예컨대 군부는 승려로 분장하고 이슬람교와 기독교의 예배 장소를 불태우기도 했던 것으로 알려져 있다.

아웅산 수치 여사와 소속 당이 당선된 이후 종교 박해가 줄어든 것으로 인식되고 있지만, 이는 일부 집단에게만 해당된다. 현재, 소수 이슬람교도인 로힝야족에 대한 편협성은 특히 폭력적이고 비인간적이다. 로힝야 무슬림들은 신체적 학대, 고문, 법적 절차 없는 살인, 즉결 처형, 자의적 체포와 구금을 받고 있다. 정부 정책은 그들의 종교적 관행, 결혼, 여행, 교육의 기회를 제한하고 사회복지 분야에서 그들의 고용을 막고 있다. 로힝야족도 시민권을 거부당하고 있는데, 이는 차별금지법이 그들에게 적용되지 않는다는 뜻이다. 일부 급진적인 불교 지도자들은 공개적으로 그들에 대한 적대감을 조장하고 있다.

불교는 버마 문화에 깊이 뿌리박고 있고, 미얀마의 국가 정체성과 관련이 있다. 미얀마 불교의 두드러진 형태는 테라바다 불교다. 테라바다 불교, 즉 소승 또는 상좌부 불교 신자들은 '삼중보석' 즉 스승(부처), 가르침(달마), 수도회(승가)에서 안식처를 찾는다. 이 세 가지 불교 요소는 사람들에게 일상생활의 근거가 되는 구조를 제공함으로써 안정된 버마 사회를 유지하는 토대가 되고 있다.

승가(Sangha)는 미얀마에서 중요한 기관이다. 승려, 비구니 그리고 여타 평신도 영적 지도자들은 그들의 공동체 안에서 큰 위상과 존경을 누린다. 흔히 남성은 통과의례('신뿌/shinpyu')로서 평생 한두 번은 출가한다.

미얀마에서 '신뿌'는 '스님이 된다'라는 뜻이다. 미얀마의 남자는 지금도 일생에 한 번은 불가에 들어가 수행하는 것이 불문율로 되어 있다. 미얀마에서는 신뿌 의식을 거쳐야 비로소 하나의 사회인으로 대우를 받는다. 신뿌 의식은 10살 전후 소년이 치르는 것으로, 싯다르타 태자가 왕위를 버리고 깨달음을 얻기 위해 출가하는 모습을 재연하는 것이다. 이 의식은 가장 화려한 의상과 화장을 하고 스님의 주도로 거행된다. 행렬을 마치고 나면 장식했던 모든 의관을 수행복으로 갈아입고, 삭발 후 출가하여 단기출가 스님으로서 수행하게 된다.

미얀마의 독특한 단기출가는 최소 3~4일에서 몇 달간 본인이 원하는 만큼 할 수 있다. 이 의식을 치러야 비로소 하나의 완전한 인간으로 탄생하는 것으로 여기며, 성인식을 대체하는 의미도 있다. 소녀는 신뿌 의식 대신 귀에 귀걸이 구멍을 뚫어서 성인식을 대체하는 나뜨윈(nathwin)이 있다.

미얀마(더 일반적으로 말해 테라바다 불교)에서 부처는 기독교에서 말하는 'God'이 아니다. 부처에 대한 헌신은 학생이 교사에 대한 존경심과 더 닮았다. 부처에 대한 경외심은 '사성제(Four Noble Truths)'[34]로 알려진 그의 핵심 가르침(달마)과 직결되는데, 이는 모든 존재를 뒷받침하는 것이 고통이며 '팔고(八苦, Eightfold Path)'[35]를 실천함으로써 해탈에 이를 수 있다는 뜻이다.

4) 사회

■ 버마인

미얀마의 문화적 주류는 버마족 대다수의 전통과 깊은 관련이 있고 또 불교의 가르침에 영향을 받았다. 이러한 행동과 국가 정체성의 기준을 흔히 'bama hsan-jin'이라고 하는데, 이는 'Burmeseness[버마인다움]'로 번역된다. 버마어(Bama Batha)와 상좌부 불교에 대한 지식을 중심으로 한 문화적 원리를 기술하고 있다. 이와 같이, 이 지배적인 문화를 설명하는 일반론은 소수 민족과 종교에 속하고 소수 민족 언어를 사용하는 많은 사람들과는 무관할 수도 있다. 그러나 버마인다움의 일부 가치는 전국 대부분에서 볼 수 있다. 예를 들어, 대다수 버마인들은 노인을 깊이 존경하고, 옷을 겸손하게 입고, 이성에게 신중하게 행동한다. 그러니까 소소하고 간접적인 행동이 버마인의 특징인 셈이다.

---

34) 사성제의 첫째는 태어나는 것, 늙는 것, 병드는 것, 죽는 것, 싫어하는 사람과 만나는 것, 좋아하는 사람과 헤어지는 것, 바라는 것을 얻지 못하는 것 등을 포함하여, 존재한다는 것은 괴로움이라는 고성제(苦聖諦)이다. 따라서 삶은 그 자체로 희노애락의 모든 요소가 괴로움에 속한다. 이를 표현한 말이 '생즉고'이다.

35) 중생이 겪는 여덟 가지 괴로움.

1. 생고(生苦). 세상에 태어거나, 존재를 시작하여야 하는 데서 오는 괴로움.
2. 노고(老苦). 세월에 따라 늙거나 낡게 되는데서 오는 괴로움.
3. 병고(病苦). 병들거나 고장나는 데서 오는 괴로움.
4. 사고(死苦). 죽어 사라지는 괴로움.
5. 애별리고(愛別離苦). 사랑하고 애욕하는 것과 헤어져야 하는 괴로움.
6. 원증회고(怨憎會苦). 미워하고 싫어하는 것과 함께 해야 하는 괴로움.
7. 구부득고(求不得苦). 탐하여 구하여도 원하는 만큼 얻지 못하데서 오는 괴로움.
8. 오음성고(五陰盛苦). 색(色)·수(受)·상(想)·행(行)·식(識)의 오음(五陰)에 집착하여 생기는 괴로움.

■ 겸손과 체면

일반적으로 미얀마인들은 겸손하고 침착한 태도를 유지하는 경향이 있다. 이는 일부는 체면 개념 때문이다. 체면은 사람의 명성, 존엄, 명예를 나타낸다. 사람을 칭찬하거나, 존경심을 보이거나, 자존감을 높이기 위해 무언가를 함으로써 그들의 체면을 세워준다. 마찬가지로, 사람들은 비판받거나 사회적으로 부적절하다고 생각되는 방식으로 행동함으로써 체면을 잃을 수 있다. 따라서 버마인들은 일반적으로 간접적으로 의사소통하고 겸손한 태도를 유지하여 자신의 자존감과 동료애를 보호한다. 이를테면 사람들은 분노, 이기심 같은 과도한 부정적인 감정 표현을 피한다.

미얀마에서 체면을 잃는 가장 대표적인 방법 중 하나는 후배(예 : 아이나 부하직원)로부터 모함이나 비판을 받거나 동의를 받지 못하는 것이다. 그런 행동은 존경심이 부족함을 보여주는 것으로, 이는 그 사람이 무례하게 굴어서 당황스럽기도 하고, 화자가 무례하기 때문이기도 하다. 그러나 이런 순간에 느끼는 수치심은 그리 오래가지 못한다. 일시적으로 당황할 수도 있겠지만, 이런 사소한 경솔함은 다른 나라에서도 그렇듯이 한 사람의 명성을 영구히 손상시키는 경우는 드물다.

■ 민감한 상호작용

미얀마에서는 타인의 감정 배려가 필수적이다. 버마인들은 매우 공감적인 사람들이며, 모든 것에 개인적으로 접근하는 경향이 있다. 예컨대 비판을 가슴에 담아 놓기도 한다. 이러한 감정이입은 버마인들이 개인적인 상황에 대한 객관적인 분석을 거의 추구하지 않는다는 것을 의미한다. 보통 상담사의 조언보다는 노인 가족이나 수도승의 조언을 더 선호한다. 게다가 사람들은 어려운 상황에서 경험적으로 반응하기도 한다. 상황에 대해 매우 냉정하고 논리적으로 누군가를 위로하는 것(예 : 사안이 일시적이라는 지적)은 무감각한 것으로 보일 수 있다.

버마인들은 그들의 행동이 다른 사람들을 불쾌하게 하거나 당황하게 하거나 불편하게 할 수 있는지에 대해 끊임없이 유념한다. 이것은 'ah-nar-de'(또는 anade) 개념,[36] 즉

36) 참고 : http : //factsanddetails.com/southeast－asia/Myanmar/sub5_5c/entry－3039.html

다른 사람의 감정에 영향을 줄 수 있는 말을 하거나 할 마음이 없다는 느낌이다. ah-nar-de는 많은 버마인들이 자기주장을 하거나 다른 사람의 일에 간섭하는 것을 꺼린다는 의미이다. 이 개념은 사회적 예절과 상호작용에 대한 기대를 뒷받침한다. 예컨대 누군가가 당신에게 지나친 호의를 베풀라고 한다면, 그 사람이 당신을 어떻게 불편하게 하는지 신경 쓰지 않거나 알지 못하기 때문에 ah-nar-de가 부족했다는 느낌이 들 것이다.

이렇게 남에게 강요하기를 꺼리는 것은 버마인들이 자신의 의견을 표명하기보다는 상대방이 듣고 싶어 한다고 생각되는 것을 따르고 말하는 경향이 있다는 뜻이다. 예를 들어, 만약 버마인에게 무엇을 먹고 싶은지 묻는다면, 그들은 여러분이 가지고 있지 않을 수도 있는 것을 요구함으로써 여러분을 당황하게 하지 않기 위해 '뭐든 괜찮아'라고 말할 수 있다. 이것은 매우 사려 깊지만, 그러한 섬세한 고려는 더 중요한 질문을 할 때 직접적이고 개방적인 대답을 얻지 못할 수도 있음을 암시하는 것이다. 이로 미루어 보면, 버마인들은 꽤 잘 적응하고 순응적인 사람들이라고 할 수 있다.

■ 사회 계층

이처럼 버마인들의 존중하고 순종하는 성격은 그들이 사회 전반에 걸쳐 권력과 지위의 차이를 상당히 받아들이는 요인이 되기도 한다. 이에는 분명 예외가 있기는 하지만(예컨대 소수민족이 소수민족의 지배에 도전했다), 그러나 사람들은 일반적으로 매일같이 사회 구성원들 간의 권력 거리를 관찰하고 윗사람에게 복종한다. 특히 나이가 더 많거나 사회적 지위가 높은 사람에게 도전하거나 논쟁하거나 대꾸하는 것은 부적절하다고 여겨진다. 연령의 사회적 위계질서에 대한 존중은 특히 강하고 중요하다. 버마인들은 언제나 연장자들에게 말을 아낀다.

또한 교육을 받은 도시 엘리트들과 그렇지 못한 시골 사람들 사이에는 상당한 사회적 격차가 있다. 부의 분명한 차별화 외에도 이 두 집단 사이에는 다른 가족 관행과 태도가 보이기도 한다. 2014년 인구조사에 따르면, 미얀마 인구의 30%가 도시지역에 거주하는 반면, 대다수(70%)는 농촌지역에 거주하고 있는 것으로 나타났다. 사람들은 다른 나라를 탐험하기 위해 도시나 지역을 벗어나 여행하는 경우가 거의 없다.

앞서 언급했듯이, 일반적으로 종교뿐 아니라 고향과 민족에 대한 소속감과 충성심도 강하다. 그러나 수년간의 정치적 불안정과 필요성으로 인해 개인과 가족을 집단보다 우선시했다. 사회 태도는 일반적으로 개인주의적인데, 특히 도시 지역에서는 더욱 그러하다. 예를 들면, 카렌족 사람들은 전통적으로 화합, 합의, 협력에 초점을 맞추고 있어서 집단주의적 공동체 구조를 계속 유지할 가능성이 훨씬 강하다. 그럼에도 불구하고 버마인들은 남아시아 지역에서는 더 개인주의적인 사회에 속한다고 할 수 있다.

■ 민족 관계

미얀마는 다민족적인 관용과 교류의 역사가 있다. 그러나 식민주의 시대가 인종적 차이를 강조하는 바람에 버마인 다수와 토착 소수민족 간의 긴장을 초래하였다. 영국인들은 읽고 쓰는 능력을 갖춘 불교 버마인 다수를 고산지대의 문맹율이 높은 소수민족과 구별하여 기본적으로 '분할 통치' 정책을 폈다.

이 나라의 정신은 상좌부 불교와 직결된다. 한편 소수 종교는 외세의 침략으로 간주되어 왔다. 소수 언어의 사용은 여전히 금지되고 있다. 이러한 민족주의는 고산지대의 소수민족들을 소외시켰다(예 : 카렌족, 카렌니족, 몬족, 샨족). 이는 민족적-종교적 반목으로 이어졌고, 궁극적으로 일부 소수 집단은 버마 민족주의에 대항하여 무장 반군으로 동원되는 결과를 가져왔다. 이 집단들 중 일부는 오늘날에도 여전히 활동 중이며, 여타 집단들은 해체되었다. 최근 일부 반군 단체들은 휴전에 합의했지만 긴장감은 여전하다.

일상사에서 다른 민족들끼리는 서로를 존중하고 예의 바르게 대한다. 많은 다양한 인종과 종교가 대도시 지역에서는 조화롭게 공생하는 경우가 많다. 버마인들은 일반적으로 평화를 추구하고 수동적인 사람들이다. 그럼에도 불구하고 수년간의 갈등으로 발생한 풀리지 않은 원한과 불신은 여전히 적지 않다.

■ 정치 상황

미얀마는 민족적인 긴장 외에도 정치적 자유를 얻기 위해 노력해왔다. 1962년 군부가 정치권을 장악해 민주주의를 위태롭게 했다. 군사 정권은 민주적인 선거를 탄압하고,

반체제 인사들을 감금하고, 강제 노동을 하고, 외국의 원조를 압수했다. 소수 민족과 민주화 운동가들은 그 통치하에서 숱한 인권 유린을 겪었다. 투쟁의 상당부분(버마군과 소수 반군 간 전투)이 민족 노선을 따라 일어났지만, 버마 일반 대중 대부분은 민족을 불문하고 군사 정부의 잔혹성에 반대하는 입장에서 어느 정도 통일성을 보였다.

민주주의와 개혁을 위한 미얀마의 많은 투쟁적인 부분들이 민주주의의 거물인 아웅산 수치 여사의 행동으로 상징되어 왔다. 2010년 그녀는 가택 연금에서 풀려났고 새 민간 정부가 군정을 대체했다. 2016년 가까운 동맹인 틴 쿄우(Htin Kyaw)가 민주적으로 선출된 초대 대통령이 되었다. 많은 정치범들이 석방되었고, 언론의 자유, 이동의 자유, 언론의 자유가 모두 향상되었다. 그러나 군부는 그들이 못마땅해 하는 어떤 입법도 저지할 수 있는 헌법상의 권한을 여전히 가지고 있다.

각 주(州) 간의 폭력의 전반적인 개선에도 불구하고, 라킨 주의 소수민족은 최근 몇 년간 심각한 학대를 받아왔다. 로힝야족으로 알려진 이 무슬림 소수민족은 세계에서 가장 박해받는 소수민족으로 불려왔다. 이들은 군대와 급진적인 불교 지도자들의 표적이 되었고, 미얀마 시민권을 주장할 수 없는데, 이는 차별금지법이 적용되지 않는다는 뜻이기도 하다. 국제기구(UN 포함)는 현재 치안 군에 의해 인종청소가 자행되고 있다는 광범위한 주장을 펴왔다. 그러나 정부는 이를 줄곧 부인해 왔다. 버마 대중으로부터 그들의 민족적, 종교적 정체성에 대한 공공연한 적대감을 마주하기는 어렵지 않다.

■ 영성, 스토이즘, 인내심

버마인들은 일반적으로 매우 인내심이 강하고 어려운 환경에서도 냉정하다. 사람들은 'Shi-par-say-taw'('Let it be')라고 말하면서 문제에 대한 반응을 자제하는 것이 일반적이다. 이러한 느긋한 태도는 어느 정도 이 나라의 영적인 문화에서 비롯한 것이다. 실제로 상좌부 불교의 가르침은 복수를 악으로 여기고 관대하도록 장려한다.

종교의 근본적인 중요성은 버마인들의 운명적인 태도에 영향을 미쳤다고 할 수 있다. 예를 들어 문제의 원인은 영적인 작업의 결과라고 가정할 수 있으며, 불행은 개인의 행동에 기인하는 경우가 많다. 예컨대 불교신자들은 흔히 사고를 나쁜 업보에서 오는 것으로 인식한다. 따라서 이러한 문제의 해명은 마치 어느 정도 고통을 감내할 가치가 있는 것처럼 느끼게 할 수 있기 때문에 사람들은 어려운 상황에서도 상당히 엄격하고 관대하다고 알려져 있다.

이처럼 느긋하고 참을성 있는 태도는 미얀마에서의 시간적인 접근에도 일부 영향을 미쳤다. 사람들은 일반적으로 서두르지 않고 좀 더 여유 있게 사업을 수행하는 경향이 있다. 그러한 시간의 자유에 따라 버마인들은 종종 도움을 주거나 상호작용에 더 많은 시간과 노력을 기울이려고 멈추기도 한다. 하지만 이것은 외국인들이게는 기대 이상으로 오래 기다려야 한다는 뜻이기도 하다. 이 점에서 외국인은 관대해질 필요가 있다. 'Thee Khan'(인내심)은 미얀마의 핵심 가치로, 사람들은 일반적으로 혼란스럽거나 압박 받는 상황을 좋아하지 않는다.

■ 가족

미얀마의 삶에서 가족은 매우 중요하다. 그러나 '가족'이라는 버마 개념은 핵가족을 훌쩍 넘어선다는 인식이 중요하다. 일례로 버마 문화에는 'cousin'이라는 것이 없다. 사촌은 형제자매를 일컫는 것이다. 남자와 여자는 관계와는 무관하게 보통 'uncle'과 'aunty'로 불린다.

그러니까 버마 가정은 매우 친밀하다. 미얀마에서 가정은 집단적인 평판이나 이미지를 가진 것으로 인식된다. 이와 같이 개인의 행위는 타인에 의해 가족 전체의 인식에 영향을 미칠 수 있어서 개인의 이익보다 가족의 이익이 우선한다. 한 사람의 행동은 미얀마에서는 흔히 그의 양육과 직결시키기도 한다. 그래서 나온 말이 'bad language from bad mother, bad body-language from bad father'이다. 이처럼 사람들은 가족과 부모의 평판에 먹칠하지 않도록 조심한다.

■ 성별 역할

버마 여성들은 일반적으로 이웃한 전통문화에 비해 높은 사회적, 경제적 위상을 누려왔다. 남편과 아내 사이에 평등의식이 장려되고, 이혼하는 경우 여성들은 교육, 상속권, 재산권에서 동등한 접근을 해왔다. 그러나 소수 민족들 간에는 약간의 변화가 있다. 예컨대 관례상 서부(친 주)에 주로 거주하는 친족 여성은 가산을 상속받을 수 없다.

여성들은 대다수 분야에서 동등한 권리를 누리기는 하지만 일반적으로 어떤 하루 일과 외에도 남성들을 위해 집안일도 해야 한다. 돈벌이도 해야 하고 청소부, 요리사, 아이 부양자의 역할도 해야 한다는 뜻이다.

불교의 관행도 사회에서 여성의 종속적인 지위를 강화한다. 불교의 가르침에 따라 여성은 수도원에 입소하거나 수도승이 될 수 없다. 이것은 불교에서 남성들에게 더 많은 영적 잠재력, 즉 지위를 위임한다는 'hpon'이라는 개념으로 귀결된다. 'hpon'은 직역하면 '권력'인데, 사회의 다양한 민족적, 사회경제적, 성별 차이를 설명하려는 복잡한 의미가 있다. 남성만이 'hpon'을 가지고 있다는 생각이다. 예컨대 스님을 뜻하는 버마어 'hongyi'는 남성만이 스님이 되기에 필요한 자질을 타고났다는 견해를 뒷받침한다.

2.2. 역사적 배경

1) 고대 및 왕조 시대

- BC 3세기. 수완나부미(Suvannabhumi) 왕국 건국
- BC 480년경. 몬족이 미얀마에 진출해 최초 왕국인 수완나 부미('황금의 땅')를 건국한다.
- AD 849. 바간(Bagan) 왕국 탄생. 미얀마 중부에서 성장해온 바간왕국이 아노야타(Anawratha) 왕의 즉위(1044년)와 몬족 정벌을 계기로 미얀마 최초의 통일제국으로 발돋움하고, 상좌부 불교를 통해 미얀마 불교의 기틀을 완성한다. 원 세조 쿠빌라이가 파견한 몽골군에 타격을 입고 내분이 겹쳐 1297년 멸망한다.
- 14~16세기. 여러 국가들의 병존시대. 바간왕국 멸망 후 200여 년간 샨족·버마족·몬족 등 여러 민족들의 국가가 병존하면서 패권쟁탈을 위한 각축전을 벌인다.
- 1510년. 따웅 우(Taung Oo) 왕국. 인와(Innwa) 왕국에 종속되어 있던 따웅우 왕국의 밍기뇨(MingyiNyo) 공이 1510년 독립한다. 1531년 왕위를 계승한 따빈쉐티(Tabinshwehti) 왕 치하에서 따웅우 왕국의 판도가 크게 확대되지만, 1752년 프랑스의 부력지원을 받은 본족에게 패망한다.
- 1752년. 꼰바웅(Konbaung) 왕국. 알라웅파야(Alaungpaya) 왕이 다시 몬족을 격퇴하

고, 버마 역사상 최대 영역을 지배한 꼰바웅 왕국을 건국한다.

2) 영국·일본 식민 시대

- 1886년. 꼰바웅 왕국이 인도를 점령하고 있던 영국에 3차례(1차 1824~1826년, 2차 1852년, 3차 1885년) 패한 후 멸망하고, 1886년 영국령 인도에 편입된다.
- 1937년. 4월 영국의회의 버마 통치 개정법에 따라 버마가 인도에서 분리되어 직할 식민지와 자치령의 중간적 법적 지위를 획득한다.
- 제2차 세계대전. 발발 후 일본이 아웅산 등 '30인의 동지'의 버마 독립의용군 조직을 지원한 후, 1942년 3월 양곤을 점령, 1945년까지 버마를 지배한다. 일본의 항복 후, 1947년 1월 런던에서 아웅산-애틀리 합의를 타결하여 버마독립의 기반을 마련한다.
- 1947년. 2월 소수민족들과 연방국가 수립 문제 협상을 위한 연방평화회의(Panglong Conference)를 개최한다. 그러나 1947년 7월 19일 각료회의 도중 아웅산 장군이 암살됨에 따라 '30인의 동지'의 일원인 누(Nu)가 임시정부 총리에 취임한다.
- 1947년. 9월 헌법이 공표되고, 1947년 12월 영국의회에서 버마 독립 법안이 가결된다.

3) 독립과 사회주의 체제 도입

- 1948년. 1월 4일 영국에서 독립한 버마연방(Union of Burma)은 영연방에 가입하지 않고 엄정 중립주의 노선을 표방한다.
- 1962년. 3월 '30인의 동지' 일원이었던 네윈(Ne Win) 장군이 쿠데타로 집권하고, 1962년 4월 마르크스주의와 불교적 가치를 접목한 '버마식 사회주의' 방침을 발표한다.
- 1974년. 버마연방사회주의공화국으로 국명을 변경한다.

4) '랑군(Rangoon)의 봄'과 군부 재집권

- 1988년. 3월부터 9월까지 지속된 학생시위를 군부가 진압하는 과정에서 유혈사

태가 발생하였고, 이에 전국적인 반정부시위가 발발하면서 네윈은 BSPP의장직을 사임한다.

- 1988년. 9월 18일 소마웅(Saw Maung) 국방장관겸 총사령관의 친위 쿠데타로 국가법질서회복위원회(SLORC, State Law and Order Restoration Council) 중심의 군정이 출범한다. 1989년 6월, 미얀마연방(Union of Myanmar)으로 국명을 변경한다.

5) 민주화 7단계 로드맵 추진 및 USDP 민선정부 출범

- 2003년. 8월 킨는(Khin Nyunt) 총리가 민주화 7단계 로드맵을 발표하고, 2004년, 5~7월간 로드맵에 따른 국민회의 1차 회의를 개최한다(계층별·민족별 국민회의 참석자 1,000여 명은 대부분 정부가 지명). 국민회의는 2007년 7~9월 제5차 회의에서 신헌법의 기본 원칙을 채택한 후 폐회한다.
- 2008년. 5월, 13만여 명의 사망·실종 피해를 입힌 사이클론 나르기스의 여파 속에 국민투표(투표율 98.12%, 찬성률 93.82%)로 신헌법을 채택한다. 채택된 신헌법에 근거하여 2010년 10월 미얀마연방공화국(The Republic of the Union of Myanmar)으로 국명을 변경한다.
- 2011년. 3월 군정 통치기구인 SPDC[37]는 마지막 행정명령을 통해 모든 권한을 민선정부에 이양하고 공식 해체한다.

6) 평화적 정권교체와 NLD 정부 출범

- 2015년. 11월 평화적으로 실시된 총선에서 아웅산 수지가 이끄는 중도좌파정당 NLD(국민민주연맹, National League for Democracy)가 압승한다. 총선 결과에 따라 2016년 2월 신 의회가 개원되고, 2016년 3월 NLD 정부가 출범한다.

37) 국가평화발전평의회(State Peace and Development Council, SPDC). 미얀마의 군사 정권의 최고 결정 기관. 1988년 9월, 옛 버마군의 쿠데타로 국가법질서회복평의회(State Law and Order Restoration Council, SLORC)가 전권을 장악한 이후, 군사 정권이 2011년까지 미얀마를 통치했다. SLORC는 1997년 11월 SPDC로 개편됐다.

3. 에티켓 : 예절과 관습

1) 금기

■ Do's

- Bamar(또는 'Burman' [버마족])와 'Burmese[버마인]'는 같지 않다는 점을 기억하자. 전자는 다수 민족 집단의 일원이고, 후자는 시민권이나 언어를 가리킨다. 소수 민족 출신 사람들은 이 두 용어를 동일시하거나 후자만 버마인이 될 수 있다고 암시하면 매우 불쾌해 할 것이다.
- 타국에 살고 있는 많은 버마인들이 어떤 종류의 트라우마를 경험했을지도 모른다는 현실에 민감하게 반응하자. 여기에는 보안군의 학대, 가족 구성원의 사망 목격, 가족과의 강제 분리, 기본적인 물자부족으로 인한 빈곤 등도 포함된다. 정치적 반체제 인사들은 심문, 투옥, 심지어 고문까지 경험했을지도 모른다.
- 솔직함이 언제나 인정받는 것은 아님을 생각하자. 버마인들은 누군가를 잘 알지 못하면 일반적으로 꽤 신중하게 처신한다.
- 민감한 주제에 대해 토론한다면, 끝까지 버마인 상대방이 안심할 수 있도록 편안하게 해주자.
- 버마인들은 여러분이 가는 곳이 어디인지, 언제 마지막으로 식사했는지, 그리고 자주 하는 게 무엇인지 등의 질문을 스스럼없이 한다. 이것은 그들의 문화적 규범이며 사생활 침해가 아니다.
- 어깨, 가슴, 허벅지 끝까지 가리는 수수한 옷차림을 한다.

■ Do not's

- 눈에 보이는 버마인의 행동이 그들이 실제로 느끼는 바를 드러낸 것이라고 보면 안 된다. 그들은 일반적으로 많이 웃는 밝은 태도를 가지고 있어서 외국인들은 그들이 대화의 영향을 받지 않는다고 오해할 수 있다. 어떤 경우에는 외국인들은 버마인의 명랑함에 지나치게 안심할 수 있고, 실제로 상대방을 불쾌하게 하거나 상처를 주는 것들에 대해 그들이 깨닫는 것보다 더 진하게 농담하거나 비판하

거나 토론할 수 있을 만큼 충분히 편안하다는 결론에 이를 수 있다.

- 공개적으로 비판하거나 실수를 지적하지 마시라. 버마인들은 비판을 꽤 개인적으로 받아들이는 경향이 있다. 예컨대 당신을 식당에 데려갔는데 시킨 음식을 당신이 좋아하지 않아서 음식의 질을 지적한다면, 그들이 음식을 준비하지 않았음에도 불구하고 호스트로서의 요리능력을 논평하는 것으로 받아들일 수 있다. 이러한 경우 버마인은 체면을 구겼다고 여길 것이다.
- 버마인에게 정치 이야기를 강요하지 마시라. 지금은 많이 좋아졌지만 수십 년간의 검열과 박해가 침묵 문화를 만들었다. 언론의 자유는 당연한 것으로 여기지 않으며, 일부 버마인들은, 특히 미얀마에 가족이 남아 있다면 후한이 두려워서 자기 나름의 의견 표출에 적극적이지 않을 것이다.
- 영적인 제물로 바친 음식이나 음료를 먹지 마시라.
- 전적으로 필요한 것이 아니라면 불평하지 마시라. 버마인들은 수많은 어려움을 견뎌왔고 자기네 문제들에 대해 극성이다. 징징대는 것은 눈살을 찌푸리게 한다.
- 언성을 높이거나 화를 내지 마시라. 절망적인 상황일지라도 감정을 억제하지 못한다는 것은 가정교육이 잘못된 징조로서 버마인의 눈에는 체면을 잃을 가능성이 있다.
- 자기 자신에 대해 너무 많이 말하거나 자랑하지 마시라. 버마인들은 누구보다 겸손하다.

2) 청결

미얀마에서는 사회·종교적 관습의 영향으로 청결을 강조한다. 특정 행동, 물체, 신체 부위는 극히 순수하거나 불순하다고 여겨진다. 예컨대 머리는 신체의 가장 순수한 부분으로 이해되지만, 발은 가장 더러운 것으로 이해된다. 마찬가지로 대부분의 행동은 왼손이 부정한 것으로 간주되어 오른손으로 하게 된다. 이러한 순수성 개념이 사람들의 식습관과 개인적인 관행에 깊이 뿌리박혀 있어서 아래의 예절은 그들에 대한 존중의 차원에서 지킬 필요가 있다.

- 나이가 많은 사람의 머리 위를 만지지 마시라. 무례하다고 생각한다.

– 물건을 주고받을 때는 양손을 함께 사용하여 존경을 표시한다. 오른손은 그 자체로 사용 가능하지만, 왼손은 오른쪽 팔꿈치를 지지하여 양쪽이 하나 됨을 보여 주어야 한다.
– 왼손으로는 어떤 것도 주거나 받지 마시라.
– 오른손은 음식을 건네거나 먹는 용도로, 왼손은 접시를 고정시키는 용도로만 사용하시라.
– 다른 사람에게 발바닥을 보이지 마시라. 이를 피하는 자세로 앉아야 한다.
– 테이블이나 잠자는 배게 위에 발을 올려놓지 마시라.
– 다른 사람을 향해 발로 겨누거나 다리를 뻗지 마시라.
– 식사 후에 같은 수도꼭지로 손과 발을 씻지 마시라.

3) 방문

– 미얀마에는 환대와 개방의 전통과 문화가 뿌리 깊다. 호텔은 사람들이 보통 필요한 만큼 다른 지역의 친구나 친척들과 함께 지낸다는 점에서 비교적 새로운 개념이다.
– 손님으로 초대하는 것은 주최자에게는 영광스러운 일이기 때문에 무심코 접근해서는 안 된다.
– 시내를 벗어난 사람이라면 하룻밤을 묵을 수도 있다.
– 집에 들어갈 때는 신발을 벗어라.
– 손님과 담화 시 바닥에 앉을 수도 있지만, 의자가 있으면 손님에게 의자를 권한다.
– 간식, 녹차, 커피 또는 다른 다과가 나오기도 한다.
– 특별히 초대받은 손님이 아니라면 특히 미얀마의 동부 카렌 주와 이라와디 강 삼각주 경계의 구릉지대에 사는 카렌족 가정에서는 침실이나 부엌에 들어가지 마시라.
– 방문이 끝날 때 호스트에게 진심으로 감사해야 한다. '먹을 음식을 한 조각이라도 준 사람에게는 빚을 진 것이다(one owes a debt to whoever gave even a morsel of food

to eat)'는 말이 있다.

4) 식사

- 만약 카렌족과 함께 식사 초대를 받았다면, 받아들이기 전에 정중하게 제안을 한 번 거절하시라.
- 식사 시 어른이 먼저 식사 대접을 받고, 어른이 없으면 식사 대접을 하기 전에 존경('우차')의 표시로 밥 한 숟가락을 냄비에 먼저 덜어둔다.

5) 커뮤니케이션

■ 언어적 커뮤니케이션

- 간접 커뮤니케이션 : 버마인들은 간접 소통자들이다. 그들은 일반적으로 대화에서 상대방을 불쾌하지 않도록 자신의 주장을 우회적으로 알린다. 솔직함은 매우 위협적이고 무례할 수 있다. 따라서 사람들은 자신의 의견에 대해 영리하고 신중하다.
- 대답 : 일부 버마인들은 정직한 대답 대신 듣기 좋은 대답을 해줄 수도 있다. 이것은 예의로 하는 것이지만, 외국인의 관점에서는 납득이 잘 안될 수도 있다. 마찬가지로 카렌족 사람들은 긍정의 뜻을 겸손하게 들리도록 질문에 'no'라고 대답하기도 한다. 이해를 시키는 최선의 방법은 개방형 질문을 던져서 적시에 대답을 하도록 하고, 화자의 토론을 직접적으로 방해하지 않도록 적절하고 일반적으로 대응하는 것이다.
- 낮은 목소리 : 크게 말하는 것은 일반적으로 너무 거칠어서 부정적으로 해석된다. 대신, 대화의 성격과 상관없이 사람들이 조용하고 부드럽게 말하기를 기대한다. 말하자면 버마인들은 대화에 대해 신중하지 않아서 결코 큰 소리로 말하지 않는다. 예컨대 그들은 흥분하면 목소리를 높이는 경향이 있다.
- 웃음 : 버마인들은 웃거나 아니면 오히려 가볍게 피식거리며 말을 끝내기도 한다. 이것은 뭔가 재미있어서 그렇게 하는 것이 아니다. 예컨대, 매우 심각한 소식을 전할 때 이야기를 부드럽게 하거나 어색하지 않도록 그렇게 웃거나 가볍게

피식거리는 것이다.

■ 비언어적 커뮤니케이션

– 신체접촉 : 같은 성별의 가족이나 친구들 간의 피부접촉은 보통이다. 예컨대 서로 손을 맞잡거나 팔짱을 끼고 걷기도 한다. 그러나 일반적으로 이성 간의 커플이나 친구가 공공장소에서 그렇게 하는 경우는 흔하지 않다. 남녀가 서로 껴안는 일은 거의 없지만 도시 지역에서는 더 흔할 수도 있다.

– 아이컨택 : 시선 마주치기는 말하는 사람에게 주의력을 보여주는 것이다. 그러나 직접적인 눈 마주치기는 상호 작용을 부드럽게 하려면 이따금씩 하는 게 좋다. 강렬한 눈 마주치기는 상대방에게 도전적인 의도로 비칠 수 있다. 일부 민족들은 자기네와 같은 위상을 가진 민족과는 눈 마주치기를 할 수 있지만, (예컨대 친(Chin) 족 같은) 다른 민족이라면 절대 피하는 것이 좋다. 연장자/상급자로부터 지시받거나 청취하는 경우라면 존경의 표시로 상대의 눈보다 낮은 곳을 응시하라.

– 제스처 : 엄지손가락을 가운데 손가락과 집게손가락 사이에 끼우는 것은 무례한 제스처이다.

– 신체언어 : 상대방과 이야기하면서 팔짱을 끼는 것은 존경의 표시이다.

– 손짓하기 : 누군가에게 손짓하는 예의 바른 방법은 손바닥을 아래로 향하게 하여 자기 쪽으로 손짓하는 것이다. 한 손가락을 위로 웅크리는 손짓은 개를 부를 때 사용하며, 사람에게는 적개심이나 비난의 표현이다.

– 손가락질 : 검지 하나로 누군가를 가리키지 마시라.

– 미소 : 버마인들은 대화 내내 미소 짓는 경향이 있다. 행복한 표정일 수도 있지만, 미소는 어색함, 당혹감, 슬픔이나 분노 등을 감추기 위한 것일 수도 있다. 그러니 누군가의 쾌활한 태도를 여러분이 말하는 모든 것에 감정적인 영향을 받지 않는다는 표시로 받아들이면 곤란하다.

– 혀 : 일부 버마인들은 마음이 상했을 때 혀로 딸깍 소리를 내기도 한다.

3. 문화 차원 : 국가 이미지의 토대

1) 권력 거리(PDI)

PDI 차원은 각국 사람들의 사회의 불평등에 대한 태도나 수용을 나타낸 것이다. 100부터 0까지의 범위에서 0부터 50까지는 낮은 권력 거리를, 51부터 100까지는 높은 권력 거리를 뜻한다. 이는 사람들이 그 사회에서 불평등을 받아들인다는 의미이다.

미얀마의 PDI 점수는 26점으로, 불평등이 미얀마 사회에서 받아들여지지 않는다는 뜻이다. 미얀마의 지리적, 역사적 배경을 통해 우리는 미안마인들이 여전히 자신보다 나이가 많은 사람은 존경하지만 자기보다 나이가 어린 사람에게는 다른 사람들로부터 존경을 받는 것을 좋아하지 않는다는 것을 알 수 있다. 고용주에 대한 태도는 격식에 얽매이지 않는다. 미얀마인들은 일어나서 고용주의 실수를 지적할 수 있다.

그렇다면 이웃나라 태국은 어떠할까. 태국의 PDI는 64점으로 약간 높지만 여전히 많은 이웃 국가들의 평균보다 낮다. 태국인들은 불평등을 받아들인다. 정보의 흐름은 대부분 하향식, 즉 위계형이다. 직원들은 대부분 지도와 보호를 받고자 고용주에게 존경과 로열티를 지불한다. 높은 지위에 있는 사람들에 대한 태도는 꽤 격식을 갖추는 편이다.

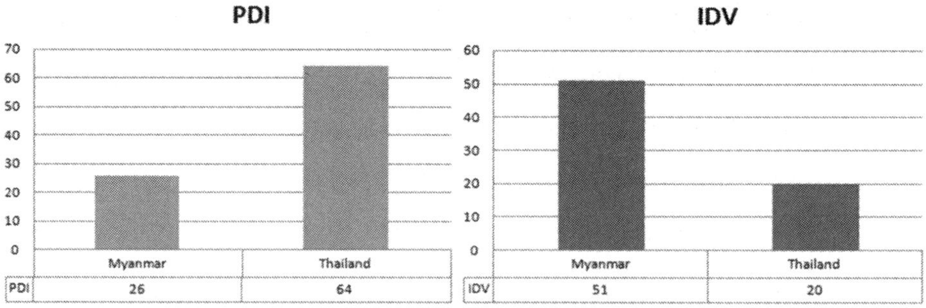

2) 개인주의/집단주의(IDV)

IDV 또는 개인주의 차원은 각국 사람들의 상호 의존성을 나타낸 것이다. 0～50 점수는 높은 집단주의, 즉 낮은 개인주의를 나타내는데, 사람들이 다른 사람들을 생각해주는 경향이 있고 집단에 속해있는 것을 선호한다는 뜻이다. 51~100 점수는 높은 개인주의, 즉 낮은 집단주의를 나타내는데, 자기 자신과 자기 가족을 먼저 생각하는 경향이 있고, 자신 외의 누구에게도 의존하지 않는다는 뜻이다.

미얀마의 IDV는 51점으로, 여전히 집단에 속해있는 것을 선호하지만 항상 집단에 의존하지는 않는다는 뜻이다(Rarick & Nickerson 2006). 예컨대 미얀마의 대학생들은 대학에서만 집단생활을 선호하지만, 혼자 외출하더라도 불편하지 않고 혼자 지낼 수 있는 공간을 여전히 확보한다. 버마인들은 꽤 독립적이지만 여전히 단체 활동을 선호하기도 하는 편이다.

그러나 이웃나라 태국의 IDV는 20점으로, 전형적인 집단주의 사회이다. 태국인들은 자기 집단과의 관계를 유지하고 다른 사람들에게 동의를 표시함으로써 자기네 집단과의 문제를 회피하는 경향이 있다. 미팅에서도 공개적으로 논의하기는 어렵다. 그리고 사적인 관계가 타인과의 관계 형성을 위해 공을 많이 들이는 사업의 성공열쇠라고 믿는다.

3) 남성성(MAS)

남성성은 남성과 여성이 동등하게 존재하는 사회를 의미한다. 사회화가 높은 사회는 남성과 여성이 평등하다는 것을 의미한다. 따라서 여성도 남성처럼 사회의 리더가 될 수 있다. 그러나 이는 일본이나 일부 이슬람 문화권에서는 받아들여질 수 없다. 이 문화권은 여성은 가정과 아이를 돌보는 주부일 뿐이라고 생각하기 때문이다. 이유야 어떻든 서로 다르기 때문에 각국의 문화에 따라 달라진다. 대다수 문화는 현재 여성을 존중한다. 여성은 남성처럼 할 수도 있고 심지어 더 잘 할 수도 있기 때문이다. 게다가 여성은 정치인이나 총리와 같은 중요한 역할을 수행하기도 한다.

호프스테드의 웹사이트에 따르면, 태국의 남성성이 높다는 것은 태국인들은 남성이 여성보다 거의 모든 활동을 주도해야 한다고 믿기 때문에 여성과 남성의 평등은 여전히 다르다는 것을 뜻한다. 예컨대 남성은 가정에서 리더가 되어야 하고 직장에서도 남성이 대부분의 결정을 내려야 한다. 오늘날 태국의 여성들은 사업, 교육, 직업 같은 모든 분야에서 중요한 역할을 하고 있다. 여성이 사회의 일부분을 차지하고는 있지만, 누구나 이런 현실을 받아들이고 있다고는 말할 수 없다. 태국의 여성성은 남성성보다 낮다. 이는 남성과 여성이 서로 그다지 완벽하지 않다는 것을 의미한다. 업무 경쟁과 관련하면, 서로 완벽하지 않기 때문에 여성성이 낮다고 볼 수 있다.

태국의 남성성에 비교되는 또 다른 나라가 미얀마이다. 미얀마의 남성성은 이웃나라에 비해 전혀 높지 않다. 이것은 미얀마에서 여성과 남성의 평등이 다르지 않다는 의미이기도 하다. 둘 다 서로의 평등을 존중한다. 이는 또한 미얀마 사회에서 여성을 받아들이고 사회로부터 여성을 고립시키지 않고 있음을 말해 주는 것이다. 게다가 직장에서 여성은 최종 해결책을 결정할 수 있고, 남성은 논쟁이나 갈등 없이 여성의 생각을 들어준다. 때로는 여성이 다른 사람의 업무수행을 통제하는 비즈니스의 리더가 될 수도 있다. 게다가 미얀마는 지난 10년 동안 자국 내에서 훨씬 더 많은 발전을 이루었다. 이러한 발전의 이유 중 하나는 버마인들이 두 성별 간의 의사소통에 대해 더 개방적이기 때문에 남성성과 무관하지 않다는 것이다. 남성은 결정을 잘하지만 여성은 남성보다 더 신중해서 업무 결과를 더 잘 이끌어내기 때문에 국가의 이익에 영향을 미친다. 이는 오늘날 미얀마의 여성들이 미얀마 사회에서 평등에 대한 생각을 갖게 하는 사회에서 중요한 역할을 하고 있음을 보여주는 것이다. 게다가 여성이 남성을 이끌도록 받아들이는 사회이기 때문에 남성과 여성 간의 경쟁이 그렇게 심하지 않다.

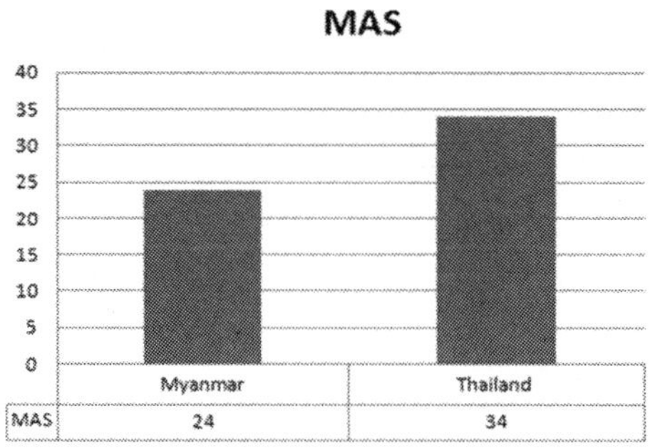

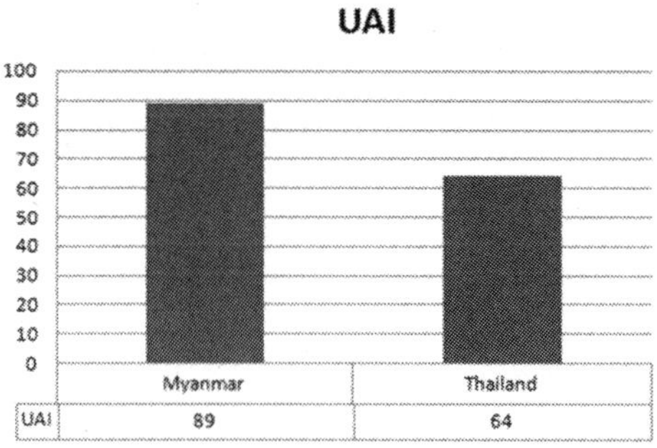

4) 불확실성 회피(UAI)

UAI 전략은 사회가 미래는 결코 불투명하므로 비즈니스에서 미래가 안전하다고 느끼도록 어떠한 위험이라도 피하려는 방식이다. 예컨대, 어떤 나라에서는 특정 활동이나 스포츠를 좋아하기 전에는 결코 하지 않았던 일을 하거나 하지 않을 용기가 없어서 그것을 하는 것이 안전하지 않다고 여길 수도 있다. 그래서 그 나라 사람들이 그것이 어떤 것인지 알지 못한다면 하지 않겠다고 거절하는 이유이다. 반면에 어떤 사회에서는 새로운 경험을 위해 새로운 것에 도전하길 좋아한다.

태국의 불확실성 회피(64점)는 태국인들이 이전에 시도하지 않았던 새로운 일을 해서 위험을 감수하고 싶지 않기 때문에 새로운 것을 시도하지 않을 가능성이 높다는 것을 의미한다. 왜냐하면 그들은 그것에 익숙하지도 않고 미래에 자기가 한 일을 안전하다고 느끼지 않기 때문에 나중에 문제를 겪지 않으려고 그것을 회피하려 하기 때문이다. 게다가 높은 불확실성 회피로 인해 태국 사회는 변화를 받아들일 준비가 되어 있지 않아서 불리한 위험을 감수하는 것이다. 또한 태국인들은 업무수행보다 관리자의 리더십과 부하직원의 관계에 더 중점을 둔다는 또 다른 의미도 제시할 수 있다.

미얀마의 불확실성 회피(UAI)는 매우 높아서(89점), 대다수 사람들이 사업이나 활동과 같은 새로운 것에 익숙하지 않다는 것을 의미한다. 그들은 새로운 것을 시도하는 것은 위험하고 미래에 그들에게 영향을 미칠 수 있다고 믿는다. 예컨대, 버마인이 유럽인과 친구가 되어 유럽인들이 버마인을 스키에 초대한다면, 버마인은 스키를 타본 적이 없어서 그 초대를 거절할 수도 있다. 왜냐하면 그들은 스키를 타는 것이 안전하지 않다고 느끼고 스키를 타는 것이 너무 위험할 것이라고 생각하기 때문이다. 또한 미얀마의 경우, 근무 실적보다 관리자와 부하직원의 관계에 더 중점을 둘 것이다. 직장에서의 관계는 매우 가깝고 경쟁도 덜할 것이다.

5) 장기 지향성(LTO)

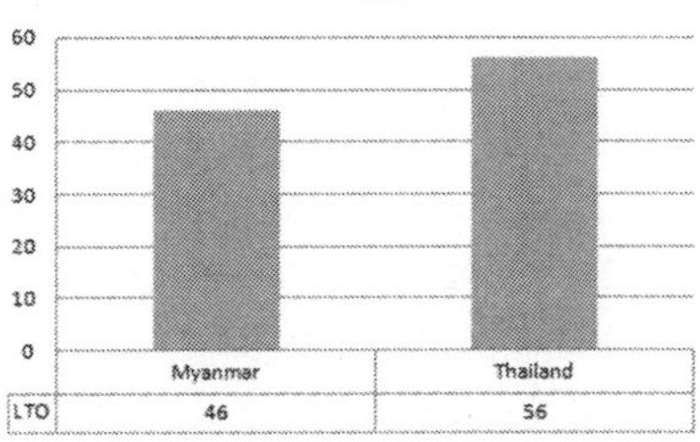

실제로 호프스테드의 초기 문화 차원 이론은 PDI, IDV, MAS, UAI 등 4가지 속성만 다루었다. 이후 그는 동서양 사람들의 방식이 뭔가 다르다는 것을 발견했다. 대부분의 동양 국가들은 공자의 가르침에 영향을 받았기 때문이다. 이에 근거하여 확립한 차원이 장기 및 단기 지향성(LTO)이다.

미얀마는 LTO에서 46점을 얻었다. 따라서 버마인들은 낯선 사람이나 동료와 함께 일할 때 적당히 친하게 지낸다. 이는 과거의 여러 정치상황에서 비롯된 것일 수도 있다. 당시 군사정권은 준타 행정체제[38]를 이용하여 국내의 많은 갈등과 불신을 초래하고 있다. 게다가 체면 유지는 버마인들에게도 중요하다. 또한 미얀마는 높은 수준의 개인주의 성향을 보이는데, 이는 사람들이 단기 지향성이 강한 성향으로 인해 생활에서도 더 많은 창의성을 갖게 되는 요인이라는 의미이다. 따라서 이는 장기 지향성에 영향을 미칠 수 있다.

이웃나라 태국은 LTO에서 56점을 받았다. 이에 따라 태국인들의 삶의 구심점은 가족이라고 해석할 수 있다. 태국은 공자의 가르침에도 영향을 받은 나라 중 하나인데, 이로 인해 태국인들은 일하면서 윤리 문제도 진지하게 생각한다. 그래서 부모가 자녀보다 더 많은 권한을 가지고 있는 점에서 태국인들은 교육과 훈련을 우선시한다고 볼 수 있다.

38) 준타(Junta)는 국가평화개발위원회(SPDC)라는 정식 명칭을 가진 미얀마의 군사기구인데, 1988년 미얀마 군부가 대학생들이 주도한 민주화 시위를 무력 진압한 직후 만들어졌다. 국가 안보를 명분으로 헌법 기능을 정지시키고 입법, 사법, 행정 업무를 관장하게 된 준타는 1990년 아웅산 수치 여사의 승리로 끝난 총선을 무효화하면서 미얀마를 통치하는 명실상부한 기구로 자리 잡았다. 그러나 독재정부가 비밀을 유지한 탓에 준타의 구체적인 기능과 활동은 기의 알려져 있지 않다. 다만 준타에는 12명의 현역 군 장성이 위원으로 참여하고 있고 탄 쉐(73) 위원장, 마웅 예(60) 부위원장, 소 윈(58) 장군 등 삼인방이 의사 결정을 주도하는 것으로 알려졌다.

06
필리핀

국명	필리핀공화국
수도	마닐라
면적	300,000 km^2
인구	102,672,300명 (2016)
언어	필리핀어, 영어, 공인 지역어 19개, 보호언어 : 스페인어, 아랍어
민족	비사야 33.7%, 타갈로그 24.4%, 일로카노 8.4%, 비콜 6.8%, 기타 26.2%
독립	스페인 : 1898년 6월 12일, 미국 : 1946년 7월 4일
종교	가톨릭 90%, 이슬람교 6%
화폐	필리핀 페소
도메인	.ph

1. 공항 : 나라의 관문

필리핀은 인구도 많고(1억 명), 민족과 문화도 다양하다. 크게 루손 섬, 비사야스 제도, 민다나오 섬의 세 지역으로 나뉘지만, 자세히 들여다보면, 7,641개의 크고 작은 섬으로 이루어진 섬나라다. 물론 대부분은 무인도이지만 약 880개는 유인도이다.

유인도가 많다보니 교통수단도 육상, 해운, 항공 등 다양하다. 서민들에게는 해운이 지극히 중요한 역할을 한다. 선박의 항행으로 국토가 이어지고 통일되기 때문이다. 육상 교통은 루손 섬, 파나이 섬에 부설된 철도와 차도가 대표적이다. 대중교통에는 지프니, 버스, UV 익스프레스, 택시, 트라이시클(삼륜차) 등이 있다. 트라이시클은 과거 할리데이비슨 경찰 패트롤처럼, 오토바이 측면에 사람이 탈 수 있도록 따로 칸을 달아놓은 것이다.

최근에 부상한 교통수단이 항공교통이다. 국적 항공사인 필리핀항공(PR)이 스카이트랙스(Skytrax) 월드 에어라인 어워즈에서 '2019 가장 향상된 항공사 상(World's Most Improved Airlines)을 받을 만큼 항공운송업도 비약적인 발전을 했다. 필리핀항공은 우리나라에서 인천~마닐라 노선 매일 2회, 인천~클라크필드 매일 1회, 인천~세부 매일 1회, 인천~칼리보 매일 1회, 김해~마닐라 매일 1회 등의 노선을 운항하고 있다. 2018년 2월에 스카이트랙스 4성급 항공사(4 Star Airline)로 선정된 바 있다. 필리핀항공의 모든 노선에는 한국인 승무원이 탑승한다.

필리핀에는 국제선용 국제공항(International airport)과 국내선용 공항(Principal airport), 그리고 개인, 기업, 정부의 항공기 운영용 커뮤니티공항(Community airport)이 있다. 2020년 현재 85개의 공항이 있는데, 그 중 12개는 국제공항, 32개는 국내공항이다.

이용객이 가장 많은 공항은 이 나라의 관문역할을 하는 마닐라공항이다. 니노이 아키노 국제공항이 정식명칭이다. 그밖에도 세부, 다바오, 앙헬레스, 일로일로, 칼리보 등의 국제공항도 세계적인 여행지여서 이용객도 상당하다.

■ 니노이 아키노 국제공항(The Ninoy Aquino International Airport)

– IATA : MNL ICOA : RPLL

필리핀의 수도 마닐라 남쪽 약 7km 지점에 있는 국제공항이다. 공항의 이름은 필리핀의 정치가 베니그노 아키노 2세의 이름을 땄다. 본래는 평범하게 도시 이름을 딴 마닐라 국제공항이었는데, 1983년 필리핀의 민주화 운동 지도자였던 베니그노 아키노 2세가 미국 망명 생활을 끝내고 필리핀으로 귀국하여 이 공항에서 비행기에 내리는 순간 암살당하게 되어 이 공항이 유명해지면서 아예 공항 이름을 바꾸었다.

필리핀의 관문공항이지만 공항의 시설과 편의성 그리고 서비스는 좋지 않다. 일단 국제선 터미널 1과 2도 리뉴얼을 했고 터미널 3도 최신식이기는 하지만 인천공항과는 비교가 되지 않는다. 게다가 터미널 3은 사실상 저비용항공사 세부퍼시픽 항공이 독점적으로 사용하고 있다. 터미널 4는 국내선 전용이다.

국내 항공편 외에 아시아 지역의 다양한 목적지로 가는 항공노선이 있다. 한국은 대한항공, 아시아나항공, 제주항공, 에어부산이 운항노선을 가지고 있다. 아프리카, 유럽, 북미 그리고 중동과도 여러 개의 연결망이 있다. 독일어권인 D–A–CH(독일–오스트리아–스위스) 국가에는 2020년 현재 운항노선이 없다.

1) 역사

마닐라 최초의 공항은 1937년 7월에 마카티(Makati)에서 처음 문을 열었다. 필리핀이 미국으로부터 독립한지 2년 후인 1948년에 현재의 위치로 이전하였다. 이전에 미군기지로 사용되었던 이 비행장은 장비를 별로 갖추지 않은 상태에서 민간 항공편으로 전환되었다. 최초의 국제 항공편 활주로는 1953년에, 관제탑은 1961년에 건설되었다. 이

공항이 마닐라 국제공항(MIA)이었는데, 이후 몇 년 동안 필리핀의 주요 공항으로 확장되었다.

1987년 8월 17일부터 이 공항은 필리핀 정치가 베니그노 아키노(Benigno Aquino)의 이름을 따서 니노이 아키노 국제공항으로 불리고 있다. 현재의 터미널 1은 1981년에 개장했다. 항공 교통량과 승객 수가 증가함에 따라 공항 확장의 일환으로 터미널 2가 1995년부터 1998년까지 추가 건설되어 1999년 초에 개장했다. 2000년 초에 터미널 3을 건설하기 시작했지만, 기술 및 보안 관련 문제로 2008년에야 개장할 수 있었다. 또 다른 확장은 공항이 도심에 위치한 관계로 불가한 것으로 보인다. 따라서 장기적인 관점에서 마닐라 북쪽 약 75km(도심에서는 98km) 떨어진 클라크 국제공항(Clark International Airport)[39]을 필리핀의 주요 국제공항으로 확장하여 니노이 아키노 국제공항을 대체할 계획으로 있지만, 문제가 없는 것은 아니다. 2019년 7월 필리핀 정부는 2025년 완공 예정으로 매년 1~2억 명의 승객을 처리할 수 있는 신 공항 건설을 위해 마닐라 북부의 불라칸 주(Bulacan)에 신규허가를 받아놓은 상태다.

2) 활주로

방향	길이		표면
	m	ft	
06/24	3,737	12,261	아스팔트
13/31	2,258	7,408	아스팔트

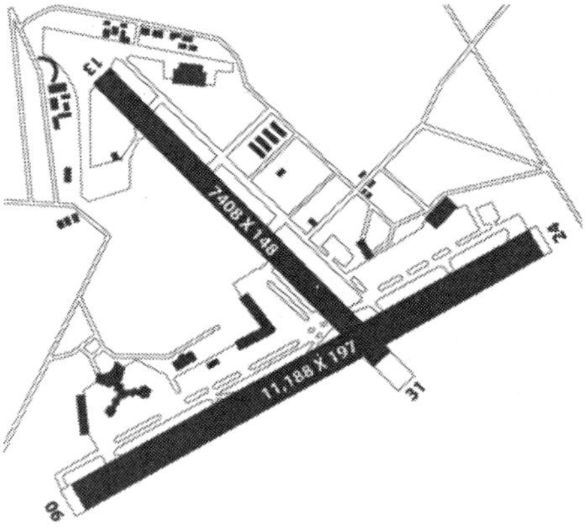

3) 터미널

■ 터미널 1

외항사 전용이라서 사실상 국제선 전용이다. 대부분의 외항사들은 이 터미널을 이용한다. 대한항공, 아시아나항공, 제주항공도 이 터미널을 이용한다.

39) 공항 이름인 '클라크'는 제1차 세계대전 무렵 이곳에서 활약했던 미군인 해럴드 클라크에서 유래한 것이다. 대한항공, 아시아나항공, 제주항공, 진에어, 플라이강원이 이 공항을 운항한다.

옛 국제 터미널 1은 규모가 67,000m²로 1981년에 문을 열었다. 처음에는 연간 450만 명의 승객처리를 계획하였다. 1991년에 이미 이 처리용량을 넘어서자 600만 명을 처리할 수 있도록 확장하였다.

터미널 1은 16개의 탑승구와 78개의 체크인 카운터를 갖추고 있다.

■ 터미널 2

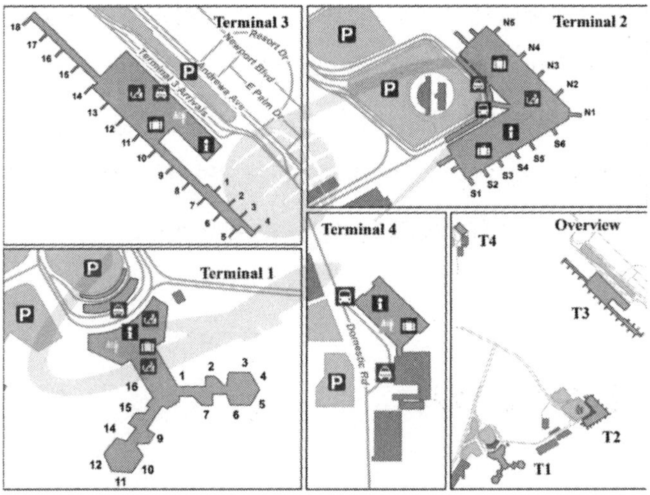

규모는 75.000m²이며, 필리핀항공의 전용 터미널이다. 해당 항공사의 국제선과 국내선이 함께 운항한다.

제2터미널은 'Centennial Terminal'이라고도 한다. 필리핀의 독립 선언 100주년을 기념한, 즉 스페인 식민지 권력으로부터 필리핀 독립을 얻은 지 정확히 100년 후인 1998년에 개항한 곳이다.

연간 9백만 명의 승객을 수용할 수 있는 이 터미널은 V자 모양의 터미널의 북쪽 날개에서 국제 항공편이 처리되고 남쪽 날개에서 국내 항공편이 처리된다. 공항의 관제탑이 이 터미널 바로 앞에 있으며, 승용차 주차장으로 둘러싸여 있다.

터미널 2에는 특이하게도 면세구역은 있지만 식당은 전무하다. 샌드위치와 도너츠나 과자 등을 파는 작은 상점 외에 제대로 된 식당이 없다.

■ 터미널 3

가장 최근에 지어진 터미널이니만큼 협소한 터미널 1, 2와는 달리 최신식 시설을 자랑한다. 원래 세부퍼시픽 항공(Cebu Pacific) 전용터미널이었다. 현재도 이 터미널에서 뜨는 비행기의 대부분은 세부퍼시픽 항공 소속이다. 그밖에도 All Nippon Airlines,

Cathay Pacific, Delta Air, KLM, Emirates, PAL Express, Turkish Airlines, Singapore Airlines, United Airlines, Qantas, Qatar Airlines 등의 국제 항공편에 사용되고 있다. 140개의 체크인 데스크와 20개의 탑승구를 갖추고 있다. 연간 1,300만 명의 승객을 수용할 수 있다.

■ 터미널 4

필리핀 국내선 전용 터미널로 필리핀 저비용 항공사들이 사용하고 있다.

공항에서 가장 오래된 터미널이다. 이 터미널은 1948년 공항 초창기 시절까지 소급되는데, 1998년 터미널 1이 개통되기 전까지 공항의 유일한 터미널이었다. 이 터미널은 26개의 체크인 카운터가 있지만 항공기에 직접 접촉하는 플랫폼이 없다. 탑승 및 하기는 터미널 앞 비행장의 주기 위치에서 한다.

2. 지리와 역사

2.1. 지리적 배경

남중국해와 필리핀 해 사이에 위치하며, 7,641개의 섬으로 이루어진 군도 국가이다. 가장 큰 11개의 섬(루손, 민다나오, 사마르, 네그로스, 팔라완, 파나이, 민도로, 레이테, 세부, 보홀, 마스바테)이 전국 면적의 96%를 차지한다. 나머지 6996개의 섬이 차지하는 비중은 4%. 즉 상대적으로 훨씬 큰 여러 섬들을 중심으로 아주 작은 섬들이 뿔뿔이 흩어진 셈이다. 섬 군집은 요리, 언어, 문화에 따라 다양하다. 주요 차이점 중 하나는 종교인데, 북부의 섬들에는 일반적으로 기독교인이 절대다수이고, 남부의 섬들에는 이슬람교도가 많다.

다양한 풍경, 언어, 문화는 스페인, 중국, 미국 등 다양한 나라들이 필리핀 문화와 교류하며 끼친 영향력과 무관하지 않다. 필리핀 독립 투쟁에서는 민족 정체성과 자부심이 드러났다. 그러나 충성심은 가족과 출생지에서 가장 중요한 것으로 남아 있다.

친목, 존경, 수용과 같은 주요 가치는 문화 전반에서 발견된다. 필리핀 사람들은 기본적으로 따뜻하고 상냥한 태도를 보인다.

이 나라는 언어도 다양하다. 8개의 주요 방언과 170개 이상의 언어가 통용되고 있다. 필리핀의 공용어는 필리핀어로 타갈로그어(중부와 남부 루손의 방언)가 여타의 여러 언어의 단어들과 결합되어 있다. 예컨대 영어는 필리핀 전역에서 널리 사용되고 있으며, 일상대화에서 영어와 타갈로그어(약칭 'Taglish'라고 함)를 혼합하여 사용한다. 게다가 지역적인 위치에 따라 국어를 할 줄 모르는 경우도 있다. 자기네 지역 정체성을 유지하는 방법으로 자기네 지역 언어와 방언을 선택한다. 실제로 필리핀의 여러 지역에서 온 필리핀 사람들이 필리핀어가 아닌 영어로 대화하는 경우가 흔하다.

1) 국명

국호인 Pilipinas/Philippines은 펠리페 2세(1527~1598)로부터 나왔다. 필리핀을 처음 찾은 스페인 탐험가 루이 로페스 데 비야로보스(Ruy López de Villalobos, 1500?~1544)는 멕시코에서 출항하여 태평양을 건너 오늘날 필리핀 루손 섬에 이르렀는데, 당시 스페인 세자였던 펠리페 2세를 기려 이 지역의 이름을 펠리피나스(Felipinas)라고 붙였고, 이것이 필리핀 일대의 섬 전체를 이르는 말(Islas Filipinas)로 발전했다. 타갈로그어(필리핀어)에서는 F 발음이 없고, F는 외래어 전사에만 쓰일 뿐 타갈로그어로 완전히 편입된 단어에는 P를 쓰므로 스페인어 Filipinas를 Pilipinas로 받아들인 것이다.

2) 국기

1898년 마르셀라 아곤실로 부인이 제작한 것으로, 미·스페인 전쟁 때 홍콩에서 필리핀 독립운동을 전개하던 아기날도 장군의 애국연합이 1898년 필리핀 국기로 채택하였다.

국기에서 청색은 평화, 성실, 정의를, 적색은 애국심과 용기를, 백색은 평등과 화합을, 3개의 작은 별은 필리핀의 3대 섬(루손, 비사야 제도, 민다나오)을 상징한다. 백색 삼각형 안의 황색 태양은 자유를 뜻하며, 8갈래의 햇살 무늬는 최초로 스페인에 대항한 8

개 주(누에바 에시하, 라구나, 마닐라, 바탕가스, 불라칸, 카비테, 딸락, 팜팡가)를 상징한다.

3) 인종

필리핀은 다양한 인종(175개 민족)이 모여 사는 다인종 국가로, 약 90% 이상이 말레이계(Austronesian)에 속한다. 나머지 10%는 중국계 화교와 메스티소(미국/스페인 계 혼혈)이다. 화교는 필리핀 경제부분에서 두드러진 활동을 보이며, 메스티소는 교육수준이 높아 상류 계급을 형성하고 있다.

4) 사회

■ 국가 및 지역 정체성

필리핀의 다양성을 감안할 때 필리핀 문화의 통일 요소는 복잡한 문제이다. 오랜 독립투쟁 과정에서 민족 정체성이 나타났다. 현대 필리핀에서는 많은 필리핀 사람들이 자국의 식민지 역사를 잘 알고 있다. 예컨대 필리핀 독립의 아버지로 추앙받는 호세 리살(José Rizal, 1861~1896)은 많은 필리핀 사람들이 덕망 있는 사람의 롤 모델이다. 그가 죽은 12월 30일은 호세 리살의 날로 기념되며, 수도 마닐라의 로하스 거리(Roxas Street)에 그를 기념하여 세운 리살 공원과 그의 동상이 있다.

그러나 충성심이 그들의 친족 집단, 지방 또는 자치단체에 먼저 깃들면서 국가 정체성에 대한 의식은 취약하다. 필리핀은 집단주의 사회로, 개인은 자신을 집단의 일부로 이해하는 경향이 있다. 필리핀 사람들에게 집단의 이익은 종종 개인의 이익보다 우선한다. 필리핀 사람들은 일반적으로 그들의 집단에 대해 강한 자부심을 느끼고 그들의 가족, 마을(barangay)이나 타운(town)에 대한 이야기나 사실들을 공유함으로써 그들의 자부심을 드러낸다.

스페인, 미국과의 오랜 접촉 역사는 필리핀의 정체성에 상당한 영향을 미치고 있다. 한 예로 필리핀에서는 종종 하얀 피부와 곱슬머리와 같은 서양의 신체적 특징을 선호하는데, 이는 미국식 미(beauty)의 표준에서 받은 영향이다. 스페인에서 기독교가 도입된 이후 기독교 이데올로기가 두드러진 것도 또 다른 사례이다. 실제로 아시아 대륙의 다른 나라들과 비교하면 필리핀은 기독교 인구가 유난히 많은 나라 중 하나이다.

■ 사회적 상호작용과 '히야'

필리핀의 사회적 위계질서는 나이와 사회적 지위에 따라 결정된다. 거의 모든 필리핀 사람들은 어릴 때부터 기초가 되는 사회적 계층의 중요성에 대해 가르친다. 몸짓, 문제해결 및 의사소통 스타일은 사회적 위계구조에서 상호작용을 하는 대상과 그 대상의 상대적인 위치에 따라 다르다. 예를 들어 만약 당신보다 나이는 많지만 같은 세대 내에 있는 사람을 지칭하는 것이라면, 남성에게는 kuya를, 여성에게는 ate를 사용할 것이다(예 : 'Ate Jess'). 그렇게 하지 않으면 매우 무례하고 확립된 위계구조를 인정하지 않는 것으로 여겨진다.

Kapwa(친목 또는 화합, shared inner self)는 필리핀 사람들의 대인관계를 설명하는 핵심 가치이다. 이 용어는 일반적으로 부나 사회적 지위의 차이가 있음에도 불구하고 사람들이 함께 결속하는 공유된 정체성을 말한다. 카프와는 필리핀 사회의 집단주의적 성격과 관련이 있다. 한 사람에게 좋은 것은 집단에게도 좋을 것이고 동료와도 공유되어야 한다고 믿는다. 카프와가 없다고 낙인찍히는 것은 그 사람이 공동체에 속하지 못함을 의미하기 때문에 모욕적인 것이다.

'hiya'라는 개념은 필리핀 사람들이 다른 사람들과 어떻게 행동하고 상호작용하는지에 영향을 미치는 중요한 요인 중 하나이다. 히야는 대략 영어로 'shame' 또는 'embarrassment'로 번역하지만, 더 깊은 차원에서는 자신의 자아, 예의, 존경심을 가리킨다. 필리핀 사람들은 당면한 과제에 실패하는 것을 두려워하기 보다는 수치심에 대한 두려움으로 성공하려는 동기가 더 강할 수도 있다. 수치심을 느끼지 않기 위해 그들은 칭찬과 직접적인 비난을 피하면서 주변 사람들에게 얼굴을 내밀려고 할 수도 있다. 개인은 종종 히야를 피하고 카프와를 유지하기 위해 관대하고 친절하려고 노력한다.

■ 온정과 수용

필리핀 사람들은 보통 주변 사람들과 대화하기를 즐기는 매우 따뜻하고 친절한 사람들이다. 낯선 사람들이 가족, 친구, 외국인에게 자기네 고향, 가족, 국가에 대해 대화를 나누거나 이야기를 나누는 경우가 흔하다. 그들은 종종 가벼운 태도를 유지하면서 정감적이고 감성적으로 대화한다. 예컨대 'hugot'('to pull out')라는 단어는 누군가가 깊은 감상적인 기억이나 경험을 이끌어내며 묘사할 때 자주 사용된다. 실제로 필리핀 사람들은 종종 개인적인 것으로 여겨질 수 있는 자기네 과거에 대한 이야기를 기꺼이 공유하려고 한다.

그들의 따뜻하고 속편한(즉, 편한 마음으로 들을 수 있는) 태도 외에 삶에 대한 일반적인 접근도 주목할 만하다. 'Bahala na'(무슨 일이 있더라도)는 어떤 어려움이 있어도 신의 뜻의 일부라는 필리핀 사람들의 강한 믿음을 담아낸 표현이다. 어떤 개인이나 집단의 성공은 노력보다는 운명이나 신에게 귀속시키는 경우가 많다. 이것은 필리핀 사람들이 일반적으로 자신의 상황과 다른 사람의 상황을 받아들이는 사회 전반에 걸친 숙명주의적 태도를 나타낸 것이다. 그렇다고 필리핀 사람들이 수동적이라는 뜻은 아니다. 오히려 그들은 열심히 일하며 자신과 가족을 돕기 위해 최선을 다하는 경우가 허다하다.

■ 효도

효(Filial piety)는 필리핀 문화에서 중요한 개념이다. 가족의 집단적 면모를 유지하고 히야를 경험하지 않기 위해서는 필수적이다. 많은 필리핀 사람들은 가족 구성원 개개인이 지켜야 할 몇 가지 의무와 책임이 있다고 믿는다. 타인을 올바르게 존중하고 가족 구성원 간의 화합을 보장하기 위해서는 자신의 의무와 책임을 준수하는 것이 중요하다. 예컨대 가족 구성원들은 항상 어른에게 존경을 표해야 한다. 젊은 가족 구성원들의 의견과 자녀들의 의견은 상사에 비해 부차적인 것으로 간주된다. 게다가 집안의 고령자 돌봄은 거의 자녀나 손자들의 몫이다.

■ 가족 구조와 초국가적 가족

필리핀 가정에는 3대가 함께 사는 경우가 흔하다. 조부모는 손주들을 키우는 데 큰 역할을 한다. 확장된 가족은 비교적 가깝게 살며 큰 축하 행사가 있으면 함께 모인다. 필리핀 안에서도 일하거나 공부하기 위해 큰 도시에서 일주일을 보내고 주말에 가족의 품으로 돌아가는 경우가 흔하다.

1970년대 이후 필리핀은 해외로 노동력을 수출하고 있다. 가족의 일부가 해외에서 유급 노동에 종사하는 동안, 나머지 구성원은 고향이나 마을에 남아 있다. 이는 수많은 필리핀 가족들이 전 세계에 널리 퍼져 있음을 의미한다. 필리핀 사회는 가족 구조의 변화에 광범위하게 적응해 왔다. 일부 부모들은 남은 가족을 더 잘 부양하기 위해 아이를 고향에 남겨둔 채 해외에서 일해서 번 돈을 아이를 돌보는 부모나 형제자매에게 송금한다. 또한 아이들의 교육비를 대기 위해 필리핀으로 송금하는 이모나 삼촌을 어렵지 않게 찾을 수 있다.

■ 성별 역할

필리핀 사회는 가부장적이란 꼬리표가 붙기도 한다. 그러나 필리핀은 모계 사회에 더 가깝다. 많은 여성들이 사업과 정부 전반에서 고위직을 맡고 있기 때문에 여성의 영향력은 전국적으로 중요하다. 일반적으로 가장은 가장 나이가 많은 여성으로, 할머니(lola)인 경우가 흔하다. 가족 구성원의 수입은 함께 모아져서 여성 가장이 가족의 재정을 돌보는 구조이다.

2.2. 역사적 배경

1) 스페인 정복 이전시대(~1571)

- 약 3만 년 전, 보르네오, 수마트라 등지에서 원주민인 네그리토(Negrito)가 이주 · 정착하였다. 기원전 · 후 말레이계가 유입하기 시작한다. 산악과 섬으로 이루어진 지형적 여건에 따라 정착 과정에서 자생적으로 발생한 소규모 Barangay(Datu를 우두머리로 한 가족 중심의 부락공동체) 단위로 생활하였다. 예로부터 교역중심지였던 탓에 여러 이민족들이 오고가서 중국인이나 인도인, 아랍인, 인도네시아인, 참파인, 태국인, 베트남인, 류큐인, 일본인 등이 와서 교류했다.
- 900년, 라구나 동판 비문에 따르면, 마닐라인을 중심으로 톤도왕국이 중국 해상무역을 통해 번성했다. 그러나 통일된 중앙정부나 국가가 성립된 적은 없으며, 스페인 정복 당시 인구는 약 50만 명으로 추정된다.

- 14세기 후반, 이슬람교도의 이주로 이슬람교가 전래되기 시작하여 Sulu군도에서 민다나오 섬 일대에 정착하였다. 16세기 중반에는 루손 지역까지 진출한다. Sultan 또는 Raja에 의해 지배되는 소규모 영토국가가 성립한다. 루손은 브루나이의 영향으로 많은 도시들이 존재했다. 대도시 마닐라에는 6천 명 규모의 마을이 있었고, 남서부 해안에도 도시들이 있었다. 주요 교역물품으로 수출품은 금, 밀랍, 꿀, 소목 등이었고, 수입품은 도자기, 직물, 금속제품, 일용잡화 등이었다.

2) 스페인 식민지 시대(1571~1898)

- 1521년, 마젤란이 필리핀의 사마르 섬에 상륙한다. 이때는 지배의 시작이 아니라 도착 그 자체였다. 스페인은 1529년 필리핀의 영유를 사라고사조약을 통해 포르투갈로부터 인정을 받았지만 실제로 세부 섬에 식민지 기지를 건설한 것은 1565년이었다. 이후 스페인은 수차례에 걸친 원정 끝에 1571년 마닐라 시를 설치하고 본격적인 지배를 시작한다. 국명을 당시 스페인 국왕의 이름(Felipe)을 따서 Philippine으로 정하고 총독을 마닐라에 두고 약 327년간 지배한다. 스페인이 직접 통치하지 않고 멕시코 총독을 통해 간접 통치했다.
- 1860년, 스페인에서 내란이 발생하자 스페인에 대한 저항운동이 시작된다. 1892년 비밀결사 'Katipunan'의 무장봉기가 발발한다. 1896년부터 무장 독립운동을 전개한 Emilio Aguinaldo 장군은 1898년 5월 1일, 미국-스페인 전쟁에서 스페인이 패퇴하자 1898년 6월 12일 독립을 선언하고 초대 대통령으로 취임한다.

3) 미국 식민지 시대(1898~1946)

① 미국·스페인 강화조약

- 1898년, 12월 10일 미국·스페인 강화조약을 통해 스페인이 2천만 달러의 대가를 받고 필리핀을 미국에 이양한다.
- 1899~1901년, 독립운동가 아기날도(Emilio Aguinaldo, 1869~1964) 장군이 이끄는 무장독립운동이 계속되었으나, 1901년 3월 아기날도 장군이 체포된 이후 점차 소멸한다.

② 점진적인 자치 허용

- 1907년, 최초의 의회선거가 실시된다.
- 1916년, 양원제를 도입한다.
- 1934년, 3월 24일 미국 의회에서 통과된 필리핀 독립법(Tydings-McDuffie Act)에 따라 10년 후(1946년 7월 4일) 완전독립을 약속한다.
- 1935년, 11월 15일 마누엘 L. 케손(1878~1944) 대통령이 자치정부를 수립한다(Commonwealth of the Philippines 출범).

4) 일본 점령 시대(1942~1945) 및 독립

- 1942년, 5월 필리핀 주둔 미군이 일본군에 항복함으로써 일본의 통치 하에 들어간다.
- 1943년, 10월 14일 호세 라우렐(Jose P. Laurel, 1891~1959)의 괴뢰정부가 수립된다.
- 1944년, 10월 20일 맥아더 장군의 레이테 섬 진주로 필리핀 내 미국-일본 간 전면전이 개시된다. 마닐라의 대부분이 파괴되고 1백만 명 이상의 필리핀인이 사망한다.
- 1945년, 2월 3일 맥아더 장군이 세르히오 오스메냐(Sergio Osmeña, 1878~1961) 대통령에게 자치정부를 이양한다.
- 1946년, 7월 4일 미국으로부터 독립한다.

3. 에티켓 : 예절과 관습

1) 금기

■ Do's

- 나이와 지위에 따라 위계적 관계가 결정된다. 존경을 표하는 것은 필리핀 문화의 핵심이며 말투에서 드러나기도 한다.
- 상대 가족의 안녕에 관심을 보여라. 필리핀에서 가족은 개인의 삶에서 중요한

요소이다.

- 상대방의 교육과 영어 실력을 인정하라. 많은 필리핀 사람들은 영어를 유창하게 한다. 지나치게 단순화된 영어로 그들과 대화하는 것은 고객 응대라고 해석될 수 있으므로 피하는 것이 좋다.
- 사람들을 만날 때 웃어라. 필리핀 사람들은 그들이 할 수 있는 곳에서 따뜻함을 보여주려고 노력하며 기쁨을 주는 사람들로 잘 알려져 있다.
- 노력과 환대를 칭찬하라. 필리핀 사람들에게 환대는 상호 작용의 필수 요소이기에 자기네 회사 손님을 극진히 대접하고자 세심한 노력을 기울이는 게 일반적이다.

■ Do Not's

- 소득, 생활수준 또는 유럽에서 사적인 것이라고 볼 수 있는 것들에 대한 질문에도 민감하게 접근한다. 이런 주제들이 토론에서 항상 환영받는 것은 아니다. 하지만, 필리핀 사람들은 향후 상호작용에서 여러분을 올바로 접대하기 위해 나이, 일, 교육 수준과 관련된 질문을 드물지 않게 한다.
- 한 국가로서 필리핀을 노골적으로 비난하지 마라. 잘 받아들여지지 않을 수도 있고, 외국인의 비판은 모욕으로 해석될 수도 있다.
- 여러분보다 나이가 많은 어른이나 윗사람 앞에서 공개적으로 화를 내거나 목소리를 높이거나 소리를 지르지 마라. 대립적이거나 공격적인 행동은 어떤 것이든 여러분의 명성에 먹칠을 할 수 있다.
- 필리핀 사람이 사람들의 체형에 대해 솔직하게 말하더라도 불쾌하게 생각지 마라. 한국과는 달리, “Oh, you've put on weight” 아니면 “Do you have a boyfriend/girlfriend?” 등의 발언은 필리핀에서는 금기도 무례도 아니다. 그런 표현은 여러분에게 상처를 주거나 불쾌하게 하려는 의도를 담고 있지 않다.
- 동그란 손 모양의 OK는 필리핀에서 ‘돈’의 뜻이고, 우리에게 최고나 승인이란 뜻의 ‘엄지손가락 치켜세우기’가 ‘OK’의 뜻이다.
- 사람을 부를 때 검지로 부르지 마시라. 무례한 행동이다. 사람의 이름을 부르거

나 'Mr.', 'Mrs.' 등으로 성을 부르는 것이 좋다.

2) 인사

인사 방법은 그 사람의 나이와 관계에 따라 결정된다. 낯선 사람인 경우 남성들은 미소를 지으며 부드럽게 악수하는 것이 일반적이다. 여성들은 미소와 손 흔들기가 흔한 인사이다.

가까운 친구들과 가족들은 등을 쓰다듬으며 악수하기도 한다. 여자들이라면 서로 포옹하며 키스하기도 한다. 대개는 타갈로그어로 'kumusta kayo'(How are you?')라고 하며 인사한다. 인사하려는 사람이 당신보다 나이는 많지만 같은 세대이고 남성이라면 'kuya', 여성이라면 'ate'라고 하면 된다. 이 용어들은 영어로 직접 번역하기가 어렵다.

인사할 때 흔히 쓰는 제스처가 영어로 'bless'에 해당하는 'Mano'이다. 마노는 연장자에 대한 존경의 표시로, 연장자의 축복을 받아들이는 방법으로 사용된다. 보통 2세대 이상 나이가 많은 어른을 대상으로 한다. 예컨대 조카는 이모에게 손에 키스하듯이 마노 제스처를 한다. 즉, 자신의 이마에 공손하게 연장자(어른)의 손을 대고(대개 오른손) 'Mano po'라고 말하며 존경을 표시한다. 마노 제스처는 여전히 널리 사용되고 있지만, 일부 필리핀 사람들은 이 제스처를 'beso－beso'(볼 키스)로 대체했다.

3) 방문

가정집 여자를 'hostess'라고 부르지 마라. 필리핀에서는 모욕적인 뜻이 담겨있다. 그리고 가정집에 들어가기 전에 신발을 벗는 것이 일반적이다. 대개는 주인이 집안에서 신을 슬리퍼를 제공한다.

제공하는 음식은 모두 받아먹는 것이 좋다. 거절하면 예의에 어긋난다고 여긴다. 또한 필리핀 사람들은 손님접대를 보여주기 위해 방문객이 있을 때 자기네 집에서 가장 좋은 그릇과 식기를 사용하기도 한다. 예의에 맞게 그들의 정성에 대해 감사의 말을 하는 것이 좋다. 그렇다고 우리식으로 '예쁘다'거나 '멋있다'고 칭찬하면 문제가 발생할 수 있다. 필리핀 사람들은 상대방이 원하고 좋아하면 무엇이든 아낌없이 주고픈 호의적인 성격이 있기 때문이다.

또한 초대받은 집에서 볼일이 있거나 할 때에는 어디에 가는지, 용무가 무엇인지 말하고 가야 한다. 주인에게 아무런 말도 없이 떠나면 아주 불쾌해한다. 게다가 병문안으로 방문하는 경우라면 꽃보다는 회복을 기원하는 카드나 음식을 가져가는 것이 상례다. 필리핀에서는 생일이나 졸업 축하 아니면 프로포즈 시에만 꽃을 사용한다.

만약 식사를 하고 있는 중에 누군가가 지나간다면, 필리핀 사람들은 대개는 지나가는 사람에게 들어와서 같이 한술 뜨자고 할 것이다. 그러나 이것은 문자 그대로의 제안이 아니라 오히려 존경에서 나온 관례이다.

4) 식사

- 거의 모든 식사는 밥과 함께 나온다. 밥과 함께 식사를 하지 않으면 보통은 주식이 아니라 간식이다. 식사예절은 동양적이라기보다는 서구적이다.
- 필리핀 사람들은 대개 손 아니면 숟가락과 포크로 먹는다.
- 식탁에 앉을 때 팔에 기대는 것은 무례한 행동으로 여긴다.
- 나중에 다른 사람이 도착하거나 배가 고플 때를 대비해서 식탁에 음식을 두는 것이 일반적이다.
- 식사 시 음식을 권유 받으면 내키지 않아도 조금 맛보는 것이 예의이다. 우리처럼 식사 때 코풀기는 아주 부정적인 의미가 있지만 식사 후 트림은 음식이 아주 맛있었다는 의미가 있다. 또한 음식을 입에 넣은 채 이야기하지 않는 것이 좋다. 그리고 음식을 억지로 다 먹는 것보다 적당량 남겨두는 것이 예의인데, 접대하고 남은 음식은 이웃들과 나누어 먹거나 가축에게 공급하기 때문이다.

5) 커뮤니케이션

■ 언어적 커뮤니케이션

- 간접 커뮤니케이션 : 필리핀 사람들은 종종 체면을 잃지 않기 위해 간접 의사소통을 한다. 남의 말을 가로막는 것을 피하려는 경향이 있고, 의미를 끌어내기 위해 자세, 표현, 어조에 신경을 더 많이 쓴다. 말투는 모호한 편이고, 거친 말투로 인식되는 것을 피하기 위해 능동태보다는 수동태를 선호한다. 속뜻을 알아내기

위해 보통 여러 번 설명해달라고 한다.

- 커뮤니케이션 스타일 : 필리핀 사람들은 오만해 보이지 않도록 자신의 의견과 생각을 외교적인 어법으로 겸손하게 표현하려는 경향이 있다. 목소리 톤은 언어, 방언, 지역에 따라 많이 다르다.
- 거절하기 : 많은 필리핀 사람들은 면도 서고 또 상호작용에서 'hiya'[40]를 피하려는 이유에서, 지나치게 공손할 것이고, 밋밋하게 'no'나 부정적인 반응을 보이는 일은 거의 없을 것이다. 필리핀 사람들과 대화할 때는 주저하는 기색에 집중하시라. 그들이 하는 말을 들으며 하지 않는 말에도 세심한 주의가 필요하다.
- 존중하기 : 필리핀 사람들은 나이가 많거나 지위가 높은 사람들에게 말할 때 공손하게 말하는 경향이 있다. 구절, 문장 또는 질문의 끝에는 '포'라고 하여 위계에 대한 존경의 표시이다. 예컨대 연장자나 지위가 높은 사람과 대화할 때에는 'salamat po'('thank you po')라고 말한다. 반면에 낯선 사람이나 당신보다 어린 사람과 이야기할 때에는 'salamat sayo'라고 말한다.

■ 비언어적 커뮤니케이션

- 신체접촉 : 같은 성별의 친척이나 친구 중에 손을 잡고 걷거나 팔을 잡고 걷는 것이 일반적이다. 이것은 일반적으로 애정, 우정의 표시로 또는 수줍어서 누군가를 동행하고 싶어 하는 경우에 그렇게 한다. 필리핀 사람들은 중요한 사람들과의 상호작용에서 겸손하고 보수적인 경향이 있으며, 커플들 간의 공개적인 애정 표현(키스나 포옹 등)은 꽤 드물다.
- 개인 공간 : 필리핀 사람들은 친숙한 사람들과 소통할 때 팔 길이 정도 넓이로

40) 우리의 '체면을 잃다, 체면을 깎이다' 정도로 번역되는, 상대방을 난처하게, 부끄럽게 만드는 것을 싫어해서 만들어진 표현이다. 그래서인지 필리핀에서는 상대방에게 화를 내거나, 무안하게 만들거나, 소리를 지르는 행위가 가장 매너답지 못한 것으로 여겨진다. 또한 필리핀이나 한국에서 아이 생일이나 부모 생신을 빚을 내서라도 거나하게 하는 이유가 바로 'hiya' 때문이다. 필리핀에서 'Wallang hiya?'라고 하면 '체면도 없냐?' 정도의 부정적인 뜻이다. hiya의 긍정적인 측면은 그들이 공동체에서 공통의 가치와 관계 외에도 자신의 자긍심을 지키려는 민족적인 노력이라고 할 수 있다.

마주하는 경향이 있다. 낯선 사람인 경우에는 그 거리가 더 넓어진다. 그러나 시장이나 지하철 같은 공공장소에서는 개인 공간이 제한적이어서 서로 밀치는 것이 일반적이다.

– 웃기 : 필리핀 사람들은 대화중에 웃는 경우가 흔하지만, 그 웃음의 의미는 상황에 따라 달라지는 경향이 있다. 때로는 그 웃음이 행복이나 기쁨을 나타내기도 하고, 때로는 긴장 완화를 위해 쓰이기도 한다. 또 어떤 때에는 당혹감을 감추려고 웃기도 한다.

– 가리키기 : 필리핀 사람들은 입술을 오므리고 자기네가 가리키는 방향으로 입을 움직여 물체를 가리키기도 한다.

– 제스처 : 손을 엉덩이에 얹는 것은 분노의 표시이다.

– 손짓하여 부르기 : 누군가에게 손짓을 하는 일반적인 방법은 손을 아래로 향하게 하고 손가락을 자기 쪽으로 흔드는 것인데, 이는 서구에서 'shooing[쉿]'하는 것과 같은 제스처이다. 또 누군가의 관심을 받고 싶으면, 흔히 'pssst' 같은 소리를 낸다.

4. 문화 차원 : 국가 이미지의 토대

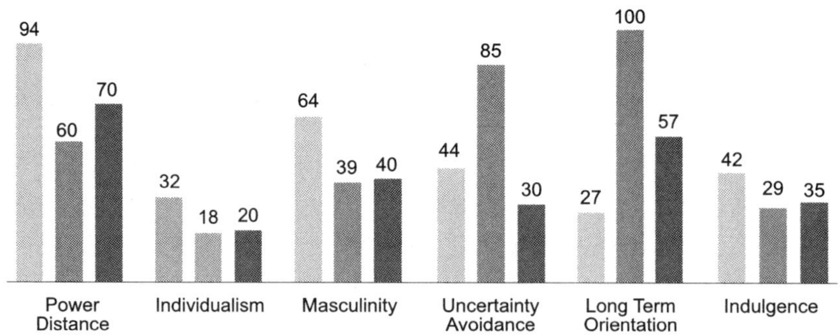

〈호프스테드의 문화 차원 : 필리핀-한국-베트남 비교〉

■ 권력 거리

권력 거리 지수는 어떤 문화에서 (사회 전체에서 가족에 이르는 모든 사회적 단위에서) 조직과 기관의 종속적인, 힘없는 구성원들이 권력이 불평등하게 분배된다는 것을 받아들이는 정도를 나타낸 것이다. 그런 의미에서 불평등에 대한 '상향식' 정의 – 불평등이 '리더'에 의해 얼마나 부과되느냐보다는 '추종자'가 얼마나 많은 불평등을 지지하는가를 기술하는 것이다.

94점을 얻은 필리핀은 위계사회이다. 이는 모든 사람이 자리를 잡고 더 이상의 명분이 필요 없는 위계적 질서를 받아들인다는 뜻이다. 조직의 위계질서는 내재된 불평등을 반영한 것으로 여겨지며, 중앙집권화가 대세이며, 부하직원은 어떻게 해야 할지를 듣고 싶어 하고, 이상적인 상사는 자비로운 독재자이다.

■ 개인주의

개인주의 점수가 높을수록 그 문화는 덜 통합적이고 집단 지향적이다. 호프스테드에 따르면, "개인주의 사회는 개인 간의 유대관계가 느슨한 사회의 성향을 보인다. 모두가 자신과 그 직계 가족을 돌볼 것이다. 집단주의 사회는 태어날 때부터 사람들이 강하고, 응집력이 강한 집단이나 대가족(삼촌, 이모, 조부모 포함)으로 통합된 사회의 성향을 보인다." 여기서 말하는 집단주의는 예컨대 중국에서처럼 공존하기도 하지만 정치적이라기보다는 사회적 표현이다.

필리핀은 이 차원에서 낮은 32점을 얻어서 집단주의 사회로 간주된다. 이는 가족, 대가족, 또는 확장된 구성원 '집단'에 대한 긴밀한 장기적 헌신에서 나타난다. 집단주의 문화에서는 충성심이 가장 중요하며, 대부분의 다른 사회적 규칙과 규정을 무시한다. 사회는 모든 사람들이 그들 집단의 동료 구성원들을 책임지는 강한 관계를 조성한다. 집단주의 사회에서 범죄는 수치심과 체면 상실로 이어지고, 고용주와 직원 관계는 가족 연계처럼 도덕적인 용어로 인식되고, 고용과 승진 결정은 직원의 내집단(in-group)을 고려하고, 관리는 집단 관리이다.

■ 남성성

필리핀은 이 차원으로 64점을 받아서 남성적인 사회로 간주된다. '일하기 위해 산다'는 남성적인 국가에서는 매니저라면 결단력 있고 적극적이다. 형평, 경쟁, 성과에 중점을 둔다.

1960년대 이후 전통적인 필리핀 젠더 문화는 서구의 영향력이 미미한, 무슬림이 지배적인 남부의 민다나오 섬을 제외하면 서구, 특히 유럽과 미국의 영향으로 엄청나게 바뀌었다. 이슬람이 지배하는 지역에서는 일부다처제와 남성 앞에서 여성의 공손한 행동은 여전히 강한 가치관으로 남아있다. 무슬림은 여전히 의존적이고 열등하며 수동적이고 순종적인 여성상을 길러낸다.

남성은 가장이기는 하지만, 여성이 주부이자 자녀의 양육자이자 주요 소득이나 임금소득자 역할을 맡는 경우가 허다하다. 해외 계약직만 보더라도 남성보다 여성이 더 많다. 맏딸은 해외근로자(OSW)로 취업하여 동생들의 교육과 나이 든 가족 구성원들에 필요한 돈을 마련하는 역할을 하며 자신의 교육을 연기하거나 희생하는 경우가 허다하다. 기업체 최고경영자(CEO)는 대부분 남성이지만, 고위직 여성들, 특히 정부 부처에는 여성도 많다.

■ 불확실성 회피

필리핀은 이 차원에서 44점을 받아 불확실성 회피 선호도가 낮다. 낮은 UAI 사회는 원칙보다 관행이 더 중요하고 규범으로부터의 일탈이 더 쉽게 용인되는 보다 느긋한 태도를 보인다. 낮은 UAI 사회에서 사람들은 필요 이상의 규칙이 없어야 하며, 그 규칙이 모호하거나 효과가 없으면 버리거나 바꿔야 한다고 생각한다. 일정은 유연하고, 필요하면 열심히 일하지만 일 자체를 위해 하지는 않으며, 정확성과 시간엄수가 자연스럽지 못하고, 혁신은 위협적이라고 보지 않는다.

■ 장기 지향성

낮은 27점의 필리핀은 실용주의보다 규범주의 성향이 강하다. 이런 사회의 구성원들은 절대적 진리를 확립하는 것에 강한 우려를 보인다. 그들은 전통을 매우 존중하고, 미래를 위해 저축을 별로 하지 않고, 빠른 결과 도출에 초점을 맞추고 있다.

■ 절제

이 차원에서 낮은 42점을 받은 필리핀은 절제 문화에 속한다. 이 차원에서 점수가 낮은 사회는 냉소주의와 비관주의 성향이 있다. 또한 쾌락(자적) 사회와는 달리, 절제된 사회는 여가 시간에 그다지 중점을 두지 않고 욕구 충족을 통제한다. 이를 지향하는 사람들은 자신의 행동이 사회적 규범에 의해 '자제되었다"는 생각을 하며, 자기 자신을 자적(탐닉)하는 것은 다소 잘못되었다고 본다.

이 차원에서 68점을 얻은 미국은 자적 추구는 직장까지 확장된다. 미국인들은 직장에서도 행복할 권리가 있다고 생각한다. 그렇지 않다면 직장을 떠날 가능성이 높고, 또 일부는 상사나 직장 생활이 없으면 더 행복할 것이라고 보는 기업도 있을 것이다. 반대로 필리핀에는 'matiisin'[long-suffering]의 이상, 즉 고난이나 불쾌한 행동에 직면해서도 극도의 인내심과 극기심을 갖는다. 이러한 가치관은 기업가적 참여를 방해할 수 있고, 필리핀 기업가라면 소규모 또는 소규모 사업으로만 만족시킬 수 있다. 또한 대략 '어떤 일이 있어도' 또는 '모든 것이 제공될 것'이라는 'bahala na'[41] 사회문화적 가치의 태도도 있다. 이것은 두 가지 다른 영향을 미칠 수 있다. 필리핀 사람들이 인생에서 그들의 최적의 위치를 받아들이게 하거나, 더 긍정적으로는 새로운 상황에 뛰어들도록 자극할 수도 있고, 위험을 감수하도록 유도할 수도 있다. 물론 모든 것이 잘 될 것이라고 가정하고 준비되지 않은 새로운 상황에 뛰어들게 할 수도 있다.

41) 특히 불확실하거나 어려운 상황의 결과가 통제할 수 없거나 미리 정해진 것이라고 인정하면서 낙관적인 수용이나 운명론적인 체념의 태도를 표현한 것이다. 'que sera sera'에 해당한다.

07
터키

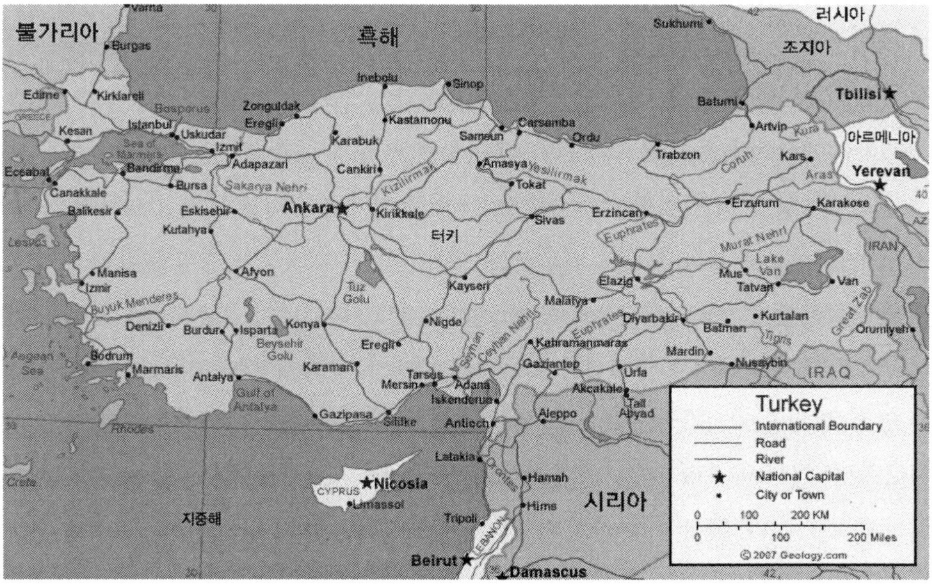

<인용 : https : //geology.com/world/turkey-satellite-image.shtml>

국명	터키공화국(Republic of Turkey)
면적	783,562 ㎢
해안선	7,200 km
수도	앙카라(Ankara)
종족	터키인(70~75%), 쿠르드인(18%), 기타(7%−12%)
인구	80,274,604명 (2019)
공용어	터키어
종교	이슬람교(99.8%), 기타(0.2%)
건국일	1923년 10월 29일
정체	공화제
통화	터키 리라(TL)
인터넷도메인	.tr

1. 공항 : 나라의 관문

2020년 현재 터키에는 121개의 공항이 있다. 1980년대에 민간 항공사인 이스탄불 에어라인과 그린 에어라인이 생겼고 국내선과 국제선에 취항하고 있다. 2004년도의 항공 수송량은 국제선과 국내선 모두 합쳐서 18,985백만 명이었다. 공항운영 주체는 정부 소유의 터키 항공주식회사이다.

■ 이스탄불 공항(İstanbul Yeni Havalimanı Airport)

〈İstanbul Yeni Havalimanı Airport : https : //en.wikipedia.org/wiki/Istanbul_Airport〉

– IATA : ISL ICAO : LTFM

이스탄불 도심에서 서북쪽으로 약 35km 떨어진 아르나부코이에 위치한다. 기존의 아타튀르크 국제공항의 상업 운항이 중단된 후, 예정된 모든 상업용 여객기가 2019년 4월 6일 이스탄불 아타튀르크 국제공항에서 현재의 이스탄불 국제공항으로 이전되었다. 아타튀르크 공항에서 사용하던 IATA코드인 IST도 인수받아 현재 아타튀르크 공항의 공항코드는 ISL로 변경되었다.

이 공항은 터키의 관문인 아타튀르크 국제공항을 대체하기 위해 건설된 이스탄불의 신공항이자 터키 항공의 허브 공항이다. 터미널로는 여객 터미널 2동(A·B 터미널)과

보조 터미널(C 터미널)이 건설 중이다. 인천공항공사가 2020년까지 이스탄불 신공항 운영컨설팅을 담당하고 있다.

2018년 10월 29일 개항하였으며, 두바이 알 막툼 국제공항이 개항하기 전까지는 세계 최대의 공항 타이틀을 갖는다. 개항 100년을 바라보는 기존 공항의 갖가지 문제점을 해결하고자 건설되었고, 2030년 최종적으로 연간 2억 명의 수용, 6본의 활주로, 3개의 터미널이 계획 중이다. 2019년 4월 6일부터 12월 31일까지 52,578,008명의 승객을 처리하였다.

1) 역사

기존의 아타튀르크 국제공항의 활주로 추가 건설 공간 부족, 도시의 성장으로 인한 공항 성장 제한, 터키 공항 당국의 공항으로의 화물이나 전세 항공편 추가 허용 금지, 항공 교통 체증 악화 등에 따라 이스탄불에 서비스를 제공할 새로운 공항을 건설하기로 결정했다.

게다가, 슬롯 용량과 주차 공간이 부족하기 때문에, 터키항공의 일부 항공기는 이미 최대 2,500만 명의 승객을 수용하고 있는 사비하 괵첸 국제공항에 위치했으며, 2013년 이후 연간 평균 20% 이상의 교통 증가율을 기록한 후 2015년에 2,800만 명의 승객을 처리했다.

그러나 아타튀르크 국제공항은 활주로가 극심한 포화 상태에 이른데다가 인구가 밀집한 주거 지역 중앙에 위치하고 있어서 확장이 불가능하고 소음 문제도 매우 심각했다. 그래서 공항에서 북쪽으로 약 35km 떨어진 흑해 연안에 2015년 5월부터 신공항을 건설하기 시작하여 2018년 10월 29일 개항하였다. 신 공항 개항 후 아타튀르크 국제공항은 화물기 전용 공항으로 이용하고 있다.

공항은 4단계(4 Phases)로 나눠 건설되고 있다.

- 1A단계(P1-a) : 1단계는 2018년 1A(10월 29일까지 완료된 대상들)와 1B(2020년 4월까지 완료된 대상들)의 두 하위단계로 나뉘었다. 1A단계 및 1B단계는 터미널 1을 포함했다. 면적이 144만 m^2나 되어서 단일 건물로는 세계에서 두바이 국제터미널

3(171만 m²) 다음으로 큰 터미널이다. 특이한 것은 각 활주로에 비교적 좁은 부차 활주로(45m)가 있다는 점이다. 현재 이 부차 활주로는 일반 활주로로 이용되고 있지만, 러시아워 때에는 유도로로 이용되기도 한다. 비교적 큰 관제탑도 10월부터 가동을 시작했다.

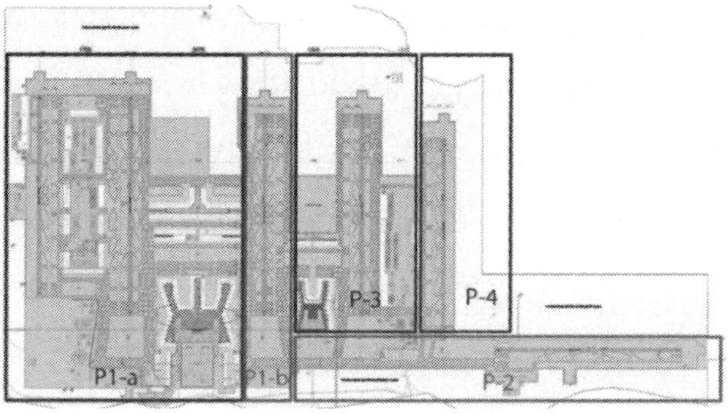

- 1B단계(P1-b) : 이 단계에는 Turkish Cargo(터키화물항공)[42]의 "Cargo-City", Turkish Technic의 5개 격납고, Turkish Do&Co[43]의 기내식 등이 포함되어 있는데, 이들은 2019년 1월 22일 오픈했고, 호텔도 개장했다. 2020년 3월부터 제3 활주로와 터키 항공의 기타 시설들이 가동되었다. 두 개의 노선을 가진 공항 메트로 역사가 완성되면 1B 단계가 종료된다.
- 2단계(P-2) : 제4 활주로가 건설될 예정이다. 터키 항공의 새 본사가 있는 이스탄불 에어포트 시티는 첫 번째 단계에서 두 번째 단계로 연기되었다. 완공 예정일은 2022년 말이다.

---

42) 터키화물항공은 127개국 89개 화물직항 노선과 300개가 넘는 목적지로 화물서비스를 제공 중이다. 터키항공카고는 인프라는 물론 운영능력과 운용 기단 및 전문가들이 어우러진 세계 최고수준의 항공화물 서비스팀을 구축해 시장에서 가장 선호하는 브랜드로 거듭나고 있다.

43) '주식회사 DO&CO'는 비엔나에 본사를 둔 오스트리아의 급식업체이다. 항공사 케이터링, 열차 케이터링, 국제 행사 케이터링 등 부문에서 활발히 활동 중이다. 이 회사는 식당, 바, 라운지, 호텔에도 서비스를 제공한다. 1998년부터 DO&CO는 비엔나 증권거래소에 상장되어 있다. 2018년 2월 DO&CO는 벨기에 브뤼셀에 본사를 둔 항공사 케이터링 협회를 공동 설립했다. 이 회사는 2007년부터 오스트리아 항공, 2012년부터 오스트리아 연방철도회사의 기내식을 취급하고 있다. Turkish DO&CO는 오스트리아의 DO&CO와 터키항공이 공동 소유하고 있다. 터키항공의 매출 85%를 차지하는 60여 개 국내외 노선에 케이터링을 공급하고 있다. 터키항공의 비즈니스 클래스 라운지도 운영하고 있다.

- 3단계(P-3) : 공항은 두 번째 터미널을 통해 확장된다. 터미널 2는 외관상 터미널 1과 동일한데, 차이는 크기가 더 작고 피어(Pier)가 4개라는 점이다. 이 단계에는 격납고와 기타 유지관리시설용 추가 공간, 그리고 제5 활주로가 포함되어 있다. 모든 것이 계획대로 진행된다면 2025년에 완료된다.
- 4단계(P-4) : 제6, 제7 활주로가 2027년에 완성될 예정이다. 그러면 공항은 최대 2억 명의 승객을 수용할 수 있게 되는데, 이로써 세계 최대 공항 중 하나가 되는 셈이다.

2) 활주로

공항은 현재 국내선과 국제선 전용 터미널 1개와 현재 운행 중인 4본의 활주로를 보유하고 있다. 두 본의 활주로(17/35) 길이는 4,100m이고, 다른 두 본의 활주로(16/34) 길이는 3,750m이다. 활주로 표면은 모두 아스팔트이다.

방향	길이		표면
	m	ft	
16L/34R	3,750	12,303	아스팔트
16R/34L	3,750	12,303	아스팔트
17L/35R	4,100	13,451	아스팔트
17R/35L	4,100	13,451	아스팔트
18/16	3060	10,039	아스팔트/ 콘크리트

3) 터미널

터미널 1은 2018년에 개항했는데, 5개의 피어(Pier)가 있으며, 9000만 명을 수용할 수 있다. 이곳은 터키와 이슬람의 예술과 건축의 영향을 받았다. 2층 구조인데, 출발 홀 입구 바로 옆에는 터키 공항에서 흔히 볼 수 있는 첫 번째 보안 검사장이 있다. 이곳을 통과하면 500개의 체크인 카운터와 수많은 셀프 체크인 키오스크가 있는 체크인 홀이 나온다. 13개 체크인 섬(체크인 B-L) 중 9개가 터키 항공 승객용이다. 체크인 L은 비즈니스 클래스, 엘리트 및 엘리트 플러스 승객용이다. 8개의 로봇이 추가로 구입되었다. 터키 소프트웨어 업체인 아킨소프트(AkinSoft)가 제작한 로봇은 여행객들에게 출발 게이트, 체크인, 수하물 및 지연 정보를 터키어, 영어, 러시아어 및 아랍어로 제공한다.

위층에는 다양한 레스토랑과 바가 있다. 출발 승객을 위한 여권과 보안검사의 에어사이드 쪽에는 2019년 1월 1일, 53,000m^2의 면적을 가진 면세점이 있다. Unifree Duty

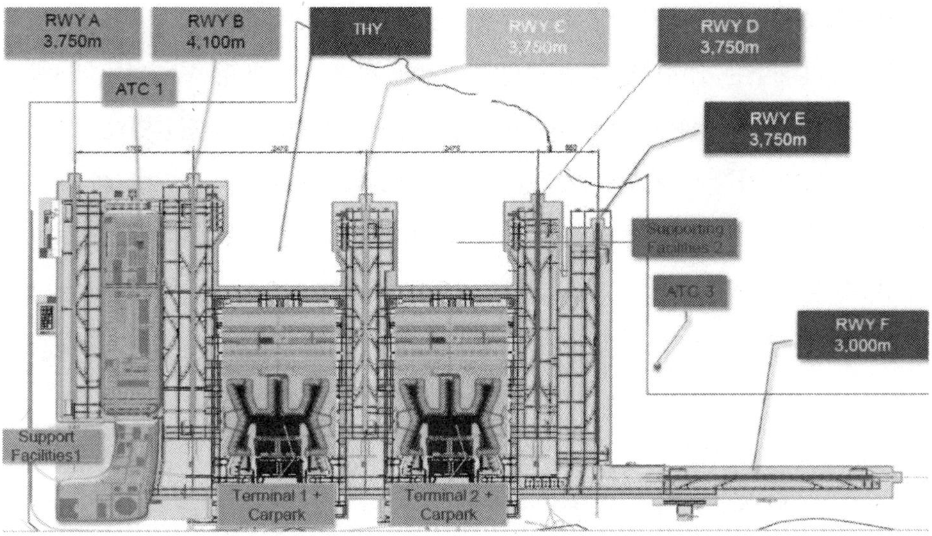

〈이스탄불 공항의 터미널과 활주로, RWY=활주로, ATC=Air Traffic Control, 항공교통관제탑〉

Free(Gebr. Heinemann SE & Co. KG[44]의 자회사)는 최소 25년간 운영권을 가지고 있다. 공항 호텔은 Yotel이 운영하며, 2019년 3월에 개장했다. 이 호텔은 두 구역에 있는데, 하나는 랜드사이드에, 다른 하나는 에어사이드에 있다. 공항 매장은 대부분 "Bosphorus Corridor[보스포루스 해저터널, 2016년 개통]"[45]에 있다. 이 구역을 지나면 게이트가 있는 피어(Pier)들이 나온다. 아래층은 도착 승객들을 위한 것이다. 수하물 컨베이어벨트

44) 이것은 면세 산업분야의 주요 도소매 업체로, 독일 함부르크에 본사가 있다. 도소매 및 유통사업 두 분야를 가진 이 무역회사는 유럽 시장의 선두 주자이며, 이 업계의 글로벌 기업 중 유일한 가족기업이다. 이 회사의 시작은 1879년 담배와 술 면세 도매사업이었는데, 선박 장비 및 해운사에 공급하는 것이 주된 사업이었다. 1950년대 이후 이 회사는 스칸디나비아행 페리선박에 새 면세점을 공급했다. 1953년과 1954년에, 최초의 항공사 고객(아이슬란드 항공과 독일 루프트한자)이 그 뒤를 이었다. 또한 1950년대 초에는 향수와 화장품이 이 분야에 포함되었고, 그 후 액세서리, 제과점 및 선물 품목 등이 뒤따랐다. 공항에서의 첫 번째 면세 소매 컨세션은 1969년 쾰른/본 공항에 개장했으며, 뒤이어 다른 공항들에도 자체 매점을 개장했다. 2019년 현재 이 회사는 340개의 공항면세 구역과 국경 횡단 및 크루즈 선박에 340개의 쇼핑센터를 운영하고 있으며, 공항쇼핑의 세계 시장 선두주자 중 하나이다.

45) 유라시아 해저터널이라고도 하며, 이스탄불 보스포루스 해저를 가로질러 유럽 쪽에 맞닿은 터키의 카즐리체시메(Kazlicesme)와 아시아에 접한 괴즈테페(Goztepe) 지역을 복층으로 연결한다. 해저터널 구간은 5.4km이며 육지 접속도로 포함 총 길이는 14.6km이다. 세계 최초의 자동차 전용 복층터널이다.

를 지나면 쇼핑센터와 레스토랑이 나온다. 그곳에도 면세점이 있다.

다섯 개의 피어는 터미널과 직접 연결되어 있다. 하나는 국내 항공편, 나머지 4개는 해외 항공편용으로 제작되었다. 총 143개의 항공여객 탑승교가 건립되었다. 공항 운영자에 따르면, 가장 먼 게이트는 입구에서 2km 떨어진 곳에 있다. 게이트까지 가는 시간을 단축하기 위해 166개의 에스컬레이터, 167개의 무빙 워크웨이, 332개의 엘리베이터가 설치되었다. 공항은 고도의 보안표준을 위해 9000대의 카메라, 자동차 번호 인식 시스템, 얼굴 인식 시스템, 눈의 움직임을 감지하고, 공항 보안 부서에 경보를 울리는 수백 개의 움직임 센서를 갖추고 있다.

터미널 1을 벗어나면 버스 정류장과 택시 정류장이 나타난다. 또한 도로가 입구 앞을 지나가기 때문에 주차장에 들어가지 않고도 빠른 승하차가 가능하다. 주차장은 18000대의 주차가 가능하다.

지붕으로 덮인 다리는 이스탄불 에어포트 시티로 이어지고, 계속 지하철역과 미래의 고속철도역사에까지 이어진다.

터미널 2는 3단계에서 개항된다. 외형상 터미널 1과 동일하지만, 규모는 더 작다. 터미널 3은 위성터미널이다. 터미널 1과 터미널 2는 지하 라인으로 연결된다.

이 공항에는 총 5개의 탑승동 A, B, D, F, G가 있고, 총 143개의 탑승교가 있다. 동남쪽에 위치한 탑승동 G는 국내선 전용이다. 국내선 항공편에도 탑승동 G 북쪽에 직행하는 탑승동 F의 탑승교 3개가 배정됐다. 국제선 항공편에는 A, B, D, F가 이용된다.

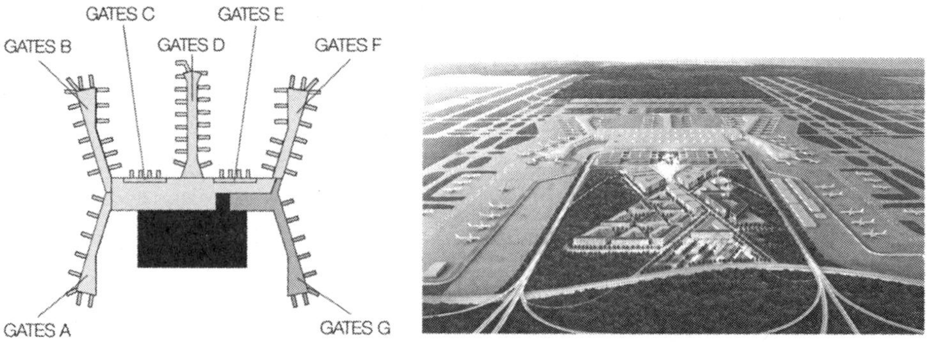

〈좌 : 탑승동, 우 : 이스탄불 에어포트 시티(사진의 중앙 부분)〉
〈인용 : https : //aviationvoice.com/officially-istanbul-new-airport-ready-to-become-worlds-busiest-2-201810301318/〉

탑승동 C와 E는 주 단지(터미널)에 직접 연결되므로 독립적인 탑승동이 아니다.

4) 이스탄불 에어포트 시티(Istanbul Airport City)

이스탄불 에어포트 시티의 핵심 지역은 원래 2019년 늦여름에 개장해야 했지만, 정확한 개업일은 아직 미정이다. 호텔, 병원, 터키 항공의 본사, 수많은 사무실, 쇼핑센터, 모스크, 지하철 역 등이 들어선다. 공항 운영자는 박물관 같은 문화 시설도 계획하고 있다. 여러 개의 광장들이 있는 넓은 가로수 길도 계획되어 있다. 공항에서 비행기 이착륙 장면의 구경 및 촬영에 관심 있는 사람들을 위해 이착륙 활주로 전망이 좋은 언덕도 만든다고 한다.

5) 항공사 : 터키 항공(Turkish Airlines)

이 공항은 터키 항공의 새 허브 공항이다. 최초의 8개 목적지는 ORAT 테스트[46]를 위해 수행되었다. 이들 목적지는 앙카라, 안탈랴, 이즈미르였다. 첫 번째 여객기는 상징적으로 이 항공사의 주력기종인 보잉 777편으로 이스탄불 공항에서 앙카라까지 수행되었다. 터키 항공은 2018년 11월 초에 이스탄불 공항에 2대의 보잉 737−800을 배치했다. 2018년 11월 8일, 첫 번째 국제 목적지는 북 니코시아(Lefkoşa, 터키령 북 키프로스의 수도)와 바쿠(아제르바이잔의 수도)였다. 또 다른 구간으로 2018년 12월 10일 아다나와 트라브존이 추가되었는데, 이를 위해서는 에어버스 A320이 공항에 배치되었다. 터키 남동부의 도시 가지안테프(Gaziantep)는 2018년 12월 21일부터 운항되고 있다.

2019년 1월 10일 제1단계로 11개의 노선들이 아타튀르크 공항에서부터 이스탄불 공항으로 이관되었다. 이 노선들은 외국의 아샤바트, 프랑크푸르트 (FRA), 모스크바(VKO), 뮌헨, 파리(CDG), 티플리스와, 국내의 디야르바키르, 카세리, 하타이로 연결된다.

46) Operational readiness activation and transition의 약자.

2. 지리와 역사

2.1. 지리적 배경

터키는 영어식 명칭이고, 현지에서는 튀르크(Türk) 또는 튀르키예(Türkiye 터키인들의 땅 = Türk 터키인 + yer 땅), 터키인은 튀르클레르(Türkler), 터키어는 튀르크체(Türkçe)라고 한다. 터키에서 수출용으로 제조하는 모든 상품에는 Made in Türkiye 라고 표기되어 있다.

튀르크 또는 터키라는 국명은 민족명이기도 하지만, 본래 '용감한'이란 뜻의 '튀르크'에서 나왔다. 튀르크는 오스만 제국 시절에는 하층민을 주로 일컫는 말이었지만, 튀르크는 돌궐 시절부터 터키 민족을 일컫는 고유어 표현이기도 했다.

1) 국기

빨강 바탕에 하얀 초승달과 별이 그려져 있다.

- 별과 초승달은 어디에서 왔을까? 옛 오스만 제국의 상징으로, 18세기 후반부터 사용되기 시작했다. 국기를 갖기로 한 결정은 현대 유럽 국가들 대신 오스만 국가를 현대화하기 위한 개혁의 일환이었다.
- 상징의 기원. 그러나 별과 초승달의 도상은 기원전 4세기에서 1세기에 이르는 헬레니즘 시기에, 폰토스 왕국, 보스포루스 왕국, 그리고 비잔티움 시(나중에 콘스탄티노플로 바뀜)에서 가장 두드러지게 발달하였다. 또한 고대 근동에서도 사용되었는데, 태양과 달, 혹은 달과 샛별을 상징한다.
- 초승달과 별을 가진 다른 나라는? 20세기에 이르러 이 별과 초승달도 튀니지, 알제리, 아제르바이잔과 같은 오스만 후계국가들의 국기에 나타나기 시작했다.
- 오늘날의 터키 국기 모양. 현재의 터키 국기는 오스만 버전에서 유래한 것인데, 1936년 터키 국기법으로 표준화되었다. 별과 초승달 상징이 더 얇고 정확한 치수를 가지게 되었다.
- 터키 국기에 얽힌 전설. 전설 중 하나는 1448년 코소보 전투에서 오스만 군이 기

독교 군을 격파했을 때 달과 별의 반사가 피 웅덩이에 나타났다는 것이다. 다른 하나는 최초의 오스만 술탄 오스만 1세가 딸을 시집보내고자 했던 콰디(샤리아 궁정의 판사)의 가슴에서 초승달과 별이 솟아나 자신의 가슴으로 내려와 거대한 가지가 그림자로 온 세상을 뒤덮은 나무를 싹트게 했다는 꿈이다.

- 터키 국기의 초승달과 달은 이슬람의 상징인가? 초승달과 달이 이슬람의 상징이라고 널리 알려져 있지만, 이 상징의 기원은 이슬람 이전 시대로 거슬러 올라간다. 태양, 달, 하늘의 신을 숭배하는 중앙아시아와 시베리아의 민족으로 거슬러 올라간다. 다른 하나는 이들이 그리스의 다이애나 여신을 기리기 위해 사용되었을 것으로 보는 것이다. 비잔티움 시가 이 상징들을 선택했다는 것이다.
- 오스만 1세와 그의 꿈. 1453년 오스만 제국은 콘스탄티노플을 정복했을 때 오스만 1세가 꾼 꿈 때문에 비잔티움의 깃발을 채택했다. 오스만 1세는 좋은 징조였으니 새로운 제국의 좋은 상징이라고 믿었다.

2) 자연

동쪽으로 이란·아르메니아·조지아, 남쪽으로 이라크·시리아, 북서쪽으로 불가리아·그리스와 국경을 접하고, 북쪽으로 흑해, 남쪽으로 지중해, 서쪽으로 에게해·마르마라해를 마주한다. 아나톨리아 반도 전체와 보스포루스 해협·다르다넬스 해협·마르마라해를 사이에 두고 유럽의 발칸 반도, 동트라키아 지방에 걸쳐 있다. 유럽과 아시아를 잇는 관문에 있어서 역사적으로 동방과 서방의 문화를 연결하는 교차로 역할을 해왔다.

이러한 지정학적 위치 때문에 역사적인 부침이 심했다. 이슬람 왕조인 오스만 왕조의 후계를 잇는 국가로, 18세기에 오스만 제국이 쇠퇴하여 다른 나라에 분리 점령되거나 통치, 관할되었고, 20세기에 터키공화국으로 재건되었다. 에게 해에서 그리스와 해역·상공·영토에 관련된 분쟁을 벌이고 있다. 주민 대부분이 터키인이지만, 1984년부터 터키 동쪽지역에 거주하는 쿠르드족이 분리 독립을 주장하고 있는 상황이다. 행정구역은 81개주(il)로 되어 있다.

3) 주민과 언어

주민의 대부분은 터키인(전체 인구의 약 80%)이다. 소수민족으로 쿠르드인(터키 인구의 약 17%)이 아나톨리아의 동부·남동 지역에, 그리스인, 유대인, 아르메니아인 등이 주로 이스탄불에 거주한다. 주민의 약 80%는 13세기에 중앙아시아로부터 와서 오스만 제국을 건설한 터키족이 타민족과 혼혈하여 형성된 터키인이다.

공용어는 터키어이지만, 소수언어로 쿠르드어·아랍어·그리스어 등도 사용된다. 대도시에서는 영어와 프랑스어도 통용된다. 1928년 라틴 문자가 채용되기 전까지 터키어는 아랍 문자를 사용하였다. 터키어는 알타이어계에 속한다.

4) 사회

아나톨리아반도는 예로부터 수많은 민족들이 거치면서 함께 거주한 까닭에 각 지방마다 문화도 제각각이다. 그러나 터키의 보편적인 문화코드를 세 단어로 요약하면 명예(Şeref), 환대(Misafirperverlik), 이웃(Komşu)으로 정의할 수 있다.

터키인에게 명예는 자신의 체면뿐 아니라 타인을 나누고 섬기는 마음, 아량을 가지고 잘못을 덮어주는 마음, 어른을 공경하고 약자를 보호하는 마음을 모두 포함하고 있다. 낯선 손님을 환대하고 대접하는 문화가 보편적이어서 처음 보는 사람에게도 마음을 열고 마치 오래 전부터 알고지낸 친구마냥 허심탄회한 대화를 나눌 수 있는 열린 마음을 가진 사람이 터키인들이다. 물론 도시화가 급격히 진행되면서 이런 환대 문화도 옛날 같지만은 않다. 그러나 상업화된 관광지를 벗어나면 터키인들의 진솔한 손님 환대 문화를 여전히 느낄 수 있다. 많은 집들은 손님이 묵고 갈 수 있는 사랑방을 갖추고 있다. 심지어 사랑방은 거실 다음으로 화려하고 장식으로 가득한 경우도 있다.

이처럼 명예와 환대 문화에 기초한 이웃과의 끈끈한 관계도 터키 문화의 특징이다. "집이 아니라 이웃을 사라"(Ev alma, komşu al.)는 속담이 있을 만큼 대도시에서조차 터키인의 이웃 문화는 끈끈하다. 전통적으로 터키인들은 한곳에 터를 잡으면 다른 곳으로 옮기는 법이 흔치 않아서 이웃과의 관계가 웬만한 친척 이상으로 두텁다.

[쉬어가기] 이스탄불 터키 '하맘'의 역사와 의식

터키식 목욕탕 '하맘(Hammam)'은 이슬람 종교와 무관하지 않다. 이슬람교 발원지 서아시아에서는 예로부터 목욕을 중요시했다. 이슬람 신자들은 사원에 들어가기 전, 즉 신 앞에서는 항상 손발과 귓속 등 몸을 깨끗이 해야 한다고 생각한 때문이다. 물론 서구에서 목욕탕의 역사는 고대 그리스까지 소급된다. 그리스식 목욕 문화가 유럽 전역으로 확산된 것은 그리스를 점령한 로마제국 덕분이다. 터키식 목욕문화도 실제로 로마식 목욕탕에서 진화한 것이다. 결국 이스탄불은 1500년 동안 비잔티움과 오스만 제국의 빛나는 수도였는데, 비잔티움의 콘스탄티노폴리스로 이름이 바뀌기 전까지는 로마 제국의 일부였다.

그런데 하맘은 우리의 목욕탕과는 사뭇 다르다. 목욕탕의 핵심인 대형 욕조에 뜨거운 물이 담긴 온탕이 없다. '페슈테말'이라는 속옷 역할을 하는 타월을 두르고 하맘에 들어서면 둥근 대리석 판이 있는 공간이 나온다. 목욕탕 가장자리의 개인 세면대에서 샤워를 한 후 이 공간에 모이게 된다. 뜨거운 욕탕이 있을 자리에 둥근 대리석 판이 있는 셈이다. 달궈진 대리석 위에서 몸을 지지고, 땀을 낸 다음, 때밀이와 마사지를 받고, 몸에 따뜻한 물을 끼얹는 식이다. 우리의 찜질방에서 땀을 내고 때를 민 후 욕탕에는 들어가지 않고 샤워만 하고 나오는 식이다. 이는 터키인이 고인 물은 불결하다고 생각한 때문이다. 그래서 온천물이 콸콸 쏟아져 나오는 지역이 아니면 터키식 목욕탕에는 욕조가 없었다.

하맘은 과거 비잔틴 황제들과 오스만 술탄들이 전차 경주나 모스크에 참석하기 전에 몸

〈아야소피아 후르렘 술탄 하맘 : https : //www.ayasofyahamami.com/?rel=2〉

을 씻으며 정치적 토론을 하는 사교장 역할을 했다. 특히 외출이 자유롭지 못했던 이슬람 문화권 여성들이 모여 이야기꽃을 피우는 곳이었다. 결혼을 앞둔 신부는 결혼 전 '신부의 목욕(겔린 하맘)'이라는 행사도 열었다. 하맘에서 마을 여인들에게 음식을 대접하고 목욕도 하며 결혼 생활의 비법을 전해 들었다고 한다.

위대한 오스만 건축가 미마르 시난(Mimar Sinan)이 16세기(1556~1557)에 설계한 아야소피아 후르렘 술탄 하맘(Ayasofya Hürrem Sultan Hamamı)은 거대한 비잔틴 양식의 아야 소피아 모스크를 마주하고 있다. 정확히는 블루 모스크와 아야 소피아('성스러운 지혜'의 뜻) 사이에 있던 제우시푸스(Zeuxippus, 100~200 AD)의 목욕탕이라는 고대 공중목욕탕이 있던 곳에 지어진 것이다. 이 지역은 한때 제우스 신전이 서 있던 장소였다. 터키 목욕탕에서는 남성의 냉기, 온기, 열기 구간과 여성의 열기, 온기, 냉기 구간이 서로 이어지고 있다.

2.2. 역사적 배경

오늘날의 터키 지역, 특히 이스탄불과 그 주변 지역에 거주하던 투르크인은 원래 중앙아시아에서 건너온 유목민이었다. 터키 민족의 조상은 중국 고전에 나오는 '훈'족 또는 '돌궐(투르크)'족이다. 중국인들은 BC 220년에 수립된 테오만 야브구(Teoman Yabgu) 왕국을 '흉노'라고 불렀다.[47] 터키 민족은 중앙아시아 동남부에서 서서히 서쪽으로 이동하여 서기 10~11세기부터 아나톨리아 반도에 정착하였다. 서쪽으로 이동하는 과정에서 대부분이 이슬람교로 개종하고, 아랍문자를 도입하여 사용하였다. 그러나 조상전래의 자연숭배 사상과 풍습은 아직도 지속되고 있어서 우리의 풍습과 근본적으로 비슷한 면이 적지 않다.

특히 이스탄불과 그 주변지역은 흑해에서 에게해로 흐르는 마르마라해를 잇는 징검다리 역할을 하였다. 투르크인은 1453년 콘스탄티노플(이스탄불)을 점령하며 이 지역을 완전히 장악했다. 이에 따라 투르크인은 보스포루스 해협과 다르다넬스 해협뿐 아니라 흑해와 마르마라해를 효과적으로 통제할 수 있었다. 당시 터키의 중심은, 지금

47) 흉노제국 멸망이후 6세기경 중국 변경에서 건국한 돌궐제국도 터키인의 조상이다. 돌궐제국은 흉노제국에 이어 중국 변경 스텝지역을 통일한 터키계 대제국이었다. 돌궐제국은 그들의 근거지인 오르혼 강 지역에서 719~735년 돌궐 비문을 남겼다. 터키인 조상은 흉노제국, 돌궐제국에 이어 위구르 제국, 셀주크 제국 등 역사적으로 중요한 제국의 역사를 기록하였다.

의 아나톨리아 반도 지역이 아닌, 바로 이 징검다리 지역이었다. 이 지역은 투르크인의 땅이기 이전에 유구한 역사를 가지고 있다.

- 구석기시대(BC 60,000~BC 10,000). 이스탄불 근처의 카라인 동굴에는 네안데르탈인과 호모 사피에스의 유적이 남아있다.
- 신석기 시대(BC 8,000~BC 5,500). 아나톨리아 반도에서 가장 오래된 하즈랄이라는 농경 생활의 흔적(BC 7000년 경)이 있다. BC 6,500년–BC 5,500년의 것으로 추정되는 카탈 휘위크(Catal Huyuk)는 직사각형 모양을 한 도시인데, 진흙으로 만든 벽돌, 목재 기둥과 서까래를 사용한 단층 주거유적이다. 사다리를 통해 올라갈 수 있는 평평한 지붕은 방어용이거나 작업공간으로 추측되며, 집은 대부분 창고, 부엌, 방으로 구성되어 있다.
- 청동기, 석기 시대(BC 5,500~BC 3,000). 하즈랄이라는 이층주거가 나타났다. 기하학적인 문양을 그린 도자기(주로 핑크빛의 노란색 바탕에 붉은 갈색으로 장식)도 제작했으며, 금속공업도 발달하기 시작했다. 시리아, 메소포타미아, 발칸지역, 지중해지역과 활발한 무역을 하였다.
- 청동기시대(BC 3,000~BC 1,200). 아나톨리아 반도의 토착민 문명인 핫티문명(Hattians : BC 2,500~BC 2,000)은 고유 언어를 사용하였고, BC 2000년무렵부터 서서히 히타이트족에게 흡수되면서 히타이트시대가 열렸다(BC 1500~BC 1200).
- 여러 민족의 이주 시기(BC 1300~BC 334). 아이올리아인(아이올리스(Aeolis), 소아시아의 서부와 북서부의 해안 지역과 섬들(특히 레스보스 섬으로 이루어진 지역), 이오니아인, 도리아인 등 에게해의 이주민들, 유럽의 프리기아인[48] 등이 몰려왔다. BC 546년에는 페르시아제국이 침입해왔다. 기록에 의하면, 아나톨리아 반도에는 역사적으로 30여 개 민족이 거주하였는데, 그중 약 15개 민족이 문화유적과 유물을 남겼다.

48) 프리기아(Phrygia)인은 초기 역사에 브루게스(브리게스)라는 이름으로 발칸반도의 마케도니아 지방에 살았다. 그들은 그리스어를 민족어로 채용하기 전에 그곳에서 비 그리스어계 또는 그리스어 이전의 인도 유럽어에서 나온 발칸어를 사용하거나 초기의 그리스어를 사용하였다. 프리기아인은 이후 아나톨리아의 중서부에 프리기아왕국을 건립했다.

- 알렉산드로스 대왕과 헬레니즘시대(BC 334~30)
- 로마제국의 아나톨리아 진출(BC 133~AD 395). 아나톨리아 전체를 '아시아'라는 이름으로 하나의 속주로 편성했다. 서기 330년 로마제국은 수도를 비잔티움(지금의 이스탄불)으로 옮겼다.
- 비잔티움 제국(동로마제국, AD 395~1453). 테오도시우스 황제 사후 395년에 로마제국은 동서로마로 분열하였다. 서로마제국은 476년에 멸망하였지만, 동로마제국은 이후 1453년까지 지속되었다. 동서분열 이전에 라틴문화와 헬레니즘문화의 갈등이 있었는데, 동로마제국의 공식 언어가 라틴어가 아닌 그리스어로 바뀌면서 정체성을 확립했다. 730년 시리아 출신의 비잔티움 제국 황제 레오 3세가 성상금지령을 내리면서 성상을 파괴하는 성상파괴운동(이코노클라즘, iconoclasm)[49]을 통해 동방정교회는 로마가톨릭과 결별하였다.
- 셀주크 투르크(1037~1194)와의 전쟁에서 패배하며 이슬람화가 되기 시작했다.

1) 오스만 투르크 시대(1299~1922)

오스만 제국은 1354년 유럽에 진출, 정복 활동을 개시하였다. 1453년, 자칭 로마 제국의 황제 메흐메드 2세(1432~1481)가 콘스탄티노플을 정복함에 따라 팽창정책은 절정에 달했다. 16세기에는 에게해와 흑해를 오스만 제국의 내해로, 에티오피아, 예멘, 크리미아를 국경으로 삼았으며, 비엔나까지 그 영토가 확장되었다.

오스만이 성공적으로 제국을 건설할 수 있었던 이유 중 하나는 비교적 온건한 방식으로 지역을 다스렸기 때문이다. 그들은 상당 수준의 지방 자치권을 부여했고, 다양한 종교와 민족들을 관대하게 대했다.

오스만 제국은 17세기부터 쇠퇴되기 시작했다. 1912~1913년 발칸전쟁으로 불가리아의 마리차 강까지 후진·축소되었고, 제1차 세계대전 때 패전국인 독일 측에 가담하

49) 이 운동은 비잔티움 황제의 간섭에서 벗어나고자 했던 교황청에 좋은 명분을 제공하였으며, 다른 요인들과 함께 결국 동서 교회의 분열, 즉 기독교가 동방 정교회와 로마 가톨릭으로 서로 갈라서는 최초의 교회 분열로 이어졌다. 16세기에는 스위스 취리히에서도 츠빙글리가 성상파괴운동을 시작하여 취리히 종교개혁을 완성했다.

였고, 1920년 연합국과 체결한 굴욕적인 세브르(Sèvre) 강화조약[50]으로 콘스탄티노플의 배후지와 아나톨리아 고원만을 보유하게 되었다.

사후 터키의 국부(Atatürk, 아타튀르크, '터키의 아버지'의 뜻)로 추대된 무스타파 케말 파샤(Mustafa Kemal Pasha, 1881~1938)는 세브르 조약을 무효화하고 앙카라에서 국민군을 조직하여 1922년 9월 그리스군을 격퇴하고 11월에 술탄제(칼리프제)를 폐지하였다. 1923년 7월 연합국과 로잔 조약을 체결하여 세브르 조약으로 상실한 아나톨리아 반도의 대부분 지역을 회복하게 되었다.

2) 터키공화국 시대(1923~현재)

1923년 10월 앙카라를 수도로 하는 공화국을 선언하고, 케말 파샤가 초대 대통령으로 선출되었다. 1924년 공화국 헌법을 공표하였다. 1928년 이슬람교를 국교로 하는 조문이 헌법에서 삭제되었다. 1931년 대국민의회에서 공화·국가·민주·산업 국유·세속·개혁의 6개 주의가 공화국의 지도 원리로서 채택되었다. 1934년 여성참정권이 인정되었다.

케말리즘이라고 불리는 이른바 근대 정치체제는 두 가지 주요 개념, 즉 공화주의와 세속주의를 중심으로 구성되었다.

케말리즘은 오스만의 이슬람 뿌리에서 벗어나 유럽의 정치와 문화를 받아들이는 것을 겨냥했다. 새로운 터키는 이스탄불과 다르다넬스 해협 및 보스포루스 해협 주변 지역을 중심으로 이루어졌다. 투르크인이 아닌 다양한 민족들로 구성된 아나톨리아 반도는 케말리스트 투르크인들의 다소 강력한 통제 하에 두었다. 온건한 지배 정책을 펼쳤던 오스만과는 대조적이었다.

케말리스트들은 점차 아나톨리아 반도의 통제를 확대하여 투르크어가 아닌 언어를 억압하고, 국가와 종교를 강력하게 분리했다. 마르마라해 지역 출신의 군인들과 산업가 계급이 터키를 지배했다. 제2차 세계대전 발발 전까지 터키인은 권력 집중을 꾀했다.

50) 영토를 연합국에 할양하는 등 터키의 사실상 해체를 결정함.

제2차 세계대전이 발발하자 터키는 중립을 지키다가 1945년 2월 독일에게 선전포고를 하고 연합군에 가담하며, 전후 소련의 세력팽창을 저지하기 위한 미국의 노력에 동참하였다. 1950년 한국전에 참전하고, 1952년 NATO에 가입하였다.

3. 에티켓 : 예절과 관습

1) 금기

- 이성 간의 키스를 공공장소에서 노출시키는 것이 금기시된다. 터키에서는 존경의 뜻으로 웃어른의 손으로 자신의 이마에 키스를 하는 관습이 있다. 웃어른을 보면 그렇게 하자. 특히 손등에 키스하고 그 손을 자신의 이마에 갖다 대는 것은 자신이 보여줄 수 있는 최고의 존경을 의미한다. 동성 간에 서로 뺨에 키스하거나 손을 잡고 걷는 모습도 볼 수 있지만, 그냥 친한 사이일 수 있으니 연인관계로 단정할 수 없다.
- 처음 만난 사람과 주로 악수를 나눈다. 친근함을 표현하기 위해 주로 오래 악수를 하는 편이기 때문에 일반적인 악수보다 손을 오래 잡고 있는 편이다. 친근한 사이라면 동성 간에도 포옹하고 양 볼에 입을 맞추며(정확히는 '쪽' 하는 소리를 내는 것) 인사를 나누기도 하나, 남성끼리의 경우 손을 잡고 머리 양쪽을 가볍게 부딪치는 것이 더 일반적이다.
- 사람을 가리키는 것은 무례한 것으로 여긴다.
- 누군가를 마주보면서 팔짱을 끼는 것도 무례한 것으로 간주된다.
- 라마단 기간 동안, 무슬림들은 일출과 일몰 사이에 먹을 수도, 마실 수도 없고, 담배도 피울 수 없다. 무슬림이 다수인 지역에서는 이를 지키는 것이 최선이다.
- 집에 들어갈 때 신발을 벗고 들어가야 한다.[51] 우리와 비슷하다. 마찬가지로 (터키인들에게) 신성한 사원에 들어갈 때에도 신발을 벗어야 한다. 우리와는 달리, 터

51) 참조 : https : //namu.wiki/w/%ED%84%B0%ED%82%A4

키의 집은 현관이 평평한데, 신발은 벗어서 다른 신발들이 놓인 카페트 위에 놓으면 된다. 아니면 그냥 현관 앞에서 벗고 들어가도 된다. 만약에 집주인과 가족들의 신발이 현관 앞에 가지런히 놓여있다면 이렇게 하면 된다.

- 신발을 벗을 때 절대로 신발을 겹쳐 놓으면 안 된다. 터키인들은 집에서 신발이 서로 겹쳐져 있으면 그 집 주인에게 불운이 따른다고 믿는다. 마찬가지로 집 문지방을 넘을 때도 왼발부터 넘으면 안 된다는 금기가 있다. 젊은 터키인들보다는 기성세대 터키인들이 믿는 미신이긴 하지만 주의할 필요는 있다. 몇 가지 미신을 더 소개하자면, 터키에서는 다른 사람을 칭찬하거나 좋은 말을 하면 이를 시기하는 '지니'(악령)가 훼방을 놓는다고 생각한다. 때문에 이러한 말들을 하기 전에 항상 'Maşallah(마샬라 – '알라의 보호가 깃들기를')'라고 말한다. 이러한 지니들을 쫓아낼 수 있는 것은 푸른 눈동자를 가진 사람으로, 푸른 눈동자를 가진 사람이 드문 터키에서는 푸른 눈동자 모양의 부적을 곳곳에서 볼 수 있다. 기념품으로도 판다. 무언가 위험한 일을 할 때 '알라의 이름으로'라는 뜻의 "Bismillah"(비스밀라)라고 말하고 오른발부터 딛는 관습도 있다.
- 손님과 작별할 때 주인은 안전한 여행이 되길 바라며 물 한 바가지를 땅바닥에 쏟는 관습이 있다. 한국인의 경우 '소금 뿌리기'와 연관해서 오해할 수 있지만, 집주인은 좋은 뜻으로 한 행동일 뿐이다.
- 물건을 줄 때나 악수할 때 항상 오른손만 사용해야 한다. 터키어로 왼쪽은 '거짓된', '그릇된'이라는 부정적인 뜻도 있고 또한 전통적으로 왼손은 불결한 손으로 여겨 왔다. 이건 인류 문화 전체에서 찾아볼 수 있다. 한국어에서도 현대국어에서는 사어가 되었지만 '외다'라는 말이 '그릇되다'란 말로 쓰이던 용법은 조선시대까지 남아 있었고, 오른손이나 오른쪽을 '바른손', '바른쪽'이라 부르는 관습은 아직도 남았다.('옳은→오른'이라는 설도 존재.) 인도에서도 왼손은 볼 일 보고 뒤 닦는 손이다. 영어에서도 'right'와 'left'의 의미 중 방향을 제외한 의미들을 보면 알 수 있다. 똑같이 방향을 의미하는 라틴 계열의 영어인 'dexter', 'sinister'도 마찬가지이다.
- 대화중에 턱을 들어 올리면서 입을 내밀고, '쯧' 하는 소리를 낼 때가 있다. 이것

은 '아니다/없다'라는 뜻의 부정형 표현이다. 고개를 가로젓는 것은 '모른다'는 뜻이다.

- 결혼한 부부의 집에 초대받았을 때, 절대로 아내의 외모를 칭찬해서는 안 된다. 터키 남자들은 손님이 아내에게 흑심을 품는다고 믿을 수 있다. 아내를 칭찬하되, 외모와 관련 없는 부분으로 돌려서 칭찬하는 것이 예의 바른 행동이다.
- 제스처에 주의해야 한다. 한국처럼 엄지손가락을 검지와 중지 사이에 끼우는 제스처는 같은 뜻의 욕설이고, 엄지와 검지를 고리모양으로 만드는 모양 또한 욕설이다. '훌륭하다, 좋다'라고 말하고 싶다면, 다섯 손가락을 한데 모아 위쪽을 가리키면 된다.
- 아타튀르크를 비난하면 안 된다. 특히 아타튀르크에 대한 욕설과 비난은 현지법으로 처벌도 가능하다. 마찬가지로 터키인들 앞에서는 쿠르드족, 키프로스, 아르메니아 문제를 꺼내지 않는 것이 여러모로 신상에 이롭다.

2) 약속

터키에서도 방문 전 예약은 필수이며, 최소 방문 3~4일 전에는 약속을 하는 것이 좋다. 기업의 경우, 확정된 약속은 거의 변동 없이 잘 지켜지지만, 정부기관들의 경우에는 간혹 약속을 임의로 변경하거나 지키지 않는 경우가 있어서 주의가 필요하다. 일반 중소기업의 경우, 약속이 잘 지켜지지 않는 경우도 있는데, 실제로 미팅이 약속된 바이어가 미팅장소에 나타나지 않기도 한다. 전화 통화 시 도로교통 체증으로 10분 뒤 도착할 것이라고 말하고 1시간이 지나도록 도착하지 않기도 하고, 바이어의 개인전화도 통화연결이 되지 않아 사무실로 전화를 걸어 미팅을 취소하기도 한다. 또한 비즈니스에서도 상대가 마음에 들지 않거나 거래를 원하지 않을 경우 전화를 아예 받지 않고 피하기도 한다.

3) 방문

터키인의 손님 접대는 극진히 이루어지기므로, 나쁜 소식이나 문제를 들추는 것은 피하는 것이 좋고, 개인적인 질문도 피해가라. 터키인을 방문한다면, 사탕이나 과일, 꽃을 선물로 준비하는 것도 좋다. 친구를 만나거나 상대방을 처음 대하는 경우라면, 먼저 악수를 청하고 "메르하바(Merhaba : 안녕하세요)"나 "나슬스느즈(Nasilsiniz : 건강 어떠세요)"라고 말한다. 그 답례로 인사를 받은 사람은 "이이임, 테쉐퀴르에데림(Iyiyim, Teshekurederim : 감사합니다, 건강합니다)"라고 대답한다. 대부분의 터키인은 집안에 들어갈 때 신발을 벗으니 초대받은 경우라면, 당연히 손님도 문앞에 신을 벗고 슬리퍼를 신으면 된다.

4) 선물

받는다면 절대로 거절하거나 선물을 되돌려 보내지 마라. 명예와 겸손을 중요시하는 터키인들에게 이만큼 무례한 행동도 없다. '자신의 정성이 부족했기 때문에 거절한 것'이라고 여긴다. 그렇다고 뭔가를 대접받았다고 무조건 덥석 받아먹는 것도 실례이다. 체면치례로 하는 상투어도 있기 때문이다. 보통은 몇 번 어정쩡하게 거절을 하고 3번째에야 "괜찮은데, 정 그러시다면…" 식으로 받는 것이 통상적이다. 선물을 받을 때도 우리네처럼 "뭘, 이런 걸 다…" 식으로 대꾸하고, 손님이 가고 나서 열어 본다. 또한 선물을 줄 때에 칼 같은 물건을 피하는 것은 한국의 관습과 같지만, 선물로 절대로 돈이나 상품권 같은 것을 주면 안 된다! 이 나라 사람들은 물건을 사고 나서 돈을 건넬 때도 직접 주지 않고, 테이블 위에 놓고 상대방에게 가져가도록 할 정도로 돈에 관한 언급을 자제한다. 그러니 상대방의 수입이 얼마인지 묻는 것도 큰 실례다.

5) 문화적 금기사항

절대다수 터키인은 이슬람교도이므로, 종교적인 주제에 민감하게 반응할 수 있다.

터키에서 흔한 이슬람 사원인 '자미'는 누구나 들어갈 수 있는 공간이다. 관광객들도 얼마든지 자미에 들어갈 수 있지만, 기도시간 외에 들어가는 것이 좋다. 남녀 모두 신체 노출이 드러나는 반바지나 민소매 등으로 입장하는 것은 피해야 한다.

여전히 보수적인 생활 습관이 있다. 이스탄불, 앙카라를 벗어난 시골에서는 커플 간 스킨십을 자제해야 한다. 여자들은 히잡을 할 필요는 없지만, 시골 지역의 경우 핫팬츠나 미니스커트, 맨살을 드러낸 옷차림은 눈치 보일 수 있다. 터키는 얼핏 보기에는 세속적인 느낌이 들지만, 자세히 들여다보면 다른 이슬람 중동 국가들처럼 여성에게 꽤 보수적인 것을 강요한다. 하지만 외국 여성들에게는 문란하다. 특히 동양 여성에 대한 섹스 판타지가 심해서 여자들을 꼬드기는 터키 남자들이 많다.

길거리 여기저기에 옛 느낌을 풍기는 찻집은 비공식적인 남자 전용 공간이다. 터키 남자들은 시간여유가 날 때마다 찻집이나 커피집에서 이웃사람들과 수다를 떨거나, 체스, 백개먼 같은 놀이를 하며 시간을 보낸다. 그리고 여자들은 하맘에 가서 다른 여자들과 수다를 떨며 시간을 보낸다. 장성한 아들을 둔 아줌마들의 경우 하맘에서 며느릿감을 찾기도 했다.

참고로, 터키에서는 차를 마실 수 있는 찻집에는 크게 세 가지가 있다. 크라앗하네(Kıraathane)는 원래는 '독서실'이라는 의미로 쓰였지만, 현재는 아무도 들어가서 책을 읽지 않고 차를 마시는 경로당 같은 느낌이 드는 남자 전용공간이다. 차이 에비(Çay evi) 혹은 차이 바흐체시(Çay bahçesi)라는 찻집은 보통 가족 단위로 놀러오는 곳이라서 공간도 크고 바흐체(정원)라는 말이 붙은 만큼 야외정원이나 뒷마당도 있다. 이런 곳은 보통 'Aile salonu bulunur'('가족 공간 있습니다')라고 광고하기도 한다. 이곳은 남녀가 함께 들어가거나 여자들끼리 들어가도 무방하다. 마지막으로 카페('Kafe')는 주로 젊은 남녀가 들어가는 곳이다.

4. 문화 차원 : 국가 이미지의 토대

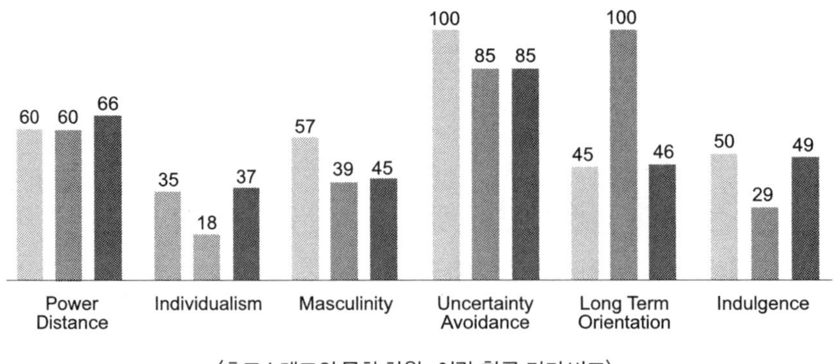

〈호프스테드의 문화 차원 : 이란-한국-터키 비교〉

1) 권력 거리

터키는 이 차원(점수 66점)에서 높은 점수를 얻었다. 이는 터키인들이 의존적이고 위계적이며, 윗사람들은 접근하기 어려운 경우가 많고, 아버지 같은 존재를 이상적인 상사로 여긴다는 등의 특징이 있다는 뜻이다. 권력은 중앙집권적이고, 경영자들은 그들의 상사와 규칙에 의존한다. 직원들은 무엇을 해야 하는지 지시받을 것으로 예상한다. 통제는 예상된 것이고, 관리자를 대하는 태도는 의례적이다. 커뮤니케이션은 간접적이고, 정보 흐름은 선택적이다. 동일한 구조가 가족단위에서도 관찰될 수 있는데, 여기서 아버지는 남들이 복종하는 일종의 족장 같은 존재이다.

2) 개인주의

이 차원에서 37점을 받은 터키는 집단주의 사회에 속한다. 이는 '우리'가 중요하다는 뜻이다. 사람들은 충성심을 대가로 서로를 돌보는 그룹(가족, 문중/집단 또는 조직)에 소속해 있음을 뜻한다.

커뮤니케이션은 간접적이고, 집단의 조화가 유지되어야 하며, 공개적인 갈등은 피해야 한다. 사람들과의 관계는 도덕적인 기반을 두고 있는데, 항상 임무 수행보다 우선한다. 신뢰 관계를 확립하려면 시간 투자를 초기에 해야 한다. 족벌주의(Nepotism)를 흔하게 찾아볼 수 있다. 피드백은 항상 간접적인데, 비즈니스 환경에서도 그렇다.

3) 남성성

45점을 얻은 터키는 여성성이 강한 편이다. 이는 타인과의 평준화, 공감대, 약자에 대한 공감대 등 문화의 부드러운 측면을 중시하고 장려한다는 뜻이다. 사적 생활과 직장 생활에서 갈등을 피하고 궁극적으로 합의를 보는 것이 중요하다. 터키인에게는 여가시간도 중요하다, 가족, 문중, 친구 모두가 함께 모여 삶을 즐기는 시간이다.

터키의 기본적인 사회 단위는 가족으로서, 대부분은 부부 및 미혼의 자녀로 이루어진 핵가족이며, 경우에 따라서는 결혼한 자식과 그 가족도 함께 산다. 터키에서는 주로 경제적인 이유 때문에 혼자서 사는 경우는 드물며, 1927년 스위스 민법을 받아들여 1930년 일부다처제가 폐지되고, 1934년에는 여성에게 이혼의 권리를 부여하였으며, 민사혼(民事婚)이 도입되었다. 지난 30년간에 걸친 터키 사회의 급속한 변화에도 불구하고 농촌에서의 전통적인 가족 관계는 크게 변화하지 않았다. 농촌의 전통적인 사회구조는 가부장제의 대가족으로서 농촌사회를 지탱시키는 기본이 되고 있는데, 모든 가족 구성원은 가장의 절대적 권위에 복종해야 하며, 가족과 분리해서 행동할 수 없다. 농촌 지역에서 가족의 존재는 소규모 기업이라고 할 정도로 모든 노동력의 제공이 가족 구성원에 의해 이루어지고 있는 실정이다.

친족과 가족의 유대관계를 매우 중시하는 의식은 농촌 뿐 아니라 도시에서도 공통적으로 작용하는데, 터키인 생활의 핵심적 위치가 되고 있다. 터키에서는 가족과 친족으로부터 물려받은 유형, 무형의 재산 및 관계를 어느 누구도 소홀히 여길 수 없는 것으로 인식하고 있기 때문에 가족 및 친족의 존재를 가족 구성원 개개인의 현재와 미래를 결정하는 소규모 집합체로 여기고 가장의 권위를 존중한다.

4) 불확실성 회피

이 차원에 85점을 받았다. 법과 규칙이 매우 중요하다.

불안을 최소화하기 위해 종교적인 의식을 많이 한다. 외국인에게는 이런 의식이 '알라'를 많이 언급해서 종교적으로 보일 수도 있지만, 긴장 완화를 위해 특정한 상황에서 사용되는 전통적인 사회적 패턴인 경우가 흔하다.

이는 터키의 지정학적 위치와 역사적 전통에서 찾을 수 있다. 터키인의 사고방식이나 생활양식은 동양과 서양을 연결하는 지리적 위치로 인해 유럽과 아시아에 영향을 주고받았다. 강한 민족의식, 견고한 위계질서 그리고 개인이나 국가의 명예, 및 무사기질을 중시하는 터키인의 특성은 이슬람의 전통적 윤리와 융합되어 서구화된 일부 계층을 제외하고는 계층 간 윤리관의 차이가 그렇게 심하지는 않다. 터키인의 윤리는 코란에 기초하고 있는데, 사고와 행위가 숙명론적 가치관에 의해 지배되고 있다. 터키 인구의 약 99%가 이슬람교도(수니파)로, 민중에 대한 이슬람교의 영향이 매우 크다. 공화국 성립 이후 종교적 인습은 차례로 폐지되었으며, 공화국 헌법에서 국교로 제정되었던 이슬람교 역시 관련 문구가 삭제되었고, 1961년에는 헌법상 신앙의 자유가 인정되어 다른 이슬람권 국가들에 비해 종교적 색채가 덜하다.

5) 장기 지향성

이 차원에서 46점을 얻었는데, 터키에 지배적인 문화적 선호도를 추론하기가 어렵다.

6) 절제

중간에 해당하는 49점을 얻어서 터키다운 특징을 찾기가 어렵다.

08
아랍에미리트

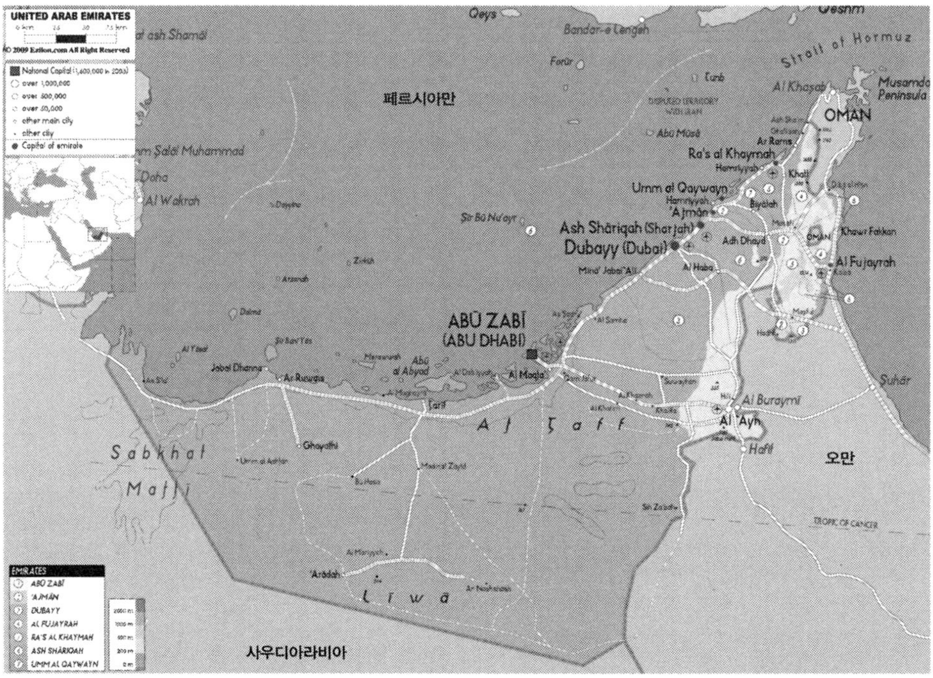

〈http : //www.vidiani.com/detailed-physical-map-of-uae-with-roads-cities-and-airports/〉

국명	아랍에미리트연합국 (United Arab Emirates)
면적	83600 ㎢
해안선	1318 km
수도	아부다비
종족	남아시아인(50%), 아랍인/이란인(23%), 에미리아인(19%), 기타(8%)
인구	9,121,167명 (2018)
공용어	아랍어/영어, 이란어, 힌디어 등 통용(200여 개 국적 외국인 공존)
종교	이슬람교(96%), 기타(4%)
건국일	1971년 12월 02일
정체	연방공화제(대통령중심 연방제)
통화	아랍에미리트 디르함(Dirham)
도메인	.ae

1. 공항 : 나라의 관문

아랍에미리트는 전면적인 도전에 직면하는 법을 배웠다. 아랍에미리트의 항공 산업도 이런 맥락에서 예외가 아니다. 전 세계 항공업계, 특히 항공업계를 강타한 코로나19 대유행(pandemic)에도 불구하고, UAE의 항공사들은 엄청난 회복력을 보여주었고 다시 한 번 하늘을 가로질러 그들의 흔적을 남겼다.

국제민간항공기구(ICAO)에 따르면, UAE는 2012년에 이미 걸프만(GCC) 지역 전체 여객 및 화물 운송량의 63%를 차지하였다. 2008년부터 2012년까지 5년간 여객 및 화물 교통량의 연평균 증가율은 각각 18.5%와 13%를 기록했다.

항공운송 분야 중 여객 분야의 경우, 대형항공사들인 Emirates Airline과 Etihad Airways가 FSC 부문을 선도하고 있고, LCC의 Air Arabic와 Flydubai 같은 항공사들이 새로운 도약을 꿈꾸고 있다. 현재 UAE 항공사들이 보유한 항공기는 총 483대이며, 이는 걸프만 내에서 운용되는 전체 항공기의 50%에 이르는 수치이다.

〈UAE 항공사별 보유 항공기 개관〉(괄호 안은 인도 예정 수치)

항공사	Emirates Airline	Etihad Airways	Flydubai	Airarabia
보유 항공기	269대 (+8)	113대 (+3)	60대(+2)	41대

■ 두바이 국제공항(Dubai International Airport)

– IATA : DXB ICAO : OMDB

아랍에미리트의 두바이에 위치한 국제공항이다. 중동 지역의 대표 허브 공항으로, 유럽과 아시아, 아프리카, 오세아니아를 잇는 거점 역할을 한다. 2016년 기준 여객처리 실적은 미국의 하츠필드-잭슨 애틀랜타 국제공항, 베이징 서우두 국제공항에 이어 세계 3위이며, 국제선 여객만 고려하면 세계 1위이다.

두바이 국제공항은 공항의 규모와 여객 수에 비해 활주로 용량이 턱없이 부족하여

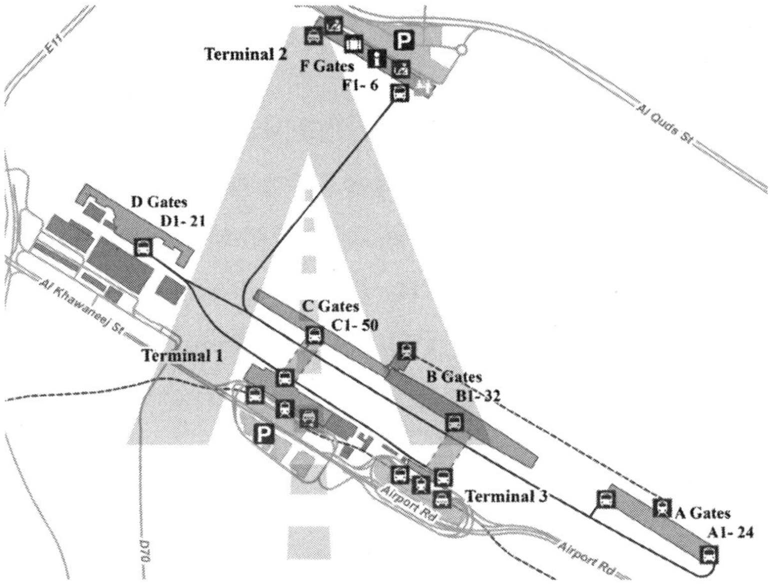

〈인용 : https : //airportguide.com/airport/info/DXB〉

A380 등 대형여객기 위주로 운항하고 있음에도 극심한 포화 상태에 있고, 두바이 시내 한가운데에 있어서 확장할 수도 없다. 그래서 공항에서 남서쪽으로 약 45km 떨어진 곳에 신공항인 알막툼 국제공항을 건설하여 2010년 6월 27일에 개항하였고, 지금도 대규모 확장공사가 이뤄지고 있다.

하와이, 앵커리지, 멕시코시티, 산티아고, 리마를 빼면 세계의 거의 모든 허브 공항에 논스톱 편이 있다.

1) 역사

1937년 초, 항공사 Imperial Airways는 카라치와 사우스햄튼 같은 곳으로 주 단위로 운항하기 시작했다. British Overseas Airways Corporation(현재의 British Airways)은 1940년대에 두바이에

비행정 운수권을 획득했다.

공항 건설은 1959년 당시 통치하던 셰이크 라시드 빈 사이드 알 막툼(Scheich Raschid bin Said Al Maktum)이 주문했다. 이 공항은 처음에는 길이 1,800m 활주로로 더글라스 DC-3형 항공기만 처리할 수 있었다. 1965년에 2,800m 착륙 활주로가 개장했으며, 수많은 격납고들이 확장되었다. 1969년 9개 항공사가 약 20곳의 지역 목적지들을 운항했다. 1970년대에는 13,400m^{2}의 터미널과 새 관제탑이 건설되었다. 얼마 후 활주로가 장거리 항공기를 처리하기 위해 3,810m까지 확장되었다. 1984년 제2 활주로(길이 4,447m)가 개통되었다. 1980년대 이후 두바이가 비즈니스 메트로폴로 부상하면서 공항의 중요성도 더욱 커졌다.

개발 계획의 첫 단계로서 1998년에는 터미널 2가, 2000년에는 탑승동 1이 개통되었다. 2004년에는 약 45억 달러 규모의 터미널 3 건설을 시작하여 2008년 10월 14일부터 영업을 시작했다. 현재 이 공항은 세계 최대의 면세점 중 하나를 운영하고 있다.

2) 활주로

이 공항은 두 본의 평행 활주로가 있다. 남쪽 활주로(12R/30L)는 북쪽 활주로(12L/30R)보다 약간 길다.

3) 터미널

공항은 4개의 탑승동 건물과 함께 3개의 승객 터미널(T1~T3)로 나뉜다. 터미널 1은 남쪽 활주로 아래의 보행자 터널을 통해 탑승동 건물(탑승동 C)과 연결된다. 그러나 터미널 2의 플랫폼은 바로 터미널 건물 안에 있다. 터미널 2에는 탑승교가 없으므로 모든 항공편은 램프버스를 이용해야 한다. 터미널 3에는 두 개의 플랫폼 건물이 있는데, 탑승동 B는 남동쪽으로 탑승동 C와 바로 연결되어 있으며, 터널을 통해 터미널 건물과 연결된다. 이 건물은 총 길이가 1,700m를 넘는다. 또 다른 위성 형태의 탑승동 A는 지하 피플무버(People mover=moving walkway, 공항의 자동이동 에스컬레이터) 시스템과 램프버스를 통해 갈 수 있다. 탑승동 A와 B는 에미리트 항공이 독점적으로 사용한다. Dubai Royal Air Wing(에미리트 국영항공사)이 두바이 공항에 배치되어 있으며, 공항의 남동쪽

지역에 자체 터미널이 있다.

4) 항공사

이 공항은 에미리트 항공(두바이 토호국의 국제 항공사)의 본사가 있으며, 에미리트 항공의 노선 망이 있는 허브 역할을 한다.

2007년 쿠웨이트 항공사 자제라 항공(Jazeera Airways)이 두바이에서 허브를 시작했다. 이 항공은 두바이에 배치된 최초의 저비용항공사였다. 2008년에는 국영 저비용항공사 FlyDubai가 두바이공항에 배치되었다.

1980년대 말까지 서구 항공사들은 당시 소련 영토를 비행할 수 없었고, 또 장거리를 운항할 수 있는 항공기도 없었기 때문에 유럽과 극동 사이의 무착륙 비행이 불가능했다. 그래서 두바이공항과 페르시아 만의 여타 공항들이 중간기착지로 이용되었다. 오늘날 서유럽의 모든 대형 항공사들은 두바이공항을 허브공항으로 이용하고 있다. 이는 극동의 항공사들에도 적용된다.

활발한 유럽 항공사들과 이들과 연결된 허브의 사례로는 Air France(파리), British Airways(런던), KLM(암스테르담), Tuifly(하노버), Lufthansa(프랑크푸르트), Swiss 및 옛 Swissair(취리히), Turkish Airlines(이스탄불) 등이 있다. 현재, 옛 동구권 지역의 항공사들도 허브로 이용하고 있는데, 예컨대 루마니아의 타롬항공은 부쿠레슈티－두바이 항공노선에 정기 항공편을 투입하고 있다. 에어 베를린은 2010년 11월부터 베를린－두바이 노선을 운항했는데, 2012년 초 에티하드항공이 허브공항을 아부다비공항으로 옮기면서 이 노선은 종료되었다.

5) 기타

두바이 국제공항 면세점은 대다수 매장들이 24시간 영업을 기본으로 해서 쓸쓸한 공항 터미널에서 헤매는 걱정은 하지 않아도 된다. 쓸쓸하기는커녕 엄청나게 화려하다. 터미널 아래위층으로 이동하는 트레블레이터(Travellater)를 타면 뒷면 유리쪽으로 거대한 인공폭포가 보인다. 심지어 이 인공폭포는 터미널 1과 터미널 3 모두 같은 규모로 보인다. 실제로 낮 시간대는 너무 더워서 두바이 국제공항에서 비행기가 가장 많이 출발하는 피크 타임은 심야 시간대이다.

세계 최대 공항 면세구역을 가진 공항이니만큼, 귀국 항공편이 이 국제공항을 경유하는 것이라면 선물 구입도 좋겠다. 사막의 나라답게 낙타 모양 기념품들도 많다. 흔하지 않는 물건들이라 여행 선물로도 좋겠다. 사막기후의 특산품인 대추야자도 있다.

중동 지역의 대표적인 허브공항답게 내부 부대시설도 좋다. 다수의 음식점과 패스트푸드점, 약국과 안마시설에 카페도 다수 있다. 초승달 심벌모양의 메디컬 센터와 기도실, 환전소, 호텔 외에 무료 샤워실도 있다. 이는 기도하기 전에 몸을 깨끗이 하라는 이슬람의 교리를 반영한 것이다. 라운지도 다수 있는데, 그 중 하나가 마르하바 라운지다. 식사와 음료가 제공되고, 편안하게 쉴 수 있는데, 신용카드로 이용 가능한 유료 샤워룸까지 갖추고 있다. PP카드/다이너스카드+비행기 탑승권이 있으면 무료입장이 가능하다. PP카드/다이너스카드로 입장 가능한 라운지는 터미널 당 2~3곳이 있다. 시설과 음식의 품질은 어지간한 공항들보다 좋다.

2. 지리와 역사

2.1. 지리적 배경

공식 명칭은 아랍에미리트연방(United Arab Emirates)이다. 동쪽으로 오만, 남서쪽으로 사우디아라비아, 북서쪽으로 카타르와 접하고, 북쪽으로는 페르시아만에 면한다. 서쪽으로부터 차례로 아부다비(Abu Dhabi), 두바이(Dubai), 샤르자(Sharjah), 아지만(Ajman), 움알카이와인(Umm al-Qaiwain), 라스알카이마(Ras al-Khaimah), 푸자이라(Fujairah)의 7개 토후국으로 이루어져 있다. 원래 9개 토후국으로 구성되어 있었으나, 1971년 카타르와 바레인이 분리 독립했다. 라스알카이마는 1972년 2월에 연합국의 일원이 되면서 아랍에미리트는 현재와 같은 연방 구성을 갖추게 되었다.

1) 국기

〈좌 : 휴전오만(Trucial States)의 국기, 우 : United Arab Emirates의 국기〉

1820년 아부다비, 아즈만, 라스알카이마, 샤르자, 움알카이와인이 함께 모여 영국과 동맹을 맺은 휴전 오만(Trucial States, 1820~1971)[52]을 만들었다. 이 동맹을 대표하기 위해 채택된 깃발은 중앙의 흰색 수평 띠에 7개의 뾰족한 금색별이 있는 적색-흰색-적색의 수평 삼중 띠 모양이었다. 1825년부터 1952년에 걸쳐 두바이, 칼바와 푸자이라도 동맹에 가입했다.

아랍에미리트 연방은 1971년 이전의 휴전 오만의 에미리트 항공 중 7개가 단일 독립 국가를 만들기 위해 함께 합류했을 때 설립되었다.

아랍에미리트의 국기에는 적색, 녹색, 흰색, 그리고 흑색의 범 아랍 색상이 포함되어 있다. 국기는 1971년 당시 19살이던 압둘라 모하메드 알 마에나(Al Maainah)가 디자인한 것이다. 1971년 12월 2일에 채택되었다.

적색은 강인함과 용감함을 나타낸다. 수직의 적색 띠는 다른 모든 의미를 하나로 묶는다는 뜻이라고 할 수 있다. 녹색은 희망, 기쁨, 낙관, 그리고 사랑을 상징한다. 또한

52) 아라비아 반도의 페르시아 만 연안에 존재했던 영국의 보호국. 현재의 아랍에미리트의 전신이다. 18세기까지는 아라비아 반도에서 활동하던 해적들이 유럽 국가의 선박들을 자주 습격해서 해적 해안(Pirate Coast)으로 불렸다. 영국의 인적, 물적 피해가 커지자 이런 해적 행위를 조정하고자 영국이 1820년부터 각 토후국들과 여러 조약들(trucial)을 맺었기 때문에 이 지역은 휴전 국가들(Trucial States) 또는 휴전 오만으로 알려졌다. 1892년부터 영국의 보호령이 되었다. 1971년 12월 2일 아랍에미리트의 수립으로 소멸되었다.

국가의 번영을 상징할 수 있다. 흰색은 평화와 정직함을 상징한다. 흰색은 가장 순수한 색이며, 청결을 상징하는 것으로 해석되기도 한다. 대중적인 믿음과는 달리, 그 흑색 띠는 석유를 나타내는 것이 아니고, 적들의 패배와 마음의 힘을 상징한다.

원래 1973년에 채택된 엠블럼[53]은 흰색 아랍 돛단배와 7개의 흰 별이 있는 원형의 적색 방패로 보호되고 있는 쿠라이시족(Quraish)의 황금 매[54]이다. 2008년에 설계된 방패는 국기로 변경되었다.

엠블럼에서 아랍에미리트의 상징인 매는 힘과 자애를 뜻하며, 중앙 국기의 테두리를 형성하고 있는 일곱 개의 별은 연방을 구성하고 있는 7개 에미리트를 상징한다. 하단의 아랍어는 '알이마라트 알아라비야 알무타히다', 즉 아랍에미리트연방(United Arab Emirates)을 뜻한다.

2) 기후

아랍에미리트의 자연은 열대는 아니지만 11월부터 이듬해 3월까지를 제외하고는 고온다습하다. 여름과 겨울의 온도차가 심하고 연강수량은 6~100mm 정도이다. 영토의 동단은 라스마산담(Ras Musandam) 반도로부터 남쪽으로 뻗어 있는 하잘산맥(Hajar Mountains)이지만, 그밖에는 평탄하다. 아라비아만(페르시아만) 연안에는 작은 섬들이 산재한다.

여름 기온은 연안지역이 46℃, 사막 내륙은 49℃ 또는 그 이상이고, 1월 평균기온은 18℃이다. 석유와 천연가스 매장량이 세계에서 가장 많은 것으로 추정된다. 전 국토 중 초원이 2%일 뿐이고 산림지대나 경작지는 거의 없다.

---

53) 인용 : https : //www.flagmakers.co.uk/flag－history/united－arab－emirates/

54) 쿠라이시족의 매(Hawk of Quraish, 쿠라이시족은 이슬람교의 창시자이자 예언자인 무함마드의 출신 부족)는 아랍 연맹 여러 국가의 국장, 코트, 깃발에서 발견되는 상징이다. 오늘날, 특히 페르시아 만 연안의 아랍인들은 전통적으로 팔콘, 즉 매의 전문가들이다. 매는 아랍인들의 가장 좋아하는 동물 중 하나로 여겨진다. 그래서 Quraysh와 Muhammad에 대한 전통과 기록된 역사는 매가 씨족의 상징으로 사용되었다고 주장한다. 따라서 쿠라이시족의 매의 여러 변형들이 오늘날까지도 여러 아랍 국가의 깃발, 갑옷, 씰 및 엠블럼에서 발견되고 있다. 그런 의미에서 쿠라이시족의 매는 살라딘의 독수리와 라이벌 관계에 있다.

3) 주민

아랍에미리트는 카와심족에 속하는 아랍인이 주민의 대부분이지만, 파키스탄인·인도인의 이민과 흑인도 많다. 사막에서 유목생활을 하는 베두인족도 인구의 약 10%를 차지한다. 각 토호국의 인구는 절반 이상이 주도에 집중되어 있고, 나머지는 해안지방의 도시와 내륙의 오아시스에 거주한다. 주민의 대부분은 이슬람교도들인데, 수니파 80%, 시아파 20% 정도로 수니파의 비율이 높다.

여러 가지 생활 관습들은 이슬람 계율을 따르고 있다. 어려서부터 코란을 읽으며 자란다. 주요 종교의식으로는 하지(매년 이슬람력으로 12월 8일~13일까지 5일간을 이슬람의 성지인 메카를 순례하는 의식)가 대표적이다. 이 시기는 나라 전체가 휴가 기간이 된다. 매년 이슬람력으로 9월 한 달 간은 일출 후부터 일몰 전까지 음식은 물론 물, 음료, 담배 등을 일체 금식하며 특별예배를 보는 라마단 행사가 진행된다. 라마단이 끝난 후 3일간 지속되는 이슬람의 제2대 명절인 이둘휘트르도 중요한 의식이다. 아랍에미리트에서는 이 기간을 국가 공휴일로 지정하여 친지와 이웃을 방문할 수 있게 하였다.

4) 사회

아랍에미리트의 총인구 중 자국민 비율은 11.5% 수준에 불과하다. 그러니 외국인 비율이 매우 높은 편이다. 이는 취업인구의 90% 정도를 인도, 파키스탄, 이집트, 오만, 이란 등의 외국 인력에 의존하고 있기 때문이다. 자국민들은 대부분 공공 분야에 근무한다. 민간 분야 종사자는 2만 명도 안 된다. 노동력 부족으로 인한 외국인 유입으로 아랍에미리트는 최근 10년간 평균 인구증가율이 15%에 이르는 기록적인 성장을 보였다. 고용부문에서 자국민 비율을 높이기 위한 정책(노동허가증인 Work Permit 발급 기준강화 등)을 추진하고 있다. 또한 외국인 고용 비율을 축소하기 위해 외국인 전문직에 대한 계약 갱신불허, 외국인 인력에 대한 비자 발급 요건 강화 등을 추진하고 있다.

2.2. 역사적 배경

1) 고대

UAE에 최초의 인류가 등장한 것은 B.C. 5500년경으로 추정된다. 지금보다 습한 기후로 걸프 만의 해수면도 높았다. 현재의 건조한 사막 기후는 B.C. 3000년경부터 시작된 것으로 추정하고 있다.

B.C. 2500년경부터 오아시스 지역을 중심으로 최초의 정착촌이 형성되기 시작했다. 메소포타미아와 인도, 지중해, 시리아와의 해상 및 육상무역의 통로 역할을 했다. 본격적으로 촌락이 성장하기 시작한 것은 B.C. 300년경 이후이며, 그리스와 남부 아라비아로부터 갖가지 물품을 수입하였다.

2) 이슬람교 전파 및 중개무역 시대

서기 240년, 이란의 사산 왕조가 아라비아 동부 지역 전체를 점령하였다. 이는 라스 알 카이마, 움 알 콰인, 후자이라 등 UAE 각지에서 사산 왕조의 동전 및 도자기 등이 발굴된 것에서 확인할 수 있다.

630년, 선지자 모하메드가 파견한 사절에 의해 이슬람교가 전파되었고, 632년 모하메드 사망 후, '릿다 운동(Ridda Wars, 632~634, 반 이슬람 폭동)이 대대적으로 발생하였으나, 초대 칼리프 아부바크르가 진압하였다. 특히 디바(Dibba, 오늘날의 샤르자) 지역에서는 반란 진압으로 10,000명 이상의 폭도들이 사망하였다.

이 시기에는 인도양을 통한 아시아 및 유럽 간 비단 및 향료 중개무역이 발달했다. 특히 줄파(Julfa, 오늘날의 라스 알 카이마) 지역은 UAE의 주요 항구이자 진주 채취 산업의 중심지로 오랫동안 명성을 이어갔다.

3) 서구 열강 침략

16세기, 아라비아 반도 동남부 해안 지역에서 포르투갈과 오스만제국 간 대립이 심해졌다. 포르투갈은 오만(무스카트 및 소하르), UAE(라스알 카이마) 등 주요 항구들을 점령하였다.

18세기, 영국이 동인도주식회사를 앞세워 이 지역의 패권국으로 부상하였다. 동인도주식회사는 1722년 이란의 사파비드 왕조가 아프간족에 의해 멸망하고, 1724년 오만의 야리바 왕조가 몰락하면서 걸프지역에 힘의 공백 상태가 발생하자, 이 지역으로 세력을 확장하여 약 2세기동안 패권을 장악하였다.

4) 바니 야스 부족의 성장

18세기 초, 라스 알 카이마 지역을 근거지로 하는 까와심(Qawasim) 부족, 아부다비 내륙의 리와(Liwa) 오아시스를 근거지로 하는 바니야스(Bani Yas) 부족, 오만 지역에서 발흥한 알 부사이드(Al Busaid) 부족이 걸프지역의 3대 중심 세력으로 등장하였다. 바니 야스 부족은 여타 부족들과는 달리 영국 세력에 우호적인 태도를 견지하며 세력을 확장하였다.

1793년, 바니 야스 부족의 알 부 팔라흐(Al Bu Falah) 가문은 알 나흐얀(Al Nahyan) 가문을 세우고 부족국가를 수립한 후 아부다비 에미리트로 발전하였다.

19세기 초, 바니 야스 부족의 알 부 팔라사(Al Bu Falasah) 가문이 두바이에 정착하여 알 막툼(Al Maktoum) 가문을 세우고 부족국가를 수립한 후 두바이 에미리트로 발전하였다.

한편, 영국에게 비우호적이었던 까와심 부족은 19세기에 영국의 지배에 지속적으로 항거하였지만 패배하여 샤르자, 라스 알 카이마, 후자이라 등 3개 에미리트로 분화되었다.

5) 걸프지역 영국보호령 휴전국가연합(Trucial States) 성립

1818년, 영국은 후자이라, 라스 알 카이마, 움 알 콰인, 아즈만, 샤르자, 두바이, 아부다비의 에미리트 통치자들과 '영구해상평화조약'을 체결하고, 이 지역을 '걸프지역 영국보호령 휴전국가연합'으로 명명하였다. 대형 선박 건조 및 해안 요새 신축을 금지하는 한편, 영국의 승인 없이 다른 나라와 독립적인 관계를 맺을 수 없도록 규정한 것이다.

19세기 말, 프랑스·독일·러시아 등 열강의 걸프지역 진출이 가시화되자 1892년 각 에

미리트들은 영국과 배타협정(Exclusive Agreement)을 체결하고 영국의 보호령이 되었다.

6) 연방국가 창설

1952년, 영국 정부의 주도로 7개 부족 통치자로 구성된 '걸프지역영국보호령연합위원회'를 설립하여 '연합국가' 건국의 단초를 마련하였다.

1968년, 영국이 1971년까지 군대를 전원 철수키로 결정함에 따라 1968년 2월 카타르 및 바레인을 포함한 9개 에미리트 간 연방최고회의(Supreme Council of Rulers) 결성에 합의하였지만, 카타르와 바레인은 연합 협상에서 중도 탈퇴하여 독립국가를 선포하였다.

1971년, 영국이 휴전 토후국과의 모든 조약을 종결함에 따라 1971년 12월 2일 라스 알 카이마 에미리트를 제외한 6개 에미리트로 구성된 '아랍에미리트연합국'이 창설되었다. UAE 잠정헌법을 제정하고 아부다비 에미리트 통치자인 셰이크 자이드가 대통령에, 두바이 에미리트 통치자인 셰이크 라시드가 부통령에 취임하였다.

1972년, 자이드 대통령의 설득으로 라스 알 카이마도 UAE 합류함에 따라 현재는 7개 부족으로 구성된 연방국이 되었다.

3. 에티켓 : 예절과 관습

1) 금기

■ 이슬람 종교 교리에 의한 금기

- 돼지고기와 주류 : 이슬람 성서인 코란에 돼지는 불결한 동물, 술은 정신을 흐리는 해로운 물질로 명기되어 있어서 관련 식품을 먹지 않는다. 젊은 세대나 외국 유학 등으로 견문을 넓힌 아랍인의 경우 술을 마시는 경우가 가끔 있지만, 상대측에서 제안하지 않는 이상 먼저 술을 권하지 않는 것이 좋다. 하지만 돼지고기는 피하는 아랍인이 대다수이다.
- 기도중인 사람을 방해하거나 똑바로 응시하면 안 된다. 라마단 기간 중 일몰 전

까지 공공장소에서 흡연이나 식음 등을 자제해야 한다.

– 아랍 여성 : 신체 접촉은 최대한 피하고, 이들을 오래 쳐다보는 것도 좋지 않다. 특히 외국인 남성이라면 여성에게 함부로 악수를 청해서도 안 된다. 아랍 남성들은 타인이 가족 중 여자의 안부를 묻는 것을 불쾌하게 여긴다. 여성의 사진을 찍는 것도 미리 허락을 구하지 않는 이상 조심하는 것이 좋다.

– 사진 촬영 : 정부는 왕궁, 국가 공공기관, 군사시설, 외국 대사관 및 국가 주요 시설물 등에 대해서 사진촬영을 금지하고 있다. 외관상 사진촬영 금지 표식이 명확히 인식되지 않더라도 반드시 사전에 사진촬영 허용 여부를 확인해야 한다.

■ 사회 관습에 의한 금기

– 왼손 사용금지 : 왼손은 깨끗하지 않다고 간주하여 다른 사람을 대할 때나 물건을 건네줄 때, 음식을 만질 때 왼손을 사용하지 않는다.

– 자신을 지나치게 낮추거나 부와 명성을 과시하지 않는다.

– 다른 사람에게 발바닥을 보이는 것은 남을 모욕하는 행동이다.

– 금요일은 휴일이므로 약속 잡기를 자제해야 한다.

– 애완동물, 특히 개를 좋아하지 않는다.

1) 약속

공공기관과 면담하는 경우 최소 한 달 전에 서면으로 방문 요청을 한 후, 전화나 팩스 등으로 일정을 조율하는 것이 좋다. 면담을 확정하기까지 상당한 시간이 소요되며, 담당자가 출장 또는 휴가 중인 경우라도 대체 인력이 대신 업무를 수행하지 않는 것이 일반적이어서 여유를 두고 준비하는 것이 좋다.

바이어 면담을 위해서는 적어도 1~2주 전 미리 이메일로 요청한 후에 전화로 다시 한 번 확인해야 한다. 기존 거래처가 아닐 경우 회신을 하지 않는 경우가 많아 아무런 답변을 받지 못하고 시일만 흐르는 경우가 많기 때문이다. 가능하면 구체적 논의 내용과 목적, 날짜, 시간 등을 이메일에 기재해 두는 것이 좋다. 현지 바이어들은 시간에 관대한 편이라서 약속시간에 맞춰 도착하지 않거나 이메일 회신이 늦는 것은 비일비재하다. 여유롭게 기다리는 것이 좋지만, 외국인도 늦어도 된다는 말은 아니다. 상대가 무슬림이라면 기도시간에 약속을 잡지마라.

2) 첫 만남

첫 만남에서는 호칭에 신경을 써야 한다. 아랍식 호칭은 셰이크(Sheikh), 셰이카(Sheikha), 사이드(Sayeed), 사이다(Sayeeda)로 구분할 수 있다. 셰이크는 아랍 국가나 기관의 남자 수장을 뜻하며, 같은 의미로 여성을 칭할 때 셰이카라고 한다. 보통 국가 원수나 장관을 칭할 때 사용한다. 사이드와 사이다는 서양의 Mr.나 Mrs.와 유사한 개념이다. 자국민 에미라티들은 이름(First name)보다 가문의 성(Family name)으로 격식 있게 불리기를 원하는 경향이 있어서 존칭과 성을 함께 부르는 것이 좋다. 예컨대 '모하메드 알 알리'인 경우 '모하메드'가 본인의 이름이고 '알 알리'가 가문의 성이므로 '사이드 알 알리'라는 호칭이 무난하다. 상대방의 이름을 모를 때는 남성은 'Sir', 여성은 'Madam'이라고 부르면 된다.

에미라티를 제외한 아랍인이나 다른 인종들은 서구식 문화대로 Mr.나 Ms.로 통용된다. 서로를 소개할 때에는 지위가 높거나 나이가 많은 사람이 먼저 소개하며 악수를 청하는 것이 보통이다. 상대방이 여자인 경우 신체적 접촉을 하지 않고 인사말만 건네며, 여성이 먼저 악수를 청하는 경우에만 응한다. 첫 만남에서부터 서둘러 사업의 본론부터 논하는 것은 결례가 될 수 있으며, 사소한 이야기부터 시작해 친근하고 편안한 분위기 속에서 관계를 만들어 가는 것이 바람직하다.

아랍 문화에서는 정시 시작이 꼭 미덕인 것은 아니므로 인내심을 가지고 상대를 기다리며 부정적인 표현은 삼가는 것이 좋다. 첫 만남에서 작은 선물을 준비하는 것도 나쁘지 않다. 다만 부인에게 줄 선물을 준비하는 것은 큰 결례가 되니 주의해야 한다.

3) 복장

남녀를 막론하고 몸이 드러나는 옷을 입는 것은 공식 석상에서 예의가 아니다. 외국인의 경우, 남자는 비즈니스 캐주얼이나 정장, 여자는 팔다리를 가리고 몸매가 노골적으로 드러나지 않는 복장을 착용하는 것이 좋다. 현지인의 경우, 주로 전통복장

으로 격식을 갖춘다. 남성은 칸두라(Kandoura)나 디시다샤(Dishdasha)라고 하는 발목 길이의 품이 넉넉한 흰색 옷을 착용하고, 머리에는 구트라(ghutra)라는 두건을 쓴 후 검은색 끈인 아갈(agal)로 고정한다. 여성은 소매와 기장이 긴 잘라베야(jalabeya) 원피스를 입고 그 위에 긴 검정색 겉옷인 아바야(abaya)로 앞모습을 가리고, 검정색 스카프인 샤일라(shayla)를 머리에 두른다.[55]

4) 식사

아랍인의 집으로 식사 초대를 받았을 경우 아내나 다른 여성을 동반하지 않는 것이 보통이다. 방문 시 간단한 선물을 지참하는 것이 좋지만, 와인 등 종교적으로 결례가 될 만한 물건은 피하는 것이 좋다.

아랍인들은 손님 환대 문화를 미덕으로 생각하여 손님을 극진히 대접한다. 특히 커피는 아랍인들의 환대 문화의 상징이라서 긴 시간 커피를 마시며 이야기를 나누기 때문에 커피를 다 마셨더라도 계속해서 잔에 채워준다. 이때 잔을 좌우로 흔들면 그만 마시겠다는 의사 표현이며, 티타임이 끝나면 본격적으로 식사가 시작된다. 식사 중에도 정말 배가 부른 상태가 아니라면 거절하지 않고 먹어야 호스트가 존중받고 있다고 생각하니 주의해야 한다.

반대로 아랍인을 손님으로 초대할 때, 특별히 요청하지 않는 이상 상대방 측에서도 아내와 가족을 대동하지 않는다. 초대 시 요청하여 가족들을 데려온 경우, 여자 손님은 남자들과 다른 방에 있도록 배려하는 것이 좋다. 더불어 아랍인들의 화려한 환대 문화에 상응하게 푸짐한 음식과 커피를 준비해 두는 것이 좋다. 아랍인들은 식음을 하며 이야기 나누는 것을 좋아하며 말을 많이 한다. 지금의 젊은 세대는 부모 세대와 다르게 바깥세상을 많이 돌아보고 견문을 넓혀서 이야기를 나누는 데도 어색함이 없다.

55) 사진 : https : //www.visitdubai.com/ko/see−thrill−play/heritage−and−culture/dress−and−fashion

5) 기타

- 업무시간 : 아랍국가의 평일은 보통 일요일부터 목요일까지이며, 금요일과 토요일은 휴일이다. 정부기관은 해가 강한 낮 시간을 피해 일과를 마무리하기 위해 근무 시간이 이른 편으로 7 : 30~15 : 00가 보통 업무시간이다.
- 라마단 : 라마단은 무슬림들이 해가 뜨고 질 때까지 금식을 하는 신성한 달이다. 이슬람력으로 아홉 번째 달로 1년 중 가장 중요한 달로 여겨진다. 라마단 기간에는 근무시간이 단축되며, 길거리 취식 및 흡연, 물을 마시는 것도 금지된다.

4. 문화 차원 : 국가 이미지의 토대

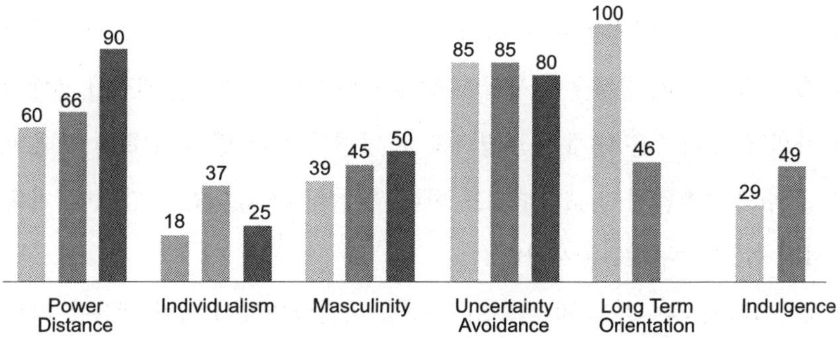

〈호프스테드의 문화 차원 : 한국-터키-아랍에미리트 비교〉

■ 권력 거리

아랍에미리트는 이 차원에서 높은 90점을 기록했다. 이는 사람들이 누구나 한 자리를 차지하고 있고 더 이상의 타당한 이유가 필요 없는 위계적 질서를 받아들인다는 뜻이다. 조직 내의 위계구조는 내재된 불평등을 반영하는 것으로 간주되고, 중앙 집중화가 일반적이고, 하급자는 무엇을 해야 하는지 말해주기를 바라며, 이상적인 상급자는 자비로운 독재자와 같다.

■ 개인주의

25점을 받은 아랍에미리트는 집단주의 사회로 간주된다. 이는 한 가족, 대가족, 또는 확장된 관계 등 구성원 '집단'에 대한 긴밀한 장기적인 헌신에서 분명해진다.

집단주의 문화에서는 충성심이 가장 중요하며, 대부분의 여타 사회적 규칙과 규정을 무시한다. 사회는 모든 사람들이 자기네 집단의 동료 구성원들을 책임지는 끈끈한 관계를 조성한다. 집단주의 사회에서 범죄는 수치심과 체면 상실로 이어지고, 고용주와 종업원 관계는 도덕적인 측면에서 인식되고, 고용과 승진의 결정은 직원의 내집단(in-group)을 고려한다.

■ 남성성

이 차원에서 중간치인 50점을 얻어서 남성성이나 여성성, 그 어느 쪽이 강하다고 보기 어렵다. 그들의 생활양식에서 이 차원의 정도를 읽을 수 있다. 예컨대 1960년대에 석유가 개발되기 이전까지는 주로 사막에서 부족 단위의 유목민으로 생활한 관계로 가족 관계를 중시하고, 경로우대 사상이 강해 일반적으로 가장의 권위가 절대적인 가부장제 사회였다. 가족은 대개 7~13명 정도로 남편과 한두 명의 아내 및 자녀, 때로는 숙부모·조부모·4촌들까지 포함되기도 한다. 친인척 간 유대감이 깊으며, 가족 구성원으로서의 의무와 책임도 중시한다.

아랍에미리트에서는 결혼 및 이혼의 풍습도 이슬람법에서 정한 계율을 따르고 있다. 결혼은 의무사항이다. 이혼도 법적으로 허용된다. 배우자 선택에서는 4촌간 청혼도 가능해서 근친결혼이 관습화되어 있고, 또 4촌간 결혼에 우선권이 부여되어 있다. 씨족이 다른 사람 간에도 양가의 합의와 결혼 당사자 간의 동의만 있으면 결혼이 가능하다. 코란에는 1부 4처까지 허용하고 있으나, 지금은 일부일처제로 변모하고 있다. 약혼 합의 시 신랑이 신부에게 주는 '마하르'라는 결혼지참금 제도는 아직도 관습으로 남아 있다. 이것은 신랑의 보호자가 신부의 보호자를 통해 신부에게 지불하는 것으로, 현금 또는 현물로 전해진다.

남성들이 지참금 등 과도한 결혼 비용 때문에 외국 여성들과 결혼하는 사례가 적지 않아서 사회문제로 대두되고 있다. 이에, 국내 여성과 결혼하는 남자에게는 정부에서

2만 불 정도의 보조금을 지급한다.

■ 불확실성 회피

아랍에미리트는 이 차원에서 80점을 받아서 불확실성 회피 선호도가 높다. 불확실성 회피 정도가 높은 나라들은 신념과 행동의 엄격한 규범을 유지하고, 비정통적인 행동과 생각에 관용적이지 않다. 이러한 문화에서는 규칙에 대한 정서적인 필요성(규칙이 결코 효과가 없더라도)이 있다. 시간은 돈이고, 사람들은 바쁘고, 열심히 일하고, 정확성과 정시성은 규범이고, 혁신은 저항할 수 있고, 보안은 개인적인 동기 부여에 중요한 요소이다.

■ 장기 지향성

현재 이 차원에서 얻은 점수가 없다. 다만 현지 속담이 이 차원의 평가를 대변할 수 있다. "어려운 시절을 대비해서 꾸준히 저축하고 아껴라(암울한 날을 대비해서 하얀 돈을 저축하라)."

■ 절제

현재 이 차원에서 이용 가능한 점수는 제시되지 않았다. 그러나 이 사회에서 통용되는 속담에서 절제적인 속성을 읽어낼 수 있다. "성공은 위해서는 밤낮을 가리지 말고 일해야 한다(만 딸라바 만 나자하, 아말 사바한 왈 레일리)."

09
우즈베키스탄

〈인용 : https : //www.nationsonline.org/oneworld/map/uzbekistan-administrative-map.htm〉

국명	우즈베키스탄공화국(Republic of Uzbekistan)
면적	447400 ㎢
수도	타슈켄트(Tashkent)
종족	우즈베크인(80%), 러시아인(5.5%), 타지키스탄인(5%), 카자흐인(3%), 카라칼팍인(2.5%), 타타르인(1.5%), 기타(2.5%)
인구	3,240만 명 (2018)
공용어	우즈베크어, 러시아어(통용어)
종교	이슬람교(88%), 동방정교(9%), 기타(3%)
건국일	1991년 9월 1일
정체	공화제 (대통령 중심제, 임기 5년)
통화	숨(soum)
인터넷도메인	.uz

1. 공항 : 나라의 관문

우즈베키스탄은 화물 운송은 철도, 여객 운송은 도로의 의존도가 높다. 하천은 아무다리야 강이 수송의 일부를 담당하지만, 그 기능은 많이 약화되었다. 19세기 말 목화수송을 위해 철도가 부설된 이후 20세기 초까지 간선철도가 부설되었다. 2006년 기준 철도연장(대부분 러시아식 광궤)은 3,950km이며, 이중 620km가 전철화 되었다. 1888년 개통된 트랜스 카스피안 철도(타슈켄트-튀르크멘바시)가 운송에 중추적 역할을 한다. 타슈켄트 지하철이 1977년 개통되었다(길이 31km).

현재 정기 항공편이 있는 공항으로는 11개가 있다. 우즈베키스탄 항공 국영항공사(Uzbekistan Airways National Air Company)가 운영하고 있다. 그 중 타슈켄트, 사마르칸트, 부하라, 우르겐치, 테르메즈, 나보이 등 6개 공항은 국제공항이다. 최대 공항은 타슈켄트 국제공항으로, 26개국 64개 노선을 운항 중이다. 국내 주요 도시는 국내선 항공기로 연결된다. 타슈켄트는 동서로는 아시아와 유럽의 주요도시를 잇는 최단거리 항공로의 요충이며, 남북으로는 인도와 유럽을 연결하는 항공망의 중심이다. 구소련연방국가 중 러시아 다음으로 많은 항공기를 보유하고 있다.

구소련이 해체되자 카리모프 대통령(Islom Karimov)이 1992년 우즈베키스탄항공 설립을 허가했다. 최초의 노선은 수도 타슈켄트-런던 노선이었다. 초기 우즈베키스탄의 국내선 항공기들은 러시아의 아에로플로트가 보유한 기종이었다. 1993년부터 에어버스사의 항공기를 대여하여 운항했다. 현재 국제노선에는 보잉사와 에어버스사의 항공기로 운항하고 있다. 중앙아시아 항공 산업의 선두주자 역할을 하는 항공사로, IL-62, IL-76, IL-114의 조립 및 생산능력을 갖추고 있다. 보유 기종은 에어버스 310-300, 보잉 757-200, 767-300, RJ-85 등이다.

한국에는 1993년 10월에 첫 취항했다. 1994년 12월 한국지점을 개설하여 정기운항을 시작했으며. 2004년부터 인천-타슈켄트 간 직항노선을 주 4~6회 운영하고 있다.

■ 타슈켄트 국제공항(Islam Karimov Tashkent International Airport)

– IATA : TAS ICAO : UTTT

우즈베키스탄의 메인 국제공항이며, 중앙아시아에서 세 번째로 바쁜 공항이다(카자흐스탄의 알마티 국제공항과 누르술탄 나자르바예프 국제공항). 타슈켄트 중심에서 12km 떨어져 있다.

이 공항은 ICAO CAT–II 공항[56]에 속한다. 우즈베키스탄 항공의 1차 허브공항이다.

타슈켄트 공항은 느려터진 일 처리로 유명하다. 효율성이나 인력부족이 문제라면 개선의 여지는 충분하겠지만, 그게 아니라 의도적으로 일처리를 늦게 한다는 인상을 지울 수 없다. 우즈베키스탄의 메인 공항이지만, 많은 사람들을 통제할 수 있는 어떠한 시스템도 없고, 우리의 인천국제공항의 시스템을 생각하고 가면 실망하기 십상이다.

그래서 타슈켄트 신공항(Islam Karimov Tashkent International Airport)이 시내 남쪽에서 9km 떨어진 곳(도심에서는 24~25㎞)에 2041년까지 완공 예정으로 친환경 공항 마스터플랜을 개발하고 있다.

56) ICAO에서 전천후착륙장치(All Weather Landing System) 개발을 단계적으로 추진하기 위한 공항 안전운영기준의 하나로, 계기접근절차를 이용하는 항공기의 운항을 목적으로 운용되는 '계기 활주로(Instrument runway)'의 형태에 따라 크게 3가지 카테고리(CAT, CAT–I, II, III)를 설정하고 있다. 타슈켄트공항은 CAT–II에 속한다. CAT–Ⅰ정밀접근활주로는 결심고도 60m이상이고, 시정이 800m 이상이거나 활주로가시범위가 550m 이상 조건으로 운용되며, ILS 및 시각보조시설을 갖춘 계기 활주로이다. CAT–Ⅱ정밀접근활주로는 결심고도 30m 이상 60m 미만이고, 활주로가시범위가 300m 이상의 조건으로 운용되며, ILS 및 시각보조시설을 갖춘 계기 활주로이다. CAT–Ⅲ정밀접근활주로는 활주로 표면까지 가용한 ILS를 갖춘 계기 활주로를 말하며 다시 세 가지로 세분한다. 참고로 현재 김포공항(GMP)은 카테고리Ⅱ등급으로 운용중이고, 일본의 나리타공항(TYO–NRT) 및 간사이공항(OSA–KIX)은 카테고리 Ⅲa등급으로 운영 중이다.

1) 역사

공항의 역사는 1923년 타슈켄트행 항공노선의 개설로 거슬러 올라간다. 구소련시기에는 비교적 큰 운송공항이 개발되었다. 1993년에 1,409,900명이 이 공항을 이용했다. 1990년대 중반에 이 공항은 서구의 건설사들의 도움으로 꽤 정비되었다. 이후 2001년에 터미널이 재개발되었다. 공항의 용량은 현재 시간당 수천 명의 승객을 처리할 수 있다.

2) 활주로

방향	길이		표면
	ft	m	
08L/26R	13,123	4,000	콘크리트
08R/26L	12,812	3,905	아스팔트

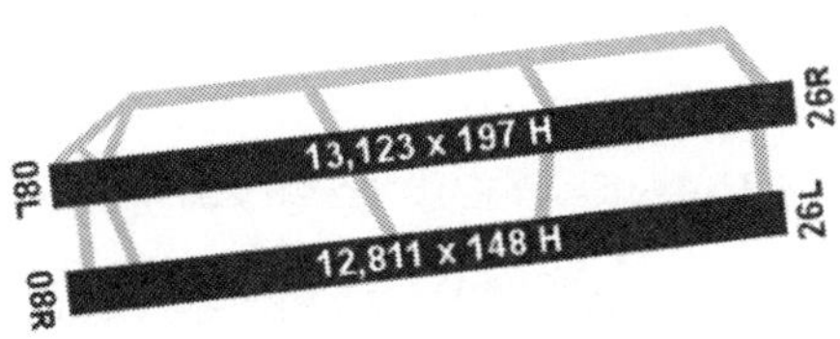

3) 터미널

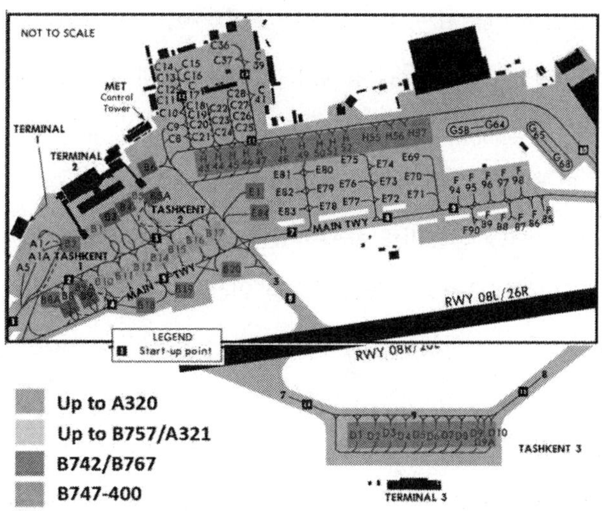

공항은 두 개의 터미널로 구성되어 있다. 터미널 2는 국제선, 터미널 3은 국내선 전용이다.

터미널 2는 2001년에 재건되었고, 2018년에 개보수 작업이 완료되었다. 시간당 1000명의 승객을 수용할 수 있으며, 연간 200만 명 이상의 승객을 수용할 수 있다. 여타 시설로는 대기실, CIP 및 VIP 홀, 식당과 바, 환전소, 면세점, 항공권 판매대, 24시간 약국 등이 있다. 터미널은 거의 최대 용량으로 운영 중이며, 도착 승객은 통관 및 출입국 절차를 완료하는 데 평균 2시간을 소비한다.

터미널 3은 2011년에 시간당 400명의 승객을 수용할 수 있는 용량으로 개통되었다. 두 터미널은 활주로에 의해 분리되어 있어서, 국제선에서 국내선으로 또는 반대로 환승하는 승객은 공항과 그 사이에 환승하기 위해 공항을 빠져나와야 하는 번거로움이 있다.

2. 지리와 역사

2.1. 지리적 배경

정식명칭은 우즈베키스탄공화국(Republic of Uzbekistan)이다. 동쪽으로 키르기스스탄과 타지키스탄, 남쪽으로 아프가니스탄, 남서쪽으로 투르크메니스탄, 북쪽으로 카자흐스탄과 국경을 접한다. 북서 일부는 아랄해에 면한다.

125개 민족이 공존하는 다민족국가이다. 국명은 '우즈베크인의 나라'라는 뜻의 페르시아어에서 유래했다. 행정구역은 1개 자치공화국(respublika), 12개 주(viloya), 1개 시(shahar)로 되어 있다.

여러 민족 언어가 통용되어오다가 19세기부터 러시아의 강력한 언어동화정책으로 러시아어를 공용어로 채택하였다. 구소련 해체로 독립한 이후 소수민족의 문화, 언어 및 교육을 장려하며 공식적으로 민족화합정책을 표방하였지만, 내부적으로는 우즈베크 민족주의 정책을 추구하여 터키계 언어인 우즈베크어를 공용어로 채택하였다.

1) 국기

우즈베크 국기는 수평으로 분리된 줄무늬 국기인데, 왼쪽 상단에 초승달과 12개의 별이 있다. 국기에 사용된 색깔은 파란색, 녹색, 빨간색, 흰색이다. 국기의 비율은 1 : 2이다. 국기가 채택되어 현재처럼 사용되기는 1991년부터이다.

파란색은 하늘과 물을, 흰색은 평화를 상징한다. 녹색은 자연의 생명력을 상징하며 젊음과 희망의 뜻을 담고 있다. 빨간색은 붉은 피를 상징하며 생명력을 나타낸 것이다. 초승달은 이슬람 전통을 나타내며, 12개의 별은 우즈베키스탄을 구성하고 있는 12개의 주를 뜻한다.

2) 기후

우즈베키스탄은 국토의 대부분이 대륙성기후 지대로, 한서의 차가 심하고 연간 강수량이 적은, 증발량이 강수량보다 많은 건조기후지대이다. 여름은 길고 무더워 7월 평균기온이 북부는 26℃, 남부는 30℃이지만, 32℃ 이상인 지역도 있다. 낮 기온 40℃ 이상인 경우도 자주 발생한다. 겨울은 짧고 대체로 온화한 편인데, 남부는 2개월 정도이며 북부는 5개월이나 된다. 1월 평균기온은 북부는 −8℃, 남동부는 3℃이다. 그러나 혹한이 빈번하며 북부에서는 최저 −38℃ 이하인 날도 있다.

3) 종교

- 고대에 조로아스터교와 불교의 영향을 받았고, 8~9세기 아랍 침략이후 이슬람화 되었다. 현재 우즈벡인 88%가 무슬림(수니파 70%)이다.
- 독립 이후 이슬람 부흥운동이 일어나기도 하였으나, 카리모프 대통령은 철저한 정교분리로 이슬람 근본주의자들에 의한 정치 불안 요소를 원칙적으로 배제하였으며, 대다수 국민이 정부의 종교정책을 지지한다.
- 우즈베키스탄 정부는 인접한 타지키스탄과 아프가니스탄으로부터 과격 시아파 원리주의가 확산되는 것을 경계하고 있다.

2.2. 역사적 배경

1) 고대

– 구석기 시대부터 문명이 존재하고, 기원전 6세기에는 페르시아에게, 기원전 4세기에는 알렉산드로스 대왕에게 점령된다.

– 6세기 중엽, 돌궐 제국 성립 후 돌궐족(투르크족)이 진출한다. 751년 사라센 제국과 당나라 간 탈라스 전투에서 사라센군이 승리함에 따라 이슬람권에 편입된다. 참고로 탈라스 전투의 당나라 측 사령관은 고구려 유민 후예인 고선지 장군이었다.

– 아케메네스 왕조(페르시아). BC 6세기에 중앙아시아는 아케메네스 페르시아 왕국의 시조인 키로스 2세에게 정복된다. 200년 이상 중앙아시아의 남부지역 전체가 아케메네스 제국의 일부였다. 이 제국의 모든 영토는 총독이 지배하는 속주들로 구분되는데, 중앙아시아에는 박트리아, 소그디아나, 호레짐이 있었다. 이들은 최초의 고대 주들인데, 전부 또는 일부가 현재의 우즈베키스탄 영토에 위치한다.

– 중앙아시아 인들은 페르시아 인들의 억압에서 벗어나고자 오랜 투쟁 끝에 BC 4세기 후반 호레짐(Khorezm)과 삭스(Saks)가 독립한다. 이후 BC 328년 알렉산드로스 대왕의 군대가 침입하면서 아케메네스 제국은 종말을 고한다.

– 헬레니즘 시대. BC 329년 알렉산더 대왕은 소그디아나[57]에서 권력을 강화했다. BC 323년 알렉산드로스 대왕 사후 소그드는 그리스 사령관 셀레우쿠스(Seleucus)가 세운 셀레우시드(Seleucid) 주의 일부가 된다. BC 250년 셀레우시드 사트라프 디오도트(Seleucid satrap Diodot)는 이 주에서 분리된 별도의 박트리아 왕국(그리스-박트리아 왕국, BC 250~125)으로, 수도는 박트리아였다. 이 고대 국가에

57) 소그디아나는 고대 이란 족 계열의 유목민족인 스키타이 인들을 부르는 단어인 소그드인들이 사는 도시라는 뜻. 소그디아나는 아케메네스 제국의 수립자인 키루스 2세가 진출했으며, 이후 기원전 328년 마케도니아 왕국의 알렉산드로스 대왕이 이 지역을 병합했다. 6세기부터 중앙아시아에서 발흥한 투르크인들이 돌궐제국을 건국하면서 소그디아나는 투르크화 되었다.

는 마르기아나와 소그디아나가 포함되어 있다. 중앙집권 국가로서 문화와 경제가 매우 번창하고, 공예, 농업, 무역, 마을계획 등이 발전하고, 화폐가 주조된다. 당시 셀레우시드 주에서 박트리아로가는 도로가 건설되어 있어서 국제 무역과 세계 여러 나라들과의 관계가 발전한다. 박트리아는 중국-인도 무역로(실크로드 남쪽 분기점)에 위치해 있었다.

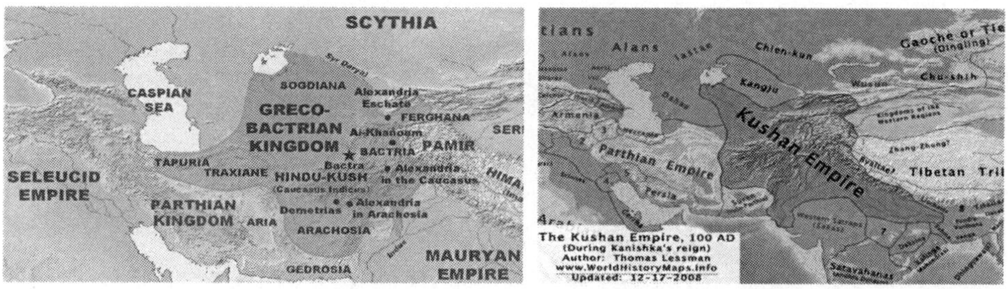

〈좌 : 박트리아 왕국, 우 : 쿠샨제국〉

- 쿠샨제국(105~250). 박트리아 왕국은 기원전 2세기 중반에 붕괴되고 유목민 국가인 쿠샨제국이 들어선다. 이 제국은 타지키스탄, 카스피 해, 아프가니스탄 등을 포함하는 대제국이다. 월지를 건국한 토하라 민족의 일파인 쿠샨족이 세웠고, 중국, 로마 제국, 페르시아의 사산 왕조 등과 교역한다. 쿠샨 통치자 카니슈카 1세는 불교를 채택하고, 전역에 불교 사원을 세운다. 중앙아시아의 도시들은 공예와 무역의 중심지로 번창한다. 그러나 이 시기의 가장 큰 업적은 나중에 '그레이트 실크로드'로 불린 무역로이다. 이 로드는 광대한 지역에 걸쳐서 중국에서 서부로 뻗어나갔다. 우즈베키스탄과 페르가나 계곡의 중심부인 중앙아시아가 이 하이웨이의 핵심부 역할을 한다. 쿠샨제국은 에프탈(Ephthalites) 유목민족에 의해 붕괴된다.
- 파르티아제국(BC 247~AD 224). 기원전 250년 셀레우시드 주와 분리되었다. 파르티아는 오늘날 투르크메니스탄의 영토와 이란 북부의 일부인 카스피해 남동쪽에 위치해 있었다. 국가가 번영하는 동안, 파르티아는 아시아 마이너(Asia Minor)에서 인도까지 이르는 영토를 정복했다. 파르티아는 기원전 170~138년 미트리다드(Mitridad) 통치기에 가장 번성한다. 그는 메소포타미아와 아르메니아의 요

충지이던 페르시아는 셀레우시드로부터 벗어나 박트리아의 일부를 정복한다. 그는 '왕 중의 왕'이란 칭호를 받고 아케메니드(Achaemenid)의 후계자를 자처한다. 파르티아의 수도는 니사(Nisa)에 있었는데, 그 유적은 아슈가바트(Ashgabat) 근처에 남아있다. 니사는 왕의 보호구역인 올드 니사와 고대 파르티아 도시의 유적지인 뉴 니사로 나뉘어져 있었다. 로마의 내부 갈등과 압력으로 찢어진 파르티아는 서기 226년에 붕괴된다.

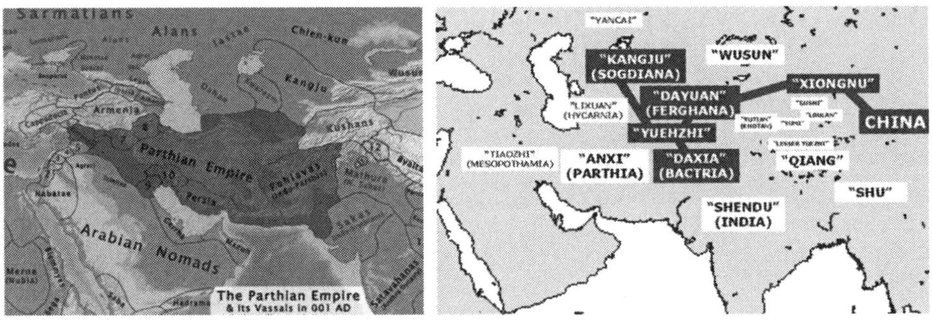

〈좌 : 파르티아제국, 우 : 강거〉

– 강거(Kangju). 3세기 이후 아리안계 스키타이와 원시 투르크 흉노 민족이 함께 세운 독립국가로 존재하였고, AD 1~2세기에 가장 번성한다. 강거는 시르다리야 스텝지역과 시르다리야 강 하류와 중류를 잇는 지역을 포함한다. 남부 강거는 쿠샨 왕국과 접하고, 북동쪽은 중국의 한제국과 접한다. 즉, 현재의 우즈베키스탄과 카자흐스탄 남부 인근 지역에 위치했으며, 여름 수도가 지금의 타슈켄트로 추정되고 있다. 실크로드는 경제발전을 일으킨 강거를 관통한다. 국가의 전략적으로 중요한 위치는 강거의 지역 정세에 영향을 미친다. 강거는 선진 경제와 행정 체제를 갖춘 연합국이었다. 강거의 주요 인구는 유목민족으로 구성되었지만, 남부 지역의 인구는 농업에 종사했다. 고대 국가의 쇠퇴는 서기 4세기, 부족의 새 이동과 중앙아시아의 농업 지구에 유목민족이 침입하던 시기였다.

2) 중세

– 에프탈(Hephthalites). 5세기 중엽부터 약 1세기 동안 박트리아를 중심으로 타림 분

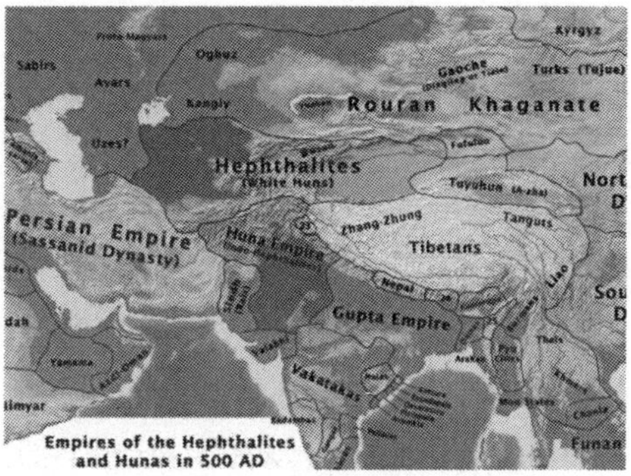

Empires of the Hephthalites and Hunas in 500 AD

지와 서북 인도에 세력을 떨친 백인 훈족(White Huns)이 세운 제국이었다. 중앙아시아의 모든 도시를 정복하고, 카스피해에서 카슈가르, 아랄해에서 인도에 이르는 광대한 제국을 만든다. 불교 전통을 장려하고, 많은 불교 사원을 건립한다. 인도·동아시아·페르시아·남루스를 연결하는 무역 노선(그레이트 실크로드)을 거의 장악, 중앙아시아에서 일대 세력을 이룩한다. 563~567년에는 돌궐과 사산 왕조에 협공당하여 멸망한다.

- 서돌궐 카간국. 6세기 에프탈 붕괴 후, 돌궐족들은 중앙아시아의 다양한 유목민족과 알타이 국가를 연합하여 강력한 투르크 칸국(550~750)을 세워 중국에서부터 중앙아시아를 거쳐 볼가강까지 뻗어나간다.
- 583년, 수나라의 이간책으로 돌궐제국이 서돌궐제국과 동돌궐제국으로 분열하는데, 중앙아시아 세력이 서돌궐제국이다. 이 칸국은 끝없는 전쟁을 통해 부유해진다. 포로들은 특별한 마을에 정착한 후 상품이나 수공예품 등을 제조하여 최고 지도자인 카간들(Kağan, 투르크계 또는 몽골계 유목민 국가에서 사용하는 황제의 칭호로 나중에 몽골의 '칸')에게 납부했다. 투르크 통치하의 소그디아나와 페르가나 도시들은 상대적인 자치권을 보존하고 카간들에게만 공물을 바쳤다. 투르크 칸국은 비잔티움 제국, 사사니드 제국, 이란, 중국 등 당시 강대국들의 정치·경제 관계에 참여하여 실크로드의 지배권을 노린다. 면화와 견직물 생산이 활발했다. 이 지역의 금과 은도 높은 평가를 받았다.
- 아랍 정복과 초기 이슬람의 팽창. 7세기에 소그디아나(소그드)[58]의 비옥한 땅은 673년부터 이 땅을 침략하기 시작한 아랍인들의 뜨거운 관심의 대상이 된다. 아랍인들은 이 지역을 '강 사이의 땅'을 의미하는 마와란나할이라고 지칭한

58) 이란계 유목민족인 소그드인들이 살고 있었다. 이란 사람들은 이 지역을 "투르(Tur, 인명) 사람들의 땅"이라는 뜻으로 Turan(Tūrān)이라 불렀다.

다. 709~712년, 우마이야 칼리파국(661~750)의 지도자 이븐 쿠타이바(Ibn Muslim Kuteiba)가 마와란나할의 주요 중심지들인 사마르칸트, 부하라, 호레즘을 정복한다. 그 결과, 우즈베키스탄과 사실상 중앙아시아 전체가 바그다드 칼리파국(8세기 중반까지 우마이야 왕조, 750년 이후 아바스 왕조)의 지배하에 아랍 칼리파국의 일부가 된다. 마와란나할에서는 아랍의 영향력이 지배적이 된다. 아랍인들은 이슬람교를 끌어들이고, 피정복민들을 이 새 종교로 강제 개종시킨다. 10세기까지 마와란나할의 전체 인구는 이슬람교를 채택한다.

- 타히르 토후국. 아바스의 호라산 지방을 821년부터 873년까지, 도시 바그다드를 820년부터 891년까지 통치했던 페르시아 디흐깐 출신의 왕조이다. 바그하드 칼리프들은 페르시아 관리들 중에서 정복 지역의 주지사들을 임명한다. 821년 호라산 총독으로 임명된 압둘라 이븐 타히르는 타히르 왕조를 세우는데, 그 영향력은 호라산과 마와란나할로 퍼져나간다. 이 기간 동안 이 지역의 경제와 문화는 거의 파괴된다. 소중한 수백 개의 기념물도 폐허가 된다. 아랍어가 국가 공용어로 채택된다. 타히르는 강력한 권력을 조직하고 농업을 강제하며, 물 공급 개선을 위해 새 수로를 건설한다. 관개용 물을 사용하는 기준도 만든다.

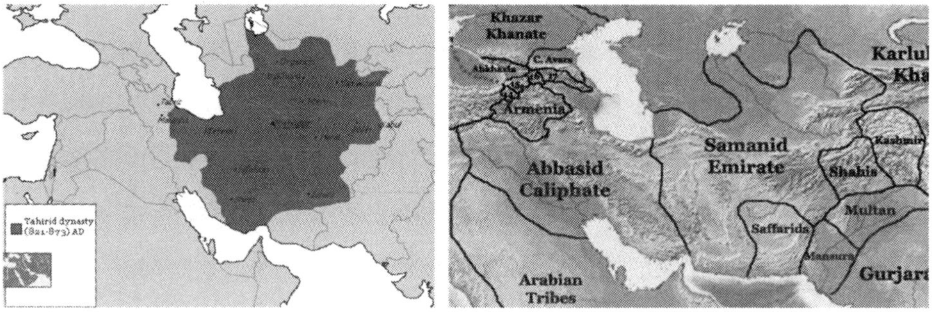

〈좌 : 타히트 토호국, 우 : 사만 토호국〉

- 사만 토호국(Samanid). 이 칼리파국은 호라산과 마와란나할의 차지로 타히르 토호국의 힘을 강화하기 위하여 사만 토호국의 페르시아 인종을 강하게 선전하기 시작한다. Saman Khuda족 창시자의 후손들은 사마르칸트의 누(Nuh), 페르가나의 아마드(Ahmad), 타슈켄트의 야히야(Yahya), 헤라트의 일리아스(Ilyas) 등 마와란

나할 도시들의 총독으로 임명된다.

- 900년, 사만은 호라산을 그들의 수중에 넣는다. 사만은 부하라에 수도를 두고 마와란나할에서 최초로 중앙집권적인 봉건국가의 시조가 되고, 999년까지 통치한다. 사만은 국가 장치의 효율적인 업무에 기초하여 합리적인 세금 징수와 새로운 경제를 창출한다. 부하라, 메르브(실크로드의 남쪽 길과 북쪽 길이 톈산 산맥의 서쪽에서 만나는 오아시스 도시), 사마르칸트, 우르겐치는 중세 초기에 세계적인 과학과 문화의 중심지였다. 무역은 전에 없이 번창한다. 특히 사마르칸트의 종이와 유리뿐 아니라 가죽, 천, 실크, 양모의 수요도 많았다.
- 카라한 칸국(Kara-Khanid Khanate). 10세기 말 투르크 부족(한 때 강력한 투르크 칸국의 잔당)은 992~999년 마와란나할을 이긴 카라한 왕조를 중심으로 새로운 토호국을 세웠다. 999년, 카라한 왕조는 사마르칸트와 부하라의 사만 토호국의 뒤를 이었다. 카라한은 셀주크가 권력을 잡은 11세기의 짧은 기간을 제외하고 13세기의 몽골 침공 때까지 200년 동안 지배했다. 당시 국경은 끊임없이 바뀌었다.
- 화레즘(호라즘) 제국(Khwarazmian dynasty). 아무다리야 강 하류 유역, 지금의 히바에 있었던 투르크계 국가(1077~1231)이다. 셀주크 왕조의 셀주크 투르크 제국의 부장(部將) 아누시티긴(Anush-Tegin Ghartschai, 재위 1077~1097)이 이 땅에 왕이 되고, 아들 쿠트브 웃딘 무함마드(재위 1097~1127)는 셀주크 투르크의 술탄에서 독립하

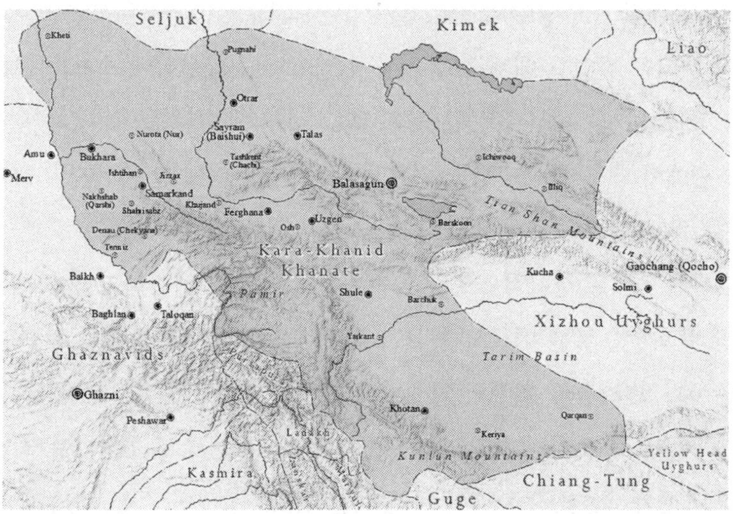

여 우르겐치(당시에는 코네우르겐치)를 수도로 정한다. 이란, 아프가니스탄으로 진출하여 영토를 크게 넓힌다. 알라 웃딘 무함마드 2세(재위 1200~1220)는 투르크 도시인 사마르칸트를 중심으로 하는 동서 무역을 독점하여 번영한다.

– 징기스칸의 침략. 1215년 징기스칸이 중국 정복 후 마와란나할의 침공을 시작했다. 화레즘 제국의 알라 웃딘 무함마드 2세는 갑작스런 적의 침공으로 발흐(Balkh, 호라산의 주요 도시 중의 하나로 몽골 침입으로 완파됨)로 후퇴하여 대항하지만, 몽골인들은 화레즘의 오아시스 도시들을 정복·파괴한다. 1220~1221년 몽골인들은 사마르칸트와 우르겐치를 멸망시킨다. 이 시기에 중앙아시아 고대 문화의 수많은 기념물들이 파괴된다.

– 몽골 치하의 차가타이 울루스. 징기스칸의 대제국은 주치(Jochi), 우구데이(Ugedei), 차가타이(Chagatai) 세 아들이 나눠 통치한다. 차가타이 칸은 위구르 지방에서 서쪽으로 부하라와 사마르칸트에 이르는 옛 카라키타이 제국의 초원, 즉 일리, 이식쿨 호, 추 강 상류, 그리고 탈라스 지역을 통치하는데, 이 땅들을 차가타이 울러스라고 불렀다. 몽골의 통치자들은 이슬람 상인들을 마와란나할의 총독으로 임명하는데, 그들은 사람들에게 과세를 강요한다. 여러 번 반란(예, 1238년 부하라)이 일어나 잔혹하게 진압된다. 이런 불안정 때문에 마와란나할을 작은 소유지들로 분열시켜 서로 경쟁하게 한다.

– 티무르제국. 130여 년의 짧은 존속기간이지만, 이 제국은 몽골을 이어 중앙아시아 전역을 통일한 대제국으로, 동서 실크로드 활성화에 크게 기여한다. 평생을 전장에서 보낸 티무르는 인도 북부와 카스피해 남부를 거쳐 1402년에는 앙카라 평원에서 당시 세계 최강국이었던 오스만 제국의 술탄 바예지드 1세(Bayezid I.)를 격퇴하고 그를 생포한다.

티무르제국은 정치적으로는 칭기즈칸의 몽골을 계승하고 종족적으로 투르크인, 문화적으로는 페르시아, 종교적으로는 이슬람을 표방한 진정한 다문화 공존국가였다. 능력 위주의 인재발탁으로 국가운영은 유연성을 더하고, 학문 숭상 정책으로 학자가 최고의 대우를 받는다. 지하 수로인 카나트 정비를 통해 대규모 관개시설을 구축하여 농업과 실크로드 상업의 결합, 과학과 학문의 장려,

예술과 건축의 부흥, 이슬람과 토착 종교의 융합이라는 중앙아시아 르네상스 시대를 화려하게 열어준다. 국력에 걸맞게 모스크, 묘당, 대학 메드레세, 목욕탕 하맘, 바자르 등 기념비적인 건축물이 도시 전체를 채운다. 주름 잡힌 에메랄드빛 둥근 돔에 상감한 푸른색 타일로 벽면을 장식해서 우아하면서도 품격 있는 티무르식 건축 장르를 선보인다. 최대한 높게 올린 모스크의 첨탑은 실크로드 대상들을 위한 사막의 등대 역할을 한다.

제국의 수도 사마르칸트에는 전 세계 상인들과 인재들이 몰려든다. 공식행사가 치러지고 왕의 칙령이 공표되던 레기스탄 광장에는 궁전이나 성채가 아닌 수백 명의 학생들이 수학하던 학문의 전당인 메드레세가 들어선다. 특히 티무르의 손자 울루그벡(1393~1449)이 완성한 천문대는 뛰어난 기술과 학문적 집적으로 당시 1018개의 별자리의 움직임을 관측하여 기록했다고 전한다. 정교한 관측을 바탕으로 울루그벡은 1년의 길이를 365일 6시간 10분 9초로 계산했다. 현재의 계산과 1분 이내의 오차범위이다.

티무르제국 건축예술의 위대성은 티무르(1336~1405)의 묘당 '구르 아미르'[59]에서 숙연한 빛을 발한다. 특히 64개의 주름으로 마무리한 돔 건축은 미의 극치에 이른다. 실내에는 화려함과 고귀함, 당당함을 한 건축에 모두 품고 완벽한 기하학적 대칭 구도로 신의 세상에 영면하는 상징을 표현해 놓았다.

중앙아시아 유목 공동체에는 축적된 문화나 지식의 하부구조가 미약하다는 고정관념과 오류를 티무르가 깨뜨린다. 오히려 중국 문명이나 서쪽의 오리엔트와 그리스·로마·비잔틴 문명을 온몸으로 받아들여 15세기에 세계 최고 수준의 문명과 과학기술을 이루고 이를 가장 역동적으로 주변 지역으로 전파한다. 티무르의 마지막 왕자인 바부르는 권력 투쟁에 밀려 인도 북부로 가서 무굴제국의 창시자가 되어 인도에서 또 다른 400년의 명맥을 이어간다.

---

59) '장군 또는 지휘관의 무덤'의 뜻. 티무르의 시대의 몽골의 전통은 칭기즈 칸의 후예가 아닌 사람이 '칸(한)'이 되는 것을 허락하지 않았기 때문에 그는 칸을 자칭할 수 없었다. 대신 그는 '아미르'(지휘관)라는 호칭을 사용했고, 그 앞에 '부주르그(buzurg)' 또는 '칼란(kalān)', 즉 '위대한'을 붙여 '위대한 아미르'라고도 했다.

– 샤이반 왕조(Shaybanid Dynasty). 아랄해에서 세력을 확장한 우즈베키스탄 샤이바니 칸(무함마드 샤이바니, 1451?~1510)은 1500년 사마르칸트를 침공, 1507년 티무르 제국을 멸망시키고 샤이반 왕조를 창시한다. 샤이반계의 유목민들은 1282년 이슬람을 받아들이고, 이후 우즈베크족이라 불리게 된다. 무함마드 샤이바니가 이끄는 샤이반계 유목민들은 사마르칸트, 부하라, 헤라트를 수복한다. 그를 계승한 샤이반 왕조는 각각 부하라칸국, 코칸트칸국 그리고 히바칸국을 세운다. 아불 하이르 칸과 함께 남하하지 않은 샤이반의 다른 후손들은 시비르칸국을 다스린다. 이들에게서 카자흐스탄과 키르기스스탄의 여러 귀족 가문들이 나왔다(예, 초칸 발리카노프). 티무르의 5대손 자히르 알딘 무함마드 바부르(1483~1531)는 인도로 건너가 바부르 제국(무굴 제국)을 건국한다(1526년). 우즈베키스탄에서는 무굴 제국이 아닌 바부르 제국을 공식 명칭으로 사용한다.

3) 근세

■ 우즈베키스탄 민족의 형성

– 오랜 세월 중앙아시아 지역에 거주하던 이란계·투르크계 민족과 13세기에 진출한 몽골계 민족의 융합을 통해 오늘날의 우즈베키스탄 민족이 형성된다.

– 1507년, 샤이반 왕조의 등장이 오늘날 우즈베키스탄 민족 국가가 역사의 전면에 나타내는 계기로 작용한다.

– 1749년, 이란에서 온 침략자들이 부하라와 히바를 격파하여 우즈베크 제국을 무너뜨리고 사르트(또는 도시 거주자)와 유목민 간의 분열로 어떤 집단 정체성을 대체한다. 그 뒤를 이은 것이 부하라와 사마르칸트의 우즈베크 토호국(emirate)과 러시아 인수 때까지 통치했던 히바와 코칸트의 칸국들(Khanates)이다.

■ 제정러시아 시대의 우즈베키스탄

– 16세기, 러시아의 이반 4세가 아스트라칸 정복 이후 중앙아시아 진출을 본격화하는데, 19세기에 제정러시아에 병합하는 결과를 가져온다.

– 18세기, 러시아는 영국이 식민지 인도에서 침입하여 남방을 압박할 것을 우려하

여 중앙아시아에 관심을 갖게 된다. 러시아의 알렉산더 2세는 1868년 러시아가 부하라를 침공한 후 1873년, 무자비하게 히바를 예속시킨다. 둘 다 러시아 보호국이 된다. 1876년, 코칸트도 합병된다. 모두 러시아 투르키스탄 지역에 편입되는데, 곧이어 러시아 정착민들이 도착한다.

- 1897년, 제정러시아는 철도 부설, 목화 수탈의 식민지 정책으로 우즈베키스탄 농민의 몰락과 빈민화를 초래한다.

4) 현대

■ 소련 시대의 우즈베키스탄

- 1917년, 10월에 러시아 혁명 발발을 틈타 1918년 2월 투르키스탄 자치공화국을 수립한다.
- 1924년, 소련이 투르키스탄 자치공화국을 민족 단위로 재편하면서 우즈베키스탄공화국을 창설한다.
- 국가의 정체성. 소련 정부, 그리고 알선 러시아 식민지 정부는 몇몇 미미한 민족들을 우즈베크족에 통합시킨다. 이후 정부는 언어, 예술, 의상, 음식 등의 외형을 바탕으로 우즈베크 국가 문화를 제도화하면서 그 문화에 공산주의 이념을 심는다. 이슬람교는 중심지에서 밀려나고, 여성의 베일 문화는 금지되고, 크고 작은 지역적, 인종적 차이점들은 이념적인 획일성을 위해 완화된다.
- 1927년, 타지키스탄공화국이 우즈베키스탄공화국에서 분리된다.
- 1936년, 카라칼팍스탄공화국(자치공화국)이 우즈베키스탄공화국에 통합된다.
- 민족 관계. 소련이 정한 국경선은 우즈베크와 키르기스, 타지크 등을 우즈베키스탄 양쪽에 남겨둔다. 독립 이후 국경 통제 강화와 일자리와 자원 경쟁은 이 지역 국가들 간의 따뜻한 관계에도 불구하고 일부 지역사회는 어려움을 겪는다.
- 1989년, 6월에 페르가나 계곡에서 폭동이 일어나 1944년에 추방된 수천 명의 메스케티 투르크인들(Meskhetian Turks)이 사망한다. 키르기스스탄의 도시 오시(Osh)에서 국경을 넘어 1990년 다수를 차지했던 우즈베크인들이 토지 거부를 둘러싸

고 폭동을 일으킨다.

■ 우즈베키스탄공화국 시대

- 1991년, 8월 31일 독립 선언(9.1 독립기념일 지정)을 했으며, 1991년 12월 25일 소련 연방이 붕괴된 후 '이슬람 카리모프' 우즈베키스탄 공산당 제1서기를 직선을 통해 대통령으로 선출한다(1991년 12월 29일).
- 1991년, 12월에 카리모프 대통령은 초대 대통령 당선 이후 2016년 9월 2일 78세로 서거 전까지 총 25년간 재임한다.
- 미르지요예프 2대 대통령은 2003년부터 총리로 재임하던 중 카리모프 대통령 서거 후 2016년 9월부터 대통령직 권한대행을 맡는다. 2016년 12월 4일 대선에서 88.6%의 지지율로 당선되어 2016년 12월 14일 취임한다. 2011년 12월 헌법 개정으로 대통령 임기가 단축(7→5년)되어 그의 임기는 2021년까지이다.
- 러시아인, 고려인, 타타르족 등 소수 민족 집단의 공식 후원이 있다. 이 단체들은 문화센터가 있으며, 1998년 우즈베크어를 유일한 공식 소통 언어로 채택한 법이 완화된다. 그럼에도 불구하고 우즈베크 출신이 아닌 사람들은 일자리 찾기와 대학입학에 어려움을 겪고 있다고 불평한다. 이러한 문제들과 열악한 경제 상황 때문에 많은 러시아인들과 여타 민족들이 우즈베키스탄을 떠났다.

3. 에티켓 : 예절과 관습

1) 금기

- 이슬람 문화권. 국민의 대다수가 이슬람교도인 만큼 이에 대한 이해와 존중이 필요하다. 헌법상 종교의 자유가 명시돼 있지만, 타 종교의 선교활동은 법으로 금지돼 있다. 실제로 선교활동 적발 시 재판에 회부돼 추방 등의 조치를 받는 경우가 있다.
- 가부장적 사회이자 대가족 사회. 가족에 대한 애정과 사명감이 크고 특히 아내,

여동생, 딸 등 여성 가족 일원을 보호하려는 의식이 강하다. 따라서 가족 중 여성 일원에 대한 농담이나 외모에 관한 언급 등은 삼가하라.

- 문턱 조심. 우즈베키스탄에서 문턱을 사이에 두고 악수를 하면 사이가 나빠진다는 미신이 있다.
- 귀엽다고 아이들의 머리를 쓰다듬는 것은 금물이다. 머리를 신성시하기 때문이다.
- '원샷'하는 것은 상대방과 술을 마시고 싶지 않다는 의미로 해석이 될 수 있다. 상대방의 술잔에 첨잔을 계속하는 것이 예의이다. 그런데 손님 찻잔을 반 이상 채우는 것은 손님이 떠나길 바란다는 뜻이다.
- 어른에 대한 존경심이 대단하다. 비록 상대방이 여러분보다 겨우 두 살 위이더라도 상대방의 이름에 -opa(여성의 경우)나 -aka(남성의 경우)를 반드시 붙여야 한다(예, Dilorom → Dilorom-opa, Dilshod → Dilshod-aka). 상대방 이름을 모르면 그냥 '오파'나 '아카'라고 하면 된다. -Jon은 남자의 이름에, -hon은 여성의 이름에 더해지는 애칭이다.
- 선물로 꽃을 주는 경우에는 반드시 홀수로 준비하라. 장례식 등 죽은 사람에게만 짝수로 꽃을 준다.

2) 커뮤니케이션 스타일

- 우즈벡 사람들은 간접적으로 커뮤니케이션하는 경향이 있다. 대화는 일종의 방황하는 여정이므로, 상대방이 행간의 의미를 읽어내는 능력이 요구된다.
- 인사말은 예의상 하는 상투어이므로 일반적으로 특별한 반응을 기대하지 마라. 상투적으로 가족, 건강, 결혼, 자녀 등에 관한 대여섯 가지 질문을 한다. 그냥 예의상 물어보는 것이니 질문에는 반드시 대답을 기대하는 서구인의 입장에서는 선뜻 이해가 가지 않을 수 있다.

3) 인사

- 남자들은 항상 악수를 한다. 윗사람이 오른손으로 먼저 악수를 청하는 것이 일

반적이다. 양손 악수는 서로의 정이 깊음을 표현하는 수단이다. 악수를 할 수 없는 상황이라면 오른손을 왼쪽 가슴에 대고 우즈벡어로 '아살로무 알라이꿈'이라고 인사를 한다. '아살로무 알라이꿈'은 '당신에게 평화가 있기를 바란다'는 뜻이다. 가까운 남자끼리는 뺨을 오른쪽–왼쪽–오른쪽 순서로 세 번 살짝 스친다.

– 감사인사를 할 때도 일반적인 인사만을 할 때와 마찬가지로 오른손을 왼쪽 가슴에 올리며 '라흐맛'이라고 말한다. 남녀가 내외하는 풍습이 아직도 남아있어서 이성 간에는 악수를 하지 않고 가볍게 목례를 하거나 눈인사를 한다.

4) 아이컨택

– 같은 성별과 상호작용을 하는 경우라면 직접 눈을 많이 마주치는 것이 일반적이다.

5) 성별 문제

– 여성은 주부, 교사, 간호사 등인 경우도 있지만 대개는 가정주부이다. 여자는 술을 많이 마시면 안 되고, 저녁 8~9시까지 집에 와야 한다. 해가 저문 이후에도 바깥을 돌아다니면 평판이 나빠진다.

– 여성의 배우자는 가족이 선택하는 경우가 태반이다. 엄마가 되는 것을 높게 평가해서 꽤 어린 나이에 결혼하는 편이다. 16세 여고생이 결혼을 위해 학교를 중퇴하는 경우도 적지 않다.

6) 제스처

– 가운데 손가락을 턱밑으로 튕기는 행위는 '술에 취했다'는 뜻이다.

4. 문화 차원 : 국가 이미지의 토대

호프스테드는 문화의 속성을 이해하도록 지표를 수치화하여 글로벌 경영 분야에 크게 기여하였다. 비록 설문 대상이 IBM에 국한된 관계로 응답자의 일반성 확보에 실패하였다는 비판을 받고는 있지만, 그의 문화 분석은 문화 해석에 가이드라인 역할을 하고 있음은 부인할 수 없는 사실이다.

호프스테드는 우즈베키스탄의 각 문화 차원 지수를 제시하지는 않았다. 아래의 도표는 몇몇 연구 결과에 근거하여 제시된 차원별 지수를 일본의 그것과 비교하여 제시한 것이다(청색 : 우즈베키스탄, 적색 : 일본).

	Uzbekistan	Japan
PDI	75	54
IDV	45	46
MAS	90	95
UAI	80	92
LTO	90	80

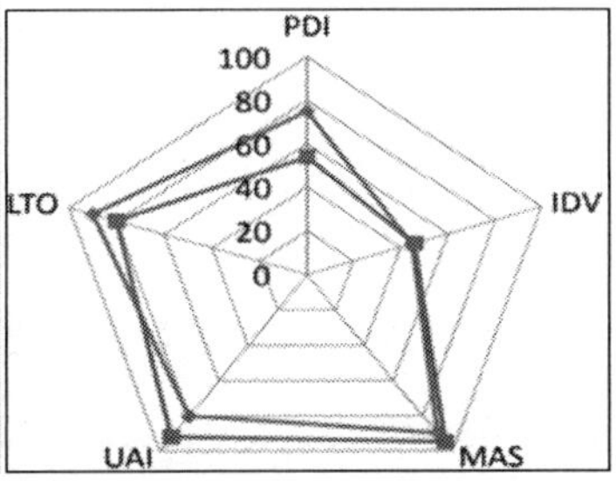

■ 권력 거리(Power Distance)

이 차원은 한 국가의 제도나 하위 조직 구성원들이 그 나라의 권력이 불평등하게 분배된 상황을 수용하는 정도라고 할 수 있다. 호프스테드의 이런 가치관은 인간의 평등 문제에 대한 관심에 근거한 것인데, 누구나 다양한 집단에서 권력 간의 불평등을 피할 수는 없다. 심지어 가정이나 친구 간에도 위계는 존재한다. 각 사회가 권력 간의 불평등을 처리하는 방식도 가지각색이고, 가치관도 다양하게 형성되었다. 권력 거리가 큰 문화에서는 비교적 강한 계급제도를 인정하면서 자신의 지위에 만족하고, 권력 거리가 낮다는 것은 그 사회가 평등하다는 뜻이기도 하다.

우즈베키스탄은 이 차원에서 75점을 얻었다. 구소련 시기에 우즈베키스탄 사회는 부가 아닌 상품, 주택, 서비스에 대한 접근에 따라 위계화되었다. 노멘클라투라(소비에트 사회주의 공화국 연방(공산주의국가)의 특권 계급)는 다른 사람들이 얻을 수 없는 고급 소비재, 자동차, 집을 찾을 수 있었다. 독립 이후 이들 중 상당수는 유엔이 보고한 평균 연봉 1,020달러(미국)의 몇 배를 벌기 위해 일자리를 유지했다. 그러나 그들이 정부관료(공무원)라면, 그들 수입의 대부분은 신고가 안 된 것이어서 부의 수치를 계량화하기는 어렵다.

구소련 지식인, 예술가, 의사, 그리고 다른 숙련 서비스 제공자들은 더 많은 돈을 벌 수 있는 바자르 상인이나 건설 노동자 같은 비교적 비숙련 직업으로 옮겨갈 수밖에 없었다. 도시 거주자는 시골 사람보다 봉급의 두 배를 버는 경향이 있다.

구소련의 다른 곳과 마찬가지로, 신흥 부자들은 비싼 차와 리무진, 아파트, 옷 등을 구매하여 과시하고, 나이트클럽에 가는 경향이 있다. 외국 음식과 상품 또한 바자르에서 쇼핑하는 것이 부의 징표 역할을 한다.

■ 개인주의

개인과 집단의 관계가 느슨한지 치밀한지를 알아내는 척도이다. 개인주의 문화에서는 자아와 개인의 성취를 강조한다. 집단주의는 이와 반대로 공동체나 집단의 화해를 강조하여 집단과 사회와의 관계가 밀접하고 상호 의존 정도가 강하다. 호프스테드는 특정사회에서 개인과 집단과의 관계를 반영하는, 사람들이 함께 생활하는 방식을 문화라고 규정한다.

우즈베키스탄은 중간보다 약간 낮은 45점을 얻었다. 일본과 거의 비슷한 점수이다.

■ 남성성

남성과 여성에 대한 태도의 차이를 나타내는 지표이다. 남자는 주도적인 위치를 차지하고 여자는 후손을 양육한다는 성별 역할의 분배 상태를 보여주는 것이다. 남성적 문화는 역량, 자아표현, 경쟁, 웅대한 이상과 포부 등으로 나타나는 반면, 여성적 문화는 감정을 중시하고 동정심이 풍부한 문화로 간주된다. 거의 모든 문화에서 성별 불평등은 도전받고 있다.

소련 시대 이전에는 여자들이 기본적인 집안일을 한다면, 남자들은 집 밖에서 일하거나, 비단과 면으로 돌림과 짜기, 수놓기로 집안 수입을 보충했다. 1920년대부터 여성들은 직물공장과 면화공장에서 노동자로 진출했지만, 소련 교육제도에 의해 직업다운 직업도 여성들에게 개방되었다. 그들은 대부분 교사, 간호사, 의사 같은 직업군에 소속하였다. 그러나 가족의 압박으로 더 높은 교육을 받거나 가정 밖에서 일을 하지 못하는 경우도 많았다. 구소련에서 독립한 이후에도 우즈베키스탄의 남성들은 노동집약적인 일자리와 대다수 관리직을 점유하고 있다. 이제는 남성들이 여타 구소련 공화국들로 임시직장을 찾아 여행하는 것은 흔한 일이다. 남녀 모두 바자르에서 일한다.

우즈베키스탄의 페르가나 계곡에는 특히 남성이 우월적인 사회이다. 그렇지만 노동의 거의 절반은 여성의 몫이다. 유엔 통계에 따르면, 의회 의석의 10%, 행정 및 관리직의 18%만 여성들이 차지하고 있다.

공공장소에서 여성들은 신체부위가 노출되지 않아야 한다. 전체 베일을 쓰는 경우는 드물다. 그러나 페르가나 계곡에서는 가끔 있다. 여성들은 이것을 억압적인 수단이라기보다는 자신들의 신념과 문화의 표현으로 보는 경향이 있다.

■ 불확실성 회피

미래에 대한 불안감은 누구에게나 있는 것인데, 대다수 사람들은 과학기술이나 법률, 종교나 제도 등으로 불확실성을 해결하고자 한다. 이때 가장 큰 역할을 하는 것 중 하나가 종교인데, 호프스테드가 말하는 불확실성 회피는 문화를 대부분 용인하거나 불확실성을 회피하는 것이다. 우즈베키스탄은 이 차원에서 아주 높은 80점을 얻었다.

■ 장기 지향성

이 차원은 미래의 보상을 지향하는 미덕의 수양을 뜻하며, 끈기나 절약의 가치로 대변된다. 이와 반대되는 개념이 개인적 안정과 현재 지향성이라 할 수 있다.

우즈베키스탄은 이 차원에서 아주 높은 90점을 받았다.

■ 절제

사회가 구성원들에게 즐거움과 관련된 자연적인 욕망을 충족시키는 것에 상대적으로 자유롭게 허용하는 경향이 높은 정도와 엄격한 사회규범에 따라 욕망이 절제되도록 통제하는 경향이 강한 가치관을 나타낸 것이다.

〈쾌락(자적)사회와 절제(자제)사회의 차이〉[60]

쾌락사회	절제사회
행복한 사람의 비율이 높다.	행복한 사람의 비율이 낮다.
사생활 통제에 대한 인식	무력감에 대한 인식, 내게 일어나는 일은 내 일이 아니다.
친구사귀기의 중요성이 높다.	친구사귀기의 중요성이 낮다.
레저의 중요성이 높다.	레저의 중요성이 낮다.
저축의 중요성이 낮다.	저축의 중요성이 높다.
도덕적 규율이 적다.	도덕적 규율이 많다.
집안일의 평등 공유(파트너 간)	집안일의 불평등 공유(파트너 간)
성별 역할 규정이 느슨함	성별 역할 규정이 엄격함
부자나라에서 성적 규범이 덜 엄격함	부자나라에서 성적 규범에 더 엄격함
미소짓기는 규범이다.	미소짓기는 의심이다.
언론의 자유는 중요하다.	언론의 자유는 주요 관심사가 아니다.
국가 질서유지는 중요하지 않다.	국가 질서유지는 중요하다.

호프스테드에 따르면, 대부분의 동아시아 국가들은 '절제' 문화 차원에서 낮은 점수를 받았다. 예컨대 중국은 이 차원에서 낮은 24점으로 절제된 사회에 속한다. 한국 사회는 낮은 29점으로 절제 국가들 중 하나로 꼽힌다. 일본도 낮은 42점을 받아서 절제 문화에 속한다. 우즈베키스탄은 이 차원에서 받은 명확한 점수가 없다.

60) 참고 : Hofstede et al.(2010, 297), Yavuz(2014, 31).

10
싱가포르

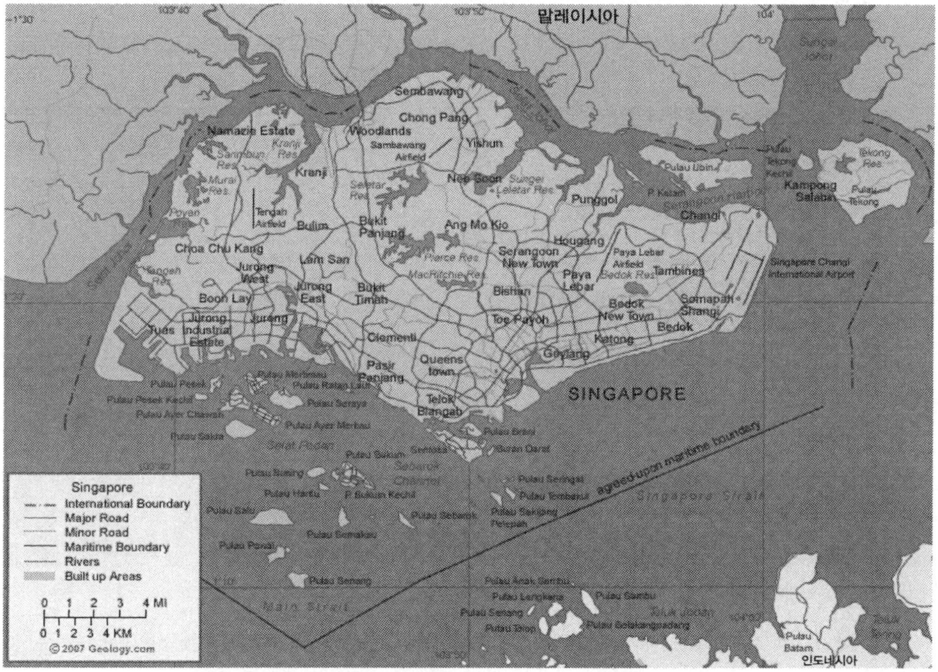

〈https : //geology.com/world/singapore-satellite-image.shtml〉

국명	싱가포르 공화국(Republic of Singapore)
면적	697 ㎢
수도	싱가포르(Singapore)
종족	중국인 74.3%, 말레이족 13.3%, 인도인 9.1%, 기타 3.3%
인구	5,849,376명 (2020)
공용어	마인어, 영어, 표준중국어, 타밀어
종교	국교 없음(정교분리), 불교 33.3%, 기독교 18.4%, 무종교 18%, 이슬람 15%, 도교 10%
건국일	1965년 8월 9일
정체	의원 내각제, 단원제, 다당제, 공화국
통화	싱가포르 달러 (S$)
도메인	.sg

1. 공항 : 나라의 관문

싱가포르 창이공항은 스카이트랙스의 공항평가부문에서 1위 자리를 놓치지 않고 있다. 2018년 역대 최다 이용객인 6563만 명을 기록하며 2017년 대비 5.5%의 이용객 상승률을 보였다. 참고로, 같은 해에 인천공항은 이용객수는 5785만 명(19위), 화물량은 2714만 톤(4위)을 기록했다.[61]

흥미로운 것은 싱가포르 민간항공청(CAAS)이 Aviation in Schools Initiative(ASI)를 설립하여 학생들이 항공업 및 항공 관련 직종에 대해 접하고 관심을 키워나갈 수 있도록 항공 관련 체험활동, 교육과정 등을 운영하는 학교에 재정적 지원을 제공하고 있다는 점이다. 또한 싱가포르 스카우트연맹(Singapore Scout Association, SSA)과 함께 에어스카우트 공동 커리큘럼 활동(Air Scout Co-Curricular Activities)도 진행 중이다. 이를 통해 학생들은 비행 경험, 비행기 모형 제작, 항법 워크샵 등의 활동에 참가하여 프로그램을 성공적으로 마치면 Air Scout Badge를 수여받는다. 뿐만 아니라 싱가포르 민간항공청(CAAS)은 대학 및 업계 파트너 등과 함께 항공운송업 정규 학사(Air Transport Degree) 프로그램들(예, Air Transport Management)[62]을 수립하여 운영 중에 있다.

---

61) 참조 : https : //www.changiairport.com/corporate.html

62) 참조 : https : //www.singaporetech.edu.sg/undergraduate-programmes/air-transport-management

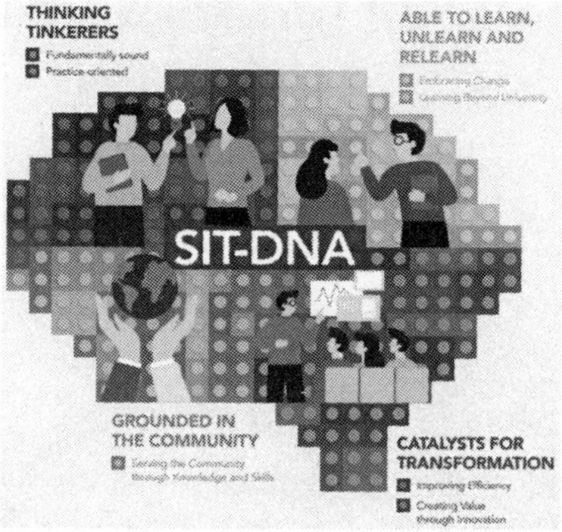

우측 그림은 2020년도 항공운송관리 학사과정 소책자의 겉장이다. 이 과정 프로그램을 간단히 살펴보면,

'항공운송경영학' 학사과정은 3년 학위과정으로, 싱가포르의 자율대학에서 제공하는 최초이자 유일한 항공운송경영학 학위 프로그램이다. 이 커리큘럼은 싱가포르 민간항공청(CAAS)과 항공 산업의 핵심 구성원 간의 긴밀한 협력으로 개발되었다.

창이공항 터미널 4와 5의 개발로 항공분야가 크게 성장할 전망이다. 인력수요는 2035년까지 증가할 것으로 예상된다. 학생들은 공항, 항공사, 지상조업사 외에도 항공 컨설팅사의 항공 전문가 훈련을 받게 된다.

이 학위 프로그램은 항공 운송 산업의 운영, 경영, 사업 국면들을 다룰 뿐 아니라, 확장하고 있는 항공 산업의 미래 인력 수요 충족에 필요한 숙련된 항공 전문가들의 수급루트 강화를 겨냥한 것이다.

- 핵심 프로그램
  - CAAS, 항공기업 등과 공동 개발한 항공 산업 커리큘럼
  - 항공사, 공항 및 지상조업사의 8개월 통합 실습 프로그램(IWSP, Integrated Work Study Programme)
  - 세부 모듈과정에는 공항 운영 및 관리, 항공사 마케팅, 공항 마케팅, 수익 분석 및 관리 등이 있다.

- 취업 분야

항공분야의 확장으로 싱가포르 항공 산업의 인력수요가 크게 늘어날 전망이다. 졸업생들은 공항, 항공사, 지상조업사, 항공컨설팅사 등에 취업할 수 있다.

■ 싱가포르 창이 공항(Singapore Changi Airport)

– IATA : SIN　　　　ICAO : WSSS

싱가포르를 서비스하는 핵심 민영 공항으로, 아시아 최대 운송허브 중 하나이다. 스카이트랙스가 2013년부터 7년 연속 세계 최고의 공항으로 평가하였다. 국제선 여객 및 화물 운송에서도 7년 연속으로 세계에서 가장 바쁜 공항 중 하나이다. 항공편은 매주 4천여 편에 달하여 세계 177개 도시를 연결하고 있다. 공항 직원이 1만3천여 명이며, 매출액은 연간 45억 달러에 이른다.

공항은 싱가포르의 동쪽 끝, 마리나 베이(싱가포르 핵심 다운타운)에서 대략 12km 떨어진 창이지역에 있다. 공항의 운영주체는 싱가포르 민간항공청(CAAS)이다. 싱가포르항공의 허브공항이고, 싱가포르항공화물, SilkAir, Scoot, Jetstar Asia Airways, BOC항공의 홈베이스이다.

1) 역사

1970년대 중반, 싱가포르 정부는 Paya Lebar의 기존 공항이 확장 불가 상태에 있었기 때문에 신공항 건설을 결정했다. 정부는 이미 제2차 세계대전 중 일본군 점령 시기에 비행장이 건설되었던 창이 어촌 부근의 장소를 선택했다. 추가 공간을 확보하기 위해 1975년부터 200헥타르의 늪지대를 간척하고, 남중국해에 엄청난 양의 흙을 쏟아 부었다. 2년 후 공항 공사가 시작되었고, 다시 2년 후 터미널 1의 기틀이 다져졌다.

1981년, 터미널 1과 또 다른 공항 시설들을 일반에게 개방할 수 있었다. 그 결과, 승객수가 급격히 증가한 때문에 개항 5년 만에 터미널 2 공사를 시작했다. 같은 해에 처음으로 천만 명 이상의 승객을 처리했다. 1991년에 터미널 2가 개항되면서 여객용량이 약 4400만 명으로 배가되었다. 게다가 공항 터미널을 연결하는 창이 스카이트레인(Changi skytrain)도 완공되었다. 1997년 싱가포르 정부는 미국과 오픈스카이 협정을 체결했다. 그 동안 승객수는 2천만 명 이상으로 증가했다.

2000년 10월 터미널 3 건설이 시작되었다. 2002년에 공항역이 MRT의 이스트 웨스트 라인(East West Line)과 연결되었다. 터미널 2는 2006년까지 대대적으로 현대화되었으며, 동년 3월 26일에 Budget Terminal이 문을 열었다. 마침내 터미널 3은 8년간의 건설기간을 거쳐 2008년 3월 9일에 완공되었다.

2009년 싱가포르 민간항공청은 새로 설립된 창이공항그룹(Changi Airport Group)에 공항 운영을 위탁했다. 이듬해에는 1년도 안 돼서 4천만 명 이상의 승객들이 이용하였다.

2012년 Budget Terminal 해체가 시작되었다. 터미널 1도 그해 6월까지 현대화되었으며, 추가로 Kinetic Rain도 설치되었다. 2013년에는 특히 주얼창이에어포트, 터미널 5 그리고 제3 활주로 건설을 포함한 대대적인 확장 계획안이 발표되었다. 동년 11월 터미널 4 건설작업이 시작되었고, 그 이듬해에는 주얼창이에어포트 건설이 시작되었다. 2017년 4월에 공항은 개항 이후 10억 명의 승객 서비스를 돌파할 수 있었다. 터미널 4는 2017년 10월 31일에 공식 개장했다.

[쉬어가기] 주얼창이공항(Jewel Changi Airport)?

싱가포르 창이공항과 연결되어 있는 쇼핑센터, 종합 엔터테인먼트 공간이다. 2019년 4월 17일 정식 오픈했다.

세계에서 가장 높은 40m에 이르는 실내 인공폭포인 레인 보어텍스(Rain Vortex)로 눈길을 끄는 주얼창이공항은 각 터미널을 잇는 환승허브(터미널 1과는 직접 연결되어 있고, 터미널 2, 3과는 보행교로 연결되어 있어서 각 터미널을 잇는 허브 역할을 함)로, 단순한 항공 편의시설을 넘어, 아시아를 대표하는 '정원의 도시', '1인당 도시림 면적 66m^2(Siemens Green City report기준, WHO 권고 9m^2)'를 자랑하는 싱가포르의 개성을 담아 약 2,500주의 교목과 약100,000주의 관목을 포함하는 숲과 정원으로 이루어진 창의적인 공항의 모델을 제시하였다.

원환체 형태의 구조는 유리와 철골구조로 이루어져 있으며, 싱가포르의 자연기후를 반영하고 급변하는 기후로 인한 폭염, 폭우 등의 기상이변에 대비할 수 있도록 설계되었다. 주얼창이공항은 건축물의 환경에 미치는 영향과 에너지 효율 등을 종합평가하여 지정하는 싱가포르 그린마크 플래티넘(Green Mark Platinum Status)을 획득했다. 건축물 중심에 위치한 원형의 창을 통해 실내 인공폭포로 최대 1분에 38톤의 우수를 채집하고 재사용하는 동시에 이를 통해 건축물의 온도를 자동으로 조절하도록 고안되었다.

주얼창이공항에는 정원, 관광 명소, 호텔, 항공 시설 및 300개 이상의 소매 및 식당 시설이 있다. 지상 10층과 지하 5층에 이르는 총 바닥 면적은 135,700m^{2}이다. 또한 5층에 걸친 실내 정원인 시세이도 포리스트 밸리((Forest Valley), 최상층에 있는 캐노피 공원에는 더 많은 정원과 레저 시설이 있다.

포레스트 벨리는 주얼창이공항의 핵심공간으로, 지상부 5층에 이르는 높이의 다층구조로 된 테라스정원과 휴식공간을 제공한다. 브라질, 중국, 말레이시아, 미국, 오스트레일리아, 태국 등의 다양한 자생종, 외래종을 포함한 약 2,500주의 교목과 약 100,000주의 관목이 식재되어 있으며, 산책로를 통해 외곽의 복합문화 쇼핑몰과 연결된다. 포레스트 벨리는 싱가포르의 자연 요소를 적극적으로 공간에 도입하는 바이오필릭(biophilic) 디자인을 잘 반영하고 있으며, 도시 인프라인 공항과 생태계, 공공 건축물과 이용자의 관계에 새로운 모델을 제시한다. 일부 휴식공간에는 싱가포르의 문화와 자연을 반영하고 있는 세 국가의 자생종인 Agathis Borneensis(말레이시아, 인도네시아), 그리고 Agathis Robusta(오스트레일리아), Terminalia(마다카스카르)를 계단식 테라스 정원에는 인도네시아산 화산암을 배치하여 착생식물과 덩굴식물을 식재하였다.

주얼창이공항의 가장 상층부에 위치한 약 400평의 캐노피 파크(Canopy Park)는 약 20m 길이의 유리 보행로와, 지상에서 25m 상공에 위치한 250m에 이르는 워킹 넷(walking-net), 생 울타리와 거울로 이루어진 두 개의 미로정원, 어린이들을 위한 안개를 활용한 놀이공간(Foggy Bowls), 꽃잎정원, 실제 동물의 크기를 형상화한 토피어리 산책로, 전 세계의 아티스트들이 참여한 설치미술 작업 등의 다양한 연령층을 수용할 수 있는 공간과 프로그램을 제공한다. 북측에 위치한 광장은 1,000명의 관람객을 수용한다.

주얼창이공항은 여행객과 일반에게 24시간 공개되어 공항시설과 공공공간을 결합한 새로운 시도인데, 2019년 10월 소프트 오픈 6개월 만에 이미 5천만 명의 방문객을 맞이했다.

3) 활주로

창이공항은 각각 02L/20R과 02C/20C로 지정된 길이 4,000m 폭 60m 크기의 평행 활주로 2본이 있다.

02L/20R은 1981년 740m의 말단과 나머지 활주로 3,260m를 가지고 있다.

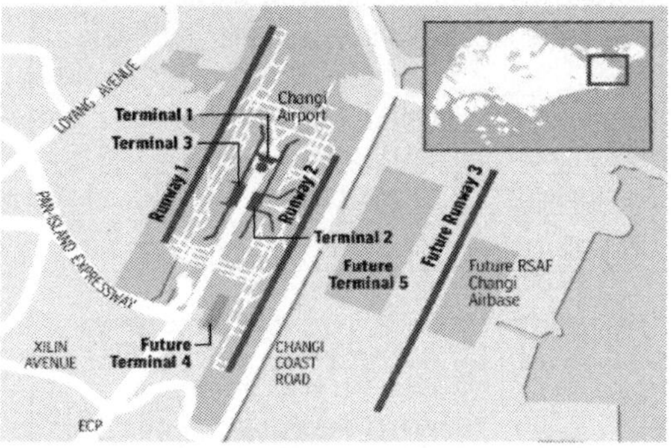

02C/20C(이전 명칭 : 02R/20L)는 간척지에 2단계로 건설된 것인데, 02L/20R의 동쪽으로 1.6km 떨어진 곳에 있다. 두 활주로에는 4개의 계기 착륙 시스템(ILS)이 설치되어 있어서 어떠한 기상조건에서도 착륙 항공기를 안전하게 안내한다. 두 활주로 모두 싱가포르 공군이 창이 공군기지의 일부로 사용하고 있다.

활주로명		활주로 방향	표면유형	길이(m)		폭(m)	ILS범주	사용자	
				착륙	출발			상업용	군용
1	02L/20R	02L	콘크리트	4,000	4,000	60	CAT II	✓	✓
		20R		3,260			CAT I		
2	02C/20C	02C	콘크리트	4,000	4,000	60	CAT I	✓	✓
		20C					CAT II		
3	02R/20L	02R	콘크리트	4,000	4,000	60	CAT II	✗	✓
		20L					CAT II		

02C/20C의 동쪽에 02R/20L(2004년 개통 당시 명칭은 01/19)의 새 평행활주로가 건설되었다. 창이 공군기지의 일부로, 싱가포르 공군만 사용한다. 원래 길이 2.75km였는데, 더 큰 여객기를 처리하기 위해 4km까지 연장하였다. 활주로와 주요 공항을 연결하기 위해 약 40km의 새 유도로가 건설되었다. 항법보조장치(navigation aids), 비행장 조명시스템, 소방서 등 새로운 시설이 포함됐다.

4) 터미널

창이공항에는 5개의 주요 여객터미널이 U자형 중앙에 주얼창이공항을 가진, 길쭉하게 뒤집힌 U자형으로 배치되어 있다. 현재 이 공항은 연간 총 8,500만 명의 승객을 처리할 수 있도록 설계되어 있다.

1981년 7월 1일에 개통된 터미널 1은 북쪽 끝에 위치해 있다. 이 터미널은 2019년에 개축되었다. 주로 원월드 가입 항공사들이 발착한다. 에미리트 항공은 두바이까지 매

여객터미널	
터미널 1	
개통	1981년 7월 1일(운영) 1981년 12월 29일(공식)
새단장 완공	2012년 7월 12일
건평/게이트	308,000 m² / 29
처리용량	2400만 명 (승객)
터미널 2	
개통	1990년 11월 22일(운영) 1991년 6월 1일(공식)
새단장 완공	2023년 (예상)
건평/게이트	358,000 m² /35
처리용량	2800만 명 (승객) (2024년)
터미널 3	
개통	2008년 1월 9일(운영) 2008년 7월 25일(공식)
건평/게이트	380,000 m² /28
처리용량	2200만 명(승객)
터미널 4	
개통	2017년 10월 31일(운영) 2018년 8월 3일(공식)
건평/게이트	195,000 m²/
처리용량	1600만 명 (승객)
터미널 5	
개통예정일	2030년
건평	추후확정
처리용량	5000만 명(승객)
복합용도개발	
주얼창이공항(Jewel Changi Airport)	
개통	2019년 4월 17일(운영) 2019년 10월 18일(공식)
건평	35,000 m²
처리용량	300만 명 (여객)
주차공간	2,500대

일 1대의 A380을 운항하고 있다. 이 동맹에 가입된 항공사 라운지가 있음에도 유료이용이 가능한 프리미엄 라운지(Plaza Premium Lounge)도 있다. 터미널 지붕에는 'Ambassador Transit Hotel'의 환승구역에 수영장이 있다.

1990년 11월 22일에 개통된 터미널 2는 동쪽 끝에 위치해 있다. 주로 싱가포르 항공과 그 파트너 항공들이 이용한다. 터미널은 K 형태이며, K의 좌측에는 랜드사이드 시설이 있다. 1996년에 확장공사가 개시되었다. 독일 루프트한자는 2011년부터 프랑크푸르트–싱가포르 노선에 A380을 투입하고 있다.

2008년 1월 9일에 개통된 터미널 3은 서쪽 끝에 위치해 있다. 이 터미널은 에어버스 A380 항공기에 적합하도록 설계되었다. 이는 이 공항이 아시아 태평양 지역의 급성장하는 항공교통 중심지로 자리매김하고 미래의 여객 증가에 대비한 충분한 여유 공간 확보를 겨냥한 것이다. 새 터미널의 특징은 7층 중 5층에 자체 정원이 있다는 점이다. 싱가포르 최대 맥주회사 브루웍스(Brewerkz)의 양조장이나 활주로가 내려다보이는 나비정원도 인상적이다. 싱가포르 항공은 이곳 터미널 3에서 유럽, 호주, 미국으로 직접 운항한다.

2017년 10월 31일 개통된 터미널 4는 옛 부제(Budget) 터미널의 남쪽에 위치하고 있다. 단명했던 부제 터미널은 저비용항공사 터미널로, 2006년 3월 26일 오픈했다가 더 큰 터미널 4의 개축 부지확보를 위해 2012년 9월 25일 문을 닫았다. 이곳을 이용하던 항공사들은 터미널 1과 2로 이전했다. 이 부제 터미널은 쿠알라룸푸르(LCCT)에 이어 아시아 두 번째의 순수 부제 터미널이었다.

제트퀘이(JetQuay)로 불리는 개인 운영의 럭셔리 터미널(CIP Terminal)이 있다. 프랑크푸르트 공항의 루프트한자 퍼스트 클래스 터미널과 유사하지만, 모든 항공사의 모든 클래스로 여행하는 모든 승객에게 입장료를 받고 개방한다. 'Quayside' 서비스를 이용하는 승객은 CIP 터미널과 출·도착 게이트 사이에서 전기 카트 편으로 이동된다.

2. 지리와 역사

2.1. 지리적 배경

싱가포르(싱가포르 공화국)는 말레이 반도 남단에 있다. 싱가포르 섬 또는 풀라우 우종(Pulau Ujong)이라고 불리는 본섬과 62개의 작은 섬들로 구성된, 인구 300백만이 넘는 섬나라이자 도시국가이다. 면적은 710㎢에 불과하지만, 의회 형태의 정부를 가진 부유한 독립 국가이다.

싱가포르는 좁은 수역인 조호르 해협에 의해 말레이시아와 분리되어 있다. 싱가포르와 말레이시아를 잇는 두 가지 노선은 북쪽의 조호르-싱가포르 코즈웨이(Johor-Singapore Causeway, 1923년 완공)와 서쪽의 말레이시아-싱가포르 제2 링크(Malaysia-Singapore Second Link, 1998년 개통)이다. 싱가포르는 또한 남쪽과 동쪽으로는 인도네시아와 해양 경계를 공유하고 있다.

정부가 강력한 행정력으로 국민을 통솔하는 경찰국가이자 엄격한 사법 집행을 내세우는 영미법계 엄벌주의 국가이다. 경제적으로는 자원이 부족하고 주변국의 영향력을 강하게 받을 수밖에 없는 도시국가의 특성상, 정치가 적극적으로 경제활동에 관여하고, 나라 전체가 하나의 기업체처럼 활동하는 기업국가이기도 하다. 사회적으로는 유교와 청교도적 가치에 기초한 엄숙주의를 모토로 삼아 국민의 생활양식을 계도하고 있다.

문화적으로는 중국계가 다수인 넓은 의미의 한자문화권이다. 그래서 문화를 기준으로 지역을 구분하면, 동아시아에 대만이나 베트남과 함께 싱가포르를 포함시키는 경우도 있다. 그러나 싱가포르는 말레이 반도에 속하지만 언어도 영어가 국어 역할을 하는 영미권 국가이다.

1) 국명

국명은 산스크리트로 '사자의 도시'라는 뜻의 '싱가뿌라(Singapura)'에 뿌리를 두고 있다. Simha는 Lion(사자), Pura는 City(도시)의 뜻이다. 싱가포르 전설에 의하면, 인도네시아 스리비자야 왕국의 '상 닐라 우타마(Sang Nila Utama)' 왕자가 거처할 도시를 찾는 과정에서 이곳을 들렀다. 그 섬에서 생면부지의 이상한 동물을 발견하고는 그 이름을 물었는데, 수행원이 호랑이를 사자로 잘못 대답하는 바람에 지명이 호랑이가 아닌 사자의 도시가 된 것이다. 그래서인지 마스코트도 머라이언(Merlion = Mermaid + lion)이다. 머라이언은 1964년부터 1997년까지 싱가포르 관광청의 로고로 사용되면서 유명세를 탔다. 머라이언 조각상이 싱가포르 강 하구에 처음 들어선 때는 1972년이었다. 이후 1997년 이곳에 에스플러네이드 다리가 건설되자 현재의 머라이언 공원으로 옮겨졌다. 사자머리의 상반신은 싱가포르 국호의 어원인 사자(Lion)을 상징하고, 물고기의 하반신은 인어(mermaid)를 상징한다.

참고로 호랑이는 동양의 맹수이고 사자는 서양의 맹수이다. 원래 이곳은 호랑이와 해적들이 어슬렁거리는 곳이었지만 사자의 섬으로 둔갑한 것처럼, 근세 이후 싱가포르는 주석과 고무의 선적지로 명성을 떨치며 중국 상인과 노동자들이 대거 이민을 와서 동양인에 의한 서구식 문화국가로 거듭났다.

2) 국기

1959년 12월 3일 영연방 내 자치령기로 쓰였고, 말레이시아 연방 가입 후에도 싱가포르 주의 주기로 쓰였는데, 독립 후에도 그대로 쓰이고 있다. 초승달은 공식적으로는 '선조들을 이은 젊은 국가'를 상징하고,

빨간색은 '만인에 대한 동포애와 평등'을, 흰색은 '널리 퍼지고 영원한 순수와 미덕', 다섯 개의 별은 민주, 평화, 진보, 정의, 평등의 5개 원칙을 상징한다.

3) 주민

말레이시아와 인도네시아 사이에 자리 잡은 지정학적 위치로 인해 국가 안보가 항상 최우선의 과제였다. 이와 함께 증가하는 불법 이주자와 소수종족 문제는 싱가포르의 항구적인 골칫거리로 작용하고 있다. 그래서 외부의 영향으로부터 싱가포르를 수호하고, 하나의 국가 영역 안에 국민을 통합하기 위해 1991년 '공유가치'(Shared Values) 백서를 발표하였다.

공유가치의 주된 내용은 "공동체와 사회보다 국가가 우선, 사회의 기본단위는 가정, 개인을 위한 공동체의 지원과 존중, 충돌이 아닌 합의, 인종과 종교화합" 등 5가지 조항이다. 첫 번째 조항은 싱가포르의 민주주의와 아시아의 민주주의를 지지하는 '아시아적 가치'(Asian Value)와 그 궤를 같이 한다. 합의와 화합의 원칙에 입각하여, 정부는 국민들이 중국인, 인도인, 아랍인이라는 생태적 종족 명칭보다는 싱가포리언(Singaporean)이라는 통합된 의미의 국민정체성을 쓸 것을 권장한다.

한편, 상대적으로 소수종족인 말레이계와 인도계 무슬림을 위해 아랍스트리트 내에 회교사원을 국립모스크로 제정하고, 인도인들을 위해 리틀 인디아라는 인도인 거리를 조성하여 보호하고 있다.

공문서나 공교육 기관에서 널리 사용되는 영어가 싱가포르의 공용어이고, 기타 중국어, 말레이어가 통용된다. 타밀어는 주로 농민들이 사용한다.

2.2. 역사적 배경

1) 초기시대

- 3세기, 처음으로 중국어로 반도 끝에 있는 섬, 'Pu Luo Chung'으로 언급된다.
- 7~8세기, 싱가포르는 스리비자야제국의 외부 기지를 형성하지만, 머지않아 격상된다. 당시 이 무역 기지는 자바어로 '어촌 또는 해변의 도시'란 뜻의 'Temasek'으로 불리며, 영주령이 된다.
- 14세기, 이 섬은 싱가포르라는 새로운 이름을 얻는다. 전설에 따르면, 스리비자야제국의 수도 팔렘방에서 온 상 닐라 우타마(Sang Nila Utama) 왕자가 사냥을 나왔다가 지금껏 한 번도 보지 못한 동물을 발견하는데, 이를 좋은 징조로 생각한 왕자는 그 동물을 발견한 자리에 도시를 세우고 'Singapura'('사자의 도시')란 이름을 붙인다. 산스크리트어로 'simha'는 '사자'를, 'pura'는 '도시'의 뜻이다. 이것이 오늘날의 싱가포르 발전의 시작이다.
- 17세기, 싱가포르 항구는 포르투갈 해적에 의해 파괴된다. 이 반도는 당시 말레이시아 어족들의 거주지이면서 해적들이 피난처 역할을 한다.

2) 영국 식민지 시대(1819~1941)

- 1819년 1월 29일, 영국 정치가 토머스 빙글리 경(Sir Thomas St. B. Raffles, 1781~1826)경이 옛 무역 본사에 첫 지점을 설립하여 현대 싱가포르의 창시자가 된다. 그의 목표는 동인도회사에 안전하고 전략적으로 유리한 항구를 찾는 것이었다.
- 1823년, 싱가포르의 의미와 수익은 이미 그 유명한 페낭을 능가한다. 말레이시아 통치자들과의 협상에 따라 이 도시가 말레이반도를 완전 장악한다.
- 1824년, 영국 동인도회사는 조호르왕국의 술탄에게서 반도 전체를 인수한다. 싱가포르, 페낭, 말라카 등이 'Straits Settlements'(1867~1946)로 지정된다.
- '해협식민지'의 관할권은 1830년 인도의 뱅갈 총독에게 이전되었다가 1851년 인도 총독의 직속 관할이 된다. 그러나 이후 싱가포르가 지속 성장함에 따라 인도 총독의 행정력 부족 등으로 인해 1867년 싱가포르의 관할은 영국 식민지청으로

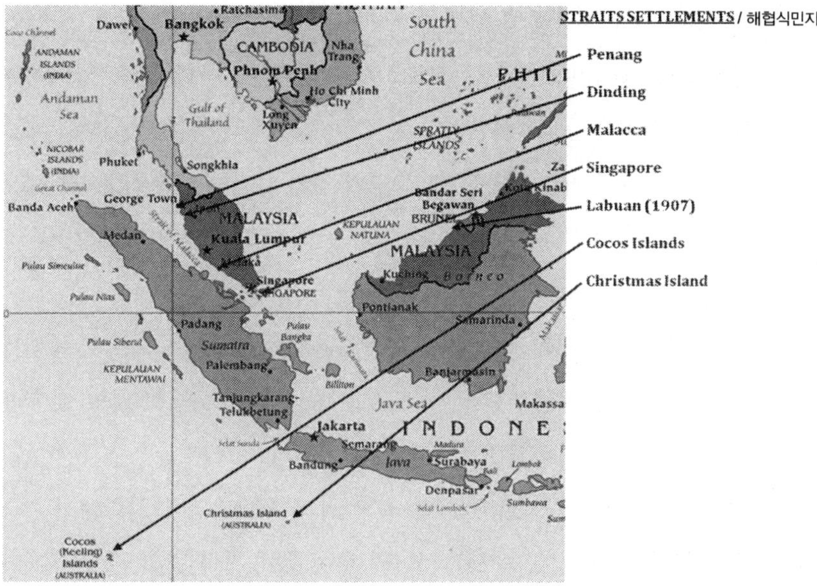

이관되어 정식으로 영국 식민지(Crown Colony)로 편입된다.

- 1820년대 이후 싱가포르는 말라야 반도에서 생산되는 고무와 주석의 교역항구로 발전하고, 1842년 난징조약 체결로 인한 중국과의 통상 확대, 1869년 수에즈 운하 개통 등을 계기로 싱가포르는 국제무역항으로 성장한다.
- 1874년, 중국과 인도에서 다시 한차례의 이민이 밀려온다.

3) 일본 점령시대(1942~1945)

- 제2차 세계대전 발발 이후, 싱가포르는 '동방의 지브롤터'로 불리며 동남아 주둔 영국군의 주요 교두보 역할을 하였지만, 영국군이 싱가포르 전투에서 패배함에 따라 1942년부터 1945년까지 일본의 식민 통치를 받는다.
- 싱가포르를 점령한 일본군은 1942년 중국 국민당을 지원하는 싱가포르의 중국계 주민들을 반 일본 성향으로 간주하고, 대규모(약 5만-10만 명) 학살을 자행한다.

4) 자치정부 시대

- 1945년, 일본 패망 후 싱가포르는 1946년 총독이 지배하는 영국의 직할 식민지

로 환원되지만, 싱가포르 주민들 사이에서 민족주의가 태동함에 따라 영국은 싱가포르와 말레이시아가 단계적으로 자립정부를 구성할 수 있도록 지원하는 형태의 식민정책으로 전환한다.

- 1948년, 최초의 선거가 실시된다. 22명의 입법 의원 중 6명을 직선제로 선출하고 (나머지는 총독 또는 상업회의소가 임명), 1951년에는 25명의 입법 의원 중 직선 선출 의원 수를 9명으로 증원한다.
- 1957년, 런던에서 개최된 헌법회의에서 원칙적으로 싱가포르의 독립에 합의하고 싱가포르에 대한 완전한 국내 자치권을 인정하되, 외교, 국방 및 헌법 정지에 관한 권한만 영국 정부가 보유하기로 결정한다.
- 1958년, 싱가포르 국가 법(The State of Singapore Act)이 영국 의회에서 통과되어 싱가포르 국가 성립 및 싱가포르 시민권 부여 등에 관한 법적 근거를 마련한다.
- 1959년, 전체 입법의회 의원 선출을 위한 선거가 실시되어 인민행동당(PAP : People's Action Party)이 총 51석 중 43석을 차지하여 자치 정부를 구성하였고, 6월 5일 리콴유(李光耀) 초대 총리가 취임한다.

5) 말레이시아 연방시대와 분리독립

- 1961년, 5월 27일 말라야 연방의 라만(Tunku Abdul Raman) 총리는 말라야 연방, 싱가포르, 사라왁(, 브루나이 및 북보루네오(현 사바)로 구성된 '말레이시아 연방' 창설을 제시하였고, 싱가포르 정부는 이를 지지한다.
- 1962년, 영국과 말라야 연방은 1962년 8월 말까지 말레이시아 연방을 설립하기로 원칙적으로 합의하고, 싱가포르는 1962년 9월 1일 국민투표를 실시하여 1963년 말레이시아 연방에 편입된다.
- 그러나 연방창설이후 연방정부와 싱가포르 주정부는 정치, 경제, 사회 등 각종 정책에 대해 이견을 보였고, 1964년에는 인종 문제로 인한 폭동이 싱가포르에서 발생한다.
- 1965년, 8월 9일, 싱가포르는 인종 정책에 관한 갈등과 이념적인 차이 때문에 말레이시아 연방에서 분리 독립한다. 1964년에 Merlion이 도시의 상징이 된다.

[쉬어가기] 1963년 영국이 싱가포르를 떠난 이유는?

싱가포르는 1819년 영국의 식민 항구로 설립되었는데, 영국은 인도네시아 스파이스 제도(Spice Islands)의 네덜란드 지배에 도전하기 위해 이곳을 발판으로 삼았다. 영국 동인도회사는 페낭, 말라카 섬과 함께 이 섬을 관리했다.

싱가포르는 1867년 영국 동인도회사가 인도 반란을 겪은 후 붕괴하면서 영령식민지가 되었다. 싱가포르는 관료적으로 인도와 분리되어 직접 통치하는 영국 식민지가 된 것이다. 이는 일본이 제2차 세계대전 중 남방 확장 운동의 일환으로 1942년 싱가포르를 점령할 때까지 계속되었다. 싱가포르 전투는 제2차 세계대전 당시 가장 고된 전투 중 하나였다.

전쟁이 끝난 후 일본은 싱가포르의 지배권을 철수하고 영국에게 반환했다. 하지만 당시 영국은 빈사상태였고, 게다가 런던의 많은 부분도 독일의 폭격과 로켓 공격으로 폐허상태에 있었다. 영국인들은 자원이 거의 없었고 싱가포르와 같은 작고 먼 식민지에 기부할 관심도 별로 없었다. 섬에서는 점점 커지는 민족주의 운동이 자치를 요구했다.

점차 싱가포르는 영국의 지배에서 벗어나기 시작했다. 1955년 싱가포르는 명목상 영연방 자치국이 되었다. 1959년까지 지방정부는 보안과 치안 유지를 제외한 모든 내부 문제를 통제했고, 영국도 싱가포르의 외교 정책을 계속 관여했다. 1963년 싱가포르는 말레이시아와 합병하여 대영제국으로부터 완전히 독립하였다.

3. 에티켓 : 예절과 관습

싱가포르는 크게 중국계 74.3%, 말레이계 13.4%, 인도계 9.1%, 기타 3.2%로 구성된 다민족 국가이다. 일찍부터 외국인 투자유치에 주력해 다국적기업 및 지역본부가 많이 소재해 있고, 외국인 거주 비율이 전체 인구의 30%에 이른다. 서울과 유사한 크기의 도시국가이면서 그 안에 다양한 민족과 종교, 문화가 융화된 흥미로운 사회가 싱가포르이다. 따라서 싱가포르에서는 만나는 사람의 민족 및 종교에 따라 해당 민족 및 종교별 역사·문화적 특이사항 및 금기사항들을 고려해서 행동하는 것이 바람직하다.

1) 인사

국제적인 비즈니스 도시인만큼 일반적인 에티켓을 따르면 된다. 다만, 인종별로 나타나는 특징은 참고할 필요가 있다. 중국계는 악수로 시작하는 일반적인 서구식 비즈니스 문화에 익숙하며, 목례도 가능하다. 말레이 계열은 여성이 먼저 손을 내민 경우를 제외하고는 이성과 악수를 하지 않는 것이 일반적이다. 인도계도 이성끼리는 악수보다는 고개를 숙이며 인사한다.

2) 관계 형성과 커뮤니케이션

- 사적인 유대관계는 모든 비즈니스 관계의 초석이다. 이는 집단 중심의 문화라서 연결망은 민족성, 교육, 또는 같은 회사 근무 등에 기반을 두고 있다는 뜻이다. 일단 집단의 일원으로 인정받으면, 집단의 불문율에도 순응하게 될 것이다.
- 관계 발전에는 시간이 걸린다. 이는 어떤 조직이 장기적으로 이곳에 있고 단기적인 이익만을 추구하는 것이 아니므로 인내심을 가질 필요가 있다.
- 타인을 대할 때는 항상 공손하고 예의 바르게 행동하라. 이는 곧 비즈니스에 필요한 조화로운 관계로 이어지기 때문이다.
- 대부분의 싱가포르인들은 말투가 부드러운데, 차분한 태도가 좀 더 공격적인 스타일보다 우월하다고 생각하는 때문이다.
- 몸짓언어와 얼굴 표정에 주의하라.

3) 선물

선물도 인종별로 다르다. 일반적으로 중국계는 가위나 칼 등은 절교를 의미하고, 꽃, 시계, 손수건 등도 장례식과 관련된 이미지가 있으니 피하라. 선물포장은 빨간색, 핑크색, 노란색이 좋으며, 흰색, 파란색, 검은색 계열은 피해야 한다. 기본적으로 홀수보다는 짝수를 선호한다. 8은 행운이나 재산, 9는 장수를 의미하여서 좋아하는 숫자다. 다만 죽음을 의미하는 4는 피하라.

말레이 계열은 대부분 무슬림이므로 술을 선물하면 안 된다. 남성이 여성에게 선물을 할 경우 오해를 사지 않도록 유의해야 한다. 보통 만날 때보다 떠날 때 선물을 준다. 흰색은 죽음을 상징하기 때문에 포장으로 좋지 않으니 빨간색이나 녹색을 사용한다. 돼지와 개를 피하는 이슬람 문화권의 기본적인 상식을 이해하고 접근하라.

인도계열은 집에 초대받은 경우라면 반드시 선물을 준비해야 한다. 선물로는 초콜

릿이나 인도 과자가 무난하며, 소와 관련된 제품 선물은 금기이다. 흰색이나 검은색보다는 붉은색, 노란색, 녹색, 파란색 등 밝은 원색계열로 선물 포장을 하라.

4) 약속

업무상 상대편을 방문해야 한다면, 미리 방문 사유, 일정 등을 조율하고 확답을 받은 후 방문해야 한다. 시간엄수는 필수다. 미팅을 하게 되면 부수적인 이야기는 길지 않고 업무에 관한 본론으로 바로 들어가는 경우가 많다. 대부분 업무 진행도 군더더기 없이 깔끔하게 진행된다. 약속을 지키지 못하게 되는 경우라면 적어도 며칠 전에 미리 연락하여 양해를 구해야 한다.

이러한 양태는 언어와 비언어 커뮤니케이션에서도 엿볼 수 있다. 앞에서도 언급했듯이 영국의 오랜 식민 지배의 영향으로 소통방식도 꽤 서구적이다. 말하는 사람과 거리도 유지해야 하지만, 눈을 마주치는 정도는 특별한 것이 없다. 싱가포르인들은 상당히 말을 아끼고 첫 악수를 제외하고는 어떤 감동도 기대하지 않는다. 좋은 친구가 되기 전에는 포옹과 키스, 등을 두드리고, 시끄럽고, 진심 어린 인사말(예, 'How are you?')도 하지 않는다. 이는 동남아시아의 에티켓과는 거리가 있고 오히려 유럽인의 행동 방식에 가깝다.

5) 식사

개인 사생활을 중요시하기 때문에 저녁식사 약속은 피하는 것이 좋다. 점심식사 약속이 무난하다. 처음 만나는 상대라면 식사 자체가 부담이 될 수 있으니 식사는 어느 정도 안면을 익힌 상태에서 제안하는 것이 좋다. 상대방이 채식주의자이거나 종교적 이유로 특정 음식을 피하는 경우(무슬림이라면 돼지고기, 일부 불교나 힌두교 신자라면 소고기 등)가 있으므로 메뉴나 장소 선정 시 사전에 관련 내용을 확인해야 한다.

6) 관습

오랫동안 영국의 지배를 받아온 영향으로 국민의 의식구조가 서구적이다. 여성의 사회 진출도 매우 활발하다. 많은 국가 기관 및 기업에서 여성들이 활동하는 것을 쉽게 볼 수 있으며, 직장 내에서도 중요 직책을 맡고 있다. 여성을 남성보다 낮추어 보는 일은 찾아보기 어렵다.

유교적 사고방식이 일부 남아 있다. 그러니 일반적으로 나이가 많은 사람에게 존경심을 보이며 처음 만나는 자리에서는 연장자나 직급이 높은 사람에게 먼저 상대방을 소개한다. 하지만 젊은 층은 장유유서 개념이 상대적으로 덜하니 어리다는 이유로 상대방을 가볍게 대해서는 안 된다.

중국계는 체면을 매우 중시하기 때문에 다른 사람 앞에서 행동이나 감정을 절제하고, 공개적으로 다른 사람과 맞서거나 다른 사람을 비판하기 보다는 간접적으로 의사를 표현하는 편이다. 따라서 중국계 싱가포르인들을 만나는 경우라면 상대방의 체면을 손상시키는 상황을 피해야 한다. 상대방이 난감해하는 상황을 만들지 않으려고 주로 부드러운 화법을 사용하기 때문에, 사업 관련 미팅 시 상대방이 나의 이야기에 긍정적으로 반응한다고 해도 결과를 속단하면 안 된다.

[쉬어가기] 싱가포르가 껌 씹기를 금지한 까닭은?

싱가포르인들이 자신을 지칭하는 표현 중 하나가 'Fine Country'다. 말 그대로 '멋진 나라'라는 뜻이지만 '벌금 국가'라는 자조적인 의미도 강하다. 지하철에서 음식을 먹거나 공공 화장실에서 용변 후 물을 내리지 않아도 벌금적용 대상이니까.

건물 내 금연도 철저하다. 벽마다 붙어 있는 경고판에는 'No Smoking'이란 문구에 '법에 의해 금지된다(prohibited by law)'는 표현이 따라 붙는다. 거리 곳곳에 감시 카메라가 설치되어 있어서 낭만적인 일탈조차 허용되지 않는 만큼 통제된 나라다.

또 다른 제재 대상 중 하나가 길거리에서 껌을 씹는 것이다. 껌을 씹다가 함부로 버리면 길거리가 껌 자국으로 지저분해진다는 이유로 껌 수입과 판매가 법으로 금지되고 있다.

물론 껌을 씹는 자체가 불법은 아니다. 껌의 수입이 금지되어 있어서 개인 반입도 덩달아 금지된다. 잇몸 건강 등의 이유로 껌을 꼭 씹어야 하는 경우에는 치과의사 처방을 받아 약국에서 구매할 수 있다는 예외조항이 있다. 그나마도 미국과의 자유무역협정(FTA)에 따라 지난 2004년부터 무설탕 껌에 대한 수입을 허가한 때문이다. 좀 더 정확히 말하면, 껌의 수입 및 판매 금지는 리콴유의 결정은 아니었다. 그의 뒤를 이은 고촉동(吳作棟) 총리가 1992년 내린 결정이다. 하지만 리콴유가 진작부터 '깨끗한 싱가포르' 정책을 추진해 왔다는 점에서 같은 맥락에서 바라보는 것이 타당하다. 리콴유는 평소 "수도꼭지가 새고 수세식 변기가 제대로 움직이지 않거나 정원 잔디밭이 너저분한 것은 나라가 부패했다는 증거"라고까지 강조했다.

가지런한 사회 환경이 국가 전체의 청렴도나 건실함으로 연결된다고 간주했던 것이다. 따라서 이를 위해서는 국민들을 앞서서 이끌어야 하며, 정부 방침을 따르지 않으려는 사람들에게 과도한 벌금을 매겨서라도 억지로나마 따라오게 만들어야 한다는 게 리콴유의 개인적인 신념이었다. 바로 그러한 연결선상에서 법질서 확립 정책이 추진됐고 공직사회의 부정부패가 척결되었다.

그렇다면, 이제 싱가포르 길거리에서 다시 껌을 씹을 수 있도록 허용될 수 있을까. 지금껏 싱가포르가 고속성장을 이루는 과정에서 드러난 여러 문제점을 고쳐야 한다는 의견이 대두되면서 엄격한 벌금제도의 완화 필요성이 제기되고 있고, 그 하나로 이 문제가 주목을 받고 있는 것이다. 더욱이 최근의 불경기로 미래에 대한 불안감이 증폭되면서 기존 질서에 대한 반발감도 함께 커지고 있다는 사실을 간과할 수는 없다.

〈참고 : http : //www.freecolumn.co.kr/news/articleView.html?idxno=2935〉

4. 문화 차원 : 국가 이미지의 토대

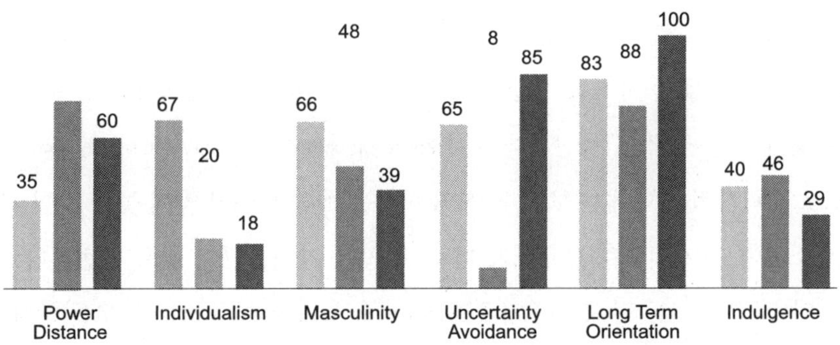

〈호프스테드 문화 차원 : 독일-싱가포르-한국 비교〉

■ 권력 거리

싱가포르는 이 차원에서 74점의 높은 점수를 받았다. 유교적 배경(중국인)이 있는 그들은 보통 종교에 대해 혼합주의적인 접근을 한다. 이는 싱가포르에서 지배적인 접근법이다. 유교 교육의 핵심 원칙 중 하나는 사람간의 불평등 관계에 기초한 사회의 안정성이다. 공자는 다섯 가지 기본 관계, 즉 지배자−피지배자, 아버지−아들, 형−동생, 남편−아내, 선배−후배를 구분했다. 이러한 관계는 상호 보완적 책무에 기초한다. 여기에서도 높은 PDI가 드러난다.

권력은 중앙에 몰려있고 관리자들은 그들의 상사와 규칙에 의존한다. 직원들은 무엇을 해야 하는지 지시받고 싶어 한다. 통제를 바라며, 관리자에 대한 태도는 형식적이다. 커뮤니케이션은 간접적이고 정보흐름은 선택적이다. 높은 PDI는 정부가 정의한 5가지 '공유 가치(shared values)'에서도 찾을 수 있다.

싱가포르는 1990년 후반 이후 일련의 교육 개혁을 통해 국가 경쟁력 강화를 위한 인적 자원 양성 방안을 설정하였는데, 이러한 정책 속에서 다문화 시민성을 함양하려는 사회통합교육이 그것이다. 싱가포르는 다양한 집단의 전통적인 문화적 가치들을 유지하여 자연스럽게 싱가포르인들을 결속시키려고 했다. 민족·문화·종교적으로 다양한 집단들을 통합하려는 사회통합교육은 기본적으로 다양한 공동체들이 사용하고 있는 언어를 통해 가장 효과적으로 이루어질 수 있다는 점에 기초한 것이다. 즉, 싱가포르는 경제발전을 위해 영어를 매개로 교육체제를 운영하면서도 초등학교에서는 다문화적 시민성 함양교육을 각 집단의 모국어를 통해 시행하도록 하고 있다. 싱가포르 정부는 국가 이데올로기를 확립하려는 노력의 일환으로 다섯 가지를 국가적 가치로 선정하고 이 가치들을 국가의 '공유가치'(shared values)로 공식 채택하였다. 첫 번째 가치인 '공동체 이전에 국가, 자신보다는 사회'(nation before community and society above self)는 싱가포르의 역사적 측면에서 보면, 사회의 이익을 개인의 이익 앞에 놓는 것이 성공의 주된 요소이며, 장기적으로 모두에게 더 큰 성공을 가져온다는 것을 대변한다. 두 번째 가치인 '사회의 기본 단위로서 가족'(family as the basic unit of society)은 모든 주요 신앙들이 가족의 신성함을 강조하고 가족은 더 큰 사회구조를 안정적으로 형성할 수 있게 하는 근본 틀이라는 점에서 중요하다. 다섯 번째 가치는 '인종, 종교 조화'(racial and religious harmony)이다. 싱가포르와 같은 다인종·다종교사회에서 이러한 조화는 국가 번영의 근본인 것으로 간주된다. 다양한 공동체가 조화롭게 함께 살지 않으면 다수의 공동체이건 소수의 공동체이건 그들이 했던 대로 번성할 수 없을 것이라고 보기 때문이다.

■ 개인주의

20점을 받은 싱가포르는 집단주의 사회이다. '나'가 아닌 '우리'가 중요한 역할을 한다. 이는 사람들이 충성심을 대가로 서로 돌보는 내집단(in-group)(가족, 문중 또는 조직)에 속해 있다는 뜻이다. 여기서 우리는 유교적 가르침의 두 번째 핵심 원칙('가족은 모든 사회조직의 원형')을 찾을 수 있다. 사람은 개인이 아니라 가족의 일원이다. 아이들은 자제하는 법을 배워야 하고, 가족의 조화를 유지하기 위해 자신의 개성을 극복해야 한다. 조화는 모든 사람이 존엄성, 자존감, 명망에서 체면을 차릴 때 발견된다. 사회관계는 누구나 자신의 체면을 살리는 방식으로 진행되어야 한다. 누군가에게 존경을 표하는 것은 체면치레이다.

커뮤니케이션은 간접적이고, 집단의 조화가 유지되어야 한다면, 공개적인 갈등은 피해야 한다. '예스'가 반드시 '예스'를 의미하는 것은 아니다. 공손함이 정직한 피드백보다 우선하기 때문이다. 이런 관계는 도덕적 근거가 있고, 그 도덕적 근거는 항상 임무 수행보다 우선한다. 타인의 체면을 존중해야 하고, 특히 매니저에게 중요한 것은 침착성과 존경심이다.

■ 남성성

싱가포르는 48점으로, '중간' 정도"에 있지만, 여성적인 성격이 더 많은 편이다. 타인과의 평등화, 공감대, 약자에 대한 연민 등 문화의 부드러운 면모를 중시하고 장려한다는 뜻이다. 소박하고 겸손한 것을 매우 중요한 것으로 여긴다. 그래서 상대방이 마음에 들어 하지 않는 것을 교육하게 되었다. 개인 생활과 직장 생활에서 갈등을 피하고 마지막에 합의하는 것이 중요하다. 토론 중에는 너무 집요하게 물고 늘어지는 것이 아니라 신중한 것이 중요하다. 여기서도 개인에 대한 공동체의 지지와 존경이라는 세 번째 '공유가치'의 정의를 되짚어볼 수 있다. 이것은 첫 번째 가치를 통해 전체를 강조하면서도 개인은 존중되어야하고 쉽게 침해할 수 없는 권리를 가진다는 인식에 근거한 것이다. 즉, 이 가치는 다른 하나에 불이익을 주면서 하나를 강조하는 것이 아니라 개인과 사회 간에 균형이 있어야 한다는 것이다. 여기서 강조되는 것은 부를 창출할 수 있는 능력을 가진 사람들을 관리하고, 부를 공정하게 그리고 널리 나눠주고, 능력이 부족한 사람들이나 자유시장 체제에서 소외된 사람들도 돌보아야 한다는 점이다.

■ 불확실성 회피

이 차원에서 아주 낮은 8점을 얻었다. 싱가포르인들은 구조의 필요성 때문이 아니라 높은 PDI 때문에 수많은 규칙들을 지킨다. 싱가포르인들은 자기네 사회를 'Fine country. You'll get a fine for everything'라고 부른다. 여행객으로서 모르고 가면 봉변을 당할 수도 있다. 말 그대로 'Fine City'라고 하니 온갖 벌금이 많다. 몇 가지 예만 들어보자. 대중교통 이용 시 음식물을 섭취하면 500SGD(약 40만원)의 벌금이 부과된다. 밤에는 술을 못 사고 공공장소에서 마시지도 못한다. 심야 공공장소 음주 시 1,000 SGD(약 83만원)을 내야 한다. 껌 관련법도 매우 특이하다. 껌을 씹고 뱉다 걸려도 벌금, 껌 판매 시 최고 10만 SGD에 징역까지 살게 된다. 화장실에서 물을 안 내리면 150 SGD 벌금이 부과된다. 비둘기는 유해동물이라서 피딩 시 500SGD까지 부과된다.

■ 장기 지향성

싱가포르는 72점으로, 이 높은 점수는 인내, 부단한 노력, 느린 결과, 절약 등과 같은 장기적인 투자를 지원하는 문화 자질을 보인다는 뜻이다. 싱가포르는 또한 엄청난 경제적 성공을 거둔 다섯 마리 용 중 하나가 되었다.

서양인들이 진실을 찾고 있다면, 싱가포르인들은 미덕과 당신의 작업방식을 강조한다. 그들은 고양이 가죽을 벗기는 방법이 많듯이, 항상 자기네 선택지를 열어두고 있다. 서양인들은 A가 맞으면 B는 틀린다고 믿는 반면, 동아시아와 동남아시아의 사람들은 A와 B가 합치면 더 나은 것을 생산한다고 생각하는 점에서 비즈니스에 보다 실용적으로 접근할 수 있다.

■ 절제

대략 중간 정도의 46점을 얻고 있어서 선호도를 결정하기가 어렵다.

11
카타르

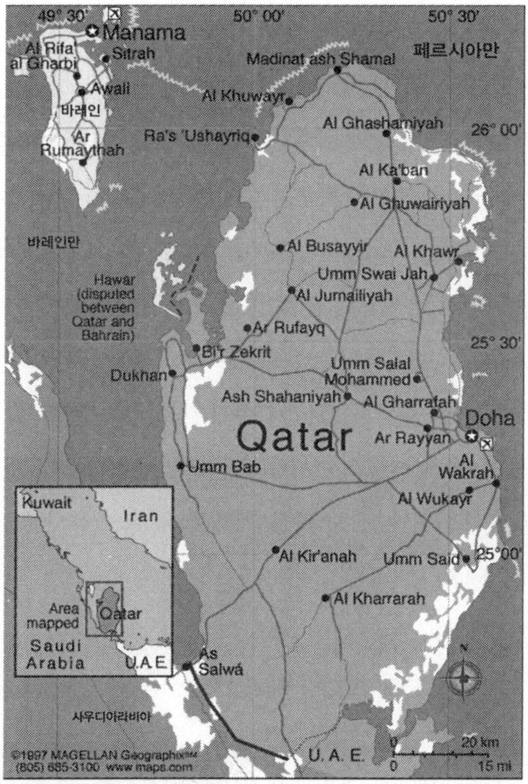

국명	카타르국(Dawlat Qaṭar)
면적	11,571km^2
인구	2,638,657명(2019)
민족	인도 65만(25%), 아랍 52만(20%), 네팔 36만(14%), 필리핀 26만(10%), 방글라데시 15만(7%) 등명(2018)
수도	도하
공용어	아랍어
종교	무슬림 77.5%, 기독교 8.5%, 기타 14%
정치체제	입헌군주제(사실상 전제군주제)
통화	카타르 리얄
도메인	.qa

1. 공항 : 나라의 관문

국영 항공사 카타르항공(Qatar Airways)은 1997년 설립 이후, 연평균 28%의 괄목할 만한 성장을 보이며 카타르 경제발전에 활력을 심고 있다. 카타르항공은 여객 및 화물사업 외에도 공항운영관리, 면세점, 호텔 운영 등 다양한 사업을 통해 이윤을 창출하고 있다. 현재 카타르항공은 계열사 포함 직원이 약 4만 명에 이르며, 항공기 200여 대로 전 세계 150개 이상의 취항지를 가지고 있다.

여객기 외에도 화물전용기(Qatar Airways Cargo)의 항공 특송 서비스(QR Express), 의약품운송서비스(QR Pharma), 신선식품운송서비스(QR Fresh), 가축운송서비스(QR Live) 등 특별 운송 서비스를 운영함으로써 개인 및 여타 산업분야 기업에게 편리하고 신속한 비즈니스 환경을 제공하고 있다.

또한 공항 확장 계획에 따라 고용시장의 활성화도 꾀하고 있다. 현지인들은 주로 기업의 고위 관리직으로 채용되기 때문에 승무원 및 지상직과 같은 서비스 분야나 조종사, 정비 엔지니어 등의 전문직은 주로 외국인 채용으로 대체되고 있다. 그래서 한국의 청년인력도 승무원 분야에서 많은 기회를 얻고 있는데, 전체 항공기 승무원 9000여 명 중 700여 명이 한국인이다.

■ 하마드 국제공항(Hamad International Airport, HIA)

〈인용 : https : //365adventures.me/hamad-international-airport-experience/〉

– IATA : DOH, ICAO : OTHH

카타르의 수도 도하의 국제공항으로, 2014년 5월에 폐쇄된 이전 도하국제공항을 대체한 것이다. 원래는 뉴 도하국제공항이란 이름으로 2009년에 개장할 예정이었다. 몇 번 지연되다가 2014년 4월 30일 카타르 항공이 구 공항에서 신 공항으로 첫 비행을 하며 하마드국제공항으로 개항하였다. 전체 운항은 2014년 5월 27일에 이루어졌다.

HIA는 카타르 항공의 국제 기단의 중앙 정비 거점이다. 미드필드 지역에 위치하여 A380과 항공기 11대 등 최대 8대의 광동체 항공기를 처리할 수 있다.

베이스에는 중/경정비 구역을 갖춘 대형 격납고가 있다. 격납고 내부는 기둥 없는 설계로 유연한 항공기 주기와 최적의 유지 효율이 보장된다.

항공기 격납고 구역 뒤쪽의 작업장 건물은 전문적인 정비와 자동화된 예비 부품 저장을 제공한다. 여기에는 엔진, 항전(avionics), 휠 및 브레이크, 구조물, 인테리어, 도장, 갤리선, 기내 엔터테인먼트 시스템 및 안전 장비의 유지보수 전문 작업장 구역이 포함되어 있다.

1) 역사

이 공항은 기존의 도하 국제공항을 대체한 것이다. 2009년에 착공하여 2014년 초 개항을 목표로 건설했다. 세계 주요 공항 중 프랑스의 파리 샤를 드골 공항 다음으로 규모가 크다. 정식 개항을 앞두고 카타르 항공에서는 2013년 12월부터 화물 터미널 영업을 먼저 시작했다. 2014년 4월 30일에 정식 개항하였다. 카타르 항공은 2014년 5월 27일 허브 공항을 이곳으로 이전했다.

2단계 공사에는 16개의 접촉식 게이트의 추가와 터미널 건물의 증축이 포함되었다. 또한 터미널을 관통하는 여객 수송용 모노레일 시스템도 있다. 공항을 통과하는 연간 2,500만 명 이상의 추가 승객을 수용할 수 있는 고급 호텔들도 추가로 건설되었다.

3단계에서는 40개의 접촉식 게이트가 추가되어 총 80개로 늘어난다. 여분의 게이트를 수용하기 위해 터미널 건물을 확장하고, 연간 5,000만 명 이상의 승객과 32만 대의 항공기 이동, 200만 톤의 화물을 처리할 수 있게 된다.

도하 신 공항은 A380-800 슈퍼점보 6대를 동시에 운항할 수 있는 세계 최초의 공항이다.

2) 활주로

공항에는 두 본의 평행 활주로가 있는데, 서로 2km 떨어져 있다. 이 활주로들은 동시 이착륙이 가능하게 설계되었다. 제1 활주로는 4,850m×60m로, 서아시아에서 가장 긴 활주로이자 세계에서 가장 긴 활주로 중 하나로 꼽힌다. 제2 활주로는 4,250m×60m이다.

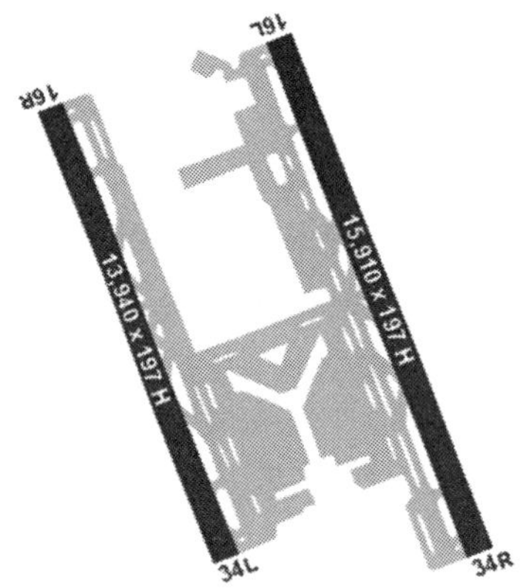

3) 터미널

도하 공항의 여객터미널 단지 설계는 형태, 빛, 재료를 기념하는 동시에 효율적이고 영감어린 여행 체험을 할 수 있는 곳이기도 하다.

현대적인 디자인이지만, 카타르의 풍부한 문화유산과 자연환경의 오마주이다. 드라마틱하게 굴곡진 빌딩 실루엣은 파도와 모래언덕을 떠올리며 세계로 가는 카타르의 관문이라는 강력한 이미지를 불러일으킨다.

출발 승객들은 빛으로 가득한 출발 홀에서 물결모양의 슈퍼 지붕을 경험하게 된다. 철판 유리벽은 연석 도착지부터 발권 홀까지 뻥 뚫어진 시야를 제공해서 누구나 쉽게 목적지를 찾을 수 있도록 해준다.

가장 긴 중앙 홀의 넓은 나무 천장은 다른 곳에서 발견되는 매끈한 금속 및 유리 표면과 대비되는 시각적인 따뜻함을 제공한다. 공항의 두 대형 환승 허브는 자동 피플무버(people mover)로 연결되어 있다. '채광창들'과 연결된 유리천장 'zippers'는 자연채광과 드라마틱한 사막 경관을 제공한다.

카타르의 환대 열기를 반영하듯, 모스크, 두 개의 호텔, 면세 쇼핑, 스파 및 헬스클럽 같은 타의 추종을 불허하는 게스트 편의시설들이 있다. 광범위한 대중예술 프로그램은 유명한 국내외 예술가들의 작품을 전시하고 있다.

■ 터미널 1

A 탑승동. 체크인 구역과 메인 터미널의 서쪽에 위치하며, 10개의 탑승구가 제트 브리지에 연결되어 있다. 두 개의 게이트는 에어버스 A380 전용으로 설계되었다.

B 탑승동. 체크인 구역의 동쪽에 위치하며, 제트 브리지에 연결된 10개의 탑승구가 있다. 2014년 4월 30일 10개 항공사가 도하 국제공항에서 이관하며 문을 열었다. 두 개의 게이트는 에어버스 A380 전용으로 지어졌다. B 탑승동 끝에는 작은 커피숍과 흡연실, 가족구역, 특급 면세점이 있다.

C 탑승동. 제트 브리지에 연결된 13개의 승객 게이트가 있으며, 그 중 2개는 에어버스 A380 전용으로 건설되었다. 탑승동 C에는 고정 제트 브리지 링크가 없는 10개의 원격 게이트가 있다. 이 탑승동은 2014년 5월 27일에 개관하였다.

탑승동 D. 풀가동 중이다. 게이트 1～4는 2층에, 게이트 18~24에 지상 층에 있다 (HIA의 확장으로 게이트 2와 4는 영구 폐쇄됨).

탑승동 E. 아직 계획 단계에 있지만, 가능한 탑승동 F로 확장될 예정이다. 터미널 1에는 2014년 6월 20일 카타르항공 CEO 아크바르 알 베이커(Akbar Al Baker, 1962～)가 개설한 퍼스트 및 비즈니스 클래스 라운지가 있다.

■ 확장

2022년 피파 월드컵의 늘어날 승객들을 수용하고 카타르 항공의 지속적인 여객 성장에 발맞추기 위해 확장하고 있다. 이 공항은 2018년 3450만 명의 승객을 처리했는데, 2020년에는 5300만 명으로 증가할 것으로 예상된다. 기존 탑승동 D와 E 사이에 위치한 새로운 중앙 건물에는 싱가포르 창이 공항의 주얼 단지에서 볼 수 있는 것과 유사한 268m 높이의 수질 기능을 갖춘 10,000m^{2}의 열대 정원이 들어선다. 이 사업은 또한 11,720m^{2}의 상점거리와 F&B 공간, 그리고 확장된 환승 구역도 추가할 것이다.

새로운 카타르 항공이 중이층(mezzanine, 다른 층들보다 작게 두 층 사이에 지은 층) 부분을 차지하는데, 9,000m^{2}를 커버하는 세계 최대의 공항 라운지가 될 것이다. 추가로 D&E는 9개의 추가 광동체 항공기 스탠드를 수용할 수 있도록 연장된다

2. 지리와 역사

2.1. 지리적 배경

삼면이 페르시아 만에 접한 카타르 반도에 위치한다. 남쪽에 사우디아라비아가 있다. 서쪽은 바레인과 가깝고, 동쪽은 아랍 에미리트, 북쪽은 또 다른 중동의 대국 이란, 서북쪽에는 쿠웨이트, 이라크 등이 카타르의 주변국들이다.

기원전 5000년 전에 현재의 카타르 지역에 인간이 거주했다는 물증이 있다. 바로 앞바다에서 굴이 채취되기 시작한 때는 기원전 300년 무렵이었다 이슬람 혁명이 서기 630년에 카타르까지 밀려오면서 모든 카타르인들은 이슬람교로 개종했다.

카타르는 석유 매장이 발견되면서 가난에서 부자로 빠르게 이동한 '석유부국' 중 한 나라이다. 카타르인들은 석유가 발견될 때까지는 꽤 전통적인 삶을 살았다. 제2차 세계대전으로 인해 석유가 생산된 때는 1947년이었다. 이후 카타르인들은 세계에서 가장 부유한 국가 반열에 입성했다.

카타르는 1971년 9월 3일 완전히 독립했다.

1) 국기

카타르 국기는 1971년 9월 3일 영국으로부터 독립 선언 직전에 채택되었다. 전설에 따르면, 카타르의 원래 깃발은 불안정한 붉은 염료를 사용했는데, 강렬한 태양이 붉은 색을 적갈색으로 변하게 했다는 것이다.

적갈색과 흰색 영역의 9개의 톱니모양 가장자리, 그리고 깃발의 너비는 과거 카타르와 관련이 있던 바레인 국기와 구분하는 데 도움이 된다. 9개의 톱니모양 가장자리는 흰색과 적갈색 영역을 구분하고 있는데, 이는 1916년 카타르-영국 조약이 체결된 페르시아 만의 '화합 아랍에미리트'의 9번째 회원국으로 포함되었음을 뜻한다.

2015년 카타르 정부가 국기의 적갈색을 '카타르 마룬(Qatar Maroon)'으로 정의했다. 이 색깔은 이 나라의 보라색 염료의 역사와 무관하지 않다. 카타르는 알코르 섬(Al Khor Island, 'Purple Island'라고도 하며, 카타르의 북동부해안에 위치)에 보라색 염료 산업이 있어서 카시트인 통치기간 동안(BC 1531~BC 1155) 가장 먼저 알려진 조개 염료 생산의 현장이었던 것으로 주장되어 왔다. 카타르는 사산조 페르시아제국 통치 기간 동안 보라색 염료를 생산한 것으로도 유명했다. 1847년부터 1876년까지 카타르반도 전체를 최초로 통치한 모하메드 빈타니(Mohammed bin Thani, 1788~1878)는 국가 통일 후 염료 생산에서 역사적인 역할을 강조하기 위해 보라색 붉은 색의 깃발을 만들 것을 제안했다. 1932년 영국 해군도 공식 깃발 설계의 필요성을 제안했다. 카타르 정부에 따르면, 영국은 국기가 흰색과 빨간색이라고 제안했지만, 카타르는 빨간색 착색을 거부하고 대신 보라색과 빨간색의 혼합물을 계속 사용했다. 페르시아 만의 영국 정치 요원이 영국령 인도에 보낸 편지에 따르면, 흰 천은 바레인에서 구입하여 현지에서 빨간색으로 염색하였다. 현지에서 구입한 염료는 품질이 좋지 않아 빠르게 퇴색하는 바람에 깃발이 초콜릿 색상을 띠게 되었다. 이 나라의 아열대 사막 기후 때문에 깃발의 색깔은 강렬한 태양으로 인해 더 어둡게 변하기 쉬웠기 때문에, 1949년 적갈색 색소가 최종적으로 채택되었다. 깃발의 흰색 부분은 영국과 해적 퇴치 조약을 체결함에 따라 얻어진 평화를 상징한다.

2) 민족

카타르 주민들은 베두인(Bedouin)족, 하다르(Hadar)족, 압드(Abd)족의 세 집단으로 나눌 수 있다. 베두인족은 아라비아 반도의 유목민에서 자기네 혈통을 찾고 있다. 하다르족의 조상은 정착한 마을 주민들이었다. 일부 하다르족은 베두인족의 후손이지만, 대부분은 현재의 이란, 파키스탄, 아프가니스탄에서 온 이주민들의 후손으로, 'Irani-

Qataris'로도 불린다. 말 그대로 '노예'를 뜻하는 Alabd는 동아프리카에서 데려온 노예의 후손이다. 세 집단 모두 자신들을 카타르인이라고 밝히고 있지만, 그들 간의 미묘한 사회문화 차이는 존재한다.

3) 기후

일반적으로 덥고 건조하다. 겨울에는 다소 시원하지만 훨씬 더 습하다. 기온은 여름(5월~10월)에는 110°F(43°C)까지 올라갈 수 있다. 겨울에는 습도가 100%에 육박하기도 한다. 뜨거운 사막 바람은 거의 일 년 내내 끊임없이 불어와 모래와 먼지 폭풍도 자주 일어난다.

4) 사회

카타르의 금요일은 한국의 일요일이며 무슬림들의 주일이다. 무슬림인 카타르인이 근무하는 관공서와 학교는 주5일 근무를 하여 금, 토요일은 쉬지만(근무일 : 일~목), 일반 기업들은 대개 주 6일 근무로 금요일만 휴무(근무일 : 토~목)이다. 카타르 달력에서는 금요일에 빨간 숫자를, 토요일에 파란 숫자를 칠한다. 그나마 옛날에는 목요일과 금요일이 주말이었고 토요일은 평일이었으나, 중동 국가들이 주말을 바꿀 때 금요일과 토요일로 바뀌었다. 일요일, 월요일, 화요일, 수요일은 그대로 평일로 남았다. 본래 주말인 금요일은 법적으로 근로가 금지돼 있어서 주말에 업무를 볼 경우는 주로 토요일에 한다.

공휴일은 총 8일에 불과하고, 2월과 12월을 제외하면 해에 따라 생기기도 하고 없어지기도 한다. 이슬람 휴일들은 순수 태음력인 이슬람력을 쓰므로 매년 11~12일 앞당겨지기 때문이다. 휴일의 총 개수는 한국보다 약간 적은 수준이다. 2032년의 경우 1, 2, 3월에 공휴일이 몰려 2032년 3월 25일 이후 2033년 1월 3일까지 평일인 공휴일이 하나도 없다. 그나마 그 중간의 12월 18일도 주말인 토요일에 겹친다. 2035년도 2월과 12월에만 공휴일이 있고 3월부터 11월까지 9달 동안 평일인 공휴일이 없다.

카타르의 학교에서 여학생은 모두 히잡을 착용하며, 학교의 남녀 분리가 엄격한 편이다. 카타르 대학교도 남자와 여자 캠퍼스가 분리돼 있다. 필수 과목에는 코란이 들어있다.

2018년 9월 6일부터 카타르는 외국인들에게 영주권을 부여하고 있다. 성비에 문제가 많다. 엄청난 남초 국가이다. 카타르의 성비는 265.5로, 여자 100명이 있으면 남자는 265명이나 있다. 이런 극단적인 남초 성비의 이유는 카타르로 일거리를 찾아온 인도, 네팔, 파키스탄 같은 국가들의 노동자들 때문이다.

2.2. 역사적 배경

1) 고대 및 중세

오늘날 카타르의 영토는 수천 년 전까지만 해도 식물들로 가득했고, 석기 시대에 이미 인간이 정착했다. 카타르는 기원전 5천년 때 전성기를 구가했다. 기후 변화로 오늘날과 같은 사막이 생기면서 인구 이동이 일어났다. 그 후 수천 년 동안 카타르는 산발적으로만 정착민이 있었다.

서기 5세기에 기독교가 이 지역에 유입되었다. 그러나 2세기 후 이슬람교가 도래하면서 아랍 반도에서 기독교는 완전히 사라졌다. 서기 628년에 카타르 주민들은 예언자 무함마드를 따라 이슬람화되었다. 그러나 이후에도 그 땅은 물이 부족해서 해안가의 산발적인 상업지대를 제외하면 베두인족만 거주했다.

2) 근세

1760년 경, 유목민 부족들이 아랍반도 내부의 목초지에서 현재의 카타르 지역으로 이주했다. 이들 베두인족 중 하나가 알-비드 마을을 세운 알-싸니(Al Thani) 가문이다. 알-비드 마을이 오늘날의 도하이다. 무함마드 알-싸니 족장은 점진적으로 사막 반도를 지배하게 되며 지금의 왕조의 창시자가 되었다. 그 후 100년 동안 현재의 쿠웨이트에서 한반도를 침투하여 알-주바라(Al-Zubara) 정착촌을 세운 알-칼리파(Al Chalifa) 가문과 권력 투쟁을 하였다. 1783년, 알칼리파 가문이 바레인 정복에 성공한 이후 많은 부족이 이 섬에 정착했다.

18세기 말, 세기 초, 엄격하게 정통 이슬람 종파의 추종자인 사우디 와하비 인들은 한반도를 침략하여 일시적으로 알 비드를 점령했다. 그 이후 사우디아라비아와 긴밀한 유대관계가 있었다.

1850년대, 이때까지 카타르의 해안은 오늘날의 아랍에미리트 해안과 마찬가지로 '해적 해안'으로 악명이 높았다. 영국 동인도회사의 인도 무역로를 위협한 관계로 영국해군의 개입으로 강탈을 막을 수 있었다.

1867년, 바레인의 알-싸니 가문과 알-칼리파 가문 사이에 카타르 지배 문제로 격렬한 싸움이 재발했다. 영국이 개입하여 평화를 강요하자 그 다음 해에 카타르와 영국 간 보호조약이 체결되면서 카타르는 영국의 영향권에 들게 되었다. 알-싸니 가문의 이러한 인정은 카타르와 바레인 섬과의 최종 분리를 초래했다(1878년 12월 19일, 국경일).

19세기 후반, 오스만 제국은 카타르 문제에 개입하여 카타르의 일부 지역을 점령했다. 그 후 카심 알-싸니(Qasim Al Thani)는 자신의 백성들에게 도움을 요청하였다. 1913년 영국은 오스만 제국의 영향과 유권자들/와하 비트의 영향력을 제거하기 위해 다시 개입했다. 1915년, 마지막 오스만 군대가 이 나라를 떠나야 했다. 그 후 영국은 정치적, 경제적 영향력을 더욱 강화했다.

3) 현대

최초의 석유 매장지는 1939년에 발견되었다. 이후 그곳은 카타르의 새로운 경제 중심지가 되었다. 그 후 부가 증가함에 따라 국가와 경제에서 대대적인 현대화가 진행되었다.

1960년대 말, 영국은 1971년에 하게 될 '수에즈 동쪽' 군대 철수를 발표하자 카타르는 1971년 9월 3일 독립을 선포하고(국경일) 바레인처럼 아랍에미리트 연방 가입을 거절했다. 그럼에도 불구하고 영국과의 우호조약이 체결되었다. 카타르의 족장도 이제 아미르(Amir)[63] 칭호를 채택했다. 같은 해에 북부지역에서 세계 최대 천연가스지역이

63) 영어식으로 에미르(Emir)라고도 한다. 아라비아어로 '사령관', '총독'의 뜻이 있다. 이슬람 세계에서는 왕족과 귀족의 칭호로 사용된다. 원래는 무슬림 집단의 수장의 칭호로 사용했지만, 칼리파는 '신도들의 수장'이란 의미가 있던 아미르 알무미니(Amīr al-Mu'minīn)라고 불렀고, 정통 칼리파 시대에서는 원정군의 사령관과 점령지의 총독이 아미르라는 호칭을 사용하였다. 현재 쿠웨이트, 카타르, 아랍에미리트 내의 각 구성국의 군주들은 아미르 칭호를 사용하고 있으며, 수장(토후)이란

발견되었다.

1972년, 아미르 Ahmad ibn Ali는 칼리파 Ibn Hamad(1972~1995)에 의해 전복되었는데, 후자는 이후 경제 개발과 산업 정착에 더 많은 노력을 기울였다. 그러나 왕조의 절대 통치는 계속되었다.

1974년, 모든 석유 및 천연 가스 회사가 국유화되었다. 1981년 오만, 아랍에미리트, 바레인, 사우디아라비아, 쿠웨이트와 함께 걸프 아랍 국가의 국제 경제 협력체인 걸프 협력회의(Gulf Cooperation Council, GCC)가 설립되었다.

1995년, 칼리파 이븐 하마드는 개혁을 시작한 아들 하마드 이븐 칼리파에 의해 전복되었다. 1998년부터 카타르는 중동의 미군 본부의 본거지로서 2003년 3월 미국과 이라크 간 전쟁에서 미군 지휘본부이기도 했다.

2013년, 6월 25일부터 Tamim bin Hamad Al Thani(1980~)가 카타르의 아미르이다.

3. 에티켓 : 예절과 관습

카타르 문화는 카타르의 비즈니스 문화에 영향을 준 가장 중요한 문화 중 하나이다. 이 독특한 문화의 혼합에서 카타르 문화는 2022년 피파월드컵 개최국의 문화이기도 하다. 카타르의 모든 것이 어느 정도 카타르 문화의 영향을 받았다. 카타르 국가가 존재한지 수십 년에 불과하지만, 과거에도 종교와 부족의 영향에서 비롯된 풍부한 문화를 발전시켰고, 필요한 곳이면 어디든 카타르 문화의 보존에 온갖 힘을 쏟고 있다.

카타르 문화가 아닌 지배적인 문화 중 하나는 서양 문화이다. 일반적으로 유럽인, 미국인을 염두에 둔 것이다. 이들 지역의 문화가 동일하다고는 할 수 없다. 그러나 이 지역들 간의 문화 차이를 인정하지만, 이러한 문화가 카타르인들의 행동 방식에서 많은 유사점이 있다는 것을 일관되게 찾을 수 있다.

아랍 문화는 비즈니스 분야에서 또 다른 보편적인 문화이다. 카타르와 아랍 문화권

의미로 해석되고 있다. 바레인의 국왕도 2002년까지는 아미르라고 불렸다. 아미르가 지배하는 나라가 '토후국'(영어, Emirate)이다.

의 아웃사이더들에게는 초기에는 차이가 분명하거나 크지 않아 보일 수 있지만, 비즈니스에서 의사소통하는 방식에는 근본적인 차이가 있다. 이성간의 커뮤니케이션 문제를 예로 들면, 카타르 남성들은 전문적인 비즈니스 환경에서 여타 카타르 여성들과 의사소통하기를 피하지만, 레바논이나 이와 유사한 이웃 국가 출신의 개인이라면, 그러한 의사소통에 유연성과 개방성이 증가하고 있음을 알 수 있다. 팔레스타인, 요르단, 이집트, 레바논, 이라크, 시리아, 그 밖의 주변국 문화들은 서로 차이점도 있지만 유사점도 더 많다는 사실을 간과하지 말아야 할 것이다.

마지막으로 카타르에서 세 번째로 지배적인 비즈니스 문화는 동남아시아 문화이다. 카타르의 모든 동남아인들이 노동자라는 사실과는 달리, 이 지역의 개인들은 카타르에서 수많은 행정 및 비즈니스 업무를 수행하고 있다. 그러나 비즈니스맨이 된다는 것은 우리가 상호작용할 개인의 범위가 모든 계층에 걸쳐 있다는 것을 뜻한다. 카타르의 지배적인 문화 범주 중의 하나인 동남아 문화는 카타르에서 가장 흥미로운 문화 중 하나일 것이다.

1) 종교

대다수 시민과 지배층은 수니파 무슬림, 특히 와하브파[64]이다. 그러나 시아파 회교도들은 극소수이다. 이란 혁명, 이란-이라크 전쟁, 시아파 차별 주장과 같은 최근의 사건들은 종파 간 긴장을 악화시켰다. 이런 분열은 공공연하게 논의되는 경우는 거의 없다.

2) 성별 역할과 위상

성별 역할은 비교적 뚜렷하다. 학교 교육도 성별에 따라 나눠진다. 졸업 후에는 남녀가 정부기관이나 민간 기업에 취업할 수 있다. 카타르 여성들은 특히 교육, 보건, 사회부서의 정부 일자리를 차지하는 경향이 있다. 고위직은 주로 남성들이 차지한다. 외

64) 아랍인들이 쿠란의 가르침대로 살아야 한다고 주장하는 이슬람교 수니파 안의 운동. 사우디아라비아와 카타르에 기반을 두었다. 현존하는 이슬람 극단주의의 근원 중 하나로, 이슬람교의 타락과 형식주의를 비판하여 순수 이슬람화를 추구하는 운동이다.

국인 노동력은 더 많은 여성들을 공공 영역에 투입시켰지만, 이 여성들은 주로 성별에 따른 노동 분업을 강화하는 직업에 종사한다. 외국인 여성들은 주로 가정부, 보모, 교사, 간호사, 사무직 또는 서비스 직원으로 고용된다.

여성은 운전과 국외 여행 권리도 있지만, 이슬람교와 역사적 선례로부터 영향을 받은 사회적 관습으로 인해 많은 여성들은 공공장소에서 낯선 사람들 사이에서 불편을 감수해야 한다. 대신 이들의 활동은 사적인 공간에서 이뤄진다. 일부 백화점, 쇼핑몰, 공원, 박물관 등은 여성들이 공공서비스에 더 많이 접근할 수 있도록 남성이 가족과 동행할 경우에만 출입이 허용되는 '가족의 날'을 지정하고 있다.

3) 사회적 행동

사회적 행동은 가족의 프라이버시, 환대, 그리고 젠더의 공공연한 분리를 존중하는 방식으로 행해진다. 엉뚱한 사람과의 만남은 가족이 정기적으로 이용하는 지역과는 별개로, 집 밖이나 지정된 게스트 구역에서 이루어진다. 사람들은 남의 가족에 대해 쓸데없이 캐묻지 않는다. 가족 프라이버시에 대한 이런 강한 의식에도 불구하고, 낯선 사람을 환대하지 않는 행동은 무례한 것으로 여겨진다. 차, 커피, 음식, 그리고 앉을 수 있는 시원한 장소가 방문객에게 제공되어야 한다. 반대로 환대를 받아들이지 않는 것도 무례한 행동이다. 이성에게 인사를 할 때는 카타르의 주도에 따라 신중하게 행동하는 것이 가장 좋다. 어떤 카타르 여자는 남자와 악수하는 것이 편안하다고 생각하지만, 어떤 여자들은 자제한다. 마찬가지로 남성은 여성에게 손을 뻗거나 옆에 앉기를 자제할 수도 있다.

4. 문화 차원 : 국가 이미지의 토대

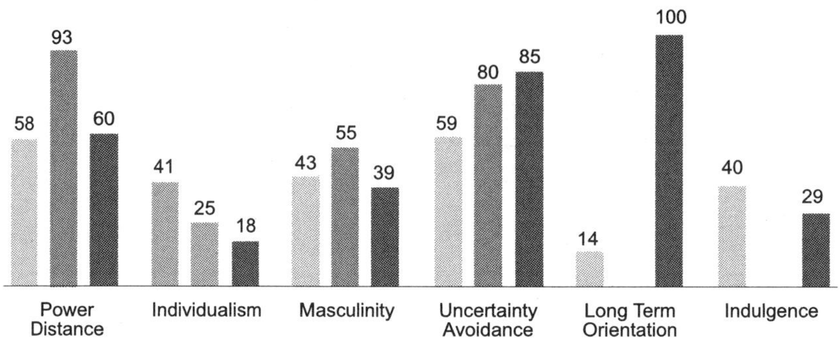

〈호프스테드의 문화 차원 : 이란-카타르-한국 비교〉

■ 권력 거리

권력 거리는 권력이 동등하게 분배되지 않는다는 사실을 받아들이는 조직 내 개인의 능력을 가리킨다. 즉, 권력 거리는 하급자가 상급자의 높은 수준의 권력 소유를 수용하는 정도를 말한다. 권력 거리가 큰 문화는 권력과 부의 분포에서 큰 불균형이 존재하며, 일반 시민들의 신분상승을 억제하는 경향이 크다. 반대로 권력 거리가 낮은 문화는 평등과 기회의 균등을 강조한다.

카타르는 이 차원(총점 93)에서 높은 점수를 받은 위계적 구조에 속한다.

수평적 구조에 속한 사람들의 선호 행동	위계적 구조에 속한 사람들의 선호 행동
– 자발적이다. – 팀이나 회사에서 하는 역할에 유연성이 있다. – 힘있는 사람들의 의견에 자유롭게 도전한다. – 예외를 인정하고, 융통성이 있으며, 규칙도 조절할 수 있다. – 남자와 여자를 기본적으로 똑같이 대우한다.	– 윗사람의 지시를 받는다. – 각각 맡은 역할 속에서 해야 하는 적절한 행동에 강한 제약을 받는다. – 힘있는 자들의 위치와 지위 때문에 그들의 의견에 도전하지 않고 존중한다. – 규정과 행동 지침을 강조한다. – 여자와 남자가 다르게 행동하고 다르게 대우받기를 기대한다.

■ 개인주의

호프스테드에 따르면, 문화 분석에서 가장 중요한 문화 차원 중 하나가 개인주의의 대 집단주의이다. 개인주의 문화는 개인의 의사결정권을 포함해 개인의 성과와 권리를 강조하는 문화이고, 집단주의 문화는 개인의 의사결정권을 포함한 집단의 성과와 권리를 강조하는 문화라고 할 수 있다. 즉, 개인주의적 특성을 가진 문화는 집단 구성원이 아닌 개인으로 일하는 것을 선호하고, 자기만족을 중요시한다. 반면에 집단주의적 특성을 가진 문화는 집단의 성공을 중요시하는 경향이 있다.

카타르는 이 차원에서 낮은 25점을 받아서 집단주의(집단 지향적) 사회로 꼽힌다.

개인 지향적 사람들의 선호 행동	집단 지향적 사람들의 선호 행동
– 개별적으로 솔선수범한다. – 개별적인 행동 지침으로 개별적인 상황에 대응한다. – 자기 자신에게 초점을 맞춘다. – 개인적인 특질에 따라 사람을 판단한다. – 개별적으로 결정한다. – 팀보다 개인을 우선한다. – 필요한 경우에는 일반 규범에 따르지 않는다.	– 협동적으로 행동하고 집단의 목표를 수립한다. – 행동 지침을 표준화한다. – 친구에 대한 의리를 우선순위 윗부분에 둔다. – 집단과 연계하여 자신의 정체성을 결정한다. – 집단 차원에서 결정한다. – 팀이나 집단을 개인보다 우선한다. – 사회 규범에 순응한다. – 집단의 일원으로서 그 자리를 평생 유지한다.

■ 남성성

남성성과 여성성 지수는 사회가 자기 주장과 겸손함을 어떻게 보느냐는 사회적 역할 문제와 관련된 것이다. 흔히 이 차원을 성 평등주의 차원으로 착각하는 경우가 많다. 남성 문화가 강하다는 것은 남성과 여성의 역할을 구분하고, 남성이 사회를 지배하는 정도가 높다는 뜻이며, 여성문화가 강하다는 것은 남성과 여성의 역할에 큰 차이가 없다는 뜻이다.

카타르는 이 차원에서 적당히 남성적인 점수(55점)를 보인다. 카타르의 점수는 남성적인 사회로 가는 성향이 있음을 나타낸다. '일하기 위해 산다'는 남성적인 국가에서 관리자는 결단력 있고 적극적이어야 한다.

■ 불확실성 회피

불확실성 회피는 한 문화의 구성원들이 불확실한 상황이나 미지의 상황으로 인해 위협을 느끼는 정도라고 정의할 수 있다. 불확실성을 수용하는 사회는 하루하루 되는 대로 살며 스트레스를 잘 받지 않는다. 개방적인 학습 상황과 토론을 중요시하며 모험을 즐긴다. 반대로 불확실성을 회피하는 사회는 불확실성을 극복해야 하는 위협요소로 여긴다. 법과 규제를 통해 불확실성 수준을 낮추려는 경향이 있다. 반대로 이것이 낮은 문화는 규칙을 정하려는 정도가 약하고 위험을 감수하며 변화를 잘 받아들인다. 이는 비즈니스 상황, 특히 의사결정에 관련해서 커뮤니케이션을 분석하면 쉽게 알아낼 수 있다.

카타르는 이 차원에서 높은 80점을 받았다. 이 점수는 예측 불가능성의 회피정도가 아주 높다. 즉, 안정 지향적인 성향이 강한 사회라는 뜻이다. '불확실성 회피'를 보이는 국가들은 신념과 행동의 엄격한 코드를 유지하고 비정통적인 행동과 생각에 편협하다. 이러한 문화에서는 규칙에 대한 정서적 필요성(규칙이 결코 효과가 없더라도)이 있고, 사람들은 바쁘고, 열심히 일하고 싶은 내적 충동이 있고, 정밀함과 정시성은 규범이고, 혁신은 저항받을 수 있고, 보안은 개인적인 동기부여에 중요한 요소로 작용한다.

모험 수용적 사회의 선호 방식	안정 지향적 사회의 선호 방식
– 적은 정보로 빨리 결정한다. – 현재와 미래에 집중한다. – 조심성이 덜하다. '준비, 발사, 조준'하는 방식이다. – 모험을 두려워하지 않고 변화가 빠르다. – 새롭고 혁신적인 작업방식을 시도한다. – 새로운 방법으로 문제를 해결한다. – 규율, 규제, 지침, 지시가 적다. – 마지막 순간에 계획을 변경해도 상관없다.	– 결정하기 전에 많은 정보를 수집한다. – 과거에 집중한다. – 조심성이 많다. '준비, 조준, 조준, 발사'하는 방식이다. – 모험을 피하면서 천천히 변화한다. – 더 많은 규율, 규제, 지침, 지시를 원한다. – 효과가 있는 것과 없는 것에 관해 과거의 선례를 참고한다. – 입증된 방법으로 문제를 해결한다. – 마지막 순간에 계획을 변경하지 않는다.

■ 장기 지향성

장기적 성향을 가진 문화권 사람들은 미래를 중시하고, 검소하고, 현실의 어려움을 감내한다. 그러나 단기적 성향을 가진 문화권 사람들은 현재를 중시하고 변화를 잘 수용한다. 카타르는 현재 이 차원에서 어떤 점수도 얻지 못하고 있다.

■ 절제

쾌락–절제(자적–자제)의 지수에서 쾌락은 인생을 즐기는 재미에 관점을 둔 것이고,

절제는 만족을 억제하고 엄격한 사회규범에 의해 통제된다는 뜻이다. 카타르는 현재 이 차원에서 어떤 점수도 얻지 못하고 있다.

호프스테드의 문화 차원 분석을 발전시킨 이론이 1993년에 시작된 GLOBE(세계 리더십 및 조직행동 유효성 연구 프로젝트)[65] 문화가치 연구이다. 이것은 호프스테드의 연구를 발전시켜 62개국 825개 조직에서 수집한 자료를 활용하여 국가별 문화차이를 9가지 차원으로 분류하였다. 9가지 요소 중 일부, 예컨대 권력 거리, 개인주의, 불확실성 회피, 역할구분(남성성-여성성 구분과 유사함), 미래 지향성(장기/단기 지향성과 유사함) 등은 호프스테드의 차원과 유사한 요소들이다. 중요한 차이는 인간 지향성, 성과 지향성, 공격성, 소속 집단주의 등의 요소에서 나타난다. 아무튼 GLOBE 프로젝트는 호프스테드의 5가지 차원이 여전히 타당성이 있음을 확인시켜 주었다. 다만 몇 가지 차원을 추가로 발견하였고, 각 나라의 문화적 변화를 새롭게 제시한 점에서 차이가 있다.

다음은 이 GLOBE 문화 차원 분석에 근거하여 카타르의 각 차원들을 도식화한 것이다.[66]

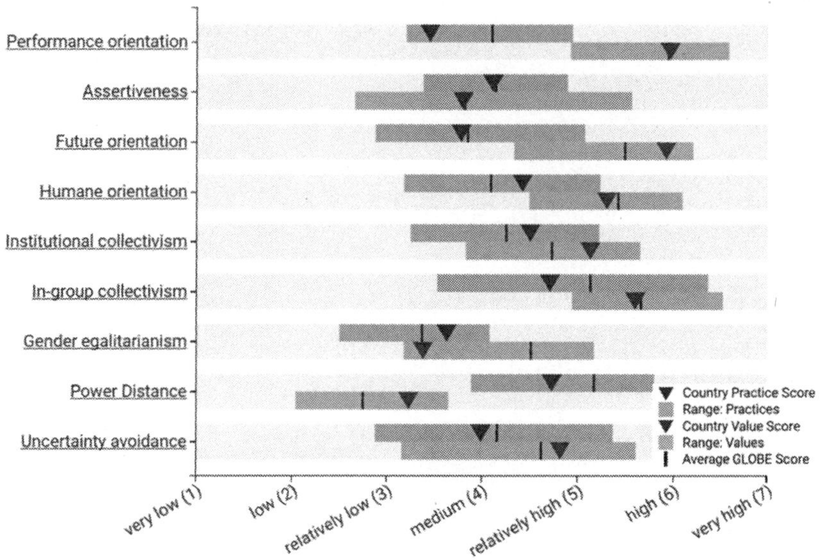

65) GLOBE는 "Global Leadership and Organizational Action Effectivity"의 약자로, 이문화 연구의 한 방향이다. GLOBE연구는 결국 개인이 구성원인 조직의 효과와 성공에 영향을 주고 동기를 부여하며 다른 사람들이 기여할 수 있는 능력을 연구한다.

66) 인용 : https : //globeproject.com/results/countries/QAT?menu=list#list

제3부
아프리카

유엔에 따르면, 현재 아프리카에는 54개국이 있다.

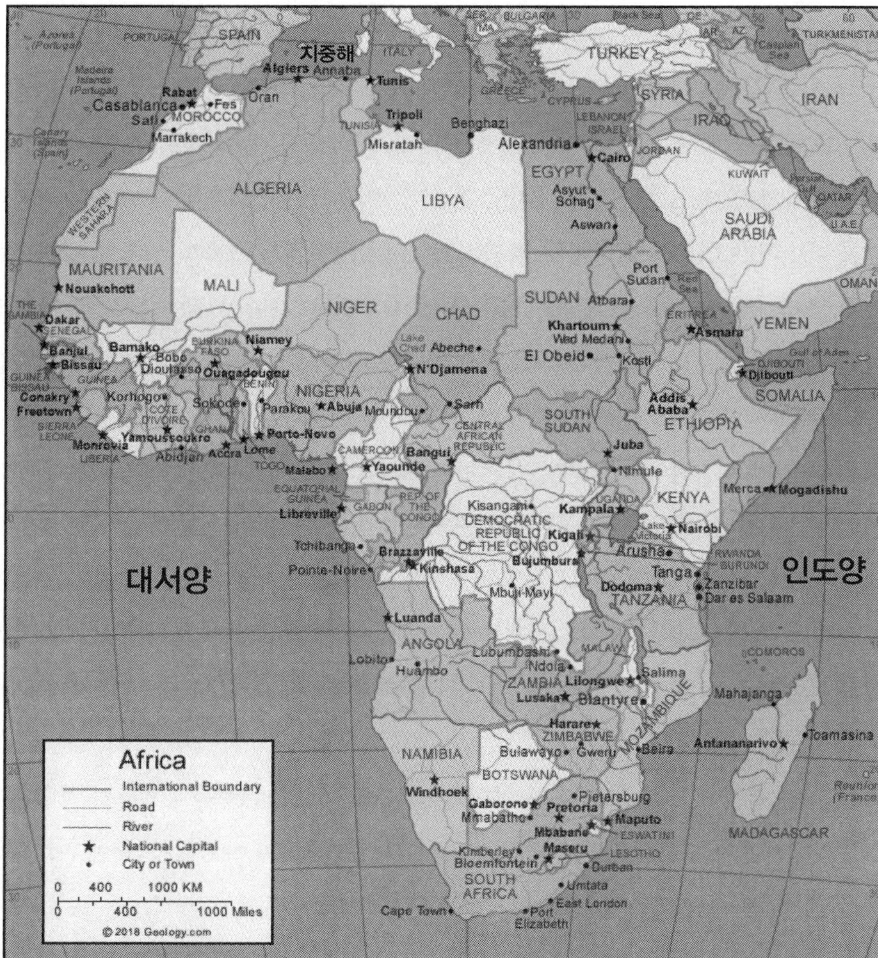

〈https : //geology.com/world/africa-satellite-image.shtml〉

아프리카는 잠재적 발전에 필요한 물질적 자원이 풍부한 밝은 대륙이기는 하지만, 독립한지 수십 년이 지난 지금도 세계에서 가장 발전이 더딘 대륙으로 남아 있다. 심지어 검은 대륙과 아프리카 사람이라고도 불리며, 교육과 업적의 기준이 어디서나 무시되고 조롱받고 있다. 과학적으로 아프리카가 인류의 요람이었고 역사적으로 문명의 요람이었다고 치더라도, 다음의 질문들이 떠오른다.

– 아프리카란 무엇인가?

– 아프리카는 어떻게 이런 암울한 상황에 처하게 되었을까?

– 아프리카는 어떻게 이런 상황에서 벗어날 수 있을까?

많은 사람들은 아프리카를 마다가스카르와 함께 아프리카 대륙으로 생각하지만, 이는 완전히 잘못된 생각이다.

역사와 이주의 힘에 의해 유럽 속의 아프리카, 아메리카 속의 아프리카, 아시아 속의 아프리카가 있다. 노예제도와 식민주의 같은 모욕적인 세력은 아프리카의 경계를 유럽과 아메리카 대륙의 심장부로 확장시켰다. 이 행성에서 그들의 위치에 상관없이 모든 아프리카인은 공통의 조상을 가지고 있으니 같은 가족인 셈이다. 다른 아프리카 방언을 사용하는 아프리카인 가족은 언제나 있어왔다. 가나와 토고의 민족 집단인 가-아당베족은 이 아프리카인 가족을 '자쿠(Jaku)'라고 부른다.

이 자쿠 개념은 혈관에 아프리카 혈흔이 한 방울이라도 있는 사람이라면 누구나 이 자쿠의 일원임을 암시하기 때문에 매우 중요하다. 이는 아프리카 문화가 어떤 아이도 사생아나 열등아로 여기지 않고, 남성 혈통이든 여성 혈통이든 누구라도 씨족 공동체의 일원으로 받아들이기 때문이다. 아프리카 혈통을 가진 사람이라면 누구나 그 사람 자신을 제외하고는 자신이 아프리카인이라고 주장할 권리를 부인할 권리가 없다는 뜻이다.

사실, 이는 가나의 대통령 제리 존 롤링스(Jerry John Rawlings, 1947~)가 자기 아버지가 스코틀랜드인이라는 사실에도 불구하고 가나 사람들에게는 아프리카인, 에우인(Ewe)으로서 받아들여지는 이유이기도 하다.

그렇다고 해서 모든 인간은 자신의 부모, 자신의 조상을 부인하려는 자유 의지를 가지고 있어서, 롤링스가 반드시 자신을 아프리카인으로 간주한다는 뜻은 아니다.

아프리카인은 이 자쿠의 아프리카계 혈통을 거부할 권리가 없기 때문에, 자신의 출생지와 상관없이 아프리카계 혈통의 모든 사람들은 이 자쿠의 일원이며 아프리카인이다. 아프리카계 미국인, 아프리카계 캐나다인, 아프리카계 유럽인, 아프리카계 카리브인은 물라토이든 아니든 아프리카인이다. 물론 오늘날 아프리카 대륙의 암울한 상황 때문에 일부 자쿠족 구성원들은 그들이 아프리카인이라는 것을 부정하고 싶은 유혹을 받을 수도 있지만, 그렇게 부정한다고 하더라도 그들이 아프리카인이라는 근본적인 진실이 바뀌지는 않는다. 그러나 아프리카가 어디에 있든 아프리카 사람들은 약 500년 전에 유럽 제국주의자들이 건설한 인종차별적인 수직 모자이크에서 상대적으로 가장 낮은 지위를 차지하고 있다.

인종 차별이 없고 미덕이었던 시대에 세베레스 셉티무스(Severes Septimus)를 포함한 일부 아프리카인들은 로마의 황제가 되었고, 초기 교황과 기독교 교회의 성인들 중 일부는 아프리카인들이었다. 성 아우구스티누스(Saint Augustine), 성 모리스(Saint Maurice)도 아프리카인이었다. 인종 차별주의를 제도화한 결과는 아프리카 인에 대한 유럽 노예무역의 합리화와 정당화에 따른 것으로, 식민주의가 아프리카인을 상품이나 동산(動産)의 지위로 전락시킴으로써 역사에서 사라지게 했다. 그 과정에서 아프리카인들은 노예제도를 정신적 노예로 내면화했고 아프리카를 정의하는 아프리카 문화는 오염되었다. 아프리카인들은 사람이 되는 것을 멈추고 슈퍼마켓의 진열대에 있는 상품들에 라벨을 붙이듯이 유럽인들로부터 여러 개의 라벨을 받았다. 이 라벨 중 일부는 나이지리아인, 라이베리아인, 탄자니아인, 트리니다드인, 자메이카인, 아프리카계 미국인으로, 이들 모두 아프리카인이며 위대한 자쿠의 구성원들은 모국 아프리카의 후손인 셈이다.

윌리엄 린치(1742~1820)의 '공포와 컬러바(colour bar and the horrors)'를 포함한 식민지 정책과 논리는 모든 곳의 아프리카 기업가들의 발전을 억제했다. 식민지 개척자의 조건에 따라 부여된 독립은 식민통치구조에 대한 탈식민화를 의미하는 것은 아니었다. 아프리카 지도자들은 그들 스스로 정신적으로 노예가 되기 때문에, 그들은 아프리카인들을 자기중심적인 발전을 위해 통합하려는 적절한 조치에는 맹목적이었다.

아프리카의 인적, 물적 자원으로부터 집단적으로 이익을 얻어야 할 사람이 아프리카인 자신들이라고 생각하는 대신, 그들은 자신을 계속 시에라리온인,[67] 라이베리아인, 에티오피아인, 나이지리아인, 자메이카인 등으로 생각하고 있다. 한편 아프리카의 자원은 유럽인과 유럽계 미국인들의 이익을 위해 계속 약탈되고 있다.

이 유럽인들과 유럽계 미국인들은 아프리카에 원조를 제공하고 있다고 주장하지만, 실제로는 아프리카가 그들에게 매우 필요한 인적, 물적 자원을 제공하고 있다. 아프리카는 약탈당했고 그 민족은 가차 없이 착취당했다. 인류 역사상 가장 놀라운 모순은 가난한 아프리카가 미국과 유럽 모두를 부유하고 풍요롭게 만들고 있다는 것이다. 그렇지만 모든 것을 잃는 것은 아니다. 아프리카의 자원은 여전히 방대하지만, 아프리카가 이 암울한 상황에서 벗어나기 전에 어떤 조건이 충족되어야 한다. 첫째는 유럽인이나 유럽계 미국인의 도움 없이는 아프리카인 스스로는 발전할 수 없다는 정신적인 노예제도를 근절하는 것이다.

15세기 황금 채굴 때문에 유럽인들이 아프리카 해안으로 몰려오기 전에 아프리카인들은 그들 스스로 발전하고 있었다. 아프리카 지도자들이 유럽과 미국에는 아프리카인들을 개발하려는 제국주의자들과 자본가들이 있다고 생각하는 것은 순진한 생각이다. 자본가들이 그들과 경쟁하거나 아프리카의 어떤 지역도 개발을 위해 또 다른 자본가들을 만들려하지 않는다는 사실을 아프리카 지도자들은 잘 알고 있다.

자본주의자의 논리는 "돈을 벌어라, 친애하는 자본주의자여, 돈을 벌어라; 솔직히, 만약 당신이 돈을 벌 수 있다면"이란 격언으로 이익을 극대화하는 것이다. 같은 방식으로, 어떤 제국주의자도 아프리카의 어떤 지역도 개발에 착수하지 않는다. 제국주의자는 사정없이 지배하고 착취하기 시작한다.

둘째는 아프리카를 지금의 모습으로 만드는 것이 아프리카인의 문화라는 것을 깨닫고, 아프리카인이 유럽인이 아니기 때문에 유럽 문화를 단숨에 아프리카에 이식하는 것은 결코 효과가 없다는 것을 깨닫는 아프리카의 자기 재발견이다. 아프리카인들은 유럽인들에게 배울 수는 있지만, 지식은 아프리카 문화에 적응해야 한다. 예컨대 민주주의는 아프리카 문화의 필수적인 부분이지만, 아프리카 민주주의는 유럽 민

---

67) 시에라리온은 아프리카 서부 대서양 해안에 위치한 나라. 기니, 라이베리아와 국경을 접한다. 시에라리온은 면적이 71,740km^2로 비교적 작은 나라에 속한다. 인구는 약 6,296,803 명이다.

주주의와 같지 않기 때문에 아프리카에 새로운 것이라고는 할 수 없다. 유럽 민주주의는 승자가 모든 것을 차지하는 경쟁에 기초한 것이지만, 아프리카 민주주의는 모든 사람이 케이크를 공유하는 합의, 타협 및 협력에 기초하고 있다.

따라서 아프리카에 필요한 것은 자유민주주의라고 불리는, 한쪽으로는 개인의 이익이 가장 중요하다고 하고 또 다른 쪽으로는 다수자의 이익이 가장 중요하다고 주장하는 강제 민주주의(forked-tongue democracy)가 아니라, 합의, 타협, 협력을 통해 모든 사람의 이익을 만족시키는 자쿠(또는 아프리카식) 민주주의(Jaku democracy)다.[68]

아프리카 문화는 개인이 자신을 자랑하거나 칭찬하도록 장려하지 않는다. 아프리카 문화는 사람들이 자신을 칭찬하지 말고 여러분 자신을 칭찬하게 하라고 가르친다. 후보자들이 자신을 자랑하고 칭찬하는, 심지어 사기꾼들조차 유권자들에게 투표하라고 설득할 수 있는 자유민주주의의 정치적 플랫폼은 아프리카 문화와는 전혀 동떨어진 것이다. 자쿠 민주주의에서 후보자는 유년시절부터 지역 사회 구성원들이 그를 어떻게 보았는지 공로에 따라 선정했다. 그러니 사기꾼에게는 기회조차 없었다.

경영과 리더십의 질은 중요하다. 아프리카는 여러 기관에서 잘 훈련된 관리자들을 세워야 하지만, 정치 리더십이 역동적이지 않고 헌신적이면 변혁 과정이 정체될 수 있다. 필요한 리더에는 거래 리더(transaction leaders)와 혁신 리더(transformation leaders)의 두 종류가 있다. 거래 리더란 비교적 작은 변화를 가져와 개발의 변혁 과정을 미세하게 조율할 수 있는 사람이다. 다만 정체 현상이 나타날 때마다 어떤 현상에 급진적인 변화를 줄 수 있는 변혁 리더가 필요하다. 현재 아프리카가 처한 어려움은 Kwame Nkrumah, Dr. Dubois, George Padmore, Marcus Garvey, Edward Blyden, Patrice Lumumba 같은 변혁 지도자들을 요구하고 있다. 불행히도 오늘날 아프리카의 대다수 지도자들은 IMF와 월드뱅크 식민주의에 포획되어 자본가와 제국주의자들의 식탁에서 떨어질지도 모르는 부스러기를 구걸하는 모자를 손에 들고 돌아다니고 있다.

---

68) 참고. DANIEL T. OSABU−KLE. Compatible Cultural Democracy : The Key to Development in Africa. University of Toronto Press. 2000. 아래 사이트도 참조 : https : //au.int/sites/default/files/documents/32843−doc−newsletter_vol1_no_3_april_2008.pdf; https : //carleton.ca/africanstudies/wp−content/uploads/What−is−Africa.pdf

그들은 아프리카를 제국주의의 족쇄에서 해방시키는 대신 그들 스스로 신식민지주의의 대리인으로 변모하게 했다. 따라서 아프리카의 가장 큰 문제는 지도부의 배신이다. 아프리카는 빛이 필요하지만 지도자들은 적절한 스위치를 조작하는 방법을 모르고 있다. 필리핀과 인도네시아는 각각 카리브해보다 더 많은 섬으로 구성되어 있지만 단일 국가로 통합해 있다. 과거로부터 물려받은 정신적인 노예로 인해 카리브해 지도자들은 이기적인 매판 제국주의자(comprador imperialists)로 전환시키고, 필리핀과 인도네시아에 비해 비교적 쉬울 수밖에 없는 제국주의 카리브해 통합의 분열과 지배 운영은 거의 불가능에 가까운 상황으로 바뀌었다. 아프리카인이 지배하는 카리브해 섬들이 단결하지 못한 것은 놀라운 일이다. 아프리카 대륙의 상황은 더 심각하다. 아프리카 연합 기구[69]는 아프리카 분열기구가 되었다. 억압과 배척, 소외의 역사에도 불구하고, 미국의 아프리카인들은 그들의 권리를 위해 싸울 수 있는 강력한 공동 전선을 구축하고자 단결할 수 없었다. 모래보다 더 원자화되고 분열된 유럽과 캐나다의 아프리카인들도 마찬가지다. 자쿠 가족은 사방으로 분열된 채로 남아 있고, 대다수가 자신의 역사를 모르기 때문에, 일부는 자신들이 아프리카인이라는 사실조차 모르고 있다. 모든 양들은 그들이 양이라는 것을 알고 있고 모든 염소들은 그들이 염소라는 것을 알고 있지만, 미국, 아프리카, 카리브해, 유럽, 아시아의 아프리카인들은 자기네들은 다르다고 생각한다. 확실히 아프리카인들은 어둠 속에 있어서 범아프리카 민족주의(Pan-African Nationalism), 즉 아프리카의 빛을 필요로 한다.

지금까지 '아프리카, 무엇인가'라는 질문을 정치·문화적 관점에서 해결책을 찾아보았다. 이제 이런 무거운 주제에서 탈피하여 아프리카가 어떤 곳이고 어떤 특징이 있는지를 몇 가지 소 주제로 나누어 간략하게 정리하여 보겠다.

---

69) '아프리카 연합(African Union, AU). 1999년 9월 리비아 시르테에서 열린 아프리카 통일 기구(OAU) 특별 정상 회담 폐막 회의에서 채택된 시르테 선언에 따라 2002년 7월 9일에 아프리카 통일 기구(OAU)를 승계하여 설립되었다. 본부는 에티오피아의 아디스아바바에 있고 현재 회원국은 55개국이다.

■ 아프리카 대륙

– 아프리카는 지구에서 두 번째로 큰 대륙(약 1,170만 평방마일)이다.
– 아프리카는 적도를 가로지르며, 북부 온대 지역에서 남부 온대 지역으로 확장되는 유일한 대륙이다.
– 아프리카는 지구에서 가장 더운 대륙이다.
– 수단은 아프리카 최대 국가(968,000 평방 마일)이다.
– 아프리카는 지구 전체 표면의 6%, 전체 육지 면적의 20.4%를 차지한다.
– 카이로가 가장 큰 대륙의 도시다.
– 인간이 존재하기 훨씬 전에(중생대 초기) 아프리카는 판게아라(Pangaea)라는 거대한 대륙에서 다른 대륙과 결합되었다. 수백만 년에 걸쳐 이 거대한 대륙은 오늘날 우리가 알고 있는 세계 지형을 형성하면서 분열되었다.
– '아프리카'라는 대륙명은 고대 로마인들이 명명한 것이다. 로마인들은 고대 북아프리카의 도시인 카르타고를 물리치고 아프리카라는 이름의 속주를 세웠다. 그 속주에 거주한 아프리 부족의 이름을 따서 명칭을 만들었다.
– 에티오피아 북부의 달롤(Dallol)은 평균 기온이 세계에서 가장 높다. 이 지역의 평균 온도는 화씨 93도(33.89도)이다.

■ 아프리카 사람들

– 아프리카 대륙의 인구는 약 10억 명으로, 세계에서 두 번째로 인구가 많다. 나이지리아가 1억 5,800만 명으로 전체 아프리카 국가 중 인구가 가장 많고, 에티오피아는 8,200만 명으로 2위, 3위는 이집트로 8,000만 명이다. 아프리카 인구는 2011년 약 10억 명에서 2045년까지 20억 명으로 두 배나 증가할 것으로 추정된다. 니제르와 라이베리아의 인구는 2011년에서 2031년으로 두 배가 될 것으로 추산된다.
– 아프리카에는 1,000개 이상의 언어가 사용되고 있다. 일부 추정치에 의하면 언어가 2,100개 정도 된다고도 한다.
– 아프리카 최대 종교는 이슬람교이고, 기독교와 힌두교가 그 뒤를 잇고 있다. 그

러나 전통적인 아프리카 종교를 믿는 사람들도 많다. 몇몇은 기독교, 이슬람교, 힌두교와 더불어 그네들의 전통적인 종교를 믿는 경우도 있다. 유대교는 아프리카의 많은 지역에 분포해 있다.

- 지금까지 발견된 사람 중 가장 오래된 유해가 에티오피아에서 발견되었는데, 20만년 정도 되었다고 한다.
- 세계 최단신인 피그미족이 아프리카에서 산다. 평균 남성은 1.45m(4.34피트), 여성은 1.33m(4피트)이다. 일부 수단 부족은 세계 최장신들(평균)인데, 어떤 부족에서는 남자의 평균 키가 6피트 4인치이고, 여자는 6피트나 된다.
- 에티오피아 남서부 수르마 부족은 여성들이 립 플레이트를 착용해 유명하다.
- 와다베 사람들은 12살이 될 때까지 아이들의 이름을 짓지 않는다.

■ 아프리카 지형

- 세계 최장 강인 나일강이 아프리카에 있다.
- 아프리카 최대 사막은 사하라 사막인데, 거의 미국만하다.
- 빅토리아 폭포는 아프리카 최대 폭포로, 높이가 355피트, 폭이 1마일이다.
- 킬리만자로 산은 대륙에서 가장 높은 산(19,300피트)이다. 산이 적도 근처에 있음에도 불구하고 정상에 빙하가 있을 정도로 높다.
- 마다가스카르는 아프리카 최대 섬이자 세계에서 네 번째로 큰 섬이다. 아프리카의 동쪽 인도양에 있다.
- 남아프리카 공화국의 위트워터스랜드(Witwatersrand)라는 고원은 지구상에서 지금까지 채굴된 금의 절반을 채굴했다.

■ 아프리카 부족들

- 아프리카의 인구는 믿을 수 없을 정도로 다양하며, 무수한 부족과 민족 집단들(약 3000개의 부족/집단)로 구성되어 있다.
- 이 집단들 중 몇몇은 단지 몇 천 명에 불과하지만, 나머지 집단들은 수천만 명이 되는 경우도 있다. 각 집단은 보통 그들만의 언어와 문화를 가지고 있다. 많은

아프리카 국가들은 각각 수많은 부족들을 가지고 있다. 예컨대 우간다에는 30개 이상의 부족이 있다.

- 아프리카의 몇몇 주요 부족들만 들면 다음과 같다. 아랍인 – 1억 명, 베르베르인 – 6500만 명, 하우사인, 요루바인, 오로모인, 이그보인 – 각각 3000만 명, 풀라인 – 2700만 명, 아칸인, 암하라인 – 각각 2000만 명, 소말리인 – 1500~1700만 명, 후투인 – 1600만 명, 콩고인, 쇼나인, 줄루인 – 각각 1000만 명 등등.

12
남아프리카공화국

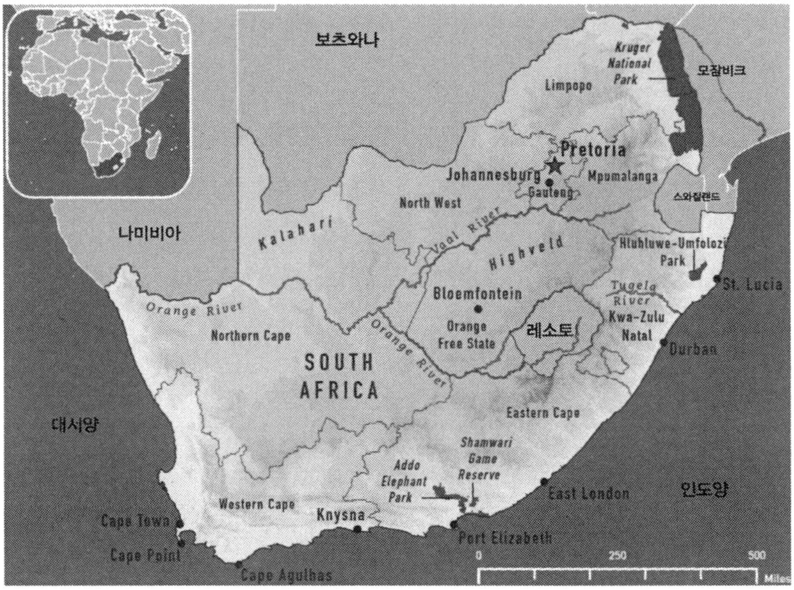

〈https : //maps-southafrica.com/south-african-republic-map〉

국명	남아프리카 공화국(Republic of South Africa)
면적	1219090 ㎢
수도	행정수도 : 프리토리아, 입법수도 : 케이프타운, 사법수도 : 블룸폰테인
종족	흑인 80.9%, 컬러드 8.9%, 백인 7.8%, 아시아계 2.5%
인구	58,073,978명 (2019)
공용어	아프리칸스어, 영어, 남-은데벨레어, 소토어, 스와지어, 총가어, 츠와나어, 벤다어, 코사어, 줄루어
종교	기독교 79.8%, 이슬람교 1.5%, 힌두교 1.2% 등
건국일	1961년 5월 31일 (공화국 선포)
정체	공화제, 의원내각제 하의 대통령제
통화	랜드(Rand)
도메인	.za

1. 공항 : 나라의 관문

아프리카는 연간 항공 승객 수가 가장 적은 대륙이다. 여객과 화물을 모두 포함한 전 세계 교통량의 약 2%를 차지한다. 항공 여행은 주로 국제 관광이 담당하고 있다. 그러나 대륙의 급속한 인구 성장과 소득으로 인해 더 많은 기회가 열릴 가능성은 충분하다. 이것이 아프리카 시장에 대해 더 많이 배울 가치가 있는 이유이기도 하다.

남아공은 2018년 항공여객이 2,500만 명으로 아프리카 대륙에서 선두를 달린다. 다음으로 약 2,400만 명의 이집트와 1,900만 명의 모로코가 그 뒤를 바짝 추격하고 있다. 3대 시장과 나머지 국가 간 격차는 큰 편이다. 승객 수 기준으로 4번째는 1000만 명이 찾은 알제리이다. 10위 안에 든 다른 나라들로는 튀니지, 나이지리아, 케냐, 에티오피아, 탄자니아, 모리셔스가 있다.

아프리카를 오가는 항공 여행은 분명한 주도적 요인들이 있는데, 그 중 하나가 관광이다. 많은 관광객을 유혹한 나라들로는 모로코, 이집트, 남아프리카공화국, 튀니지 등이 있다. 우연의 일치로, 이들 나라가 승객 수에서도 대륙에서 가장 많은 4개국이다. 그런데 시장점유율이 가장 높은 항공사가 에티오피아 항공사(8.4%)라는 점이 다소 의외일 수 있다. 그러나 이집트항공, 로열에어모로코, 남아프리카항공, 알제리항공이 그 뒤를 잇고 있는데, 이는 항공여객과 관광수치에 근거할 때 예상 가능성과 완벽하게 일치한다.

아프리카를 오가는 가장 인기 있는 국제노선은 카이로－제다(Jeddah, 사우디의 핵심 항구도시) 노선인데, 그 근접성을 감안하면 그리 놀랍지도 않다. 2018년 이들 도시를 오간 승객은 160만 명이었다. 그 뒤를 잇는 3개의 국제노선도 카이로에서 출발하여 리야드, 쿠웨이트, 두바이의 중동 거점 연결망들이다. 그러나 제다에 비해 교통량은 현저히 떨어지는데, 리아드에는 93만 4000명, 두바이는 79만5000명이다.

유럽으로 가는 가장 인기 있는 노선은 모두 북아프리카 국가들과 프랑스를 잇는 것들이다. 알제리, 모로코, 튀니지 같은 나라들이 인기를 끄는 이유는 프랑스의 아프리카 디아스포라와 그 가족들 때문이다. 아프리카 대륙 내에서 가장 바쁜 국제노선은 짐바브웨의 수도 하라레와 요하네스버그를 잇는 노선인데, 2018년도에 약 50만 명의 승객들이 이 두 도시를 왕래했다.

아프리카 땅에서 가장 바쁜 국내선은 남아공의 케이프타운과 요하네스버그를 잇는 노선이다. 연간 약 350만 명의 승객들이 이 두 도시를 통근한다. 이는 매일 1만 여 명의 승객이 탑승하는 셈인데, 가장 인기 있는 국제노선보다 두 배나 많은 수치이다.

남아공의 항공 산업도 미래의 성장 동력으로 떠오르고 있다. 2014년의 경우, 항공사, 공항 운영자, 공항 현장 기업(식당 및 소매), 항공기 제조업체, 항공 내비게이션 서비스 제공업체가 7만 명을 고용했다. 게다가, 이 부문이 지역 공급자들로부터 상품과 서비스를 구입함으로써 13만 개의 일자리 창출을 지원했는데, 특히 임금 직원만 5만 7000개의 일자리를 추가 지원했다. 이 중 일부 또는 전부가 소비재와 서비스에 투입되는 것으로 추산된다. 항공편으로 입국하는 외국인 관광객은 2014년 23만 명의 일자리를 추가로 지원한 것으로 파악되었다.

2014년 항공 운송 산업은 남아프리카 공화국의 GDP에 74억 달러의 부가가치 기여를 한 것으로 평가된다. 이 중 외국인 관광객의 지출은 총 51억 달러에 이른다. 이는 국내 GDP의 3.5%가 항공 운송 부문과 항공편으로 입국하는 외국인 관광객들에 의해 지원되었다는 의미이다.

■ O.R. 탐보 국제공항(O.R. Tambo International Airport)

– IATA : JNB　　　　ICAO : FAOR

O.R. 탐보 국제공항(1994~2006 : 요하네스버그 공항)은 요하네스버그 근처에 위치한 국제공항이다. 공항 면적은 1600헥타르에 이른다.

이 공항은 연간 최대 2,800만 명의 승객을 수용할 수 있는, 아프리카에서 가장 붐비는 공항이다. 아프리카 최대 항공사 South African Airways와 수많은 중소형 항공사들의 허브공항이다. 또한 수도 프리토리아의 공항 역할을 한다.

고도가 약 1,700m여서 공기가 평지보다 희박한 관계로 항공기의 성능에 영향을 미친다. 예컨대 요하네스버그에서 워싱턴까지 에어버스 A340-600으로 운항하는 경우, 중간 연료 공급이 불가해서 연료 공급을 위해 세네갈 다카르의 레오폴 세다르 셍고르 국제공항을 경유해야 한다. 또한 이로 인해 화물과 승객을 가득 싣고 이륙할 때 이륙거리가 더 길어지거나 이륙할 수 없는 등 출발지에서 성능이 크게 감소하기 때문이다. 이와 대조적으로, 워싱턴의 워싱턴 덜레스 국제공항에서 돌아오는 비행기는 출발지가 거의 평지(해발 95m)여서 항공기의 성능을 살려 직항으로 14시간 걸린다. 남아프리카 항공은 현재 서부 시장을 고려하여 미국 노선의 경우 세네갈 다카르의 공항을 경유하고 있다.

한국에서는 이 공항으로 가는 직항은 없고, 주로 홍콩에서 환승해야 한다. 캐세이 퍼시픽 항공의 홍콩·요하네스버그 노선 환승 및 스타 얼라이언스의 아시아나항공 및 South African Airways 간 코드셰어를 통해 환승해야 한다.

2) 역사

과거에 요하네스버그 주변의 주요 공항이었던 랜드 공항과 유럽 서비스를 담당하였던 팔미에트폰텐 국제공항을 대신하여 1952년에 개항하였다. 당시의 공항 이름은 남아공의 수상이자 제2차 보어전쟁의 지휘관이었던 얀 크리스티안 스뮈츠(1870~1950)의 이름을 딴 얀 크리스티안 스뮈츠 국제공항(Jan Christiaan Smuts International Airport)이었다. 첫 비행 항공기는 영국의 런던 히드로공항에서 이륙한, 영국항공(BA)의 전신인 영국해외항공(BOAC)의 모스키토 DH-106 코멧[70]이었다.

1970년대에 들어서면서 콩코드의 시험공항으로 사용되었다. 항공기가 공기가 희박

70) 'DH.106 Comet'은 de Havilland가 제작, 설계한 세계 최초의 상업용 제트 여객기로, 당시 영국이 자존심을 걸고 완성시킨 기종이었다. 길이 28.35m, 너비 35m크기 터보제트엔진 4기를 장착하고 후퇴날개와 객실에 여압장치를 갖춘 36인승 최신형여객기였다. 여압장치를 갖추었다는 것은 고공비행이 가능하다는 뜻이다. BOAC는 당대의 황금노선 런던·히드로~로마~베이루트~카르툼(수단)~엔테베(우간다)~리빙스턴(잠비아)~요하네스버그 간에 세계최초의 제트여객기를 취항시키면서 런던~요하네스버그 간 소요시간을 23시간으로 단숨에 절반으로 단축시켰다.

한 높은 고도에서 이착륙할 때 어떻게 대응해야 하는지를 이 공항에서의 연구를 통해 밝혀냈다.

그러나 1980년대에 아파르트헤이트에 대한 국제적인 비판이 높아짐에 따라 유엔이 제재하기로 결정하면서 대부분의 남아공 출발 항공편의 운항이 중단되었다. 남아공 항공 등 유럽행 비행기들은 안전상의 문제 등으로 아프리카 대륙 상공 비행이 불가해서 대서양 쪽으로 우회하여 비행해야 했고, 이는 당시 장거리 비행이 뛰어난 보잉 747SP나 에어버스 A340 같은 4발 여객기를 많이 사용해야 하는 결과를 가져왔다.

1994년 아파르트헤이트 철폐 이후 총선을 통해 출범한 새 정부는 정치인의 이름을 공항명으로 사용하지 않겠다는 표명을 했다. 이에 따라 '얀 스뮈츠 국제공항'을 '요하네스버그 국제공항'으로 개칭했지만, 2005년 후반 무렵 '요하네스버그 국제공항'에서 인종차별 투쟁의 영웅이던 올리버 탐보의 이름을 따서 '올리버 탐보 국제공항'으로의 변경이 제안되었다. 이것이 2006년 6월 30일에 공포됨에 따라 동년 10월 27일부터 'O. R. 탐보 국제공항'으로 명칭을 변경하였다. 그러나 명칭 변경에 소요된 막대한 비용이나 이전 정부가 표명했던 정치인의 이름을 공항에 사용하지 않는다는 원칙을 뒤집은 것에 대해서는 많은 비판을 받고 있다.

이 공항은 여객 인원이 1996년에 카이로 국제공항의 여객 인원을 넘어섰고, 2006년 3월까지 이미 1610만 명의 여객이 다녀갔다. 이는 2005년 같은 기간에 비해 11% 증가한 수치이다.

2006년 11월 26일에 에어버스 A380이 아프리카 대륙 공항으로는 처음으로 도착했다. 이것은 남극을 통과하여 시드니로 향하는 도중에 시험 비행으로 기항한 것이다.

3) 활주로

O.R. 탐보 국제공항은 공항 터미널 건물과 인접한 활주로 2본(1쌍의 평행 활주로)을 보유하고 있다. 이전에는 제3 활주로(09/27)가 있었으나 위험 때문에 폐쇄되면서 현재는 유도로로 이용되고 있다.[71]

---

71) 인용 : https : //acukwik.com/Airport−Info/FAOR

번호	길이	폭	ILS
03L/21R	4421m	60m	PALS CAT II
03R/21L	3405m	60m	PALS CAT II

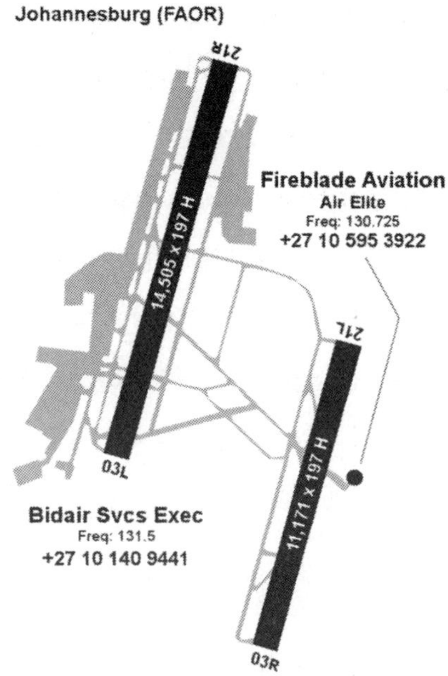

활주로에는 접근 조명 시스템이 설치되어 있다. 터치다운 존(TDZ) 조명은 사용할 수 있지만 켠 적이 없다. 활주로 말단(Runway Threshold), 가장자리 및 중심선 조명이 사용 가능한 유일한 조명이다. 바쁜 시간대에 아웃바운드 비행은 이륙을 위해 서쪽 활주로(03L/21R)를 사용하고, 인바운드 비행은 착륙을 위해 동쪽 활주로(03R/21L)를 사용한다. 바람의 변수는 변화무쌍하지만, 대개는 비행기가 북쪽으로 이륙하고 남쪽에서부터 착륙한다.

활주로, 주기장, 유지시설을 연결하는 아스팔트 유도로들이 있다. 폭이 60m인 유도로 에코를 제외하면 나머지는 폭이 30.5m에 불과하다. 공항에는 9개의 주기장이 있다.

4) 터미널

공항에는 6개의 터미널이 있는데, 국제 터미널, 국내 터미널, 그리고 환승 터미널의 세 주요 영역으로 나눌 수 있다. 환승 터미널에는 옛 국내 터미널로 사용되지 않은 부분이 있었는데, 국내선과 국제선 터미널 사이의 실내 연결 그리고 중앙 여객 체크인 구역과 더 많은 게이트를 제공할 새로운 중앙 터미널 건설을 위해 대부분 철거되었다. 중앙터미널은 2010년 FIFA 월드컵을 위해 건설되었다. 터미널 A1과 A2는 국

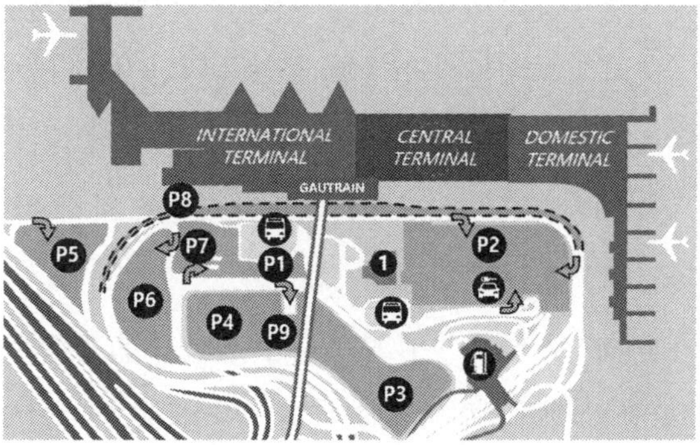

제선 승객을, 나머지 두 터미널은 국내선 승객을 취급한다. 공항의 설계상 출발 터미널과 도착 터미널은 별도의 터미널로 간주된다. 중앙터미널은 A3터미널로 명명돼 국제선 및 국내선 승객 모두가 이용할 수 있도록 했다. airline Mango는 국내 출발 터미널의 중이층(mezzanine)에 본사를 두고 있다.

터미널 A와 터미널 B의 두 터미널은 재구성되었다. 몇몇 항공사들은 현재 국내선과 국제선의 모든 체크인(상층, 도착 아트리움에 인접한 곳)을 터미널 B에서 한다. 터미널 B로 체크인을 옮긴 항공사는 SAA, SA Airlink, SA Express, Air Mauritius[72] 등이다.

터미널 A와 B에는 140개가 넘는 소매점들이 입주해있다. 면세점은 터미널 A의 에어사이드에 있다.

2. 지리와 역사

2.1. 지리적 배경

남아프리카공화국(약칭 '남아공')은 아프리카 최남단에 있는 공화국이다. 1815년 영국의 식민지가 되었다. 1910년 영국의 자치령이 된 이후, 1961년까지의 국호는 남아프리카 연방(남아연방)으로, 영국 국왕이 국가원수였다.

수도가 프리토리아(행정), 블룸폰테인(사법), 케이프타운(입법), 세 군데로 나뉘어 있다. 남아연방을 결성할 때(1910) 4개 구성국 중 가장 작은 나탈 식민지의 피터마리츠버그를 제외한 3개국의 수도에 3부 기관을 각각 하나씩 나누어준 때문이다. 그러나 최다인구 도시는 요하네스버그이다.

북쪽으로 나미비아, 보츠와나, 짐바브웨, 동쪽으로 모잠비크, 스와질란드와 접해 있고, 영토 내에 독립국 레소토가 있다. 동쪽으로 인도양, 서쪽으로 대서양을 낀 동고서저

72) SAA = South Africa Airways, SA Airlink = 에어링크(남아공 지역항공사, 1995년 설립), SA Express = 남아프리카 익스프레스(남아공 지역항공사로 총 16개 노선 취항, 1994년 설립), Air Mauritius = 에어 모르셔스(모리셔스 포르루이스에 본사, 1967년 설립).

지형을 가진 천혜의 자원 부국이다. 국토의 대부분이 해발고도 900~1,200m의 고원이다. 인도양 연안의 좁은 해안평야와 내륙고원 사이에는 드라켄즈버그산맥이 북동쪽에서 남서쪽 방향으로 길게 뻗어 있다. 최고봉은 타바나앤틀렌야나 산(3,482m)이다.

1) 국명

남아프리카 공화국이라는 이름의 뿌리는 1910년 이 지역을 영국이 남아프리카 연방이라는 이름의 자치령으로 지정한 데서 비롯한다. 영국은 보어전쟁[73]으로 이 지역을 완전히 복속시켰으나 보어인들의 반발을 고려해 내정에 대해 완전한 자치권을 가지는 자치령으로 지정했는데, 본래 단일한 지역이 아니라 케이프 식민지, 나탈 등 지역마다 다른 이름을 가지고 있어서 '남아프리카'를 선택했다. 1961년에 남아프리카 연방이 영연방에서 탈퇴하여 국명을 남아프리카 공화국으로 바꾸었지만, 정치체제를 나타내는 부분만 바꾼 것일 뿐 '남아프리카'라는 이름은 유지했다. 남아프리카 공화국의 공식 언어는 1994년 이래 11개이지만, 각 언어의 공식 국명은 모두 '남아프리카 공화국'을 번역해서 쓴다.

2) 국기

1928년부터 1994년까지는 옛 네덜란드 국기와 동일한 귤색, 하얀색, 파랑색의 삼색기에 중간의 하얀색에 유니언잭, 오렌지 자유국의 국기, 트란스발의 국기가 들어간 국기였다. 그러나 1994년 넬슨 만델라 정부가 수립되면서 이전의 3색 기에 아프리카민족회의 깃발을 결합한 것으로 Y자 모양을 반시계 방향으로 90도 돌린 무늬의 3색 기로 바뀌었고, 귤색이 빨강으로 바뀌었다.

빨간색은 남아공의 독립과 흑인들의 희생과 열정, 초록색은 남아공의 농업, 삼림, 농촌 그리고 국토, 노란색은 남아공의 주산물인 금을 비롯한 광물과 광업, 파랑은 열

73) 영국이 남아프리카의 금이나 다이아몬드를 획득하기 위하여 트란스발(Transvaal) 공화국·오렌지 자유국을 침략한 전쟁(1899~1902).

린 하늘과 인도양 및 대서양, 검정과 하얀색은 남아공에 사는 백인과 흑인을 상징한다. 전체적으로 Y자 한 방향으로 합쳐지는 모양은 남아공의 흑인과 백인, 그 외 부족과 종족들, 남아공 지방정부의 화합을 나타낸다.

3) 주민

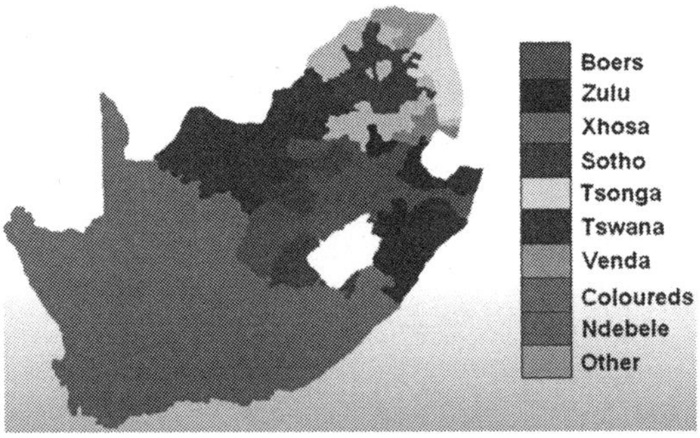

남아프리카의 주민 구성은 특수하여 백인과 비(非)백인으로 대별된다. 백인은 10%를 차지하며, 네덜란드계, 영국계, 프랑스계, 독일계 등이 있다. 비백인은 반투족(아프리카 흑인), 아시아인(인도인·파키스탄인), 컬러드(colored : 각종 혼혈인, 호텐토트, 부시먼, 말라야인, 인도네시아인 등)로 나뉜다. 이곳에 최초로 정착한 유럽인은 보어인으로 알려진 네덜란드인이다. 그들의 후손이 현재 아프리카인이며, 영어 외에 네덜란드어에서 파생된 아프리칸스어를 사용하고 있다. 반투족은 부족에 따라 호사(Xhosa), 줄루(Zulu), 츠와나(Tswana), 바페디(Bapedi), 소토(Sotho) 등으로 나뉘어 있다.

컬러드는 아프리카인과 초기의 백인 이민의 혼혈족·호텐토트족 등의 후손들로, 주로 케이프 주에 거주한다. 아시아계는 19세기에 사탕수수 재식농업 노동자로 이주해 온 사람들로, 주로 나탈 주에 거주한다. 종교는 신교도(66%), 가톨릭교도(9%)가 대부분이고 유대교, 이슬람교, 힌두교, 토착신앙인도 있다. 언어는 영어와 아프리칸스어 외에 9개 흑인 부족언어를 공용어로 사용한다.

4) 기후

남아프리카 공화국은 남반구에 위치해서 4계절이 대한민국과 반대이다. 습한 지역보다는 건조한 지역이 많다. 전체적으로 내륙 지방은 반건조 기후이지만, 지역별로 변화가 크다. 동쪽 지대는 온난 습윤 기후와 나미비아 부근의 칼라하리 사막으로부터 모잠비크와의 국경 부근의 아열대 기후, 남서쪽 해안 지대는 지중해성 기후에 이르기까지 다양하다. 일단 적도에서 남쪽으로 많이 내려온 곳(남위 30도 부근)에 있기 때문에 기본적으로는 온대기후에 속한다.

2.2. 역사적 배경

남아공의 역사는 원주민이었던 코이산족과 이주민인 반투 흑인, 백인, 아시아인의 이주에 따른 정착 과정에서 다양성을 보인다. 특히 과거 백인 정부의 아파르트헤이트라는 인종차별정책으로 인해 더욱 다양한 역사적·문화적 정체성이 형성되었다.

1) 남부 아프리카 선주민

남부 아프리카에서 3백만 년 전의 원시 인류인 오스트랄로피테쿠스(Australo-pithecus-Africanus) 화석이 처음 발견되었다.

기원전 2600년경, 남부아프리카는 목축업을 주로 하는 코이코이족(또는 Hotentot)과 수렵 및 채취를 하던 산족(또는 Bushman)이 각각 공동체를 형성하여 17세기까지 거주했다.

잠베지 강과 탕가니카 호수 및 말라위 호수 주변에 주로 거주하던 반투족의 선조들은 철기 및 금속 문화를 보유하였다. 림포포 강 이남으로 진출하기 시작하여 18세기 후반까지 오렌지 강 이북 및 칼라하리 동부지역 등을 포함한 남아프리가 전역 및 동부해안까지 진출하였다. 반투어를 사용하는 줄루(Zulu), 코사(Xhosa), 수투(Sotho), 츠와나(Tswana) 등의 부족이 대규모 집단을 형성하였다.

2) 백인 이주

- 1488년, 포르투갈의 바르톨로뮤 디아스(Bartholomu Dias)가 희망봉 발견. 바르톨로뮤 디아스는 당초 이 지역의 이름을 '폭풍의 곶(Tormentoso : The Cape of Storms)이라고 지었으나, 이후 포르투갈 왕 주앙(João)은 케이프를 돌면 인도양으로 갈 수 있어서 희망봉(Boa Esperança : Cape of Good Hope)으로 명명한다.
- 1497년, 포르투갈의 바스코 다가마가 케이프를 돌아 현재의 나탈에까지 이르렀고, 동아프리카 몸바사와 말린디를 거쳐 인도의 고아에 도착한다.

- 1647년, 네덜란드 선박이 케이프에 정박하기 시작한다.
- 1652년, 네덜란드 동인도회사, 자국 선박의 보급기지 및 노예, 천연자원, 귀금속 등 상품 취득을 위해 케이프타운에 정박소를 설립한다(최초의 백인 거주로 기록됨). 얀 판 리비어크(Jan van Riebeek)가 이끄는 3척의 배와 130명의 남녀로 구성된 백인들이 정착한다.
- 1679년, 동인도회사의 유럽 이주민들에 대한 토지분배로 네덜란드인과 독일인의 이주 및 정착농업이 시작되고, 네덜란드인이 전매회사를 통해 코이코이족 등과 교역을 시작하면서 토착 사회, 경제 체제를 잠식, 원주민들은 임금 노동자 또는 노예로 전락한다.
- 네덜란드인 및 종교적 박해를 피해 이주해 온 백인들은 스스로를 보어인이라고 부른다. 이들은 케이프타운 해안 주변에서 점차 내륙으로 이주하였다.
- 18세기, 동부해안으로 진출한 보어인들과 동케이프지역으로 진출하던 반투족이 그레이트 피쉬(Great Fish) 강 근처에서 충돌하기 시작하고, 100여 년에 걸친 분쟁 이후 19세기 후반 반투족이 백인에게 굴복한다. 18세기부터 백인들은 유색인 차별은 신으로부터 부여받은 절대권한이라고 주장하고, 인종 간 평등 제기는 백인의 생활양식에 대한 위협으로 간주한다.
- 1795~1803년, 미국 독립전쟁 동안 점점 더 많은 프랑스 선박들이 인도로 가는 길에 케이프에 들렀으며, 나폴레옹과의 전쟁이 임박하면서, 1795년 네덜란드의 동인도회사가 파산하자 영국이 케이프타운을 점령한다.
- 1802년, 아미앵 평화조약에 따라 영국이 물러가고, 1803년 네덜란드인들이 바타비아 공화국(Batavian Republic)을 수립한다.
- 1814년, 빈 회의 결과 영국이 케이프 식민지를 재점령한다.
- 1820년, 1815년 나폴레옹과의 전쟁 이후 영국 정부는 수천 명의 코사족을 추방하고, 영국인들을 정착시키기로 결정하여 영국 농민들의 남아프리카 이주정책을 추진한다. 영국정부는 1779년부터 1834년까지 케이프 식민지 확대 과정에서 코사족과 '백년전쟁'으로 알려진 국경 전쟁을 일으킨다.
- 1834년, 영국인들이 이민을 시작하면서 보어인을 내륙오지로 몰아넣어 영국인

과 보어인 간 관계가 악화된다. 1822년부터 영국이 조세 징수, 토지 할당 등 영향력을 확대하면서 보어인들의 반발도 증가한다. 1833년 영국의회가 자유주의 사상의 영향으로 대영제국 영토 내 노예해방을 선언하자, 백인들의 다수를 이루던 보어인들은 경제적 손실과 선민사상에 대한 침해로 크게 반발한다.

- 1835~1848년, 보어인들은 케이프를 떠나 오렌지강 이북으로 대이주(Great Trek) 를 시작하고, 내륙으로 진출해간 보어인은 흑인 원주민을 정복한다. 주로 캘빈교도들이었던 보어인 이주자들(Voortrekkers)은 줄루족, 은데벨레족, 코사족 등 흑인 원주민들과의 치열한 싸움을 거친 끝에, 내륙에 1839년 나탈리아(Natalia) 공화국, 1852년 트랜스발(Transvaal) 공화국, 1854년 오렌지 자치국(Orange Free State)을 건설한다. 소수 백인의 지배권과 기독교 문명의 우월성을 유지하기 위해, 아프리카 토착인을 노예로 취급하여 백인과는 엄격히 차별 대우하는 관습을 확립한다.
- 1844년, 영국은 나탈리아 공화국을 점령하여 케이프 식민지와 별도로 나탈리아 식민지를 운영한다. 영국과 신생 보어 공화국들 간 갈등도 심화된다.
- 1867~1881년, 1867년 트랜스발과 오렌지 자치국에서 대규모 다이아몬드와 금광이 발견되고, 1886년 요하네스버그 비트바터스란트에서 막대한 양의 금이 발견되자, 영국은 보어 국가의 병합을 도모한다. 19세기말까지 이 지역 금광 산업에 약 109,000명이 종사하고 있었고, 이 중 97,000여 명은 아프리카인 이주노동자였다. 세계 금 생산량 중 27%를 차지, 영국과 유럽으로부터 대규모 투자가 유입된다. 1871년 영국에 의해 합병된 서부 그리쿠아랜드(Griqualand West)에서 다이아몬드가 발견되고, 생산은 새로운 광산자본가들에게 집중, 1889년 영국의 이민자인 세실 로즈(Cecil Rhodes)가 세운 드 비어스(De Beers)사가 독점적 지위를 보유한다.
- 1877년, 영국은 보어 공화국을 통합하여 연방을 세우려는 계획에 따라 트랜스발공화국을 합병하고, 아프리카 원주민들에 대한 정복 전쟁을 불러일으킨다. 영국은 1879년 줄루족 왕인 세츠와요(Cetshwayo)를 제압하려는 목적으로 1879년 줄루랜드를 침략하여 1887년 합병한다.
- 1881~1882년, 제1차 앵글로-보어 전쟁(First Anglo-Boer War). 영국에 대한 트랜스발

보어인들(Afrikaner)들의 저항으로 마주바 전투에서 영국이 패배, 트랜스발 공화국은 다시 독립을 확보하고 아프리카인들의 민족주의를 자극한다.

- 1899~1902년, 제2차 앵글로-보어 전쟁. 초기에는 영국군이 계속 패전하였으나, 전쟁 막바지에 영국이 보어군의 근거지인 농장을 초토화한다(1만 4천여 명의 보어군과 2만 2천여 명의 영국군이 사망하고, 2만여 명의 보어인 여자들과 어린이들이 기아와 질병으로 사망). '백인들의 전쟁'이라고 불리지만, 보어인들과 영국인들 모두 흑인들을 노동자나 전투병으로 이용한다.

3) 남아프리카연방의 수립과 아파르트헤이트

- 1909년, 9월 20일 영국의회는 남아프리카법을 통과시켜 오렌지자치국, 트랜스발공화국, 케이프 프로방스, 나탈 등 4개 주로 구성된 남아프리카연방을 수립한다(영연방 내의 자치 정부).
- 1910년, 5월 31일 영연방국가로 독립한다.
- 1912년, 남아공원주민민족회의(South African Native National Congress, SANNC) 창설, 흑인들의 반정부 운동이 조직화되기 시작한다.
- 1923년, SANNC, 아프리카민족회의(African National Congress)로 명칭 변경. 남아프리카인의 백인사회는 보어계(백인인구의 60%)와 영국계로 분열, 양자는 대립적인 관계에 서게 되었으며, 남아프리카연방이 성립된 이후 영국계가 상공업, 금속업 등 경제계에 두각을 나타낸 반면, 아프리카너(Afrikaner)로 개칭한 네덜란드계는 농촌을 기반으로 정계에서 실권을 장악한다.
- 1948년, 국민당 정권 발족, 인종차별정책 및 반 영국정책을 실시한다.
- 1953년, 반투교육법 제정으로 흑인고등교육을 제한한다.

4) 남아프리카공화국의 탄생

- 1960년, 10월 5일 백인만 참여하는 국민투표를 통해 공화제로 이행한다.
- 1960년, 흑인민족주의단체인 ANC(African National Congress)와 PAC(Pan Africanist Congress)를 불법화, 흑인저항운동에 대한 억압을 본격화한다.

- 1961년, 3월 영연방 수상회의에서 정식으로 영연방 이탈을 선언한다.
- 1961년, 5월 31일 남아프리카공화국이 발족된다.
- 1971년, 반투 홈랜드 헌법안 발효로 1959년 반투 자치정부법 제정 후 실시해 오던 흑인 민족분리정책을 가속화한다.
- 1972년, 유엔, 남아공 대사의 신임장 접수를 거부한다(남아공의 유엔회원국 자격 정지).
- 1974년, 4월 포르투갈이 군사 쿠데타 후 자국 식민지인 앙골라, 모잠비크, 상투메 프린 시페를 독립시켜 주려는 정책이 남부아프리카로 파급될 것을 우려, 포르스테르(Vorster) 내각은 흑인국가들과의 화합정책(Detente Diplomacy)을 추진한다.
- 1990년, 투옥 중이던 넬슨 만델라를 석방하면서 아파르트헤이트 정책은 공식적으로 철폐되고, 개헌이 이루어졌다. 1994년, 만델라가 남아공 최초의 흑인 대통령이 된 이후로 표면적인 인종차별의 역사는 종지부를 찍는다. 그러나 아파르트헤이트 치하에서 흑인들은 제대로 교육을 받지 못하고 경제력은 백인에 비해 형편없었다. 이를 고치겠다고 흑인들의 경제력을 신장시키려던 정책인 'Black Empowerment Plan'을 시행했는데, 1995년에 백인들과 흑인들의 소득격차는 4 : 1이었던 것이 아파르트헤이트 종결 6년 이후인 2000년의 호구조사에서는 6 : 1로 오히려 벌어졌다. 21세기의 첫 10년간 흑인 중산층(일명 블랙 다이아몬드)가 상당히 증가하고 있지만 아직도 전체적으로는 백인과 흑인간의 빈부격차가 심한 상태. 2011년 남아프리카의 1인당 명목 국민소득이 8천 달러인데도 불구하고, 전 국민의 25%가 하루 1.25달러 아래로 생계를 이어나가고 있다.

[상식] 아파르트헤이트 정책

냉전 당시부터 남아프리카 공화국 국민당 정권이 실시한 인종차별 정책. 1948년부터 무려 1991년까지 유지된 정책으로, 아프리칸스어로 분리, 격리를 뜻한다.

아파르트헤이트라는 용어는 1917년에 얀 스뮈츠(후에 총리)의 연설로부터 등장하지만 남아프리카에서의 인종 분리라는 개념은 영국 식민지였던 19세기 말부터 존재했다. 케이프와 나탈에서 실시된 통행법(pass law)은 백인과 유색 인종의 거주 구역으로 흑인들이 접근하지 못하도록 통제, 차단하는 데 목적이 있었다. 오스트레일리아와 뉴 칼레도니아에도 비슷한 법률이 있었다. 이러한 남아프리카의 인종차별 상황은 1년간 체류했던 간디에게도 영향을 주어 그의 비폭력 저항은 남아프리카에서 처음 전개된다.

그 본질은 차별의, 차별에 의한, 차별을 위한 추악한 신분 제도 정책이었다. 분리만 한 게 아니라 유색인들은 백인들이 쓰는 것보다 열악하고 비위생적인 시설만 이용해야 했던 게 현실.

이로 인해 남아프리카 공화국은 1960년대부터 1991년 국민투표로 철폐되기 직전까지 남아공은 최후의 파시즘 국가였었던 남유럽의 스페인, 포르투갈과 함께 국제사회로부터 철저히 배척받아 고립되었다.

[쉬어가기] 남아공에 관한 상식

1. 남아프리카는 누가 설립했는가? 네덜란드 동인도회사 VOC의 얀 반 리벅(Jan van Riebeeck, 1619년 4월 21일~1677년 1월 18일)은 네덜란드의 식민지 행정가로 케이프타운의 설립자였다. 1652년부터 1662년까지 제1대 케이프 식민지(Kaapkolonie) 사령관이었다.
2. 남아프리카에서 노예제도는 언제 끝났는가? 노예제도폐지법(Slavery Abolition Act, 1833년)은 대다수 영국 식민지에서 노예를 폐지한 법령으로, 카리브해와 남아프리카 공화국에서는 80만 명 이상의 노예 아프리카인들을 해방시켰다. 1833년 8월 28일에 왕실 승인을 받았고 1834년 8월 1일에 발효되었다.
3. 남아프리카 태생은 누구인가? 남아프리카는 시민들에 의해 '무지개 국가'(많은 인종과 문화로 이뤄진 남아프리카공화국을 일컬음)로 알려진 수많은 문화가 있는 나라다. 원주민들(산 부시맨(San Bushmen)과 코이코이인(Khoikhoi), 통칭 코이산(Khoisan)으로 알려짐)이 반투족과 유럽인들의 유입으로 합류하여 오늘날의 남아프리카의 문화적 구성체로 진화하였다.
4. 네덜란드인보다 먼저 남아프리카에 살았던 사람은 누구인가? 네덜란드인들이 처음 접촉한 원주민들, 즉 코이코이족은 적어도 네덜란드인들이 도착하기 천 년 전에 이 지역에 정착했다.
5. 코이코이족은 아직도 존재하는가? 약 2만 2천 년 전, 그들은 지구촌 최대의 인간 집단으로, 남아프리카의 수렵채집인 종족 코이산족이다. 오늘날에는 부시맨으로도 알려진 약 10만 명의 코이산족이 남아 있다.

3. 에티켓 : 예절과 관습

남아공은 아프리카에서 처음으로 동성결혼을 합법화한 나라이기도 하다. 그래서 여전히 동성애에 대한 거부감이 강한 아프리카 국가들 중에서 비교적 성소수자에 친화적인 문화를 가진 나라이기도 하다. 현재까지도 아프리카에서 동성결혼 합법화한 나라로는 유일하다. 이유는 아파르트헤이트 당시 동성애자를 비롯한 성소수자 탄압

이 심각했기 때문이다.

남아공은 공휴일 중 흑인 투쟁과 관련된 공휴일이 유난히 많다. 2월, 7월, 10월, 11월에는 공휴일이 아예 없고, 아프리카에서도 대체휴일제가 매우 잘 시행되는 나라로, 공휴일이 일요일인 경우에만 시행된다. 4월은 타이밍만 잘 맞으면 한국의 5월과 10월에 못지않은 황금연휴를 누릴 수 있다. 즉, 남아공에서 가장 공휴일이 많은 계절은 가을이고 그 다음으로 여름, 겨울, 봄의 순서다.

1) 금기

- 지나간 과거는 물에 흘려버려라(Let bygones be bygones). 남아공은 지난 1990년까지 인종차별정책을 유지해왔다. 아파르트헤이트라 불린 이 인종차별 정책 시기에 흑인을 포함한 백인 이외의 인종은 정치, 경제, 사회, 문화적으로 철저히 소외됐다. 1994년 흑인정권 출범 이후 흑인계층은 남아공 사회의 중심계층으로 부상했지만 아직도 인종차별정책의 영향이 심리적으로 남아있다. 과거 집권층이었던 백인계층은 인종차별이 무너진 이후 상대적 박탈감과 역차별을 느끼며, 흑인계층은 흑백 차별이 없어진 후에도 경제적 차별은 여전하다는 불만이 내재한다. 그러니 어떠한 경우에도 과거 백인 집권 시기를 찬양하거나 현 흑인 정부의 문제점을 과거 백인 정부와 비교해 지적하는 것은 절대 삼가야 한다.
- 종교는 방법이 아니고 생활이다(Religion is not a method, but life). 남아공에는 세계 각국에서 이주해 온 다양한 인종들이 살기 때문에 특정 인종이나 종교를 지적하는 것은 피해야 한다. 특히 남아공에는 인도인, 유대인들이 많이 산다. 인도인들은 이슬람교를 많이 믿어서 종교적 언급도 피해야 한다.
- 흑인과 눈 마주치기는 피하라. 남아공의 흑인은 자기보다 나이가 많거나 직위가 높은 사람에게 예의를 중시여긴다. 물건을 받을 때에도 두 손으로 받으며 너(You)라는 말보다는 Mr., Mrs. 등의 호칭을 사용한다. 눈을 마주치지 않을 때도 많다. 한국 사람은 이를 거짓말을 하는 줄 알고 착각을 하지만, 눈을 마주치지 않는 것은 존경의 표시이다.

2) 인사

남아공은 처음 만나는 사람들도 서로 가볍게 웃으며 인사한다. 백인은 악수를 하지만 흑인은 그들만의 인사법이 있다. 친한 사이라면 악수를 하고나서 엄지손가락을 맞대고 손을 돌려가며 세 번 악수를 더한다. 연인 사이가 아니더라도 가족이나 동료 간에도 가볍게 키스를 나누기도 하는데, 반가움과 친밀감을 표현하는 수단이다.

일반적인 악수의 경우, 남성들 간에는 가볍게 악수를 하면서 인사말을 하면 되고, 여성의 경우는 간단한 인사말만 하면 된다. 여성이 먼저 손을 내밀기 전까지는 악수를 하지 않는 것이 좋다. 만약 상대가 흑인이라면 인사할 때 영어보다는 그 흑인이 속한 부족언어로 인사를 한다면 좋은 인상을 심어줄 수 있다. 남아공 흑인들은 일반적으로 영어를 잘 구사하지만, 자기 부족 언어로 간단한 인사말을 건네면 매우 좋아한다.

남아공 사람들 대부분은 동양인을 중국인으로 생각하며 '니하오'라고 인사한다. 이때 중국 사람이 아니라며 정색하기보다는 '안녕하세요' 또는 '헬로'라고 인사를 받아주는 것이 좋다.

3) 약속

아프리칸 타임(African Time)을 기억하자. 모든 일의 진행이 한국처럼 빠르게 이루어지지 않는다. 백인들은 일반적으로 약속을 잘 지키는 편이다. 유럽의 영향을 많이 받아 비교적 시간관념이 철저한 편이다. 백인 비즈니스맨들과 약속을 잡을 때는 늦어도 1주일 전에 전화, 이메일, 팩스 등을 통해 시간과 장소를 정하는 것이 좋다. 이에 반해 흑인계는 느긋함을 지향하는 편이다. 약속 시간보다 20~30분 이상 늦게 나타나는 경우도 있다. 때로는 아예 나타나지 않는 경우도 없지 않다. 흑인 비즈니스맨들과 약속을 했을 경우에는 몇 번에 걸쳐 약속 시간과 장소를 정확하게 확인해 두는 편이 좋다.

4) 초대 : 티타임이냐 저녁식사냐

남아공의 저녁초대는 차만 마시는 티타임 초대와 일반적인 저녁식사 초대가 있다. 남아공에서 저녁 초대를 받을 경우에는 어떤 초대인지 분명히 알고 가야 한다. 티타임 초대라면 저녁을 굶게 되는 불상사가 일어날 수 있다.

5) 선물

남아공에서 공무원 및 공기업 직원에게 선물을 하는 경우라면 특별히 주의할 필요가 있다. 남아공 정부는 공직자들의 부정부패 해소를 위해 일정 금액 이상의 선물을 받으면 반드시 관계 기관에 신고하도록 하고 있다.

6) 팁

영국의 지배를 받다보니 팁 문화가 있다. 호텔에서 짐을 운반해 준 포터에 10~20랜드(1~2 달러) 정도의 팁을 주는 게 보통이며, 방을 비울 때에도 10~20랜드(1~2 달러) 정도 올려두면 적당하다. 서비스 요금이 없는 곳이나 식당 등에서는 10%의 팁을 주는 것이 일반적이다. 일부 고급 식당이나 호텔 또는 일반 레스토랑에 8인 이상이 식사했을 경우에는 이미 계산서에 팁이 포함된 경우도 있으니 반드시 확인하고 팁을 지불해야 한다.

4. 문화 차원 : 국가 이미지의 토대

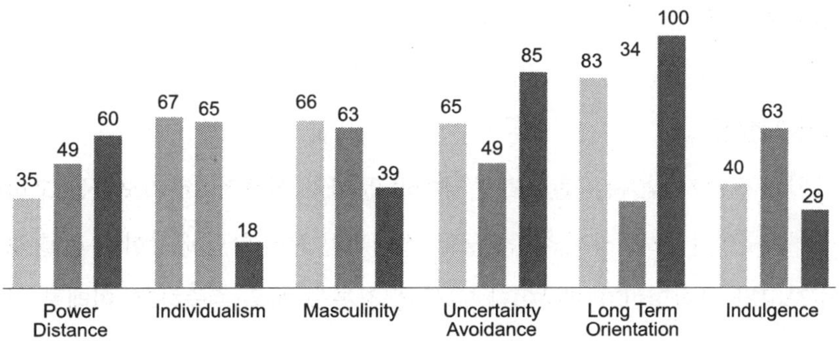

〈호프스테드 문화 차원 : 독일-남아공-한국 비교〉

■ 권력 거리

남아프리카는 이 차원에 대해 49점을 얻었다. 이는 사람들이 더 큰 범위에서 누구나 자리가 있고 더 이상 정당화할 필요가 없는 위계적 질서를 받아들인다는 뜻이다.

■ 개인주의

65점을 받은 남아공은 개인주의 사회에 속한다. 이는 개인이 자신과 직계 가족만을 돌볼 것이라고 기대할 수 있는 느슨한 사회적 프레임에 대한 선호도가 높다는 뜻이다. 개인주의 사회에서 범죄는 죄책감과 자존감 상실을 초래하고, 고용주-피고용주 관계는 상호 이익에 기초한 계약이며, 고용 및 승진 결정은 성과에 근거해야 한다.

■ 남성성

남아공은 이 차원에서 63점을 받아서 남성적 사회에 속한다.

■ 불확실성 회피

남아공은 이 차원에서 49점을 받아서 불확실성을 회피하려는 성향이 낮다고 할 수 있다. 이 지수가 낮은 사회는 원칙보다 실천이 더 중요하고, 규범으로부터의 일탈이 쉽게 용인되는 유연한 태도를 보인다. 이 지수가 낮은 사회에서 사람들은 필요 이상의 규칙은 없어야 하며, 그 규칙이 모호하거나 작동하지 않는다면 버리거나 바꿔야 한다고 생각한다. 스케줄은 유연하고, 필요할 때 열심히 일하지만, 그 자체를 위해 하지는 않으며, 정확성과 정시성은 자연스럽게 오는 것이 아니며, 혁신은 위협적인 것이라고 보지 않는다.

■ 장기 지향성

이 차원의 점수가 낮다는 것(34점)은 남아공 문화가 실용적이라기보다는 오히려 규범적이라는 뜻이다. 그런 사회의 사람들은 절대적인 진리 확립에 강한 우려를 갖는다. 그들의 사고가 규범적이기 때문이다. 그들은 전통을 매우 존중하고, 미래를 위해 저축하는 성향은 별로 없고, 빠른 결과 도출에 초점을 맞춘다.

■ 절제

63점의 높은 점수에서 알 수 있듯이, 남아공은 자기 하고 싶은 대로 하는 쾌락(자적) 문화에 속한다고 할 수 있다. 쾌락지수에서 높은 점수로 분류된 사회의 사람들은 일반적으로 인생을 즐기고 향유하는 것에 대한 충동과 욕망을 실현하려는 의지가 강하다. 이들은 긍정적인 태도, 낙천적인 성향이 있다. 게다가 여가 시간을 더 중시하고, 하고 싶은 대로 행동하고, 쓰고 싶은 대로 돈을 소비한다. 그런데 이 점수는 남아공의 백인들의 것이다. 인구의 대다수는 흑인계 아프리카인으로, 그들의 점수는 이 점수와 매우 다를 수 있다.

13
에티오피아

〈https : //www.africaguide.com/country/ethiopia/〉

국명	에티오피아 연방민주공화국(Federal Democratic Republic of Ethiopia)
면적	1104300 ㎢
수도	아디스아바바
종족	오모로족(34.5%), 암하라족(26.9%), 소말리족(6.2%), 티그러웨이족(6.1%), 시다모족(4%), 구라기족(2.5%) 등
인구	109,224,414명 (2018)
공용어	암하라어, 영어, 아랍어
종교	에티오피아정교(43.5%), 이슬람교(33.9%), 개신교(18.6%)
건국일	1941년
정체	공화제
통화	비르(Br)
도메인	.et

1. 공항 : 나라의 관문

■ 볼레 국제공항(Addis Ababa Bole International Airport)

– IATA : ADD　ICAO : HAAB

아디스아바바 동쪽 18km, 데브레제이트 북쪽 65km에 있는 볼레 지역에 위치해 있다. 과거에는 에티오피아의 황제 하일레 셀라시에 1세의 이름을 붙여서 하일레 셀라시에 1세 국제공항으로 불렀다. 아프리카에서 중요한 조종사 훈련원과 항공기 정비센터가 있다.

아프리카에서 운항 비율이 높은 공항이다. 탄자니아의 최대도시 다르에스살람, 런던, 베이징, 세이셸군도, 미국의 수도 워싱턴 등을 포함한 수많은 국제노선들을 운항하는 에티오피아 항공(Ethiopian Airlines)의 허브 공항이다. 아프리카, 중동, 유럽의 다른 항공사들도 주로 이 공항을 운항한다.

2019년 개장한 신 여객터미널 덕분에 공항 수용인원이 700만 명에서 2200만 명으로 3배 증가했다. 그래서 아프리카 대륙에서 두 번째로 큰 공항(수용량 기준)으로 올라섰다.

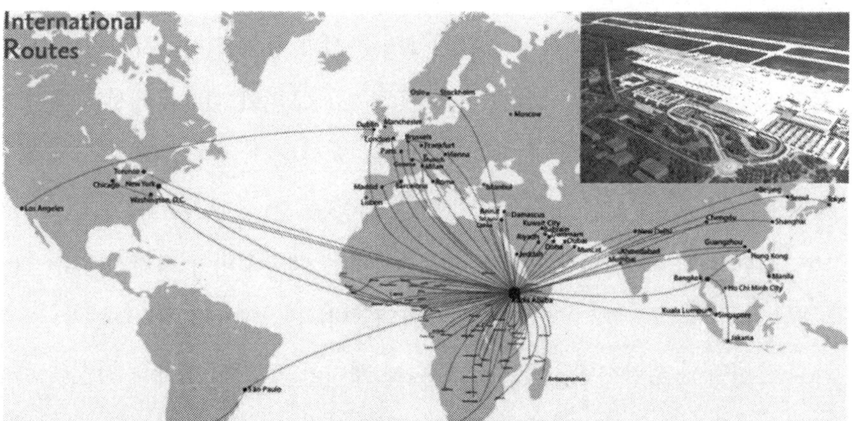

〈Ethiopian Airlines 운항지도, 2016-2017〉(인용 : Ethiopian Airlines)

1) 역사

이 공항 역사상 중요한 이정표들은 현재 이 대륙에서 가장 크고 수익성이 높은 항공사인 에티오피아 항공의 야심찬 확장 계획과 밀접하게 연관되어 있다.

항공사와 공항의 역사를 보여주는 몇 가지 이미지를 보면 이러한 역동성에 대한 매혹적인 통찰력을 얻을 수 있다.

최초의 항공기가 이 나라에 도착한 때는 1929년이었다. 당시 적절한 착륙 장소가 부족했던 지라 아디스아바바 도심에서 북서쪽으로 20km 떨어진 급조된 착륙장에 착륙했다. 다음 비행까지 몇 주 후, 수도의 경마장이 제국 수도의 비행장이 되었고, 1936년 이탈리아가 에티오피아를 점령할 때까지 그렇게 유지되었다.

〈좌 : Haile Selassie가 이 나라 첫 비행에 대한 외국인 참관인들과의 대담장면(1929), 우 : Hailu Woldeyes가 아디스아바바에의 첫 비행기 착륙을 그린 그림(1935)〉

위의 왼쪽 사진은 당시 차기 황제 하일레 셀라시에(Haile Selassie, 1892~1975, 재위 1930~1974)가 이 장면에 대한 외국인 참관인들의 관심과 경의를 시찰하고 있는 모습을 담은 것인데, 나중에 그 중 한 사람이 이 사건을 '에티오피아 현대화에서 중대한 단계를 야기한 진보 정신과 진취성'에 대한 증거라고 묘사했다. 이 착륙장면의 중요성은 후에 사진 속 일부 특정 인물들이 안티카 예술 전통(종교적 목적이 아닌 주로 상업적인 예술품 제작을 포함하는 에티오피아 예술의 한 분야)에 종사하는 에티오피아 화가 하일루 월데예스(Hailu Woldeyes)의 작품에서 예술적으로 승화되었다(위의 우측 그림 참조).

이 그림은 하일레 셀라시에를 장면의 중심에 배치하고 있다. 실제로 당시의 배변적인(deferential) 예술작품 스타일에 맞춰, (아마도 외국) 사진작가 등 이 장면의 주요 대상이 되고 있는 것은 항공기라기보다는 미래의 황제이다.

이러한 이미지들은 항공 여행의 도입과 하일레 셀라시에의 (선택적으로) 현대화 규칙이 궁극적으로 어떻게 얽혀있는지를 보여준다. 실제로 에티오피아에 항공을 도입한 것은 하일레 셀라시에 황제에게 국내 통합과 이 나라의 국제 통합을 심화시키는 새로운 도구를 제공한 셈이다.

1945년, 1936~1941년 이탈리아가 에티오피아를 점령한 이후 현직 황제가 귀국한 후 그의 야심찬 현대화 의제에 발맞춰, 미국의 TWA(Trans World Airlina, TWA)와 제휴하여 새로운 국영 항공사인 에티오피아 항공(현재의 에티오피아 항공)이 설립되었다. 식민지 행정부에 의해 최초의 항공사가 설립된 많은 아프리카 국가들과는 달리, 에티오피아 항공은 제국 행정부의 권유로 설립된 것이다.

1950년대 중반까지 아디스아바바는 아테네, 카이로, 하르툼과 같은 몇몇 국제노선뿐 아니라 국내의 모든 지역 중심지와 연결되었다. 따라서 항공사는 국제적으로나 국내적으로 제국의 수도를 연결하고 국경을 넘어 에티오피아 국기를 꽂는 중요한 도구가 되었다. 한 제국 관료에 따르면, 이 나라의 많은 고립된 시골 지역에서 비행기는 도로나 자동차보다 훨씬 먼저 도착했다고 한다.

처음 10년 반 동안 이 항공사는 이탈리아 점령기에 설립된 수도의 리데타에 있는 비행장에서 운항했다. 그러나 1960년대까지 항공사의 확장은 에티오피아의 제트기 시대 진입을 수용할 수 있는 새로운 보금자리를 필요로 했다. 현재 볼레 지역에 위치한 이 나라의 새로운 최첨단 공항은 1966년 발행된 에티오피아 5달러 지폐에서 찾을 수 있다.

이 나라의 소액 지폐 중 하나에 공항이 등장한 것은, 황제가 에티오피아의 국가 통화를 사용하여 민족주의 이미지를 심은 것으로, 근대성과 진보에 대한 사상을 중심을 두고 있다고 할 수 있다. 이 시기의 다른 은행권에는 마사와 항만, 코카 댐, 그리고 새 국립은행 건물을 포함한 여타의 눈길을 끄는 인프라와 진보적인 건축물들이 포함되어 있었다. 하일레 셀라시에도 이 시기에 신공항 밖에서도 외국 고위 인사들과 함께 자주 사진을 찍었다.

1960년, 에티오피아 항공은 리데타에 있는 활주로가 새 제트 항공기인 보잉 720에는 너무 짧다는 것을 인지하고 볼레에 신공항 건설을 추진하였다.

1962년 12월까지 새 활주로와 관제탑이 가동되었다. 1997년에 공항 확장 계획이 발표되었는데, 세 단계로 진행되었다.

1단계 : 평행 활주로 추가 및 기존 활주로 확장

2단계 : 넓은 주차 구역, 쇼핑 단지, 레스토랑을 갖춘 신 터미널 건설.

3단계 : 높이 38m 관제탑(기존 높이의 2배) 건설, 새 전기·소방 장비 설치

신공항 건설도 에티오피아의 대륙 외교 중심지 역할을 공고히 하는 데 큰 의미가 있는 것으로 나타났다. 1962년 아디스아바바에서 아프리카 정상들이 만나 1년 후에 출범시킨 '아프리카통일기구(Organ Unity of African Unity)'[74]도 이곳 신공항이 중요한 역할을 했다.

오늘날 볼레 공항은 에티오피아 항공의 허브공항을 넘어 아프리카 대륙에서도 그 역할을 넓혀가고 있다. 현재 아프리카 국가의 60여 개 도시를 운항하며 아디스아바바를 통해 아프리카 국가들을 함께 연결하는 것은 물론, 아디스아바바를 중동과 아시아로부터 아프리카로 들어가는 관문 역할도 하고 있다.

새로 확장된 볼레 국제공항은 에티오피아가 중국을 포함한 아시아 등의 외국인 투자를 적극 활용한 대표적인 사례라고 할 수 있다.

공항 설계는 이제 꽤 표준화되었다. 1960년대의 공항은 되도록 빨리 하늘에서 지상으로 사람을 이동시킨다는 단순한 목적을 가진, 비교하자면 기차역과 같은 기능을 벗어나지 못했다. 그러나 기능을 대폭 확장하면서 공항 설계 방식도 대대적으로 바뀌었다. 대다수 공항들은 이제 항공사의 공항 이용료 등의 항공수입보다는 상점과 식당, 주차 및 기타 상업 활동에 의한 비항공 수익을 추구한다. 동시에 상품, 사람, 정보의 세계적인 흐름이 급격히 증가하면서 승객 수는 엄청나게 확대되었다. 이는 일부 공항 건축이 시각적으로 눈에 띄는 국가적 자부심의 표현으로 간주될 만큼 충분한 특색을

74) 1963년 5월 25일 설립된 국제기구로, 2002년 7월 9일 해체를 선언하고 아프리카 연합으로 대체되었다.

보이고는 있지만, 또 다른 수많은 공항들은 '일반 메가몰 형상(generic mega-mall look)'[75]을 채택했다는 의미가 있다.

중국자본으로 건설한 볼레 공항의 신 터미널 내부에는 이러한 표준화된 디자인 모티브가 반영되어 있다. 그 효과는 문화적 또는 역사적 특이성과는 동떨어진 글로벌 스페이스 중 하나로, 에티오피아 직물에서 발견되는 기하학적 디자인을 연상케 한다.

3) 활주로

방향	길이		표면
	m	ft	
07R/25L	3,800	12,467	아스팔트
07L/25R	3,700	12,139	아스팔트

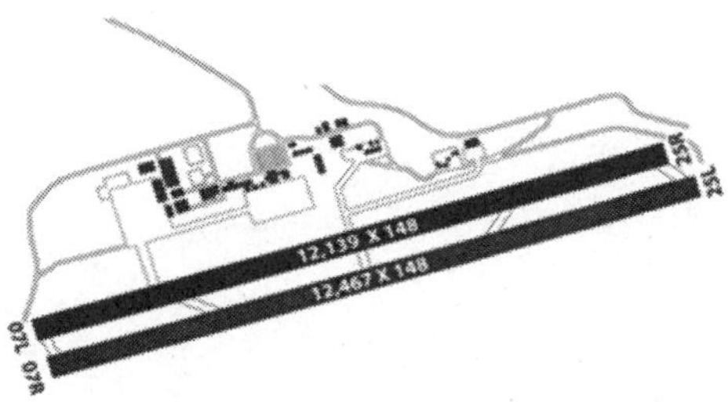

확장된 구형 활주로와 새 활주로는 보잉 747과 에어버스 A340 항공기도 이용 가능하다. 새 평행 활주로는 유도로의 역할을 하는 구 활주로행 5개의 입출구와 연결되어 있다.

4) 터미널

터미널은 2개로, 2003년 새롭게 완공한 국제 여객 터미널은 아프리카에서 가장 규모가 크다. 새 터미널은 시간당 약 3,000명의 승객을 처리할 수 있다. 공항 내에 상점 30개소, 식당 18개소, 호텔 한 곳과 면적 4,000m^2의 회의 공간이 있다. 평균 해면고도는 2,334m이다.

2006년에는 새 화물 터미널과 정비 격납고가 개통되었다. 에티오피아 항공의 처리 능력과 요구를 개선하기 위해 사양이 대폭 확장되면서 예정일보다 6개월 늦게 완성되었다. 이 시설은 한 번에 3~4대의 항공기를 처리할 수 있는 규모이다. 같은 시기에, 최

75) https : //www.africanstatearchitecture.co.uk/post/visualising−ethiopia−s−airports−from−past−to−present

초의 에어버스 A380이 고고도 공항에서 GE와 P&W의 합작 법인인 엔진 얼라이언스에서 개발한 터보팬 제트엔진인 Engine Alliance GP7200의 성능 검증 테스트를 위해 이 공항에 도착했다. 물론 이 공항은 A380 이착륙이 가능하다.

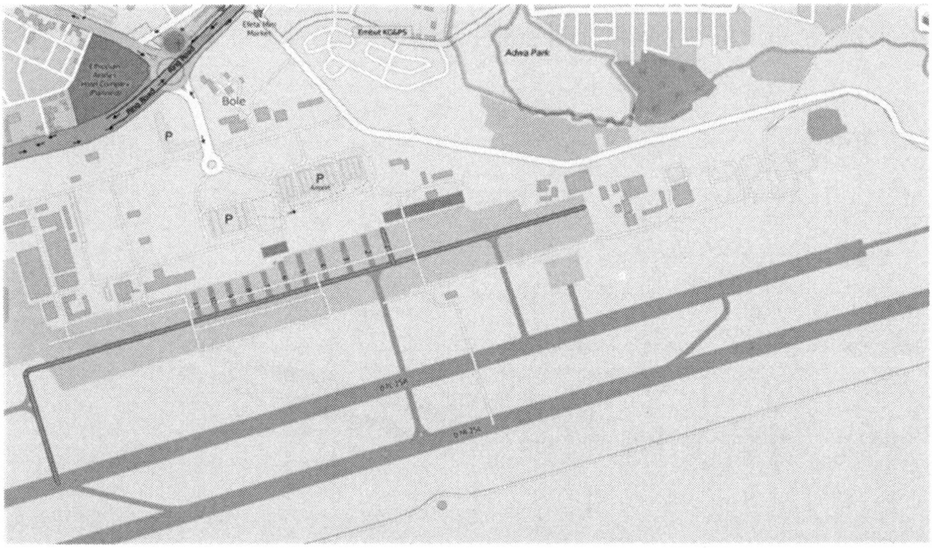

2010년 에티오피아 공항기업(Airports Enterprise)은 또 다른 공항확장 프로젝트를 발표했다. 이 프로젝트에는 보잉 747과 보잉 777과 같은 중형 항공기를 수용하기 위해 항공기 주기 능력을 19대에서 44대로 확대하는 내용이 포함되었다. 1단계 사업에서 15개의 주기대를, 다음 단계에서 나머지 주기대가 완성하였다. 이런 확대는 국제 여행의 증가로 인한 항공 교통 혼잡 완화에 도움이 되었다. 이는 2012년 새 여객터미널 확장 계획으로 이어졌다. 더불어 유도로를 확장하고 항공기 주기장을 추가하는 1단계 작업도 마무리됐다. 이 모든 작업은 에티오피아 항공의 '비전 2025' 계획과 일치한다.

에티오피아 항공의 CEO에 따르면, 2018년 말까지 전체 확장 프로젝트가 완료되어 연간 최대 2200만 명의 승객을 수용할 수 있게 되었다. 2019년 1월 27일 아비 아머드(Abiy Ahmed) 총리는 터미널 2의 확장을 선포했다.

공항에는 총 11개의 게이트를 갖춘 두 개의 터미널과 그 뒤쪽에 30개 이상의 원격 항공기 주기 스탠드가 있다. 터미널 1은 게이트가 4개, 터미널 2는 게이트가 7개이다.

제1터미널은 에티오피아 항공, 이집트 에어, 카타르 항공, 수단 항공, 예멘 항공의 국내선과 지역 항공편을 운항한다. 터미널 2는 국제 항공편과 이 공항을 이용하는 나머지 항공사들을 서비스한다.

2. 지리와 역사

2.1. 지리적 배경

북쪽으로 에리트레아, 동쪽으로 지부티·소말리아, 남쪽으로 케냐, 서쪽으로 수단에 국경을 접한다. 다른 아프리카 국가와 달리, 솔로몬 왕 시대부터 시작되는 약 3000년의 긴 역사를 가졌다. 1936~1941년을 빼면 식민 지배를 받은 적이 없다. 국명은 그리스어로 '혼혈인' 또는 '태양에 그을린 얼굴의 땅'이란 뜻으로, 아랍어로 '아비시니아'라고도 한다. 행정구역은 9개주(kilil)와 2개 특별시(astedader, 아디스아바바, 디레다와)가 존재한다. 각 지역에는 별도의 행정 자치권을 행사하는 지방 정부가 있다.

국토의 대부분이 해발 1,000m 이상의 고산, 고원지대여서 온대기후에 속한다. 수도 아디스아바바도 해발고도가 2,300m 이상으로, 여름과 겨울이 없고 1년 내내 봄, 가을 같은 기후에 속한다. 해발 2,000m 이상 지역이 국토 면적의 약 1/4에 달하고, 인구의 대부분도 이곳에 살고 있다. 고원은 완만하게 융기한 지층의 상층부에 유동성이 큰 현무암이 덮여 있어서 극히 평탄하지만, 청나일을 비롯한 몇 개의 강과 그 지류에 의하여 깊은 협곡이 형성되어 있다. 고원의 최고점은 에티오피아 고원의 라스다샨 산(4,620m)이다.

고원지대는 우·건기의 지역에 따라 다르지만, 대체로 4기로 분류한다. 온건기는 4~5월, 대우기는 6~9월, 냉건기는 10~1월, 소우기는 2~3월이다. 연중 강우량은 850mm인데, 보통 우기에도 비는 오후 3~6시경까지로 한정되어 오전 중에는 쾌청한 경우가 많다.

그러나 동부와 북부의 저지대는 덥고 건조하다. 특히 북부에는 아파르 족이 거주하는 다나킬 사막이 있는데, 이 사막 지대의 달롤(Dallol)은 세계에서 가장 더운 곳이다. 이 지역의 해발고도는 아주 낮아서 −130m 정도로 극히 건조하며 화산성의 형형색색의 기괴한 호수들이 위치하고 있는 곳이다. 이곳은 소금 암석이 많아 소금도 채취한다. 이곳의 연평균기온은 34.4℃나 된다. 남부지방은 우기가 길어 우림지대여서 삼림이 상당 부분 남아 있는데, 커피의 원산지라고도 한다.

1) 국기

에티오피아의 첫 번째 공식 깃발은 1897년에 채택되었다. 중앙에 유다의 왕관을 쓴 사자와 함께 녹색-황색-적색의 수평 삼색이 독특하다. 1974년 에티오피아 황제 하일레 셀라시에 1세가 전복되면서 이 삼색 깃발이 약간 바뀌었다. 초록, 노랑, 빨강은 범아프리카를 상징하는데, 초록색은 농업과 자연, 노란색은 희망과 공업, 빨강은 국력과 피를 상징한다. 중앙 파란색 원 바탕의 노란 별무늬는 솔로몬의 별이라고 하는데, 에티오피아의 민족 융합을 상징한다.

2) 주민[76]

에티오피아는 80개 이상의 부족과 민족을 거느린 다민족 국가이다. 주요 민족들로는 암하라인(26.9%), 오로모인(34.5%), 소말리인(6.2%), 티그리냐인(6.1%), 시다마인(4%) 등이 있다. 특히 인구 비율로는 암하라인과 오로모인이 양대 민족인 셈이다. 그 중에서도 에티오피아의 핵심 민족은 암하라인인데, 에티오피아 제국 시절부터 국가의 중심 민족이었다. 현재 에티오피아 공용어인 암하라어도 암하라인의 언어이고, 문화적으로도 영향력이 크다.

오로모족(Oromo, '힘있는 자'의 뜻)은 에티오피아 최대 민족인데, 소말리아와 케냐에도

76) https : //interesting−africa−facts.com/Africa−People/Ethiopian−Tribes.html

많이 거주하고 있다. 오로모족은 지금의 에티오피아에서 천년 이상 살아온 민족으로, 부족의 모국어도 오로모어이다.

암하라족은 에티오피아에서 두 번째로 큰 부족으로, 중부 고원지대에 살고 있다. 기원전 6세기에서 기원후 1세기까지 아라비아 남부 지역에서 홍해를 건너 이미 그 곳에 살고 있던 쿠시족과 흡수하여 정치-문화적인 우위를 확립하였고, 2~9세기에는 악숨제국을 세웠다. 에티오피아의 경제와 정치를 지배한다. 대부분 기독교도(에티오피아 정교회)이다.

[쉬어가기] 아프리카의 주요 부족은?

- 아파르(Afar)족. 에티오피아, 지부티, 에리트레아, 소말리아의 이른바 '아프리카의 뿔'에서 볼을 수 있다. 이들은 전통적으로 각자 술탄이 통치하는 별도의 왕국들로 조직되어 왔다. 그들은 목축민들이다.
- 암하라(Amhara)족. 에티오피아의 지배적인 민족으로, 주로 에티오피아의 중앙고원지대에서 거주한다.
- 안로 에웨(Anlo Ewe)족. 토고 남부, 베냉 남부, 나이지리아 남서부 및 가나 볼타 지역의 남동부에 거주하며(약 600만 명), 에웨(Ewe)족의 하위집단이다. 에웨족의 대다수는 토고와 베냉 남서부에 거주한다. 이들은 위계적이고 중앙집권적인 종족사회이다. 이들의 언어(자칭 안로에웨어)는 에웨어(토고와 가나 남동부에서 약 450만 명이 모국어로, 백만 또는 그 이상의 제 2언어로 사용하는 니제르-콩고 언어)의 방언으로, 그 자체가 그베(Gbe) 언어군(동부 가나와 서부 나이지리아 사이 지역에서 사용되는 약 20개 언어 클러스터)의 일부이다. 에베 종교는 최고신 마우(Mawu)와 몇몇 중간 신을 두고 있다. 현재는 기독교가 안로-에웨족이 사는 모든 지역에도 보급되어 있다. 소수 민족들은 여전히 보드온 신앙을 믿고 있다.

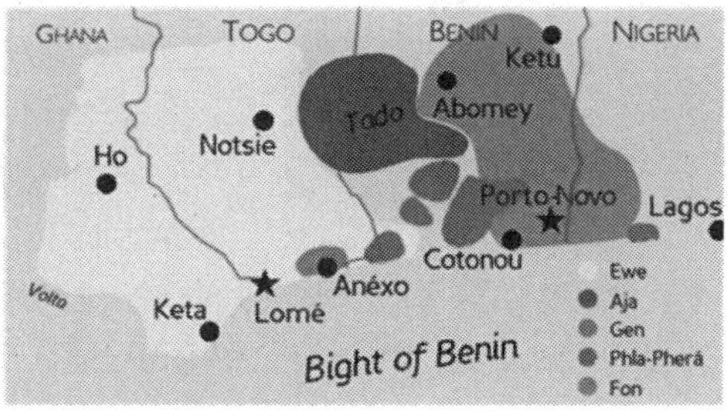

- 아샨티(Ashanti)족. 가나의 민족으로, 토고, 코트디부아르에도 거주한다(현재 약 150만 명). 가나의 주요 민족인 아칸족의 일파이다. 가나의 아샨티 주를 중심으로 거주하며 다른 아칸족과 마찬가지로 트위어(Twi)를 구사하고 젊은 층은 영어 구사에 능숙한 편이다. 아샨티라는 부족과 지역명은 과거 금광 운영으로 번영을 누렸던 17세기 아샨티 제국의 후예라는 의미에서 붙은 이름이다.

– 베르베르(Berber, '야만적인', '야만인'이라는 뜻)족. 나일 계곡 서쪽 북아프리카, 즉 주로 마그레브(아랍어로 서쪽이라는 뜻)에 사는 토착 민족으로, 대서양에서 이집트 시와 오아시스, 지중해 연안에서 니제르 강까지 불규칙하게 분포한다. 사용 언어는 베르베르어로 소속 어족은 아프리카아시아어족에 속하지만, 유전적으로는 이탈리아인을 비롯한 라틴계 백인들과 매우 가깝다. 왜일까? 고대에 북아프리카 지역이 고대 카르타고와 로마 제국의 식민지였고 남이탈리아와 스페인 일대, 북아프리카 전역을 하나로 통합하여 아랍인들이 지배한 적도 있었고, 그 과정에서 수차례 이민과 혼혈이 성행했기 때문이다. 베르베르인의 인구는 약 2천200만 명~2천500만 명으로 대부분 모로코(약 1천 200만 명)와 알제리(약 900만 명)에 거주한다. 유명한 베르베르인으로는 로마의 작가 아풀레이우스, 교부 성 아우구스티누스, 축구 선수 지네딘 지단 등이 있다.

– 도곤(Dogon)족. 니제르 남부 도시 반디아가라(andiagara) 근처 말리 남동부 고원지역에 거주한다. 이들은 종교적 전통, 가면을 쓰고 추는 춤, 나무 조각, 건축으로 유명하다. 지난 세기 동안 이들의 사회 구조, 물질문화, 믿음에 큰 변화가 있었는데, 이는 이들이 말리의 주된 관광 자원 역할을 한 것이기 때문이기도 하다.

– 딩카(Dinka)족. 자신들을 무니장(Muonyjang)이라고 부르며, 남수단의 가장 큰 민족 부족이다. 나일사하라어족에 속하는 딩카어를 사용하는 나일로트계 민족이다. 남수단을 기준으로 460만여 명 정도가 거주한다. 남수단의 누에르족과 밀접한 사이로 생태와 역사, 문화가 누에르족의 그것과 거의 비슷하다. 그래서 딩카족은 이마에 수평으로 흉터를 그어 다른 부족과 자신의 부족원을 구분한다. 이들은 나일강 유역, 종레이(Jonglei), 남부 코르두판(Kordufan), 상류 나일 지역의 바흐르 엘 가잘(Bahr el Ghazal) 지역에 거주한다.

– 팡(Fang)족. 적도 기니, 북부 가봉 및 남부 카메룬 등에 사는 중앙아프리카 민족이다. 리오 무니 지역에 집중된 적도 기니 전체 인구의 약 85%를 차지하며, 가봉에서도 가장 큰 민족으로 인구의 1/4을 차지한다. 이들은 아마도 조상뼈를 담은 나무상자에 부착된 수호신으로 가장 잘 알려져 있을 것이다.

– 마사이(Maasai)족. 아프리카 동부 케냐와 탄자니아에 거주하는 유목민족으로, 나일로트계 흑인종이다. 나일사하라어족에 속하는 마사이어를 사용하고 있다. 남성과 여성을 모두 합친(19세~65세 즉, 청년부터 노인까지) 평균키가 177cm나 되는 장신들이다. 남성 중심의 사회이며 모든 씨족은 남자들이 우선권, 결정권을 가지고 움직인다.

– 피그미(Pygmies)족. 성인 남자의 평균 신장이 150cm에 못 미치는 아프리카 및 동남아, 뉴기니에 걸쳐 분포하는 저신장 종족의 총칭이다. '주먹 길이'를 뜻하는 그리스어 '피그마이오스(pygmaios)에서 피그미(Pygmy)라는 명칭이 유래했다. 아프리카에서는 네그릴

로(Negrillo)라고 총칭한다. 콩고 및 콩고민주공화국의 음부티(Mbuti), 카메룬과 가봉의 음벤가, 르완다, 부룬디, 우간다, 콩고 등에 거주하는 트와(Twa) 등이 대표적인 피그미족에 속한다.

- 산(San)족. 남아프리카의 보츠와나, 나미비아, 앙골라, 잠비아, 짐바브웨, 레소토, 남아공 일대에 흩어져 사는 다양한 수렵채집민족들을 통칭하는 표현이다. 혈통적으로 가까운 코이코이인과 함께 코이산족을 이룬다. 산족은 아프리카 남부에서 대대로 살아온, '세계에서 가장 오래된 인류'다. '수풀(bush) 속에 사는 사람'이라는 뜻의 부시맨으로 더 유명하다. 이는 16세기 아프리카 남단에 상륙한 네덜란드계 보어인들이 붙인 명칭이다. 오랜 생존에도 불구하고 현대화된 생활방식을 택하지 않아 서양인들의 구경거리가 되곤 했으며 영화 '신은 미쳤다(부시맨)'에서 희화화되기도 했다.
- 투치(Tutsi)족. 와투치(Watutsi)족이라고도 한다. 에티오피아지역에서 남하하여 내려온 부족이다. 투치족은 후투 왕국들을 정복했고, 15~18세기에 걸쳐 후투족과 트와족을 지배하는 위치에 섰다. 르완다와 부룬디에서 두 번째로 큰 계층이다. 가장 큰 계층은 후투(Hutu)족이고, 가장 작은 계층은 트와(Twa)족이다. 후투족과 투치족은 유사성이 많은 부족이지만, 정확히 같은 부족은 아니다. 하지만 유럽인들의 식민지배 이후 그 차이가 심해졌을 뿐이다. 부와 가축을 소유한 유목민은 투치족이고, 그렇지 않은 농민은 후투족이다. 이런 분류법은 이 지역을 식민지배한 벨기에인이 처음으로 이러한 기준으로 후투족과 투치족을 구분했다. 참고로 후투족은 바후투 또는 와후투라고도 불리며, 르완다와 부룬디의 반투어를 사용하는 사람들이다. 20세기 후반 약 9,500,000명에 달하는 후투족은 양국에서 대다수를 차지하지만 전통적으로 전사-목축인인 투치족의 지배를 받았다.
- 줄루(Zulu)족. 주로 남아프리카 공화국에 살고 있는 민족이다(약 1000만 명). 또한 짐바브웨, 잠비아, 모잠비크에 살기도 한다. 이들의 언어인 이시줄루는 반투어군이다.

3) 종교

민족적으로는 셈계가 가장 많지만, 최상층은 셈계와 햄계의 혼합 민족이다. 최하층은 극소수의 흑인이다. 대부분의 에티오피아인은 갈색 피부를 가지고 있다. 셈계 사람들과 햄계의 일부는 4세기부터 기독교도이며, 다른 햄계 사람들은 이슬람교도이거나 자연물을 숭배하고 있다.

에티오피아의 주된 종교는 에티오피아정교(50.6%)와 이슬람교(32.8%)인데, 기독교(10.2%)나 토착종교(4.6%)를 신봉하는 주민도 많다(1994년). 일반적으로 대부분의 기독교인이 고지대에 살고 있는 반면, 이슬람교인과 전통적인 아프리카 종교를 지지하는 부족들은 저지대에 사는 경향이 있다.

에티오피아의 기독교는 흔히 콥트파로 불리지만, 이는 적절한 표현이 아니다. 실질적으로는 시리아의 흐름을 전하는 것으로 교황만을 이집트, 즉 콥트로부터 받고 있었으나, 이것도 근년에 와서 개혁되어 에티오피아인이 교황으로 되어 있다. 정확하게는 에티오피아정교회(아비시니아교회)라고 하며, 콥트교회와는 자매관계에 있다.

국민 생활은 교회를 중심으로 행해지는 것이 많으며, 축제와 단식이 논·밭을 경작하는 것보다 더 중요한 관심사다. 에티오피아는 유럽과는 다른 색채의 기독교를 전하고 있고, 아프리카 유일의 문자라고 하는 문화유산을 갖고 있다.

[쉬어가기] 에티오피아 커피

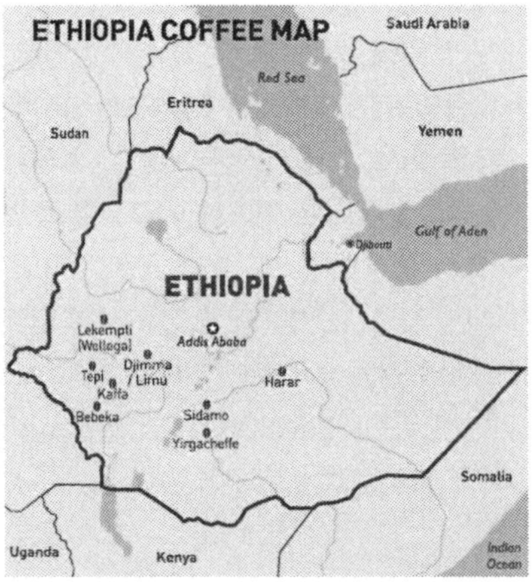

에티오피아는 커피의 원산지이자 본고장이다. 아비시니아 고원에서 생산된 커피는 특유의 다양하고 화려한 맛과 꽃향기가 나는 커피로서 미식가들에 의해 매우 높게 평가받고 있다. 또한, 전통적인 건식 처리를 거치며 품종 자체가 카페인이 다른 곳의 커피에 비해 낮은 것으로 알려져 있다. 남부 지역의 시다모 구지 커피와 하라르 일부 지역은 수세식 가공도 한다. 단순 수세 처리가 아닌 특유의 발효 공정을 거쳐 카페인을 떨어뜨리고 복잡한 향미를 구성한다. 또한 이르가처페 지역의 선드라이드 커피도 유명하다.

커피를 분류하는 방법에는 고도별과 결점두의 두 가지가 있다. 에티오피아는 커피를 고도에 따라 분류하지 않는다. 예컨대 'Ethiopia Yirgacheffe G1 Washed, Kocher'에서 G1(결점두 점수로 0~3점 받았다는 뜻)은 Grade1의 약자로 결점두의 숫자(점수)에 따라서 분류한 것이다. 이처럼 생두 300g 중 결점두(불량 생두)의 숫자(점수)로 커피를 분류하는 방법이 브라질/뉴욕 분류법이다. 참고로 브라질은 G(Grade)가 아닌 No.로 표시한다. 결점두로 분류하는 대표적인 국가가 쿠바, 인도네시아, 에티오피아이다.

고도별 분류법에 의하면, 높은 곳에서 자란 커피가 천천히 자라면서 응축된 밀도를 가지기 때문에 상급이 된다. 예컨대 'Guatemala SHB Antugua'는 과테말라 안티구아 지역의 가장 높은 곳(대개 고도 1500m 이상 지역)에서 재배한 커피라는 뜻이다. SHB는 Strictly Hard Bean의 약자로, 과테말라와 코스타리카의 표기법이고, 멕시코, 온두라스, 니카라과는 SHG(Strictly High Grown)로 표기한다. 참고로 자메이카는 '블루 마운틴'이란 명칭을 붙이는데, 특정 커피상표가 아니라 높은 곳에서 재배한 자메이카 커피의 등급을 말한다.

4) 사회

대다수 에티오피아인들은 가난하고 나라의 장래를 가로막는 경제적, 정치적 어려움을 의식하고 있다. 인종에 기초한 정당들이 강력한 국가 정체성의 발전을 저해하고 있음을 대다수 사람들은 알고 있다. 민족 간의 긴장상태와 공격적인 운동은 국가의 결속력에 영향을 미친다. 부족들이 인정하지 않는, 정부가 지정한 지역 경계가 민족 집단을 분열시키고 있다. 암하라어가 이 나라의 국어이기는 하지만, 지방자치단체가 행정업무를 위해 자기네 고유의 언어를 선택하는 자유를 행사하면서 지역 언어가 더욱 중요해지고 있다.

에티오피아의 다민족 사회는 주요 민족의 영향에 저항하는 강한 민족적 충성심으로 이루어져 있다. 사회에 영향력을 행사하는 또 다른 주요 요인이 에티오피아 정교회와 이슬람교이다.

결혼, 출생, 죽음은 에티오피아 사회에서 특별한 의미가 있는 이벤트이다. 기독교도 어머니들은 자신의 갓난아기와 함께 자기 어머니(즉, 아이의 할머니)의 집으로 간다. 갓 태어난 남자 아이는 엄마와 함께 40일간 할머니 집에 머무르고, 여자 아이는 80일 동안 머무른다. 아이들은 40일 또는 80일 후에 세례를 받는다. 세례에 이어 아기의 가족은 아기에게 풍요로운 삶을 보장한다고 믿고 신선한 은저라(injera, 에티오피아/에리트레아의 납작빵) 위에 아기를 굴린다.

에티오피아의 결혼 전통은 집단마다 다르다. 몇몇 결혼은 우리처럼 중매된다. 이런 관습이 인기가 시들해지고는 있지만, 여전히 가족이 배우자 선택에 영향력을 행사한다. 신랑 가족은 신부 가족에게 지참금을 지불한다. 액수는 정해져 있지 않고, 부에 따라 다르다. 결혼식은 예배당이나 타클릴(takelil) 의식에서 이루어진다. 타클릴 타입에서는 신랑 신부가 특별한 의식을 치르고 이혼을 하지 않기로 합의한다. 비록 그들 문화에서 이혼은 나쁜 것으로 여겨지고 일어나지 말아야 하지만, 많은 사람들은 여전히 이혼하는 경향이 있다. 신부는 남편 가족의 일원이 된다. 결혼식은 3일간 계속되는 정성이 깃든 가족 이벤트이다.

기독교 집안에서 누가 죽으면 남녀는 자신의 머리를 싸매고 통곡한다. 장례식과 매장이 있기 전에 며칠 동안 경야(經夜)를 주관한다. 이슬람교도는 사망 후 24시간 이내에 시체를 묻는다. 시체는 흰색 수의로 싸서 머리가 메카를 향하게 해서 매장한다. 이슬람교도는 기도를 올리고 장례식 참석자들은 쿠란을 암송하면서 무덤에 흙을 던진다. 무덤은 메워지고 장례의식의 리더는 또 다른 기도문을 암송한다.

에티오피아의 또 다른 전통은 에티오피아 정교회와 에리트레아 정교회의 연례 메스켈(Meskel) 기념일이다. 이것은 4세기에 로마 황후 헬레나(세인트 헬레나)가 예수 그리스도가 매달려 죽음을 당한 참십자가를 발견한 날을 기념하는 이벤트다. 메스켈은 에티오피아 달력의 17 메스케렘(그레고리우스 달력의 9월 27일, 또는 윤년 9월 28일)이다. '메스켈'은 '십자가(cross)라는 뜻의 고대 에티오피아의 남부 셈어 'Ge'ez[기에즈]'와 관련이 있다.

2.2. 역사적 배경

고대 (기독교화)				중세		
다못	악숨 왕국	vs 이슬람 세력	쥬디트	자그위 왕조	초기 솔로몬 왕조	곤다르 시대
중세	근현대					
판관의 시대	에티오피아 제국	이탈리아 왕국	에티오피아 제국	데르그	에티오피아 인민 민주 공화국	에티오피아 연방 민주 공화국

1) 고대

- BC 120년경, 악숨을 도읍으로 한 최초의 악숨왕국을 건설한다.
- AC 1세기경, 에티오피아 고원 이외에 북동부의 다나키리 사막에서 동부의 소말리아, 홍해를 너머 아라비아 반도에까지 세력을 확장한다. 악숨왕국은 상아, 노예, 흑요석 등을 수출하고 이집트로부터 의복, 유리 제품 등을, 인도에서는 철과 면포를 수입하면서 왕성한 교류와 무역을 한다.
- 270년, 악숨왕국이 동전 화폐를 주조한다. 이 화폐에는 왕의 초상과 그리스어가 조각되어 있다. 이즈음 독자적인 문자도 사용하기 시작하고, 에자나왕이 통치하던 4세기에 기독교가 악숨왕국의 국교가 된다.

2) 중세

- 7세기, 이슬람교도가 아라비아, 홍해, 아프리카 북부 해안을 통치하게 되면서 악숨왕국은 쇠퇴 및 멸망한다.
- 1137년, 자그웨(Zagwe) 왕조가 출현한다. 현재의 에티오피아의 북동부 지역이자 악숨보다 남쪽에 위치한 라스트(Lasta) 산악 지역의 아다파(Adafa)를 수도로 정한다. 이 왕조를 대표하는 왕이 랄리벨라의 11개 석굴교회를 남긴 9대 왕 게브레 메스켈 랄리벨라(Gebre Mesqel Lalibela, 재위 1190~1225)이다. 이 왕조는 랄리벨라 왕의 계승자인 네아쿠토 레압(Ne'akuto Le'ab) 왕을 마지막으로 1270년 솔로몬 왕조에게 다시 통치권을 내어준다.
- 1270년, 자그웨왕조는 솔로몬왕조의 재수립자 예쿠노 암라크(Yekuno Amlak, 1270~1285)에 의해 멸망하고, 현재의 아디스아바바가 위치한 셰와(Shewa) 지역에 정착한다. 솔로몬 왕조는 그로부터 1975년까지 500여 년간 지속된다. 솔로몬 왕조는 소말리족과 아파르족, 아랍인으로 구성된 아달(Adal, 현재의 지부티 지역으로 15세기에서 16세기 중엽 사이 존재)의 술탄공국과 1529년부터 1543년 사이 지속적인 분쟁 관계 끝에 이들을 몰아내고 정교회를 지킨다.
- 수세니오스 1세(Susenyos, 1606~1632)는 솔로몬 왕조 중 처음으로 가톨릭으로 개종한 왕이다. 그는 국민에게 가톨릭 개종을 강요해서 1629년 내전 발생, 32,000명의 희생자를 내기도 한다. 그의 뒤를 이은 파실리데스(Fasilides, 1621~1667) 황제는 1636년 곤다르로 천도하여 석조성과 성벽 및 다리를 건설함과 동시에 외국인을 배척하면서 솔로몬 왕조의 새로운 황금기를 이끈다.

3) 근현대

근세 솔로몬 왕조의 대표 왕이 테오드로스 2세(Tewodros II, 1855~1868)이다. 그는 1855년 중세 봉건 왕조를 통일하고 도로 건설, 상비군 설립 및 암하라어를 도입하여 에티오피아 근대화의 초석을 다진다.

요하네스 4세(Yohannes IV, 1871~1889 통치)는 1875년 11월 16일 군다트와 1876년 3월 7~9일 구라전투에서 2차례 오스만제국의 이집트 침략을 격퇴한다.

요하네스 4세의 뒤를 이은 메넬리크 2세(Menelik II, 1889~1913)를 기점으로 에티오피아 근대 역사 및 서구 침략기가 그 막을 올린다. 그는 소왕국들을 정복하여 에티오피아를 재통일한다. 1896년 에티오피아 일부지역을 차지하고 있던 이탈리아군을 아드와 전투에서 물리친다. 남쪽과 동쪽으로 식민지를 늘려 영토를 두 배로 확장한다. 아디스아바바를 수도로 정하고 아디스아바바와 지부티를 잇는 철도를 건설하고, 현대적인 학교와 병원도 세운다.

1930년, 타파라가 하일레 세라시에라는 칭호로 왕이 된다. 그는 메넬리크의 현대화 정책을 이어받고, 1931년 최초의 성문헌법을 채택한다. 1935년 이탈리아가 아프리카 식민지 개척을 위해 에티오피아를 침략하여 1936년 아디스아바바를 점령하자 하일레 셀라시아는 영국군의 도움으로 이탈리아를 쫓아내고 권좌에 복귀한다. 에티오피아 영토였다가 1880년대에 이탈리아에 빼앗긴 홍해 연안의 에리트레아지역을 1952년 에티오피아가 재탈환한다.

1974년, 소령 H.M. 멩기스투의 쿠데타로 셀라시에 황제가 폐위되는 등 왕정이 붕괴되고 사회주의 정권이 수립된다.

1977년, 멩기스투는 반대세력을 제거하고 독재체제를 구축하는 데 성공한다. 그러나 멩기스투 정권은 경제사정의 악화와 장기간에 걸친 반정부세력의 저항, 1990년 소련의 지원 중단 등으로 1974년 군사쿠데타 이후 17년간 지속된 사회주의 정권은 붕괴되고 다당제와 시장경제를 지향하는 신정권이 수립된다.

1991년 7월, 멜레스 제나위(Meles Zenawi, 1955~2012)가 과도정부의 대통령으로 선출된다.

3. 에티켓 : 예절과 관습

1) 금기

- 오랜 기간 독립을 유지해온 아프리카의 몇 안 되는 국가인 만큼 자존심이 매우 강하다. 그러니 역사나 정치적 성향에 관한 대화를 나눌 때에는 특히 조심해야

한다. 또한 일반적으로 성과 이름으로 구성돼 있는 경우와 달리 에티오피아인들의 이름은 (본인이름)-(아버지 이름)-(할아버지 이름)으로 구성돼 있다.

미국에서는 흔하지만 에티오피아에서는 불쾌할 수 있는 제스처로는 다음을 들 수 있다.

- 한 손가락이나 발로 가리키거나 손짓하는 것은 피하고, 손 전체를 사용하라.
- 왼손으로 물건을 건네거나, 돈을 교환하거나, 악수하거나, 식사하지 말라. 선물을 주거나 받을 때는 두 손을 내밀어 받아라. 꺼림칙하거나 고마워하지 않는 인상은 금물이다.
- 대화하는 동안 주머니에 손을 넣고 있지 말라.
- 손가락 마디소리를 내거나 휘파람을 불지 말라.
- 발바닥을 보이지 말라.
- 민족성과 출생지에 대한 질문은 부정적으로 해석될 수 있다.

2) 관습 및 예절

어른에게 깍듯이 인사하라. 고개를 숙이거나 아예 우리처럼 절을 하라. 이는 에티오피아 전역에서 존경을 나타내는 표시이다. 아이들은 어른의 무릎에 절을 하고 키스하기도 한다. 직함과 주어진 이름, 곧 성으로 사람들에게 말을 걸어라. Ato(Mr.)는 남성의 공통 호칭이고, Weizero(Mrs.)와 Weizerit(Miss)은 여성의 공통 호칭이다.

에티오피아인들은 대화 시 적당한 거리를 유지한다. 자신의 건강이나 가족에 관한 질문이 흔하다. 대화중에 손을 호주머니에 넣고 있거나 장시간 눈 마주치기는 무례한 것으로 여기지만, 터치하기는 일반적이며 신뢰의 표시다. 그러나 이성을 터치하는 것은 용납될 수 없는 행동이다. 날카로운 톤으로 혀를 차는 행위는 흥분이나 행복을 나타낸 것이다. 천천히 고개를 끄덕이는 것은 우리와는 반대로 의견불일치를 표시하는 것이다.

여성은 과도한 화장을 하거나, 공공장소에서 술을 마시거나 담배를 피우지 말아야 하며, 노출이 심한 옷을 입으면 안 된다. 이런 여성을 남자들은 막 대해도 되는 불량한 표시로 본다. 여자는 자기 집에 미혼남성의 방문을 허용하면 안 된다. 오해의 소지가 많다.

양복과 넥타이는 남성의 표준 비즈니스 의상이다; 여성들은 드레스나 치마를 입는다. 화려하게 디자인된 전통 흰옷은 북부와 중부 지방에서 흔하게 볼 수 있다. 일부 에티오피아인들은 두건을 쓰고 예복을 입는다. 반바지를 입거나 노출이 심한 옷을 입는 것은 특별한 관심의 대상이 될 수 있다.

3) 방문

친구네 방문은 에티오피아에서 흔하다. 에티오피아인들은 매우 친절하다. 계획에 없는 방문도 친구와 가족 간에는 흔하다. 집에 들어갈 때에는 우리처럼 신발을 벗는 것이 좋다.

일반적으로 손님들이 어디에 앉으라고 안내해주는 법은 없지만, 이슬람교도의 집을 방문하면 손님은 대개 바닥에 앉는다. 손님은 다과와 커피를 제공받는데, 이를 거절하면 무례한 것으로 여겨진다.

에티오피아인들은 공동 요리로 식사를 제공하며, 대개는 손가락으로 음식을 먹는다. 이슬람교도 가정에서는 남자와 여자가 따로 대화를 나누기도 한다. 각성제인 추잉 까트(Chewing khat)[77]는 이슬람 남성들에게 인기가 있다.

4) 팁과 흥정

대부분의 식당과 호텔은 요금에 10%의 추가 요금을 더한다. 팁은 흔하지만 필수는 아니다. 식당에서 식사를 하는 경우 관례적으로 가장 먼저 떠나는 사람이 비용을 지불한다.

---

77) 예멘을 비롯한 아라비아 반도 및 지부티, 에티오피아, 소말리아 등 '아프리카의 뿔'이라 불리는 지역에 자생한다. 1년 내내 기온이 영상 1도가 넘는 지역에서만 자라기 때문이다. 이들 국가에선 술이나 담배 대신 까트를 씹는 문화가 수천 년 전부터 관습화되어 전해온다. 까트가 세계적으로 널리 퍼지지 못하고 북아프리카와 중동 일대에서만 만연하는 이유는 까트 속에 있는 환각성분의 휘발성이 강하기 때문이다. 사우디아라비아에선 마약으로 보아 수입금지는 물론이고 까트를 재배하다 걸리면 사형에 처한다. 영국. 미국, 네덜란드, 한국 등 많은 국가들도 마약으로 규정하고 소지하거나 섭취하면 불법이다.

지역 시장에서는 흥정도 한다. 흥정이 싫은 사람은 시내의 정찰제 상점에서 구입하면 된다. 특히 지역 시장에서는 외국인에게는 현지인보다 더 높은 가격을 부르기도 한다.

5) 커피 마시기

에티오피아의 카파(Kaffa) 지방은 커피로 유명하다. 커피는 국민 음료다. 음용에만 최소 한 시간은 족히 걸리는 의례적인 과정이다.

정식 커피에 초대받은 경우라면 베개나 풀밭, 꽃무늬 바닥에 앉아 뒤로는 유향 태우는 모습을 보게 될 것이다. 여자나 어린 소녀이 콩을 씻어서 숯불에 굽기 위해 방으로 들어간다. 볶은 콩은 손으로 갈아 끓는 물에 넣는다. 손잡이가 없는 작은 컵에 설탕을 넣고 물/커피 혼합물을 첨가한다. 마시기 전에 커피의 향기를 들이마신다. 1라운드('아월(awol)'이라고 함)는 장남부터 시작해서 제공된다. 첫 잔이 끝나면 '제베나(jebena)'(커피포트)에 다시 물을 채워 넣는다. 이어 2라운드('토나(tona)'라고 함)가 제공된다. 동일한 빻은 콩을 사용하기 때문에 1차보다 약하다. 제베나에 다시 물을 끓인 후 3라운드('바라카(baraka)'라고 함)가 제공된다. 커피는 언제나 천천히 마시자.

4. 문화 차원 : 국가 이미지의 토대

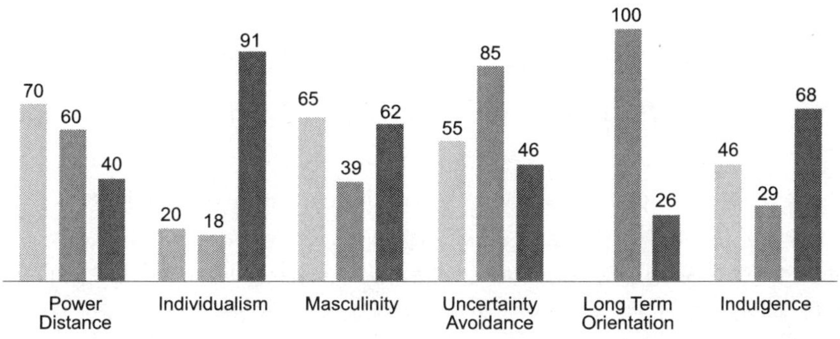

〈호프스테드 문화 차원 : 에티오피아-한국-미국 비교〉

에티오피아는 인종 박물관이라고 불릴 정도로 다양한 종족(약 90여 개로 추정)으로 구성되어 있으며, 종족간의 이해 대립 요소가 있어서 사회적 불안 요인이 되고 있다. 에티오피아의 사회 환경은 과거 20년간 지속적으로 악화되어, 약 과반수의 인구가 빈곤 상태에 있으며 만성적인 식량부족을 겪고 있다.

그럼에도 에티오피아는 오랜 역사와 다양한 문화적 전통을 자랑하며, 문화전통은 3,000년 전으로 거슬러 올라간다. 현존 발견 최고 인류화석(약 300만 년 전으로 추정)인 루시(Lucy)[78]가 에티오피아에서 발견되었다. 특히 기독교 문명이 일찍이 전래되어 역사적인 기독교 전통을 자랑한다. 인구의 약 절반이 에티오피아 정교회(Ethiopian Orthodox Church) 신자이다. 그러나 현재는 이슬람교도도 다수를 차지하고 있다. 공용어인 암하라어는 아프리카 국가 언어 중 드물게 고유문자를 보유하고 있는데, 자음 33자, 모음 7자로 된 표음문자를 사용한다.

■ 권력 거리

에티오피아인들은 높은 권력 거리(점수 70점)를 수용한다. 그들은 모든 사람들이 자리를 잡고 있고, 더 이상의 명분이 필요 없는 위계적 질서를 받아들인다. 조직의 위계질서는 본질적인 불평등을 반영하고, 중앙 집권화가 일반적이고, 부하직원은 무엇을 해야 할지를 지시받고 싶어 한다.

반면에, 미국은 권력 거리가 낮다(40점). 권력과는 거의 무관한 사람들은 권력이 균등하게 분배되지 않는다는 것을 인정한다. 미국은 모든 사람이 '독특하다'고 말하고, 모든 사람이 독특하다는 이 믿음은 미국인 모두가 불평등하다는 것을 의미한다. 예컨대 미국에서 한 사람이 다른 사람에 대해 행사할 수 있거나 행사할 수 있다고 느끼는 힘의 정도는 상당히 높다(권력은 한 사람이 다른 사람의 사상과 행동에 영향을 미칠 수 있는 정도

78) 오스트랄로피테쿠스 아파렌시스는 오스트랄로피테쿠스속(Australopithecus)에 속하는 멸종된 화석 인류의 한 종이다. 루시의 종(Lucy's Speices)은 남아프리카 일대에서 발생하여 신생대 신제3기 플라이오세인 약 390만 년 전에서 290만 년 전까지 동아프리카 전역에서 주로 오늘날의 에티오피아, 탄자니아, 케냐 지대를 무대 삼아 살았다. 아파렌시스는 현생 인류의 직계조상인 호모 사피엔스와 현생 인류인 호모 사피엔스를 포함하는 인간의 종(Homo)에 더욱 가까이 관련되어 있다고 여겨진다.

로 정의된다).

■ 개인주의

에티오피아는 집단주의 문화(20점)에 속한다. 충성심과 강한 유대관계가 가장 중요하다. 에티오피아인들은 '그룹'(가족, 대가족 또는 확장된 관계)에 대해 장기적으로 헌신한다. 이 사회는 자기 집단의 동료 구성원에 대해 모두가 책임을 지는 강한 관계를 조성한다. 이 문화는 '나' 문화라기보다는 '우리' 문화에 가깝다.

이에 반해 미국은 개인 간의 유대가 느슨하고 모든 사람이 자신과 직계 가족을 돌볼 것으로 기대되는 매우 개인주의적인 문화에 속한다(90점). 예컨대 미국 문화(나를 포함한) 안에서 집단주의적 사고방식을 수용하거나 열망하는 사회와 가족을 바라보는 개인이 없다는 말은 아니지만, 미국 문화는 '나'의 문화라고 주장할 수 있다.

에티오피아의 전형적인 가족 구조는 아버지, 어머니, 자녀 등 대가족이다.[79] 몇몇 성인 남자 형제들(그리고 그들 가족)은 가장이 제공한 공통의 공간에서 함께 산다. 대가족과 함께 사는 경우는 농촌에서 흔하다. 어떤 호족들은 하인을 두기도 한다. 대가족과 하인은 부모가 모두 집 밖에서 일을 할 때 아이를 돌본다. 시골 아이들은 도시 지역의 아이들보다 더 어린 나이에 집에서 집안일을 돕기 시작한다.

남자들, 특히 이슬람교도들은 아내를 둘 이상 가질 수 있다. 남성이 여성보다 늦은 나이에 결혼하는 경향이 있다. 아직도 농촌에서는 결혼이 맞선으로 이루어지고 있지만, 도시 지역에서는 대개 개인이 자신의 파트너를 선택한다. 부부들은 각자의 예배당(교회, 모스크, 회당, 사원)에서 결혼하거나 타크릴(takelil)을 한다. 타크릴은 신랑 신부가 이혼하지 않기로 합의하는 의식이다. 신부가 남편 가족의 일원이 된다.

데보(debo)와 이디르(iddir)는 전통적인 형태의 사회 복지 시스템이다. 데보는 공동의 업무 분담이다. 어려움을 겪고 있는 농부들은 음식과 음료의 대가로 이웃들을 초대할 수도 있다. 이디르는 같은 이웃이나 직업에 종사하는 사람들, 비상 시 가족과 친구들이 서로 돕는 시스템이다. 각 가정의 가장은 매달 이디르에 돈을 기부한다. 이디르도

79) 참조 : http : //www.ethiomedia.com/newpress/marriage.html

지역사회 발전을 위해 사용된다.

에티오피아는 남성과 여성의 역할이 나눠진 가부장적 사회이다. 남성은 사회와 가정의 리더이다. 남성은 취업시장을 지배하며, 경작, 수확, 땅 갈기, 나무배기, 가축사육 등 중농업을 책임진다. 여성은 주로 가벼운 수확과 맥주 양조, 시장에서 물건 사고팔기, 요리, 청소, 세탁, 물·목재 채취 등을 담당한다. 여성은 일반적으로 가정에서 일하며 일상 가사업무를 담당한다. 교육적, 의료적 욕구를 충족시키는 등 육아책임도 여성의 몫이다.

비록 남자가 집안에서 권위를 부리기는 하지만, 여성과 대가족이 아이들을 훈육할 수도 있다. 여성은 남성보다 경제적 기회가 적다. 여성은 경제적으로 남성 친족에 의존하고 있으며 가정과 지역사회 문제에 거의 영향을 미치지 않는다. 전통은 상속권과 재산권 같은 여성에 대한 일부 법적 권리보다 우선한다. 여성 호주 가구는 남성 호주 가구보다 소외되고 빈곤하다.

여성들은 법적으로 평등권이 있고 노동력의 일부분이기는 하지만, 모든 직업군에서 보수나 직급에서도 여전히 차별을 받고 있다. 여성 차별은 농촌보다 도시 지역에서 덜하다. 2007년의 예를 들면 여성은 하원 의석의 21%, 상원 의석의 19%에 불과했다. 대법관 14명 중 3명은 여성이었다. 장관급에서 정부에서 일하는 여성은 10%에 불과했다.

여성들은 가정에서도 차별을 받는다. 가정 폭력이 만연한다. 여성의 79% 정도가 가정폭력에 시달리고 있는 것으로 추정된다. 정부는 가정폭력에 대해 조치를 취하는 법이 거의 없다. 성희롱이 만연해 있고, 성희롱에 대한 법률도 거의 시행되지 않고 있다. 아동학대 또한 특히 소녀들 사이에서 만연해 있다.

■ 남성성

에티오피아는 이 차원에 65점을 받아서 여성적인 사회라기보다는 남성적인 사회이다. 남성적 사회 사람들은 '일하기 위해 산다'는 점에서 경영자들은 단호하고 적극적일 것으로 기대되며, 형평, 경쟁, 성과에 중점을 두며, 갈등은 그들과 싸워서 해결한다.

미국도 남성적 사회에 속한다. 남성적 문화는 경쟁, 성취, 성공에 의해 주도되며, 성공은 '승자' 또는 '현장 최고'로 정의된다. 미국에서 개인은 '군중 속에서 눈에 띄는 것'

이 편하다.

■ 불확실성 회피

에티오피아는 이 차원에서 55점을 받았다. 이는 미국 사회에 비해 에티오피아인들이 자신의 미래를 제한적으로 통제하는 것에 대해 더 큰 불안감을 느낀다는 의미이다. 위협적이거나 모호하거나 알려지지 않은 상황을 회피하기 위해, 에티오피아인들은 이러한 상황으로부터 그들을 보호하려고 노력하는 신념과 제도를 만들었다.

■ 장기 지향성

미국과 에티오피아는 호프스테드의 장기 지향성 가치 척도에서 비슷한 낮은 평가를 받고 있다. 이는 두 국가 모두 단기 지향적 사회라는 뜻이다. 체면, 존경, 전통을 살리고 인사, 호의와 선물의 보답을 소중히 여긴다.

■ 절제

에티오피아는 '중간 정도의 문화'로 여겨진다. 쾌락과 절제의 중간에 위치하는 셈이다. 절제되고 엄격한 사회 규범과 자유로운 욕구충족의 균형을 맞추고 있다. 이것은 에티오피아인들이 자기네 문화에서 충동을 적당히 통제할 수 있다는 뜻이기도 하다.

참고문헌

1. 국내문헌

강준만(2012), 세계 문화의 겉과 속. 모든 문화에는 심리적 상흔과 이데올로기가 숨어있다, 인물과사상사.

김우룡/장소원(2005), 비언어적 커뮤니케이션론, 나남출판.

노명환(2011), 역사를 통해 본 유럽의 서로 다른 문화 읽기 : 기업문화와 의사소통 방식의 문화코드, 신서원.

문영인(2017), 글로벌시대의 문화 간 커뮤니케이션, 한국문화사.

박명석(2003), 커뮤니케이션과 세계 기업문화, 태학사.

박영수(2011), 비즈니스를 위한 세계문화상식, 추수밭.

박준형(2017), 크로스 컬처. 문화 간 차이와 다양성이 존중되는 21세기를 위한 문화 오리엔테이션, 바이북스.

방정환(2016), 왜 세계는 인도네시아에 주목하는가, 유아이북스.

비어즈비스카, 애나(2013), 다문화의사소통론(Cross-Cultural Pragmatics), 이정애 외 역, 역락.

유광의/유문기(2018), 공항운영론. 3판, 대왕사.

유수연(2012), 문화 간 의사소통의 이해, 한국문화사.

이성만/정희용/조주은(2020), 공항과 문화 간 커뮤니케이션, 대왕사.

이향정 외(2014), 글로벌매너 글로벌에티켓, 백산출판사.

이해령 외(2018), 유럽바로알기, KNOU.

트롬페나스, 폰스/찰스 햄든터너(2014), 글로벌 문화경영. 이문화의 딜레마를 넘어서(포스코경영연구소 옮김), 가산출판사.

최윤희(1998), 문화 간 커뮤니케이션과 국제협상, 커뮤니케이션북스.

허희영(2018), 항공운송산업론, 북넷.

2. 해외문헌

Agar, M.(1995), Language Shock : *Understanding the culture of conversation*, New York : William Morrow.

Agar, M.(1996), Language shock : *Understanding the culture of conversation*, New York, William Morrow.
http : //www.harpercollins.ca/books/Language-Shock-Michael-H-Agar-Phd/?isbn =9780688149499(인용 : 2020.05.15.)

Agar, M.(2006), *Culture : Can You Take It Anywhere?* in *International Journal of Qualitative Methods*, 5, 2, article XX. (인용 : 2020.05.15)
https : //www.ualberta.ca/~iiqm/backissues/5_2/PDF/agar.pdf

Bannys, F.(2012), Interkulturelles Management, Konzepte und Werkzeuge für die Praxis, Weinheim : Wiley.

Beerman, L. & Stengel, M.(1996), Werte im interkulturellen Vergleich, In : N. Bergemann & A. L. J. Sourisseaux(Hrsg.), Interkulturelles Management. 2. Aufl., Heidelberg : Physica, pp. 7−34.

Bolten, J.(2006), Interkultureller Trainingsbedarf aus der Perspektive der Problemerfahrungen entsandter Führungskräfte, In : K. Götz(Hrsg.), Interkulturelles Lernen/Interkulturelles Training, 6. Aufl., München : Hampp, pp. 57−75.

Bright, J. & Hruby, A. (2015), The Next Africa(이영래 역, 넥스트 아프리카, 미래의 창), Thmas Dunne Books.

Dülfer, E.(1991), Internationales Management in unterschiedlichen Kulturbereichen, München : Oldenbourg.

Emrich, Ch.(2011), Interkulturelles Management. Erfolgsfaktoren im globalen Business, Stuttgart.

Giles, H./Watson, B. M.(2013), The social meanings of language, dialect, and accent : International perspectives on speech styles, New York : Peter Lang.

Hall, E. T.(1976), Beyond culture, New York, NY : Anchor Books.

Herskovits, M. J.(1955), Cultural anthropology, New York : Alfred, A. Knopr. Inc. Ltd.

Hofstede, G.(1980/95), Cultures and organizations : Software of the mind, London, UK : McGraw-Hill.

Hofstede, G. J.(2001), Culture's consequences : Comparing values, behaviors, institutions, and organizations across nations, Thousand Oaks, CA : Sage.

Hofstede, G. & Hofstede, G.J. & Minkov, M.(2010), Cultures and organization : software of the mind (3rd ed.), New York : McGraw-Hill.

House, R. J. et al(eds.)(2004), Culture, leadership, and organizations : The GLOBE study of 62 societies, Thousand Oaks, CA : Sage.

Kirkman, B., K. & Lowe, C. G.(2006), A quarter century of "Culture's Consequences" : a review of empirical research incorporates Hofstede's cultural values.

Koch, E.(2008), Interkulturelles Management. Vorschläge zur Abgrenzung und

Systematisierung, In : E. Koch & S. Speiser(Hrsg.), Interkulturelles Management. Neue Ansätze -Erfahrungen-Erkenntnisse. Beiträge zum Fünften Internationalen Tag; München : Hampp, pp.1-33.

Larise, D.(2009), Mythos Kultur : eine Kritik des postmodernen Kulturkonzepts, Praesens-Verlag.

Oechsler, W. A.(2006), Personal und Arbeit. Grundlagen des Human Resource Management und der Arbeitgeber-Arbeitnehmer-Beziehungen, München : Oldenbourg. In : framework. Journal of International Business Studies, 37, pp. 285-320.

Peterson, B.(2004), Cultural Intelligence [현대경제연구원 역, 글로벌 시대의 경쟁력 문화지능, 청림출판], Intercultural Press.

Rapaille, C.(2007), The Culture Code : An Ingenious Way to Understand Why People Around the World Live and Buy as They Do [김상철/김정수 역, 컬처 코드 : 세상의 모든 인간과 비즈니스를 여는 열쇠, 리더스북], Bantam.

Rapaille, C.(2015), The Global Code : How a New Culture of Universal Values Is Reshaping Business and Marketing, St. Martin's Press.

Sackmann, S.(2004), Erfolgsfaktor Unternehmenskultur : Mit kulturbewusstem Management Unternehmensziele erreichen und Identifikation schaffen - 6 Best Practice-Beispiele, Wiesbaden : Gabler.

Schipper, K.(2007), Interkulturelles Management. Ein Konzept zur Gestaltung von Entsendungsprozessen für den internationalen Einsatz von Fachund Führungskräften, Berlin : Lit. Scholz, H.

Samovar, Larry A. et al.(2013), Communication Between Cultures 8th Edition[이두원 외 역(2015), 문화 간 커뮤니케이션, 서울 : 커뮤니케이션북스], Wadsworth Publishing.

Segall, M. H.(1984), More than we need to know about culture, but are afraid to ask, Journal of Cross-Cultural Psychology, 15(2), pp. 153-162

Siemon, M.(2014), Diversity Management als strategische Innovation des Controllings - am Beispiel eines Pflegeheims, Bremen : Europäischer Hochschulverlag.

Statistisches Bundesamt(2015), Import und Export im Zeichen der Globalisierung, Ausgabe 2015, Wiesbaden : Statistisches Bundesamt.

Straub, J.(1999), Verstehen, Kritik, Anerkennung. Das Eigene und das Fremde in der Erkenntnisbildung interpretativer Wissenschaften, Göttingen : Wallstein,

Studt, J. F., & Zech, R.(2004), Integrationsprozesse bei der Fusion von BP und Aral. Organisationsentwicklung. Zeitschrift für Unternehmensentwicklung und Change Management, 4, pp. 58-71.

Thomas, A.(Hg.)(1991), Kulturstandards in der internationalen Begegnung, SSIP-Bulletin Nr. 61, Saarbrücken : Breitenbach

Thomas, A.(1993), Kulturvergleichende Psychologie. Eine Einführung. Göttingen : Hogrefe.

Ting-Toomey, S. & Chung, L. C.(2005), Understanding intercultural communication, Los Angeles, CA : Roxbury.

Trompenaars, A. & Hampden-Turner, C.(2011), Riding the waves of culture, New York, NY : McGraw-Hill.

Winter, G.(2005), Ethische Leitlinien für interkulturelles Handeln, In : A. Thomas, E. et al.(Hrsg.), Handbuch Interkulturelle Kommunikation und Kooperation, Bd 2 : Länder, Kulturen und interkulturelle Berufstätigkeit, Göttingen : Vandenhoeck & Ruprecht, pp. 149-166.

Zuber, C.(2013), Kulturelle Veränderungen bei international handelnden Unternehmen. Der Bedarf eines kulturellen Managements im internationalen Wertschöpfungsverbund, Lohmar : Eul.

3. 인터넷 문헌

http : //blog.daum.net/cambodia523/7091020

https : //culturalatlas.sbs.com.au/

https : //guide.culturecrossing.net/

https : //hofstede-insights.com

https : //namu.wiki/

https : //wikipedia.org/

https : //www.airport-technology.com/

https : //www.google.com/

https : //www.interafrica.co.kr/

https : //www.kotra.or.kr/

https : //www.t-online.de/leben/reisen/reisetipps/id_71976144/airport-knigge-wie-sie-sich-am-flughafen-richtig-verhalten.html

찾아보기

ㅇ

이성만

독일 트리어대학교 독어학박사(Dr. Phil)
한국텍스트언어학회 회장(2009~2010)
한국독어독문학회 회장(2011~2012)
한국연구재단 인문학단 전문위원(2012~2014)
현, 배재대학교 항공운항과 교수

〈저서 및 논문〉
1998 텍스트언어학의 이해(K. Brinker, Linguistische Textanalyse, 번역), 역락.
2004 텍스트언어학의 이해(공저), 박이정.
2012 미디어언어의 텍스트화용론, 경진.
2017 역사를 품은 발칸유럽, 신아사.
2019 독일의 재발견, 신아사.
2019 공항과 문화 간 커뮤니케이션(공저), 대왕사.
텍스트언어학, 텍스트화용론 분야 다수 논문 발표

아시아의 공항과 문화

문화 간 커뮤니케이션의 새로운 이해

초판 발행 _ 2020년 11월 20일

저　자 • 이 성 만
발행인 • 정 현 걸
발　행 • 신 아 사
인　쇄 • 한승인쇄
출판등록 • 1956년 1월 5일 (제9-52호)
주　소 • 서울특별시 은평구 통일로 59길 4 (2F)
전　화 • 02)382-6411 · 팩스 02)382-6401
홈페이지 • www.shinasa.co.kr
E-MAIL • shinasa@daum.net

ISBN : 979-11-91158-00-7(93300)

정가 18,000원